傳

傅佩荣讲经典系列

傅佩荣讲道德经

老子思想的现代意义

傅佩荣 著

FU PEIRONG
EXPLAINS
THE CLASSICS

东方出版社

图书在版编目（CIP）数据

傅佩荣讲《道德经》：老子思想的现代意义 / 傅佩荣 著 . — 北京：东方出版社，2023.3
ISBN 978-7-5207-2991-8

Ⅰ.①傅… Ⅱ.①傅 Ⅲ.①《道德经》—通俗读物 Ⅳ.① B223.1-49

中国版本图书馆 CIP 数据核字（2023）第 176068 号

傅佩荣讲《道德经》：老子思想的现代意义
（FU PEIRONG JIANG DAODEJING：LAOZI SIXIANG DE XIANDAI YIYI）

作　　者	傅佩荣
特约编辑	王　　喆
责任编辑	王夕月
出　　版	东方出版社
发　　行	人民东方出版传媒有限公司
地　　址	北京市东城区朝阳门内大街 166 号
邮　　编	100010
印　　刷	三河市中晟雅豪印务有限公司
版　　次	2023 年 3 月第 1 版
印　　次	2023 年 10 月第 2 次印刷
开　　本	710 毫米 ×1000 毫米　1/16
印　　张	33.5
字　　数	343 千字
书　　号	ISBN 978-7-5207-2991-8
定　　价	128.00 元
发行电话	（010）85924663　85924644　85924641

目录

《老子》正文解读《德经》

总　结

附　录

　　《老子》又名《道德经》，全书五千多字，分为八十一章，但章章相通，形成一个完整而完美的系统。欲了解此一系统，需先明白三个关键词：道、德、圣人。

　　老子用一个"道"字来贯穿一切。所谓一切，主要是指两个领域：一、自然界；二、人类。自然界包括天地万物，依规律而存在及运作，是一个单纯的"实然"状态。人类原是万物之一，但因其"德"为认知能力，由此而生欲求与选择，造成一个可变而复杂的世界，所面对的是"应然"问题。应然是应该如何，实然是实在如何。"圣人"是老子虚拟的角色，代表悟道的统治者；他所悟的道，在体现时，要使应然配合实然，然后期许人间可以回复安宁。

　　此所以《老子》第五章会说："天地不仁，以万物为刍狗。圣人不仁，以百姓为刍狗。"其意为：天地没有偏爱，对天地之间的万物是"依规律"做实然的安排。圣人没有偏爱，对他所统治的百姓也是"依规律"做实然的安排。"刍狗"一词据《庄子·天运》是指：人在祭祀时，用草扎几只狗来陪祭，祭祀之后就随手丢弃它们。万物不是如此吗？春天百花齐放，到了夏天就都凋零了；百姓不是如此吗？起高楼宴宾客，然后人散了楼也塌了。这里面没有偏爱（仁）的余地。圣人悟道，以应然为实然，方可以做到"生而不有，为而不恃，长而不宰"（第十章、第五十一章）。

综合上述，可知三点：一、道是万物的来源与归宿；二、德是万物由道所获得的各自的本性（其中，人之德是认知能力）；三、圣人是悟道的统治者。

本书扣紧这三个关键词，努力展现老子之完整而完美的系统。如何展现呢？首先，老子异于先秦诸子之处，正在于"道"的概念。所谓"先秦诸子"，至少另外包括了儒家、墨家、法家、名家、阴阳家，他们的作品中也常见"道"字，但其含义多为人类世界的应然之道（如，天下有道无道），或者以人为中心所见的自然界之道（如，天道福善祸淫）。其目的是希望拨乱反正，但人类社会的乱局，不正是人自己造成的吗？治标而忘了治本，永远脱离不了困境。治本有二途：一是准确理解人性，再由政治与教育携手合作，使社会重新安定。儒家孔子选择这条路，意在承礼启仁，肯定人性向善，着手提出一整套构想。另一途则是道家老子之所为，跳出人类世界，"不以人为中心"来思考一个化解方法。老子之"不以人为中心"是怎么回事？

仔细阅读《老子》全书，不曾见到人名、国名、历史事件、地理信息等。天下有这样的书吗？司马迁在《史记》中连老子是谁都无法确定。唯其如此，才有可能摆脱狭窄的人类视野，而以道的角度进行反思。"道"不再是"人之道"，而是"道之本身"，是"万物的来源与归宿"。这个定义贯穿全书，使阅读者立即提升眼界，领悟自己的生命也是有"来源与归宿"的。由此再进一步，则可明白老子之用心，是要化解乱世之中"存在上的虚无主义"。"存在"是指人的生命存在，如果经常在痛苦中又随时可能死亡，则人生有何意义可言？虚无主义于是漫延开来。现在老子告诉我们：一切由道而来又回归于道，所以人生不是虚幻的。如果可以悟道，则个人生命得以安顿。这里接着要说明两点：一是个人有什么既有的"德"，又如何可以悟道？二是人类社会得到安顿，需要"圣人"，圣人又是怎样的人？

那么，人由道所获得的"德"（本性）是什么？答案是：认知能力。认知的直接作用是区分，区分必然带来欲望。统治者如果"推崇杰出的人才，重视稀有的商品，展示可欲的事物"，百姓就会"竞争较量，沦为盗贼，心思纷乱"（第三章译文）。知之偏差造成欲的盲动，后果不堪设想。要使百姓有正确的知，难如登天，因此不如"常使民无知无欲"（第三章）。这句话使老子背上愚民主义者的罪名。而这纯属误会，因为有正确之知则有正确之欲。如圣人之"欲上民，欲先民"（第六十六章），皆属正途。圣人是怎么做到的？本书分辨知之三个层次：区分、避难、启明。区分是来自我"对"外界的利害考量；避难是由于我"与"外界的相互依存；启明是跳开一步，从道来看待一切。凡人只有区分之知，形成竞争、斗争与战争。智者懂得避难之知，表现出"知其雄，守其雌"（第二十八章），以及"将欲取之，必固与之"（第三十六章）。圣人则领悟启明之知，用庄子的话来说，就是"以道观之，物无贵贱"（《庄子·秋水》）。对万物不做区分，也不存好恶，对自己的处境，则是知其不可奈何而安之若命。简单说来，就是从一个整体而根本的"道"来看待一切。

老子所虚拟的圣人是悟道者，也是统治者。他的统治体现了道的作用：像母亲对孩子般的"慈"，像珍惜及不舍万物般的"俭"，像谦让及服务大众般的"不敢为天下先"。这是老子的"三宝"（第六十七章）。世间族群有大有小，不计其数，向来不缺统治者，但是能悟道的有几人？此所以老子要"虚拟"一个圣人。"圣人"一词在古代典籍中使用频率之高者，无过于《老子》。八十一章中，将近一半皆出现"圣人"一词或其"同义语"（如，有道者、善为道者、我、吾等）。既然是虚拟之词，就不必排除一个可能性，就是：人人皆有可能因为悟道而成为自己生命中的统治者。事实上，距离老子约两百年的庄子就是这么做的。庄子书中有两点写作策略异于老子：一是大量使用寓言与重言（借重古人来说出作者的话），其中充满了人名、国名、历史事件、地理信息，但多半是虚构的；二是他也使用"圣人"一词，但更常使用的是他自创的"真人、神人、至人、天人"，这些都是悟道者的不同名称，所描写的不再局限于悟道的统治者，而是指悟道的"个人"。道家至此成为人类修行的两大法门之一。所谓修行法门，一是德行修养，二是智慧觉悟。儒家与道家分别可为代表。儒家肯定人性向善，因此人人皆有可能止于至善。道家肯定人之德是认知能力，而此能力可由区分提升至避难，再抵于启明之境。儒家重视教育与政治，需要群体合作。道家要人"致虚与守静"，由观而明，由明而化，融入与道同游的逍遥之乐。

2019年，我应邀在喜马拉雅平台上讲述老子《道德经》。这是我研究老子学说最新近的心得，做了全面而深入的思考。在原文字句上，以王弼（226—249）注本为主，参酌较早的帛书本与竹简本的相关资料。在内容理解上，不错过庄子（368—288 B.C.）与韩非子（280—233 B.C.）的诠释与发挥，另外也参考了后代许多专家的观点。我特别用心的是充分阐释老子的三个关键词：道、德、圣人，希望由此展示其完整而完美的系统。在讲述时，力求清晰明白，转成文字时较为顺畅可读。播出时的音频效果广受好评，这全赖傅琪媗的专业努力；出版时文字稿的修改加注，则是王喆的心力贡献。至今为止，这个节目的订户将近二十万人，播放量近六千万次。由于许多友人的协助，使本书可以呈现在大家眼前。过程漫长而辛苦，但是乐在其中，能够了解老子并详说他的思想，实在深感幸运。

傅佩荣

2022年10月20日

老子其人及其思想

一、老子是一个什么样的人？

在进入老子《道德经》正文之前，首先介绍一下老子其人及其思想。本节的内容包括以下三点：

第一，老子是周朝的文化官员；

第二，老子是启发孔子的古代学者；

第三，老子是庄子笔下的博大真人。

1. 老子是周朝的文化官员

关于老子这个人的身份，历史上一直存在争议。在《史记·老子韩非列传》中，司马迁认为老子的身份有三种可能，不过他把重点放在第一种，即周朝的文化官员。据司马迁记载，老子是楚国苦县厉乡曲仁里人，姓李，名耳，字聃。"李"字与"老"字在古代相通，所以一般也称他为"老聃"。老子曾在周朝担任"守藏室之史[①]"，负责管理国家的图书档案。因此，老子的学问之好是毋庸置疑的。

很多人都以为，道家不像儒家那样强调教育和学问。但是学道家可以少念书吗？错了，老子的学问其实比谁都好。道家的另一位代表人物是庄子，司马迁描写他"其学无所不窥"，即庄子的学问是没有书不看的。可见，道家是在了解了人间所有的学问之后，再设

---

① 见《史记·老子韩非列传》。原文：老子者，楚苦县厉乡曲仁里人也，姓李氏，名耳，字聃，周守藏室之史也。

法提升超越，找到万物背后的根源，进而建构完整的系统。

老子到了退休的年龄，看到周朝逐渐衰败，就辞职离开。据说他骑青牛出函谷关，要前往陕西一带。今天在陕西还有一座楼观台，据说是老子讲述经典的地方。老子出关时被守关的官员拦住，拜托他写下人生的智慧。老子便留下五千多字的心得，这就是今天我们所看到的《道德经》。

2. 老子是启发孔子的古代学者

在古代资料中，曾多次提到孔子向老子请教"礼"的问题，内容十分生动。

司马迁在《史记》中记载，孔子曾离开鲁国，前往周朝的国都，向老子请教有关"礼"的问题。老子就以前辈的身份开导他说："你所说的那些懂得礼的人早已经过世了，只留下一些言论罢了。一个君子如果生逢其时，遇到明君，就随侍在旁，驾车服冕而行；如果生不逢时，遇不到明君，那就像蓬草一样，随风转移而行。我听说过，好的商人懂得把宝物藏起来，好像手中什么都没有一样。而德行高尚的君子，容貌显得谦虚，跟愚笨的人没有两样。所以你应该除去你内心的骄气和欲望、傲态与奢念，这些对你没有任何好处。我能告诉你的，不过如此而已。"①

据说孔子还向老子学习过礼仪的具体操作。丧礼是当时很重要的一项礼仪，老子是这方面的专家。有一次老子帮人主持丧礼，孔子担任助手，结果在送葬途中恰好碰到日食，大地一片漆黑。古代

---

① 见《史记·老子韩非列传》。原文：孔子适周，将问礼于老子。老子曰："子所言者，其人与骨皆已朽矣，独其言在耳。且君子得其时则驾，不得其时则蓬累而行。吾闻之，良贾深藏若虚，君子盛德容貌若愚。去子之骄气与多欲，态色与淫志，是皆无益于子之身。吾所以告子，若是而已。"

礼制规定，晚上不能送葬，他们就停下来讨论。还没有讨论出结果，太阳又出来了。可见孔子对于礼的认识，确实深受老子的启发。

孔子最后要离开时，再度请老子给一些指导。这一次老子没有说话，只是用手指了指自己张开的口。孔子一看，口中的牙齿全部掉光了，只剩下了舌头。代表柔弱胜刚强。牙齿健在之时，舌头根本不是对手。但最后谁能保留下来呢？是柔软的舌头。

据《庄子·天道》记载，孔子想把他编修的"六经"藏到鲁国西边的周王室。他为此请教老子，老子不以为然。他问孔子六经有何要点，孔子回答说"仁义"，老子就说："其实你不必拼命提倡仁义。人的本性跟自然界一样，自己会走上轨道。"孔子努力推广教育和政治改革，在庄子笔下却被描写为"食古不化""推舟于陆"，甚至嘲讽他是"东施效颦"。

孔子后来回到家乡，对学生们说："我看到老子好像龙一样，乘风云而上天。"老子后来也被称作"犹龙氏"，说他好像龙一样。这正是孔子对他的描述。

3. 老子是庄子笔下的博大真人

《庄子·天下》谈到古代儒家、道家、墨家等各家学说，认为老子最伟大。因为老子把握到本源，所以对于万物不会执着。他表面上做到柔弱谦下，实质上是要保持空虚状态，不去伤害万物。庄子直接引用老子的话："知道如何争强，却持守着柔弱，宁愿做天下的仆役；知道如何显扬，却持守着暗昧，宁愿做天下的山谷。"

庄子接着描写到："别人都要争先，他却独自居后，说'宁愿承受天下人的诟辱'。别人都求实际的利益，他却独取虚无，没有敛藏所以会有余，独立世间而绰绰有余。他立身行事，徐缓而不费力，无所作为而嘲笑智巧；别人都谋取福祉，他独自曲折不全，说'但求避免祸害'。常宽待万物，不责难别人。可以说达到了最高境界，是古代的博大真人啊！"

庄子如此推崇老子，是希望藉此肯定：人在乱世之中，应该以一种柔弱的姿态求得生命的保存；但在内心里面，可以因为领悟"道"而常保智慧的喜悦。

但问题是，司马迁的《史记》把老子的这篇传记称为《老子韩非列传》。韩非子明明是法家的代表，难道与道家有关吗？确实有关。因为韩非子写过《解老》和《喻老》这两篇重要的文章。《解老》就是解释老子的重要语句，《喻老》就是用一些故事来说明老子的思想。因此，从司马迁开始，很多人都以为韩非子发挥了老子的思想。但是，韩非子为何会走上法家的路线呢？因为他在两个地方动了手脚。

第一，韩非子把老子的"道"说成"理"（代表"规则"），后面又转成"法律"，这就是法家的由来。老子的"道"本来有明显的超越性，但韩非子把"道"落地，变成"合乎理性的思维"与"合法的规则"，最后发展出严刑峻法、刻薄寡恩的法家思想。

第二，韩非子改造了老子"圣人"的概念。老子笔下的"圣人"本来是指"悟道的统治者"，但韩非子认为现实中的国君就是圣人。既然国君是圣人，理应受到推崇，大臣和百姓都要为他服务，所以韩非子的法家强调"尊君卑臣"。

由此可见，韩非子的法家对道家思想有明显的误用。如果把老子的思想当作一个完整的系统，那么庄子掌握及发挥的是"道"的部分，而韩非子掌握及发挥的是"术"的部分。"道"代表本源，"术"代表应用。庄子与韩非子的高下由此可见一斑。

收获与启发

老子是周朝的文化官员，退休后要出函谷关，被守关的官员拦下来，请他留下智慧财产，于是写了《道德经》这本书。但《道德经》真是这样写成的吗？如果从《道德经》这本书的内容去分析的话，就知道它的作者可能不止一个人，而是几位隐士合作的成果，所以司马迁在《史记》里面才说老子的身份有三种可能。当时正值春秋时代末期，天下大乱。许多隐士经过长期的学习、思考，再结合丰富的生活经验与智慧觉悟，写下各自的心得，然后汇编成《道德经》这本书。

老子是启发孔子的学者，这件事非同凡响，因为孔子是儒家的创始人。当然，这种说法的可靠性一直存在争议，但是至少可以把两人都视为对中国文化有重要贡献的古代学者。

距离老子大约两百年左右出现了庄子，庄子称老子为古代的博大真人，这是对古代思想家最高的推崇。而稍后的韩非子参考老子《道德经》的材料，发展出法家思想，使老子的角色变得有些面目模糊。

关于老子的真实身份，连西汉的司马迁也无法确定；在更早的庄子与韩非子笔下，也很少谈到老子的具体事迹。其实，这个问题并不是很重要，重要的是老子《道德经》所体现的思想。在古代，著作权的观念不太明确。越到后代，一本书的作者是谁就越清楚。这间接证明了老子《道德经》的成书年代应该很早，可能是一些隐士交换心得、集思广益的成果。

课后思考

对于一本书，如果作者的背景不够清楚，你会就它的内容来判断它的价值吗？或者你一定要对作者的生平与作为有所了解，才能肯定这本书的价值？也许更好的做法是把老子当成古代的一位智慧老人，设法由他的著作获得深刻的启发。

二、老子思想的形成

本节的内容包括以下三点：

第一，危机时代的人生智慧；

第二，面对存在上的虚无主义；

第三，提出一套圆满的系统。

1. 危机时代的人生智慧

老子（约 571—471 B.C.）的年代比孔子（551—479 B.C.）早大约二十年，属于春秋时代末期。当时天下大乱，民不聊生，是一个危机时代。老子是周朝的文化官员，学问与见解都超过一般人，遇到时代衰落该怎么办？当时的学者各抒己见，形成"百家争鸣"的局面。他们有着同样的目的，都希望在乱世中找到出路。

可以用一个比喻来形容这种局面。国家有如一辆游览车，司机就是天子，要载着全车人前往风光明媚的地方去旅游。但车子开到半路，司机突然心脏病发作，请问：车上谁有责任继续开车？答案是懂得开车的人，或自以为懂得开车的人。于是出现了"诸子百家"，纷纷提出自己的看法。

然而，在各种见解里面，真正值得重视的只有两家，即儒家与道家。他们的思想不受时空的局限，具有长远的意义。这一点可以从一位西方学者的研究中得到验证。德国学者雅斯贝尔斯（Karl Jaspers，1883—1969）指出，公元前 800 年到 200 年之间是人类文化的轴心时代，各大文明不约而同出现了大哲、先知这样的人物。譬如，印度出现了释迦牟尼（Śākyamuni，560—480 B.C.），古希腊出现了苏格拉底（Socrates，469—399 B.C.）、柏拉图（Plato，427—347 B.C.），犹太教则出现了大先知。

雅斯贝尔斯以孔子与老子作为中国先哲的代表。孔子创建了儒家，老子创建了道家。儒家以人为中心，从个人的德行修养入手，再设法安顿整个社会。道家则超越了人的层次，从无限与永恒这种更宽广的视角，来看待现实人生的各种问题。

2. 面对存在上的虚无主义

春秋末期表面上是危机时代，天下大乱，实则出现了两种虚无主义：一种是"价值上的虚无主义"，另一种是"存在上的虚无主义"。

什么叫做"价值上的虚无主义"呢？人活在世界上，为什么要行善避恶？这在乱世里成为很大的问题。当时礼坏乐崩，善恶判断成为相对的，失去了客观的标准。而且，就算你判断了善恶也没有用，因为善恶没有适当的报应。面对此种挑战，儒家发挥其专长，提出"人性向善"的说法，认为人性内在具有行善避恶的基本力量。所以儒家强调：要从真诚出发，实现自我的觉醒，再配合教育及政治改革，以重建整个社会秩序。

道家面对的挑战更棘手，可以称为"存在上的虚无主义"。简单说来，就是"人生自古谁无死？"听到这句话，人难免会感到悲观失望。在春秋末期，战乱频仍，死伤无数。侥幸活下来的人还要面对横征暴敛，苦不堪言。既然如此，何必非要活着受苦呢？人的存在有意义吗？很多人活着了无生趣，觉得生亦何欢，死亦何苦，就不愿意再珍惜生命。当时有很多关于死亡的描述，有不少还谈到自杀的问题。

面对这样的挑战，道家指出：宇宙万物都有它的来源与归宿，人的生命亦然。生命绝不是虚幻的。换句话说，人不是糊里糊涂地来，莫名其妙地走；而是可以清楚地知道，我的生命从何而来，往何而去。所以在人生过程中，应该问一个问题：我要如何找到生命的来源与归宿，使我的生命得以安顿？可见，老子的思想并非消极，反而比儒家思想更加全面与深刻。

谈到老子，一般人就会想到"不争"。为何不要与别人相争呢？一方面，相争的后果或是失败，或是成功；即使成功，代价也很高，将来还会有后遗症。另一方面，何不化解相争的根源呢？这个世界够大的，可以让每一个人活得下去。你只要有正确的认知与理解，就可以妥善调整自己的心态与欲望。别人要的，你给他；别人不要的，你再取。

老子思想形成的关键，是看到天下分久必合，合久必分，一治一乱，轮流上场。如果像儒家那样，想要解决价值上的虚无主义，那么每隔一段时间，都要在教育上、政治上再次进行革新，可谓"事倍而功半，劳苦而无成"。还不如设法让自己过得平安愉快。所以老子的"不争、无为"等想法并非消极，他表面看起来是一种退让，内心却对宇宙的来源与归宿有一种体认，因而有无限的空间让人自在逍遥。

那么如何才能让这个世界上轨道呢？老子有一套非常正面的想法，他特别虚拟了一个"圣人"的角色。但是，老子笔下的"圣人"与儒家的"圣人"完全不同。

3. 老子提出一套圆满的系统

老子提出了一套圆满的系统，包含以下四个层次。

第一，天下大乱。这是一个客观的事实。

第二，圣人出现。老子所谓的"圣人"是指"悟道的统治者"。

圣人必须是统治者，才能发挥作用；但他必须悟道，才能拨乱反正，回到最原始的自然状态。

第三，"道"是什么？学习道家如果没搞清楚"道"是什么，等于买椟还珠，忘记了最根本、最重要的东西。简单来说，老子所谓的"道"是指"万物的来源与归宿"。

第四，"德"是什么？"德"是万物从道所获得的各自的本性。万物的本性与道配合，没有太大的问题。只有人不一样。人的本性里包含了认知能力，由此产生意愿或欲望，所以人需要进行某种修炼。

可见，老子关注的绝不是生命进程或社会发展的某一个阶段。老子的思想构成一个完整的系统，显示一种圆满的智慧。他认为，道是万物的来源与归宿，万物从道所获得的本性与禀赋应该是足够的，所以我们要重视自己的"德"。

谈到"德"，一般人都会想到儒家所谓的"德行"。但老子所谓的"德"不同于"德行"，而是"获得"的"得"。人一生下来就具有某些本性与禀赋，这就是获得的。譬如，人天生就有认知能力，可以了解正确的观念，得到完整的理解，进而化解偏差的想法和欲望。人的这种"德"一方面可以让人不断求知、表达意愿，另一方面也能将认知和欲望导入正确的方向，使人的存在不至于陷入困境，甚至沦于虚无。

每一个人都可以从老子《道德经》中获得启发，更好地面对生命中的各种挑战。然而，老子不可能通过区区五千言，就让整个社会得到重整与提升。所以他把这项责任托付给"圣人"这个角色上。

关于老子思想的形成，并非一个人熟读经典、历经磨炼、然后有自己的心得这么简单。老子《道德经》体现出一个宏大的格局，建构了一个圆满的思想系统。

春秋末期是一个危机时代。个人与社会在乱世中应该何去何从？这是老子思想的出发点。

儒家面对的挑战是价值上的虚无主义。当没有人愿意行善避恶时，儒家强调人性向善，让人的力量由内而发。道家面对存在上的虚无主义，表现出比儒家更开阔的心胸。道家认为，善恶观念毕竟是相对的，用这种方式不可能从根本上把社会安顿好。老子给出一个明确的理由，让人在透彻了解《道德经》的系统之后，可以对人生采取正面的态度。

老子提出一套圆满的系统。"道"是万物的来源与归宿，"德"是万物从"道"所获得的各自的本性。人不同于万物，人的本性里包含了认知能力，由此产生意愿或欲望，使人的世界多彩多姿的同时也充满了危机。如果一个人有偏差的认知与盲目的欲望，就会造成严重的后果。这正是天下大乱的根源所在。老子想让人们了解自己的本性与禀赋，再进行必要的修炼，从根本上化解所有复杂的问题。

农夫插秧时向前进的话，难免会踩到刚种下去的秧苗；而后退的话，秧苗则会整齐排列。很多事就像农夫耕田，后退原来是向前。因此，人生不能从单一角度来看，而要两面兼顾。像后退与向前，相争与相让，骄傲与谦虚，得到与失去，相反的作为可能达成同样的目标。老子的思想有一个最终的基础就是"道"，它是万物的来源与归宿。以道为基础，可以容纳这种两面互动的、相对的观点。你认同这种说法吗？

三、《道德经》是一本什么样的书?

本节的内容包括以下三点:

第一,《道德经》的书名是怎么回事?

第二,《道德经》的版本有哪些问题?

第三,《道德经》这本书的特色是什么?

1. 《道德经》的书名是怎么回事?

《道德经》这本书又称为《老子》,全书共分为八十一章。第一章的开头是"道,可道,非常道",提到了"道";第三十八章的开头是"上德不德,是以有德",提到了"德"。所以后代把第一章到三十七章称作《道经》,把第三十八章到八十一章称作《德经》。一般认为,从汉魏以来,编目就是如此。在魏晋南北朝之后,有一本讨论古代经典的书叫做《隋书·经籍志》,其中记载:"《道德经》二卷,王弼注。"所谓"二卷",就是指《道经》与《德经》分开。王弼(226—249)是魏朝人,代表在汉魏之际,这本书已经分成了《道经》与《德经》两个部分。

我在中学时代第一次看到《道德经》这个书名,以为它是教我如何行善避恶的。事实上,"道德"这两个字跟我们平常说的"伦理道德"完全无关,它不是让你去做好事、行仁义。在《老子》这本书里面,"道"与"德"的用法很特别。

老子所谓的"道",是指万物的来源与归宿,是万物的根源、基础或本体。而"德"这个字在古代与"获得"的"得"相通。万物都来自于道，万物从"道"获得各自的本性，那就是"德"。万物各有它的"德"，也就是它本来的样子。所以，《道德经》的内容与"行善避恶"没有关系。

《道德经》的历代注解多如牛毛。它就像一面镜子，每个人都可以从中照见自己的样子。在古代，庄子发展了老子有关"道"的部分，而韩非子引申了老子有关"术"的部分，这就是最明显的例子。

2.《道德经》的版本问题

关于这本书作者的身份，连司马迁都觉得难有定论，后代就更不必说了。这本书很可能不是一个人写成的，因为在短短五千多字里，至少有两段四句话完全重复，还有两句重复、三句重复的地方。所以这本书可能是几位隐士写下各自的心得，再汇编而成。事实上，《论语》里面就记载了不少隐士，他们富有学识和见识，对整个时代看得很透彻，对于孔子儒家的作为提出一些讽刺的说法。把这一类隐士的心得汇编成《老子》一书，确实是可能的。

《老子》作者的年代应该很早，因为《庄子》书中曾多次引用该书的内容，还直接称其作者为老聃，并且庄子也认为自己学习及发展了老聃的思想。庄子（约368—288 B.C.）的年代与儒家的孟子（372—289 B.C.）接近，距离孔子（551—479 B.C.）将近一百八十年。可见，《老子》应该出现在庄子之前。

荀子（约313—238 B.C.）比庄子的年代略晚。荀子在《天论》里也批评过老子，说他只看到"屈"，而没有看到"伸"。"屈"就是收敛、委屈自己，"伸"就是伸展、有所作为。荀子认为，老子看到人在自然界及社会上都无能为力，所以只能消极应付，最后变成无为而治；但那只是一种幻想，最后会变成贵贱不分。事实上，在《老子》的书里面，对于贵贱区分确实提出了批判。后来，荀子的学生韩非子更是直接写了两篇文章，叫做《解老》和《喻老》。可见，战国中期以来的学者都引用过老子的书。

另外，儒家的孔子也谈到过老子。据《论语·宪问》记载："或曰：以德报怨，何如？"《老子·第六十三章》出现过"报怨以德"的说法，代表在孔子的时代，老子的一些观念已经出现了。所以，《老子》很可能成书于先秦时期，比孔子略早的时代。

更进一步，我们可以参考当代考古学的进展，其中有两份资料值得注意。一份是1973年从湖南长沙马王堆汉墓里出土的帛书《老子》，分为甲本、乙本。帛是古代的丝织品。古代的书写都要避开皇帝的名字，叫做"避讳"。从帛书《老子》使用的文字来看，甲本早于汉高祖刘邦，乙本早于汉惠帝刘盈，比王弼的版本早四百年左右，具有很高的参考价值。

1993年，湖北荆门郭店村又发掘出战国后期的楚国坟墓，其中有《老子》的竹简本三组。不过，三组的内容加起来不及《老子》原文的三分之一，并且大多数的字都很难辨认，所以竹简本的用处有限。

今天要学习《老子》，以王弼注解本与帛书本《老子》作为基础，是比较可靠的。

3.《老子》的特色

《老子》这本书的特色在于，只有结论而没有论证。《老子》书里的每一句话都是明确的论断，但只是提出结论而已，没有给出背后的根据与说明。但奇怪的是，全书的系统相当完整，内部没有明显的矛盾。所以，我们读《老子》要做好心理准备，它是标准的言简意赅，语言凝练而含义非常周全。为了更好地理解《老子》，经常需要举一些故事或例子来说明。

庄子充分发挥老子的思想，讲了许多寓言和历史故事。譬如老子说："不推崇杰出的人才，人民就不会竞争较量。"①庄子就说："越是挺直的树木，越先被砍伐；越是甘甜的泉水，越先被喝完。"②说明你推举贤才的话，他可能提早报销，而活不到应该有的寿命。

　　《老子》中有许多话可以作为座右铭。譬如"知足者富"（第三十三章），知道满足的人是富有的。西方也有类似的话："致富的最佳途径就是降低欲望。"老子还说过："胜过别人代表你有力，但胜过自己才是真正的强者。"③

　　老子有些话甚至像谜语一样，需要反复琢磨。譬如，老子探讨了福祸相生相倚的问题，表面看起来是福，后面可能转变为祸；④反之亦然。另外，有些人过于重视养生，结果生命反而提早报销。⑤

　　学习《老子》很多地方要前后对照，否则很有可能断章取义，抓住一句话就以为是老子的意思，其实未必如此。譬如，我们常听到老子所说的"道法自然"，但他所谓的"自然"不是指大自然或自然界，而是指"自己如此的样子"。谈到自然界，老子会用"天地万物"这四个字来代表。

收获与启发

　　《道德经》这本书又被称为《老子》。它的内容共八十一章，分为《道经》《德经》两个部分。老子所谓的"道德"，不是一般所说的善良德行。"道"是指万物的来源与归宿，是万物的本体、根源或

---

① 见《老子·第三章》。原文：不尚贤，使民不争。
② 见《庄子·山木》。原文：直木先伐，甘井先竭。
③ 见《老子·第三十三章》。原文：胜人者有力，自胜者强。
④ 见《老子·第五十八章》。原文：祸兮，福之所倚；福兮，祸之所伏。
⑤ 见《老子·第五十章》。原文：人之生，动之死地，十有三。

基础。"德"是指万物从道所获得的各自的本性。

《老子》作者的年代可能比孔子略早，因为在《论语》中出现过"以德报怨"的说法，而老子曾明确提出"报怨以德"。在战国时代中期以后，庄子、荀子、韩非子等学者都曾引用过《老子》的部分内容。另外，当代的考古学也提供了不少资料。比如，帛书本《老子》与竹简本《老子》，年代可以推到汉朝初期甚至战国末期。其中帛书本《老子》特别值得重视，可以用它与王弼注解本相对照，作为文本上的重要参考。

《老子》这本书的特色是言简意赅，很多话都可以作为座右铭，有时又好像猜谜语，正面的话说得像反面一样。老子认为，自己的话很容易了解，也很容易实践；但是天下没有人了解，也没有人实践。《老子》这本书只给出结论而没有提出论证，但这些简单的结论却构成一个完整的系统，内部没有什么矛盾。世界上很难找到像《老子》这样的书，它的内容层次分明，重点也十分明确。

四、该如何学习与理解老子的《道德经》？

该如何学习与理解老子的《道德经》？这个问题涉及学习的方法，值得用心思考。

对于老子所谓的"道"，历来有各种不同的解释。有人说，"道"就是"路"。有些外国学者把"道"翻译成"the Way"，并用大写来强调，让人感觉很神秘。但问题是，路一定有人在走，并且通往特定的地方。把"道"理解为"路"，还是让人感到困惑。

有人说，"道"就是"规律"。花有花道，茶有茶道，任何东西都有它的发展规律。但问题是：先有东西还是先有规律呢？也有人说，"道"是"变化"的总名称，道本身一直在变化，所以不可名。这样就把"道"与"名"连起来了。但是请问：到底是什么东西在变化呢？我们学习《老子》，首先就会碰到诸如此类的问题。

本节要介绍学习《老子》的方法，内容包括以下三点：

第一，借重西方诠释学的方法；

第二，"以经解经"，就《老子》本身的内容，来设法了解每一个重要的观念；

第三，配合个人的生活经验来做对照和验证。

1. 借重西方诠释学的方法

西方哲学发展到当代，关于如何阅读经典及理解文本，提出了诠释学的方法。学会这种方法，对于我们阅读古代经典或重要的书籍，都会有所帮助。

所谓"诠释学方法"，就是当你阅读一段原文时，要从以下四个层次去思考，以便准确掌握它的意思。

第一，这句话究竟在说什么？亦即原文的内容是什么？原文是否可靠？

第二，这句话想要说什么？一位作者在写作时，常有意在言外的情况。每个人的思想都有其特定的时代背景。只有了解这个背景，才知道他为何会这样说。

第三，这句话能够说什么？一部经典写成之后，每个时代的人在阅读时，都有自己特殊的理解。有多少人阅读，就有多少种解释的可能性。《老子》的历代注解，可以列入这个范畴。

第四，这句话应该说什么？经过前面三步，先去了解它的原文究竟在说什么，再去认识它想要说什么，然后参考历代注解，知道它能够说什么，最后必须做出自己的判断：这句话应该说什么？

上面四步是诠释一段文本的完整步骤。本书对于《老子》的所有诠释，都是经过前面四步才做出的判断。

今天读《老子》这本书，首先碰到的问题是在第一个层次：它的原文究竟在说什么？本书主要参考魏朝王弼的注解本，一般都认为这个版本值得肯定。王弼（226—249）只活了短短二十三岁，但是他注解的两本书是所有中国读书人都不能忽略的。第一本是注解《易经》，第二本是注解老子《道德经》。他的说理完整而透彻，文辞舒畅而优美，所以本书以王弼本为主。

但是，王弼距离老子至少有六七百年，所以我们也要参考汉朝初期的帛书本《老子》。将这两个版本配合，对于《老子》的原文应该十拿九稳。另外，庄子、韩非子等先秦学者对于老子思想的引用及发挥，同样值得参考。

第二步要分辨"它想要说什么"。譬如，《老子》全书有将近一半的篇幅，都谈到圣人的修炼及治理。但老子笔下的"圣人"与儒家所谓的"圣王"或"德行完美的人"不一样。老子虚拟出"圣人"这一角色，是要化解整个时代的危机，所以他的"圣人"是指"悟道的统治者"。一方面，圣人必须有统治者的身份，才能以他的言行表现直接影响全体百姓；更重要的是，圣人必须悟道，才能有如此特别的表现。又如，老子为什么要提出"道"？因为老子面对的挑战是"存在上的虚无主义"，所以提出"道"作为一切存在的来源与归宿。

第三步要看"它能够说什么"。严灵峰先生主编了一套《老子集成》，收集了四百多册中国历代有关《老子》的研究，并且还在扩编之中。此外，有不少外国学者的研究及翻译同样值得参考。可见，研究《老子》的人实在很用功，每个人都努力提出自己的心得。有些心得大同小异，有一些则有独到见解。

最重要的是第四步"它应该说什么"。如果想最终做出准确的判断，就要采用"以经解经"的方法。

2. 以经解经

什么叫做"以经解经"？举例来说，老子所说的"道法自然"是什么意思？事实上，"自然"二字是在《老子》中才首次结合使用的。在《老子》书里面，"自然"一词总共出现了五次，全部研究一遍就会发现："自"是指"自己"，"然"是指"样子"，"自然"就是"自己的样子"。所以"道法自然"的"自然"，不是指自然界或天地万物，而是指"保持自己的样子"。换言之，任何东西保持自己的样子，"道"就在里面展现出来。这叫做"以经解经"，亦即用《老子》书中的相关概念来解释某个词的含义，而不是用后代的想法来替老子做出解释。

又如，"圣人"在《老子》书里面也有特别的含义。只有把相关概念合在一起，才能看出老子在说什么。通过以经解经，我们能更好地了解《老子》而不至于扭曲它的原意，也能避免把《老子》当作自己思想的注脚。

3. 配合个人经验或具体案例

老子的思想绝非唱高调或做白日梦，而是可以落地实践的。譬如，老子说："祸兮，福之所倚，福兮，祸之所伏。"（第五十八章）灾祸啊，幸福紧靠在它旁边；幸福啊，灾祸潜藏在它里面。在现实生活中，你把时间拉长来看，就会懂得老子的意思。你今天看到一个人成功，可能要到三四十年之后，才知道那个成功会给他带来什么后果。真的是成功吗？也许反而是灾难的开始。

美国有很多人买彩券而中奖，但是据统计，中奖的人平均七年之后会回到原点，把所赚的钱全部花光。很多人因而后悔，早知如此，何必当初？但是当初中奖时，哪个人不羡慕他？但发展的结果却难以预料。

相反的，一个人遭遇了挫折与失败，把时间拉长来看，他反而可能获得更大的幸福。想要在生活中验证老子的思想，必须把时间拉长，把空间放大，从整体来看，才能了解老子的智慧。

所以学习《老子》一定要运用诠释学的方法，加上"以经解经"，再配合个人经验或具体案例，才能充分了解它的深刻含义。否则会不得其门而入。换句话说，一个人学习《老子》之后，应该有明显的转变：个人能力得到增强，人生境界得以提升，对生命的看法会彻底改变。

我在大学期间，选过一位教授开的《老子》课。第一天上课，这位教授一言不发，只是在讲台上来回踱步。过了五六分钟，看到同学们都在注意他，才开口说了第一句话："各位同学，不是我上课不说话，而是因为我们学的是《老子》。老子说过：'知者不言，言者不知。'真正懂《老子》的不说话，说话的就是不懂《老子》。"

的确，言语和文字只是载体，无法将老子的智慧讲透彻。但这样一来，也就没有人可以教《老子》了。学道家难道全靠自己领悟吗？领悟了又说不出来，怎么判断学的对不对呢？其实，《老子》有很多言论是可以验证的。

譬如，老子说："轻诺必寡信，多易必多难。"（第六十三章）意即：一个人轻易就许诺的，一定很少能守信；看事情太容易的，一定先遇上各种困难。这显然是在长期观察之后，才有这样的心得。又如，老子说："知人者智，自知者明。"（第三十三章）能够了解别人，代表你很聪明。但是，"自知者明"的"明"就不是一般意义上的聪明，而是一种启明或觉悟。

关于《老子》的文义，学术界仍然有很多争论。今天学习《老子》，要尽量把基本的观念说透彻，才能给我们的生活带来正面的引导。

课后思考

请你列出一两句老子的话，谈谈自己的认识。譬如，老子的"无为"是什么都不做吗？"顺其自然"是不勉强做任何事吗？你会认为《老子》的思想太消极，只知道向后看而不知道努力创造吗？

五、今天学习《道德经》的意义何在?

在中国历史上,老子的思想受到相当的重视。到了唐代,因为皇帝姓李,就把老子当作自家人,对道教特别推崇。后来,唐玄宗还亲自为老子《道德经》作了注解。但是从唐玄宗政治上的失败来看,他似乎没有真正懂得老子的意思。譬如,《老子·第二十九章》谈到"去甚,去奢,去泰",强调做任何事都不要极端,不要奢侈,不要过度。而唐玄宗显然没有做到这一点。

本节的主题是:今天学习《道德经》的意义何在?内容包括以下三点:

第一,接上我们自己的文化传统;

第二,同西方哲学对照;

第三,建立自己的价值观。

1. 接上我们自己的文化传统

谈到中国的文化传统,很多人喜欢说"儒、释、道"三教。其实,这个说法是明朝以后才出现的。在中国传统的三大思潮里面,"释"(佛教)与"道"(道教)都与老子的思想直接有关。佛教是怎样传入中国的?道教如果没有引入老庄的思想,又会是什么情况?

在中国历史上,本土涌现了两大思潮,即孔子的儒家与老子的道家。两家可谓双轨并进,为中国文化打下了良好的基础。后来又从印度传来了佛教。从魏晋时代开始,就逐渐形成"儒释道"三家并存的大趋势。

在魏晋时代出现了"新道家"，把《老子》《庄子》《易经》并称"三玄"。"玄"就是谈玄说理，不谈政治或社会现实。这样比较安全，因为魏晋时代是一个乱世。"新道家"对老庄思想有一定的发挥及改造，到最后也产生了一定的落差。

在魏晋时代，佛教传入中国已经有一段时间，那么佛教是如何融入中国文化的呢？魏晋时代有一个重要的学派叫做"格义之学"，他们透过老子思想的接引，把许多佛教的概念和术语转换成中国的文字。佛教与老子思想都强调智慧的觉悟，超过强调德行的修养。譬如，佛教讲"空"，道家讲"无"。但是佛教的"空"不是真空，道家的"无"也不是虚无。"空"与"无"都是为了区分可能性与实现性而提出的观念。佛教与道家思想在这一点上可以相通。

原始的道教是中国本土的民俗宗教，有复杂的背景和实际的用途。但是作为一个宗教，需要具备基本的教义和系统的理论。于是道教的专家就借用老庄的思想，把老子奉为太上老君，把老子的书称为《道德经》，把庄子的书称为《南华真经》。所以，如果你想了解佛教的重要观念，以及本土的道教在说什么，首先就要对老子《道德经》有基本的认识。

2. 同西方哲学对照

如果将中国文化与西方哲学对照，绝不能错过老子的思想。西方哲学家对于宇宙生成有三种说法：第一种是创造论，认为宇宙是上帝创造的；第二种是流衍论，认为宇宙由"太一"这个根源"满而溢"，流衍出万物；第三种是达尔文的进化论。如果要找一个中国古代的观念来对照的话，最适合的就是《老子·第四十二章》所说的"道生一，一生二，二生三，三生万物"。此外，人们经常把老子与罗马初期新柏拉图学派的普罗提诺（Plotinus，204—269）进行比较，或是与近代西方哲学家斯宾诺莎（Spinoza，1632—1677）加以对照。

有两位德国当代哲学家对老子的思想非常肯定。第一位是雅斯贝尔斯。他提出"人类文化的轴心时代"的观念，得到学术界的普遍认同。他还写过《大哲学家》一书，总共选取了十五位代表，西方十一位，印度两位，中国两位。印度的两位代表是释迦牟尼与龙树，中国的两位代表是孔子与老子。雅斯贝尔斯从小体弱多病，他特别欣赏老子说的"柔弱胜刚强"，最后活了八十六岁高龄。

另一位影响更大的是德国哲学家海德格尔（Martin Heidegger，1889—1976）。他晚年有一个愿望，希望把《老子》再一次翻译成德文。他读过许多《老子》译本，觉得自己领悟了老子思想的精髓，但各种译本都不理想，就想自己动手再翻译一次。但他不懂中文怎么办呢？他在1946年遇到一位中国学者，就与他一起进行翻译。两人合作了一个暑假，才翻译到《老子·第八章》"上善若水"那一章。由于观点存在分歧，后面就没有继续下去。

有趣的是，海德格尔请这位中国教授为他写了一副对联，内容就出自《老子·第十五章》："孰能浊以静之徐清？孰能安以动之徐生？"意即：谁能在浑浊中安静下来，使它渐渐澄清？谁能在安定中活动起来，使它出现生机？海德格尔可谓独具慧眼。他提醒我们，老子并非只讲安静、柔弱、收敛；而是两面兼具，能静也能动，能柔也能刚，能收也能放。

因此，今天将中国文化与西方对照的话，《老子》是不可或缺的经典。你越了解老子，对西方哲学的领悟就越深；反之，你越了解西方哲学，就越能欣赏老子的思想。

3. 建立自己的价值观

我们今天学习《老子》，不太可能成为老子笔下的圣人（悟道的统治者），但是我们可以成为自己人生的管理者。

今天物质文明快速发展，人的欲望日趋复杂，于是许多人提倡要"做减法"。这个观念就来自《老子·第四十八章》所说的"为学日益，为道日损"。你要学习"道"的话，就要每天减少一点。老子帮我们确立了大方向。

"做减法"到最后是"无为"，但老子又说"无为而无不为"。老子所谓的"无为"是说不要刻意做任何事。正所谓"有心栽花花不发，无心插柳柳成荫"。你没有刻意的目的便不会执着，可以顺其自然地发展。到最后，所有事情反而按部就班、自己做好了。

人生的各种复杂问题通常来自于欲望，而欲望又来自于偏差的认知。老子希望人们从根本上了解，原来人的本性是完整的，禀赋是足够的。如果你陷入相对的价值观，只是一味地向外追逐，而忘记了自己本来的面貌，浪费了大好的人生，岂不是太可惜了吗？

人活在世界上，不管有多少痛苦与烦恼，只要记得一句话就能排解：我的来源是"道"，"道"就像大海一样，可以容纳所有的水。我们的生命不就像一滴水吗？它会慢慢地干涸。但如果把它投入大海，就永远没有干涸的问题。换句话说，只要能悟道，还有什么烦恼呢？

我在十五岁时听到老子所说的"强行者有志"（第三十三章），从此知道该如何对自己的生命负责。我在五十岁时为自己选择的座右铭是"与人无尤"，就是与别人来往没有互相责怪。这同样受到了老子的启发。我参考的是《老子·第八章》结尾的一句话："夫唯不争，故无尤。"

收获与启发

我们要接上自己的文化传统。中国在魏晋时代出现了"新道家"

思想。在佛教传入中国的过程中，正是透过《老子》的接引，使中国人对佛教的许多概念和术语产生了亲切感。另外，中国本土的道教本来是民间信仰，到魏晋时代后期借用了老庄的思想系统，并把他们当作道教中的人物。不过，道家并非道教。道家出现后，隔了五百到七百多年才出现道教。如果没有道家思想，道教很难融入中国文化，而得到人们普遍的认识。

学习道家思想，还要同西方哲学进行对照。西方哲学家最深的关怀，是要找到古希腊时代所探讨的"存在本身"。"存在本身"就是万物的来源与归宿，亦即老子所说的"道"。因此，到了20世纪，西方有很多学者（如德国的雅斯贝尔斯与海德格尔）都对老子极度推崇。

回到现实生活，我们要建立自己的人生观与价值观。我们当然可以从儒家或其他经典得到启发，但绝不能缺少道家这一块。道家从整体来看生命的某一个侧面，可以帮助我们了解正面、反面全方位的情况。我们可以充分使用反诘法、辩证法等方法，建立更完善的人生观与价值观。

课后思考

今天这个时代，学习老子是一项艰巨的挑战。你愿意花一些时间来面对吗？你有没有信心通过这样的挑战而分享老子的智慧？

《老子》正文解读

《道经》

第一章（上） 不可说不等于不存在

从本章开始，我们逐章逐句介绍老子《道德经》的文本。《老子·第一章》就是很大的挑战，要分两节来加以解释。第一章的原文以王弼注解本为主，并结合帛书本做适当的修订。

> 道，可道，非常道；
> 名，可名，非常名。
> 无名，万物之始；
> 有名，万物之母。
> 故常无欲，以观其妙；
> 常有欲，以观其徼（jiào）。
> 此两者同出而异名，同谓之玄。
> 玄之又玄，众妙之门。

［白话］道，可以用言语表述的，就不是永恒的道。名，可以用名称界定的，就不是恒久的名。名称未定之前，那是万物的起源；名称已定之后，那是万物的母体。因此，总是在消解欲望时，才可看出起源的奥妙；总是在保存欲望时，才可看出母体的广大。起源与母体，这二者来自一处而名称不同，都可以称为神奇。神奇之中还有神奇，那是一切奥妙的由来。

首先要注意本章的断句，前面是"无名""有名"，后面是"无欲""有欲"。另外，王弼本《老子》第三句是"无名，天地之始"。本书参考帛书本，将其改为"无名，万物之始"。

老子为何要提出"道"？我们可以这样思考。

一个人活在世界上，顶多一百二十年。换言之，今天世界上有七十几亿人，一百二十年前，这些人都不存在；一百二十年后，这些人也都不在了。请问：这些人到底存在过吗？再看整个宇宙。一百五十亿年前，宇宙尚未出现；八十亿年后，宇宙将会消失。请问：这个宇宙存在过吗？因此，时间上的长短不是关键。只要有开始、有结束、一直在变化的东西，都是暂时的存在，它在根本上是虚幻的。

人有理性思考的能力，自然会问：这一切的来源与归宿是什么？它们从哪里来？要往何处去？来源与归宿其实是合一的，来源就是归宿。因此，人类所能思考的最根本的问题就是：如果万物与人类的存在不是梦幻的话，一定要有一个来源与归宿。老子从这个立场出发，指出"道"就是万物的来源与归宿，从而为人类找到了化解"存在上的虚无主义"的秘方。接着要问：这个来源与归宿能给我怎样的启发？由此引发一连串对人生的反思以及适当的态度。

老子一开头就说："道，可道，非常道。"意即：道，可以用言语表述的，就不是永恒的道。老子提出"道"之后，为何立刻强调"道"是不可说的？因为"道"分为两种：一种是我们正在谈论的"道"；另一种是永恒的"道"本身，那是无法谈论的。永恒的"道"是万物的来源与归宿，它包含一切，无所不在。人不可能把"道"当作对象来加以认识和谈论。借用苏东坡的一句诗来说，即"不识庐山真面目，只缘身在此山中"。

接着，老子马上把焦点拉回到人的身上。人作为万物之灵，有理性可以思考。人的思考一定要使用"名"（名称或概念）。人类的一切作为，包括所有文化方面的建设，都是从"名"开始的。

"名，可名，非常名"，意即：名，可以用名称界定的，就不是恒久的名。可见，"名"也要分两方面来看：一方面是无法用名称界定的，另一方面是可以用名称界定的。一样东西叫什么名字是人们约定俗成的，并非它本来就有名字。换言之，所有名称都是相对的。

形容"名"为什么不用"永恒"而用"恒久"呢？因为只有"道"才是真正的永恒，人类建构的一切能够维持长久就不错了。可见，人类在思考万物的来源与归宿时，只能以名称作为一个出发点。因为一切都来自于道，而道是不可说的，可说的只是人类使用的名称。

在古代，很多民族都不约而同地刻了一个石碑，上面写着"献给不知名的神"。"神"就是指万物的来源与归宿。他本来没有名称，后来人们勉强给他取了一个名字。取名字的过程非常生动，第三句话就会介绍命名的过程。

王弼本《老子》的原文是"无名，天地之始；有名，万物之母"。但是，帛书《老子》甲本、乙本的原文都是"无名，万物之始；有名，万物之母"。本书采用帛书本的原文，理由如下：

第一，天地包含在万物之中，所以这里不可能用"天地"两个字；

第二，王弼本的原文虽然是"无名，天地之始"，但王弼不愧为一位学术天才，他在注解这句话时，完全不谈天地而只谈万物；

第三，《史记·日者列传》也引用过这句话，说："无名者，万物之始也。"这进一步证明了"无名，万物之始"是正确的。

否则，如果无名是天地之始的话，请问"天地"和"万物"是什么关系？有的专家就认为天地是万物之母。在两汉之际，最早注解《老子》的是河上公，他是一位养生专家。他就认为"有名"是指"天地"，又因为"有名"是"万物之母"，所以天地生万物，就像母亲养育子女一样。这种解释是错误的，因为在《老子》书里面，"道生万物"是基本的立场。

"无名，万物之始"，意即：名称未定之前（即人类尚未出现的时候），那是万物的起源。这样说没什么问题。在人类出现之前，万物本来就没有名字的问题。叫它山，叫它海，叫它牛，叫它马，都无所谓。但是人类出现之后，有理性思考的需要，就必须给万物取名字了。

"有名，万物之母"，意即：名称已定之后，那是万物的母体。名称当然是由人类所定的。这句话是什么意思呢？比如，人们看到一种动物，给它取名叫做"马"，"马"这个名字就涵盖了天下所有的马。真实存在的马是个别的，而"马"这个名称是普遍的，它就像是天下所有马的母亲。"马"这个名称只有一个，就像母亲只有一个；而现实中的马有很多，就像有很多子女。人类为万物命名以后，可以用一个名称概括所有个体。这样一来，人类才能进行理性的思考，建构人类的文化。

收获与启发

万物充满生灭变化，因此一定有其来源与归宿，可姑且称之为"道"。"道"无法用言语描述，但不可说不等于不存在。道一定存在。古代很多民族都有共识，要把最好的祭品献给"不知名的神"，因为神根本无法用名称来界定。后来，人类为了理性的需要，还是给神取了名字。但不管叫他上帝、天、梵还是宙斯等，都是勉强取的名字。

人类理性的运作一定要使用名词与概念，所以提出"道"之后，紧接着就要谈论"名"。

万物的开始是无名的状态。人类出现之后，开始用"名"来概括具体的宇宙万物，以便认识和利用万物，发展人类的文化。

在老子的思想中，"名"是一个关键。人的理性若想运作，必须用名称来界定万物，但由此可能造成复杂的问题。因为人除了理性之外，还有意志，会产生欲望。一个人有所认知，就会有所欲求。所以，老子接下来就要谈"无欲""有欲"的问题。

课后思考

在古埃及神话里，神在创造的时候，一说出名称，就可以把这个名称所代表的实际事物创造出来。犹太人的《圣经》也一样，神在创世的时候，他说"有光"就有了光。这也说明了"有名是万物之母"。人类用名称来概括个别的事物，这是显而易见的事实。当我们结识一位新朋友时，首先就要记住他的名字，以便准确把握这个人。否则，这个朋友不断发生变化，到后来难免会印象模糊。你有类似的经验或心得吗？

第一章（下） 有欲望未必是坏事

本章介绍《老子·第一章》的后半段，焦点是"无欲""有欲"这两个概念。

> 故常无欲，以观其妙；
> 常有欲，以观其徼（jiào）。
> 此两者同出而异名，同谓之玄。
> 玄之又玄，众妙之门。

［白话］因此，总是在消解欲望时，才可看出起源的奥妙；总是在保存欲望时，才可看出母体的广大。起源与母体，这二者来自一处而名称不同，都可以称为神奇。神奇之中还有神奇，那是一切奥妙的由来。

上一节已经对"无名""有名"做过说明。人的理性若想运作，必须先界定名称或概念，否则人无法从事任何思考。人有了认知以后，自然会产生意愿或欲望，对所知道的东西表达某种态度，此时有两种可能——无欲与有欲。

但是，市面上关于《老子》的书，百分之八十以上都以"无"与"有"来断句，让人以为原始的版本就是如此。其实不然。王弼本及更早的帛书本，均采用"无名""有名""无欲""有欲"来断句。古文虽然没有标点符号，但是会采用"之乎者也"来断句。比如，帛书《老子》说："故恒无欲也，以观其妙。恒有欲也，以观其徼。"帛书《老子》的原文是"恒无欲"而不是"常无欲"，代表这个版本出现在汉文帝刘恒之前。

但是后代很多学者，包括西方翻译的《老子》，都用"无"与"有"来断句。历史上第一个用"无""有"来断句的是北宋的王安石（1021—1086）。王安石是北宋政治家，主张变法革新，最后失败了。他在文学与哲学方面也有一定的造诣。但是，王安石比王弼晚八百年，比老子晚一千六百年，我们为什么要用王安石的断句去念《老子》呢？

令人遗憾的是，许多学者明明看过王弼本、帛书本《老子》，但还是喜欢用"无""有"来断句。事实上，用"无""有"来断句是说不通的，因为人类对于"无""有"的了解基本上是很抽象的。在《老子》书中，有三处提到"无"与"有"；但他并非把"无"当作"虚无"，把"有"当作"具体存在的东西"。根据王弼的注解，老子的"无"是指"无形之物"，因为无形，所以无法命名；而老子的"有"是指"有形之物"，因为有形，所以可以命名。所以，"无"与"有"是就人的认识能力来判断的。

有些人可能会质疑，老子怎么会说"有欲"呢？事实上，采用"以经解经"的方法就会发现，在《老子》书中，"无欲"出现了六次，而"欲"出现了七次。老子认为，一个人对道有深刻的体会就会无欲，老子笔下的圣人也要做到无欲。另一方面，老子也多次提到圣人"欲"如何。可见，采用"无欲""有欲"来断句，在《老子》的文本里也有充分的根据。

然而，北宋王安石之后的近一千年来，人们念《老子》都受到了干扰。许多学者认为，既然《老子》的原文没有标点符号，为何不能在断句上别出心裁呢？于是就用"无""有"来断句，让人听得云里雾里一般。如果把它断成"故常无，欲以观其妙；常有，欲以观其徼"，那什么叫做"常无""常有"呢？如果心中"常无"的话，你能观察到什么呢？"观"这个动作本身就是人的欲望的一种表现。如果道家只能说无欲，不能说有欲，那为什么又说"欲"以观其妙、"欲"以观其徼呢？这不是自相矛盾吗？

我们念书当然要参考各家学者的见解，但是真理是我们唯一的朋友。如果你知道《老子》最可靠的版本是如何断句的，就要毫不犹豫地接受正确的观点，避免自己被误导。毕竟我们要学的是老子的思想，而不是后代学者各自的心得。

那么如何理解"无欲""有欲"呢？从事科学研究的人清楚地指出，科学研究有两种途径：一种是无欲，另一种是有欲。

所谓"无欲"，就是对研究对象不加干扰，只是观察它的奥妙，由此可以看到生态的平衡。有一次，我看到探索频道的一幕，实在于心不忍。一只雄狮找到一只母狮，母狮已经有了四只小狮子，结果雄狮把四只小狮子一一咬死。母狮没有反抗，只是去确定了一下小狮子都死了，就跟着雄狮走了，准备去生下一胎。这就是狮子世界的奥妙，人没有必要干涉。如果人为干涉的话，就会打破自然生态的平衡。

又如，海龟一次能产约两百颗卵，最后能孵化并存活下来的海龟，顶多只有两三只。如果人为进行保护，让两百颗卵全都孵化成大海龟，将来人们就能在海面上散步了，这样反而破坏了自然生态。所以，人不出手干预叫做"无欲"，由此可以看到万物的奥妙。

接着，有欲可以看出"万物之徼"。"徼"指广大的边界。人有欲望的话，可以对事物进行干预，看它如何反应。这样才能了解某种动物的体力、嗅觉、听觉的灵敏程度，利用它的能耐，为人们提供便利。譬如在古代，如果想找一种动物帮你拉车，你会选择哪种动物？人们有了这个意愿之后，就要观察每种动物的特性。大象的力气很大，但是它生气的话，会把房屋撞倒，把人踩扁。所以，后来人们选择了马和牛来替人拉车。

有一次，探索频道描写某地发生了凶杀案，凶手把尸体丢到附近的海里。必须找到尸体才能定罪，但救生员怎么都找不到，最后只好让一只猎犬登上救生艇，在附近海域来回穿梭。这只猎犬到了一个地方忽然狂吠不已，救生员就从这里下潜，找到了尸体。凶案已经过了好几天，海水是咸的，海浪又在不断波动，猎犬怎么能闻到二十几米以下的海底有尸体呢？这实在令人难以想象。

这就是"常有欲，以观其徼"。人类有了欲望，就可以了解万物的特性和能力范围，然后适当加以利用，促进人类文化的发展。所以用"无欲""有欲"断句是合理的。

"此两者同出而异名"，意即：这二者来自一处而名称不同。王弼认为，"此两者"是指"始源"与"母体"。前面说"无名，万物之始；有名，万物之母"，可见"始"与"母"虽然名称不同，但是有共同的来源。两者都与"名"有关，而"名"是为了描写"道"的。"同谓之玄。玄之又玄，众妙之门"，意即：两者都可以称为神奇，神奇之中还有神奇，那是一切奥妙的由来。这说明"道生万物"是非常奥妙的。

老子从来不去问"道为什么要生出万物？"他只是接受这个已经存在的事实。换言之，面对万物已经存在这个事实，人不必去问万物"为什么"存在，而要问：万物以及人的存在，这一切是"为了什么"？

人的思考通常带有目的性，难免会以自我为中心而流于主观。老子提醒我们，人间所有的问题都来自于人类过度的自我中心。人与万物都来自于道。从"道"来看，人与万物是平等的。但是，只有人可以透过某种修炼，最后达到悟道的程度。

课后思考

　　你能否自己体会一下"无欲"与"有欲"这两种状态。当你没有欲望时，你看到了什么？当你有某种欲望时，你又看到了什么？请举例说明。

第二章（上） 判断都是相对的

第一章的内容听起来很抽象，老子为什么要谈这么抽象的东西呢？《老子》共八十一章，按照内容大致可分为四类：

第一，天下大乱，约占百分之二十的篇幅；

第二，圣人出现，约占百分之五十的篇幅；

第三，"道"是什么，约占百分之二十的篇幅；

第四，"德"是什么，约占百分之十的篇幅。某些章节的内容是互相交叉重叠的。

第一章首先提到"无名""有名"，"名"与认知有关。当你学会分辨一样东西之后，自然会产生欲望，所以老子接着就说"无欲""有欲"。第二章探讨了天下大乱的根源。人所做的判断，不论是对事实的判断还是对价值的判断，都是相对的。人的理性主要表现为能够认识万物。凡是认知，都要做某种区分。而区分都是相对的，有东就有西，有南就有北。所以，人不必执着，不要自以为是，更不要根据这种偏差而局限的认知，产生不恰当的欲望。这就是老子要强调的重点。

> 天下皆知美之为美，斯恶已；
> 皆知善之为善，斯不善已。
> 故有无相生，难易相成，
> 长短相形，高下相倾，
> 音声相和，前后相随。

是以圣人处无为之事，行不言之教。

万物作焉而不辞，

生而不有，为而不恃（shì），功成而弗居。

夫唯弗居，是以不去。

[白话]天下的人都知道怎么样算是美，这样就有了丑；都知道怎么样算是善，这样就有了不善。所以，有与无互相产生，难与易互相形成，长与短互相衬托，高与低互相依存，音与声互相配合，前与后互相跟随。因此之故，圣人以无为的态度来处事，以不言的方法来教导。任由万物成长而不加以干涉，生养万物而不据为己有，化育万物而不仗恃己力，成就万物而不自居有功。正是因为不居功，所以功绩不会离开他。

首先说明第一句。在古代，"恶"这个字常与"美"相对，代表"丑"，而不是后代所谓"善恶"的"恶"。第二句提到"善"，与它相对的是"不善"。所以，"美"与"恶"相对，"善"与"不善"相对。这两组都是明确的价值判断。

在原始社会，大家还没有分辨什么是"美"，也就无所谓"丑"。每个人都有一张脸，能够辨认出谁是谁就够了。一旦说长成什么样叫做"美"，那么没达到这个标准的不就成了"丑"吗？同样的，一旦肯定某种行为叫做"善"，马上就出现了"不善"。比如，一个人每年捐钱给孤儿院，你说他行善，那没钱可捐的人不就成了"不善"吗？可见，"美与丑""善与不善"都是相对的。知道什么是美，丑就出现了；知道什么是善，不善就出现了。

接着，老子列出六种对于客观事实的判断。人在认识万物时，都会做这样的判断。

第一，有无相生。

"有""无"怎么相生呢？其实，老子所谓的"有"是指有形之物，"无"是指无形之物，这样才说得通。比如这里有一朵花，后来它枯萎凋零，化作春泥，不就从"有"变成"无"了吗？又如，这里本来没有花，最近新开了一朵花，这就是从"无"生"有"。

这里的"无"不代表完全的虚无。否则，怎样从完全虚无中生出东西来呢？同样的，一朵花化作春泥，也没有变成完全的虚无，它只是换了一种形式存在。所以，老子这里所谓的"有"与"无"是指"有形之物"与"无形之物"，以人的视觉判断为准。"有"与"无"是相对的。

第二，难易相成。

"难"与"易"也是相对的。比如，你上了高中，再看初中数学会觉得很容易。正因为你觉得高中数学难，才会觉得初中数学相对简单。其实，一道数学题本身并没有难易的问题。

第三，长短相形。

说尺是长的，是将它与寸相比。如果将尺与丈相比的话，尺又变成短的了。所以，"长"与"短"是互相比较才出现的。

第四，高下相倾。

"高"与"低"的判断也是互相依存的。这座山与丘陵比起来显得很高，但是前面还有比它更高的山。并且山再怎么高，与天空比永远是低的。

第五，音声相和。

"音"与"声"互相配合。在古代会区分"声""音""乐"三个词。"声"是指简单发出声响，动物也能发"声"。"音"是指"声"的组合，以传达特定的意思，层次比"声"要高。中文的

"意"字，上面是"音"，下面是"心"，代表你有心发出某种声的组合，来表达你的意思。"乐"代表用歌咏来表达心中的感受。所以，"音"与"声"要互相配合。光有"声"，无法传达意思。

第六，前后相随。

你说你走在前面，代表一定有人走在你后面。所以，前后也是相对的。

老子总共提出八种相对的判断。前两种（美与恶、善与不善）属于价值上的判断，后面六种（有无、难易、长短、高下、音声、前后）属于事实上的判断。这些判断构成了人的认知活动。这些认知活动可统称为"区分"：区分什么是美，什么是善，什么是有，什么是无。区分之后就有了好坏之分，人们都希望得到好的东西，从而造成复杂的欲望。

人的理性需要名称才能运作，但是有了名称之后，就会产生区分。所以老子在第二章立刻提醒我们，所有的区分都是相对的。你觉得这个人美或善，那么与他不同的就变成不美、不善了。人们都去追求好的而讨厌差的，这不是由区分带来了欲望吗？譬如，有个地方举办选美比赛，入围了十个人，居然有六个人长得一模一样。因为她们都按当地的审美标准做了整形手术，这样的结果显然不理想。

人的认知活动很容易形成相对的观点。你从不同角度去评判同一样东西，会有不同的结果。所以人要设法从各个侧面去了解一样东西，才能掌握它的全貌。在评价的时候，不要只采用单一的标准。否则，大家都去追求公认的"好"的东西，很容易互相争夺而陷于困境。人类社会的各种问题，主要来自于"把认知当作区分"。如何解决这个问题呢？老子后面会给出他的答案。

收获与启发

人的认知活动是相对的，无论在价值方面还是在事实方面，判断都是相对的。"相对"代表相辅相成，彼此不能缺少。一说"美"，就有了"丑"。一说"善"，就有了"不善"。"有无""难易""长短""高低""音声""前后"，都是如此。明白这个道理之后，我们就不会太执着于怎样才是对的、才是好的，也就不会产生偏差的欲望。

课后思考

老子并非让我们不做判断，而是希望我们知道所有判断都是相对的。所以不必执着于这种区分，要设法从多个角度来看待同一个事物，从而得到比较完整的理解，不至于出现偏差的欲望。你觉得这种想法对我们的实际人生有帮助吗？

第二章（下） 圣人究竟是谁？

《老子》每隔一两章就会出现"圣人"一词，圣人究竟是谁？。一般人会把"圣人"当作儒家的典型，即德行完美的人。但老子的"圣人"是指"悟道的统治者"，它与德行没有直接的关系，而是与智慧有关。

事实上，老子使用"圣人"一词的比例反而是最高的。在《老子》全书里面，有二十四章谈到"圣人"，一共出现了三十二次。另外，"圣人"的同义词还有"我""吾""有道者""善为道者"，都是指悟道的统治者。《老子》全书共八十一章，出现"圣人"及其同义词的共有四十章，占了全书将近一半的篇幅。所以如果想透彻了解老子的思想，一定要对他所谓的圣人有清楚的认识。第二章后半段就描写了圣人是如何做事的。

> 是以圣人处无为之事，行不言之教。
> 万物作焉而不辞，
> 生而不有，为而不恃（shì），功成而弗居。
> 夫唯弗居，是以不去。

[白话] 因此之故，圣人以无为的态度来处事，以不言的方法来教导。任由万物成长而不加以干涉，生养万物而不据为己有，化育万物而不仗恃己力，成就万物而不自居有功。正是因为不居功，所以功绩不会离开他。

老子为何要虚拟"圣人"这个角色呢？因为古代社会基本上只有两个阶级：统治者与被统治者。被统治者没有自己学习和选择工作的机会，只有接受统治者的教化；而统治者则对政治成败负全部责任。可见，老子的时代应该早于孔子。因为孔子已经开始强调，每个人都要自我觉醒，确立志向，对自己的人生负责。老子把政治责任全部托付在统治者身上，这在思想史上应该是更古老的阶段。但是，世间的统治者未必都很理想，所以老子就虚拟了一个圣人作为统治者，他最大的特色是悟道了。圣人悟道之后的表现很特别，他处理事情的态度是"无为"。

"是以圣人处无为之事"，即圣人以无为的态度来处事。"无为"一词在《老子》书中反复出现，它是什么意思呢？有两种理解。一种是"无所作为"。但是什么都不做，谁不会呢？那只是懒惰主义者的借口，显然太过狭隘。更好的理解是把"无为"当作"无心而为"，"心"代表"刻意的目的"。比如，一定要实现多高的效率、达成多好的效果，等等。所以，圣人的无为是无心而为，他做任何事都没有刻意的目的。因为一有刻意的目的，就要设计很多政策去加以推广。万一目标没有达成，便会出现各种压力。

"行不言之教"，即圣人以不言的方法来教导。圣人要教导的当然是百姓。为什么他不说话也可以教化百姓？因为前半段说了，两种价值上的判断与六种事实上的判断都是相对的。如果刻意教化百姓，让他们分辨真假、是非、善恶、美丑，只会制造更多的困扰。老子强调"不言"，是为了化解由"区分"带来的困扰，让人不要执着于名词的分辨。

既然是教导"百姓"，为什么提到"万物"作焉而不辞，即任由万物成长而不加以干涉呢？这里的"万物"其实指的是所有百姓。在古文中，"物"与"人"可以通用。老子拿"万物"与"圣人"对照，是为了凸显圣人的两点特色：第一，圣人是唯一的统治者；第二，圣人是悟道的统治者。因为道生万物，所以圣人可以从道的角度来观察万物。

"万物作焉而不辞"这句话，有的版本写成"万物作焉而不为始"。"辞"在这里可以理解为"干涉"。"不为始"就是不去开始，不去刻意造作。万物成长，你不去干涉它，或者不去发动它，这两个意思是相通的。

"生而不有，为而不恃"在第五十一章会再度出现，那里描写的是"道"对待万物的方式。圣人是悟道的统治者，所以也会按照"道"的方式来对待所有百姓。

"生而不有"，即生育万物而不据为己有。做到这一点并不容易。我们在成长过程中会逐渐明白，我们并不属于父母，而要为自己的人生负责。有一天我们生了孩子，为人父母，也应该有这样的觉悟：将来孩子长大了，也要自己负责他的人生。所以父母养育子女，不能任意安排，非要孩子达成自己设计的目的。光是想通这一点，就知道老子很有智慧。

"为而不恃"，即化育万物而不仗恃己力。仍以培养孩子为例。有的父母对孩子说："你所有的优点都是我栽培的。"那么孩子的缺点难道都怪老师没教好吗？这明显违背了老子的意思。老子希望你为而不恃，做你该做的事，但不要仗恃自己的力量。

"功成而弗居。夫唯弗居，是以不去"，意即：成就万物而不自居有功。正是因为不居功，所以功绩不会离开他。你有了功劳但居功自傲的话，别人就会觉得：既然你已经肯定了自己，占有了那个功劳，何必再歌颂你呢？如果你不居功，只是做自己该做的事，人们就会歌颂不已，代代相传。对圣人来说，其实根本就不在乎是否有功。

孔子在《论语》里面称赞过孟之反这个人，说："孟之反不夸耀自己。鲁军战败撤退时，他负责殿后，将进城门时，鞭策着马匹说：'不是我敢殿后，是马不肯快走啊！'"①孟之反如此谦虚，所以得到孔子的称赞。在社会上就是如此。你一旦夸耀自己的功劳，凸显出自己的优势，就会与别人形成紧张的竞争关系。既然你自视甚高，别人就不会再肯定你。

当你有了某种成就，不要自居有功，因为天下没有什么事是一个人关起门来就能做成的。孟子曾说："一人之身，而百工之所为备。"②一个人身上的物品，比如衣服、鞋子、纽扣、眼镜、帽子等，要靠各种工匠制作才能齐备。所以，你能完成一件事，一定得益于天时、地利、人和的配合，千万不能居功自傲。

收获与启发

老子笔下的圣人是指悟道的统治者。老子描述圣人如何修炼自己，如何教化百姓，他的治理有哪些效果，这代表圣人具有统治者的身份；更重要的是，圣人是悟道者，所以他的表现与一般统治者截然不同。这是老子虚拟的理想状况。老子认为，只有这样的作为才能解决天下大乱的困境。

在老子之后，道家学者就很少谈到圣人了。譬如，庄子提到"真人、神人、至人、天人"，这四种人都代表"悟道的个人"。因为只有极少数人有机会成为统治者，但是个人同样可以进行修炼。庄子也提到圣人，但是他的"圣人"有两种意思：一个是儒家意义上

---

① 出自《论语·雍也》。原文：子曰："孟之反不伐，奔而殿，将入门，策其马曰：'非敢后也，马不进也。'"
② 出自《孟子·滕文公上》。

的圣人，会受到批判；另一个是道家所谓的圣人，与真人、神人类似，关键在于悟道。所以到了庄子，已经把焦点从"悟道的统治者"转向"悟道的个人"了。知道了道家思想有这样的变迁发展，就更容易有个人的心得。

课后思考

我们不可能成为老子笔下的圣人，但是可以成为自己生活的管理者，在力所能及的范围内效法圣人的作为。请问，你从第二章得到了哪些启发？

第三章　不是愚民政策

本章介绍《老子·第三章》。这一章先提到三种天下大乱的处境，即百姓相争、出现强盗、民心乱了，接着描写了圣人是如何治理百姓的。

> 不尚贤，使民不争；
> 不贵难得之货，使民不为盗；
> 不见（xiàn）可欲，使民心不乱。
> 是以圣人之治，
> 虚其心，实其腹；
> 弱其志，强其骨。
> 常使民无知无欲，
> 使夫知者不敢为也。
> 为无为，则无不治。

［白话］不推崇杰出的人才，人民就不会竞争较量；不重视稀有的商品，人民就不会沦为盗贼；不展示可欲的事物，人民的心思就不会被扰乱。因此之故，圣人在治理人民时，要简化他们的心思，填饱他们的肚子；削弱他们的意志，强化他们的筋骨。总是要让人民没有知识也没有欲望，并且使明智的人不敢轻举妄动。只要依循无为的原则，就没有治理不好的地方。

《老子》全书大约有百分之二十的篇幅是在描写天下大乱的处境。天下为什么会乱？这源于统治者的三种作为：

第一，统治者如果"尚贤"，即推崇杰出的人才，百姓就会相争。"贤"代表杰出、卓越。古代通常会从德行、能力、智慧这三个方面来判断一个人是否卓越：德行卓越的称作"贤良"，能力卓越的称作"贤能"，智慧卓越的称作"贤明"。然而，统治者如果推崇杰出的人才，百姓就会竞争较量，拼命去表现自己。譬如，《庄子·外物》提到，演门有个人双亲过世，他因为悲伤过度、形容枯槁而被封为官员；同乡人就学他哀戚守孝，结果死了一大半人。①

第二，统治者如果"贵难得之货"，即重视稀有的商品，百姓就会沦为强盗，去偷、去抢、去骗。

第三，统治者如果"见（xiàn）可欲"，即展示可欲的事物，人们就会产生欲望，心思被扰乱。今天是商业社会，这种事情如何可能避免呢？上述三点分析了天下大乱的原因，老子把责任都推给在上位的统治者，这反映了古代的社会情况。

那么圣人是如何治理百姓的呢？圣人治理百姓时，会做四件事：虚其心，实其腹，弱其志，强其骨。"虚"代表"单纯"。"虚其心"就是简化人民的心思，让百姓心思单纯，不要有复杂的念头。"实其腹"就是填饱百姓的肚子。"弱其志"就是削弱百姓的意志，不要一山望见一山高，吃着碗里看碗外。"强其骨"就是强化百姓的筋骨，让百姓身体健康。这等于是把百姓分成"有形的身体"与"无形的心思"两个方面。身体要吃饱喝足，身强体健；心思则要尽量单纯，不要有太多复杂的欲望。欲望太多会造成各种麻烦。

"常使民无知无欲"，意即：圣人总是要让人民没有知识也没有

---

① 原文：演门有亲死者，以善毁爵为官师，其党人毁而死者半。

欲望。"无知无欲"四个字让老子备受批评，认为老子搞愚民政策。但是请问，这种愚民政策是手段还是目的？事实上，"使民无知无欲"只是一种手段，目的是让百姓安居乐业，避免陷入竞争、盗窃、混乱等困境。百姓知道的东西越单纯越好，因为"知"一定会带来"欲"。与"无知无欲"相对的是"有知有欲"。老子在后文提到，圣人也有欲望。圣人因为有正确的"知"，所以有正确的"欲"。

那么要如何判断"知"是否正确呢？老子的"知"有三个层次：第一是把认知当作区分，第二是把认知当作避难，第三是把认知当作启明。

认知的第一个层次是区分。人活在世界上，不可能不做出区分。我还记得，小学老师教过我们怎样分辨毒蛇：蛇头是椭圆形的没有毒，蛇头是三角形的有毒。我们下了课居然真的拿尺子去量。其实这只是一种形状上的大致区分，不是数学上三内角和等于一百八十度的三角形，哪里有这样的蛇呢？可见，人一定要做基本的区分，区分有毒无毒、有害无害，从而趋利避害，实现生存与发展。

一般人的认知都停留在"区分"的层次，比如区分美丑善恶。人一旦懂得区分，就会产生欲望。你知道谁比较杰出，自然想要超过他；你知道什么东西难得，自然想要拥有它；你知道什么值得欲求，自然想要追求它。你的认知若有偏差，欲望自然会有偏差。可见，"区分之知"会给人带来许多困扰。

认知的第二个层次是"避难"。如果一个人见多识广，知道怎样做会有后患，就会设法避开灾难。俗话说："木秀于林，风必摧之。"如果一棵树长得过于高大挺拔，那么大风肯定先摧残它。树木无法选择自己的外形，但是人可以选择自我收敛，以避开某些灾难。

人有了一定的阅历，知道了很多历史故事，很容易就会把认知当作避难。你在世界上有所建树，总会有人把你当成对手，让你陷入灾难。我年轻时看过一本书叫做《厚黑学》，就是教人不择手段来避开各种灾难。但那绝不是老子真正的用意！在避难方面，老子思想的影响很广。像法家、兵家、阴谋家等，都将老子思想用于避难，却无法突破这一层次。

但是，老子真正的目标是抵达认知的第三个层次——将认知当作启明。启明就是悟道，就像心灵之眼忽然张开，你对许多事情的看法会截然不同。

"使夫知者不敢为也"，意即：让明智的人不敢轻举妄动。因为他们得不到百姓的支持。百姓没有偏差的"知"与"欲"，进入"无知无欲"的状态，自作聪明的人就无法煽动百姓来达成个人的欲望。

结论是："为无为，则无不治。"意即：只要依循无为的原则，就没有治理不好的地方。可见，老子最终的目的，是通过悟道的统治者来妥善治理百姓。一般认为老子主张"无为而治"，根据就是这句话。"无为"即无心而为，不刻意做任何事。结果一切事都做好了，社会也步入正轨。

孔子在《论语》里说过："无为而治者，大概就是舜吧！"①这与老子"无为而治"的意思不同。儒家肯定人性向善，所以统治者只要行善，百姓自然会效法。道家的"无为而治"不牵涉德行，而是一种深刻的智慧。圣人不刻意做任何事，结果一切都按照自然的趋势，自行完成。

收获与启发

老子处于春秋末期，当时百姓互相争胜，甚至偷窃抢夺，民心大乱。面对这种情况该怎么办？老子认为要由圣人来治理。圣人表

---

① 出自《论语·卫灵公》。原文：子曰："无为而治者其舜也与！"

面看似消极，只是让百姓吃饱喝足，身强体壮，心思单纯，欲望薄弱，但他的目的是希望天下大治。

我们今天当然不会赞成回到古代原始社会，但老子的话可以作为个人修养的参考。我们自己是否也陷于混乱的状态，心思浮动不定呢？我们能否反省自己，让心思单纯一些，欲望减少一些呢？正如西方近代哲学家笛卡尔（René Descartes，1596—1650）所说："让我的欲望不要超过我的能力范围。"这样就会减少许多困扰。

课后思考

老子其实并非主张反智主义，反对教育或主张愚民，他的目的是要实现天下太平。我们今天可以将老子思想用在自己身上。请问：老子的话对你有哪些启发？

第四章　用疑似法来想象

这一章是专门描写"道"的。老子是道家的创始人，"道"是他的核心观念。在《老子》全书中，专门讨论"道"的篇章占了将近百分之二十，大约每五章就有一章是讨论"道"的。第一章提出"道，可道，非常道"之后，接着就人的认识能力夹加以说明，谈到"名"与"欲"的问题。第四章则专门对"道"进行了描述。

> 道，冲而用之或不盈。
> 渊兮似万物之宗。
> 挫其锐，解其纷，
> 和其光，同其尘。
> 湛兮似或存。
> 吾不知其谁之子，象帝之先。

[白话]道，空虚而作用似乎没有极限。是那么渊深啊！像是万物的本源。它收敛锐气，排除纷杂，调和光芒，混同尘垢。是那么沉静啊！像是若有若无地存在着。我不知道它是由谁产生的，好像在上帝之前就已经存在了。

本章的特色是，接连使用了"或""似""似或""象"等表示疑似的词来描写"道"。

"道，冲而用之或不盈"，意即：道，空虚而作用似乎没有极限。代表"道"的作用在空间上没有任何限制。"渊兮似万物之宗"，意即：是那么渊深啊！像是万物的本源。代表"道"在时间上最早，并且似乎一直存在。

"挫其锐，解其纷，和其光，同其尘"，意即：它收敛锐气，不会凸显自己；它排除纷杂，不会纷乱杂多；它调和光芒，不会让人觉得耀眼；他混同尘垢，不会自命清高。这是从人的视角来观察"道"。后来演化出"和光同尘"这个成语，代表一个人可以同众人打成一片，不会孤芳自赏、自命清高。

第五十六章也出现了"挫其锐，解其纷，和其光，同其尘"这四句话，用来描写圣人的修养。由此可知，"圣人"就是悟道的统治者。他会效法"道"的作为，收敛锐气，排除纷杂，调和光芒，混同尘垢，过安稳平静的生活。圣人并非无所作为，而是无心而为，没有任何执着。

"湛兮似或存"，意即：像是若有若无地存在着。"似或"表明"道"不同于我们所见的客观世界。我们说太阳存在、月亮存在，但是"道"并非这一类的"存在"。"道"的存在是"似或"，是若有若无的。

"吾不知其谁之子，象帝之先"，意即：我不知道它是由谁产生的，好像在上帝之前就已经存在了。为什么说"道"在"帝"之前就存在呢？因为《老子·第一章》说："无名，万物之始；有名，万物之母。"万物在开始的阶段没有名称，任何名称都是在"道"之后出现的。中国古代的《诗经》《书经》里面，经常出现"上帝"这个词，代表万物的来源和最高主宰。但"上帝"也是一个名称，而"道"在名称未定之前就存在，所以道在上帝之前就存在。换句话说，一切名称都是人类出现之后，用语言加以界定的。

我们在这里简单对照一下西方哲学。在古希腊时代，人们给每个神都取了一个名字，代表神有某种特殊的力量，又有其限制。譬如，天神"宙斯"（Zeus）的原意是指"明亮的天空"，而海神"波塞冬"（Poseidon）是指"海水震荡，摇撼大地"。但是，这些神并不等于创造天地万物的力量。

中世纪信仰基督宗教，相信上帝创造世界。当时描述上帝最基本的方法是"否定法"，就是说上帝"不是"什么。因为你一说上帝"是"什么，立刻就会出现问题。比如，你一说上帝是高山，是大海，是父亲，是母亲，就会对上帝构成某种限制。而说上帝不是高山，不是大海，不是父亲，不是母亲，才是正确的描述。但如此一来，你也无法想象上帝到底是什么。

古代印度也用否定法来描述宇宙万物最根本的那个基础。印度的《奥义书》提到最高的"梵"，就说它不是这个，不是那个。因为万物的来源与归宿是最根本的、唯一的存在，是存在本身。它不是人的语言文字可以描述的，甚至不是人的理性可以思考的。因为人一思考，一定会想到某种对象，而"道"不是一个具体的对象。

老子采用"疑似法"来描写"道"，显然比"否定法"更高明。否定法让人无从想象上帝到底是什么，而疑似法却可以给人一些暗示：道的作用"似乎"没有极限；它非常渊深，"像是"万物的本源；它"像是"若有若无地存在着；"好像"在上帝之前就存在。"似乎""像是""好像"这些词虽然没有直接肯定，但是却引导你从四个方面去想象。

"道"究竟是什么？更清楚的表述是，"道"是万物的来源与归宿。万物充满变化，而"道"永远不变，代表"道"具有超越性；"挫其锐，解其纷，和其光，同其尘"，代表"道"内存于万物之中。离开了"道"，万物将不复存在。这样就把老子的"道"描述得相当清楚了。

老子作为道家创始人，要设法把他领悟的"道"说清楚。宇宙万物充满变化，对于万物的来源与归宿，我们看不见，摸不着，也很难想得通，但是必须有这样一个来源与归宿。它没有名字，只能勉强称之为"道"。第二十五章详细说明了为"道"命名的过程。学习道家固然可以效法"圣人"的表现，但是一定要知道，道是一切的根源。对于"道"这个核心观念，我们绝不能回避，而要透过老子的介绍与帮助，从正面加以了解。

老子为何非要描述这么抽象的东西呢？因为人总要探寻根源，为自己的存在找到可靠的保障。否则，人活在世界上不是像南柯一梦吗？人的一生又能掌握什么呢？如果肯定"道"的存在，生命将会得到一种安顿的力量，知道我们由"道"而来，最后也要回归于"道"。人生的目标会变得很清晰，就是设法悟道，然后按照合适的方式来生活。我们尽力而为，了解多少算多少，"虽不能至，心向往之"。随着人生历练的增加，会对老子的话有更深刻的体会。人生虽然短暂，但一个人悟道之后，会对生命有完全不同的看法。

收获与启发

老子采用疑似法来描述"道"，说它好像这样、好像那样，没有直接肯定，因为"道"无法用任何言语来描述。但疑似法可以给人一个大概的思考方向："道"超越空间，扩展到无限；超越时间，推展到永恒；它平平淡淡、若有若无地存在着。说它"存在"，又并非一般意义上的存在，而是作为存在根源的存在本身。

由此可知，为什么西方学者看到《老子》的翻译本，会对老子的"道"特别推崇。因为老子描写的是"绝对的真实"，也可以称作

"究竟真实"；而人间所见的一切都是"相对的真实"。对于绝对的真实，用疑似法来描述更为优越。老子所谓的"道"，就是西方哲学一直孜孜以求的"存在本身"。

课后思考

　　你有没有这样的经验，你觉得一件事情十分重要，又无法说清楚，只好用各种比喻来描述，说它何等重要，甚至攸关生死？或者使用否定法，说它不是这样，不是那样？哪种描述得更清楚？

第五章　天地没有偏爱

本章介绍《老子·第五章》，其中有一些话很容易造成误解。

> 天地不仁，以万物为刍（chú）狗。
> 圣人不仁，以百姓为刍狗。
> 天地之间，其犹橐（tuó）龠（yuè）乎？
> 虚而不屈，动而愈出。
> 多言数穷，不如守中。

［白话］天地没有任何偏爱，把万物当成刍狗，让它们自行荣枯。圣人没有任何偏爱，把百姓当成刍狗，让他们自行兴衰。天地之间，正像一个风箱啊！虽空虚却不致匮乏，一鼓动就源源不绝。议论太多，很快就会走投无路，还不如守住虚静的原则。

"天地不仁，以万物为刍狗"，意即：天地没有任何偏爱，把万物当成刍狗，让它们自行荣枯。这是第一次出现"天地"这两个字。天地与万物都属于自然界，两者属于同一个范畴。万物在天地之间生长，需要天时地利的配合。但是万物品类繁多，总是轮流繁华与枯萎。

在老子笔下，"仁"是指有所偏爱，特别加以照顾。这正是老子要批评的。一个人存心做好事，首先要判断什么算是好事，然后难免出现主观、偏爱等问题。所以，"天地不仁"是说天地没有任何偏爱，而不是说天地没有仁心仁德。

道家谈到"仁""义"，始终会有所担心。《庄子·大宗师》提到："齑（jī）万物而不为义[戾]，泽及万世而不为仁。"意即：道让万物整个毁灭不算是残暴，让万物顺利发展、恩泽遍及万代也不算是仁慈。这里的"仁"同样是"偏爱"的意思。

庄子还提到"大仁不仁"（《庄子·齐物论》）"至仁不仁"（《庄子·天运》）"至人无亲"（《庄子·庚桑楚》）。这些话的意思都类似，就是最高的仁德会一视同仁，而不会特别偏爱什么人。圣人如果有所偏爱，难免顾此失彼，挂一漏万。到最后每个人都徇私舞弊，照顾自己的亲朋好友，天下不就乱了吗？

天地将万物当成刍狗。"刍狗"是指什么？王弼对《老子》的注解大部分都值得参考，只有对"刍狗"的注解明显有误。他将"刍"当作青草，认为：天地没有考虑太多，不是专门为动物生出青草，而动物可以吃青草来谋生；也不是专门为人生出狗，而人可以吃狗来谋生。[1]因为狗在古代被人当作食物。这样的解释明显有问题。

其实，"刍狗"是指用草扎成的狗。古代祭祀祖先时会设一个牌位，怕祖先太孤单，就用草扎几只狗放在牌位旁边陪祭。《庄子·天运》对此有一段生动的描写。刍狗在祭祀前受到礼遇，被放在珍贵的箱子里，盖上锦绣手帕，负责祭祀的人要先斋戒再去迎接它。但是祭祀过后，刍狗就被丢掉，路人踩踏它的头与背，樵夫把它拿去

---

① 原文：天地不为兽生刍而兽食刍；不为人生狗而人食狗。

当柴烧。①

可见，老子想用"刍狗"来说明，万物在天地之间会自行荣枯。现在是几月，就开几月的花；到了下个月，这种花枯萎了，就轮到别的花上场。就像刍狗一样，一旦下场就回归平常，与万物一样生生灭灭。

"圣人不仁，以百姓为刍狗"，意即：圣人没有任何偏爱，把百姓当成刍狗，让他们自行兴衰。天时地利会左右万物的繁荣与枯萎，圣人的作为也会造成百姓的兴盛与衰落。可见，圣人的确具有统治者的身份。

换言之，圣人没有任何偏爱，会考虑全局的发展，使各地区的经济建设轮流上场。沿海地区首先具备了条件，就率先发展；内陆地区随后具备了条件，就接着发展。发展顺序是按照客观的形势来安排的，不存在主观的好恶问题，就像春夏秋冬的自然流转一样。

第一句话拿天地与万物对照，第二句话拿圣人与百姓对照。圣人和百姓都属于人类，所以天地和万物都属于自然界。天地给万物提供了发展的场所，让万物轮流上场。圣人效法天地，对百姓无所偏爱，让百姓自行兴衰。

学习《老子》要树立正确的观念：天地不能生万物，只有"道"才能够生万物。天地与万物属于同一个范畴，两者都来自于"道"。这是最基本的观念。

"天地之间，其犹橐（tuó）龠（yuè）乎，虚而不屈，动而愈出。"意即：天地之间，正像一个风箱啊！虽空虚却不致匮乏，一鼓动就源源不绝。"橐龠"是古代冶炼铜器、铁器所用的风箱，中间是空的。一鼓动风箱，就会不断产生气流，让火势越来越旺。

---

① 原文：夫刍狗之未陈也，盛以箧（qiè）衍（yǎn），巾以文绣，尸祝斋戒以将之。及其已陈也，行者践其首脊，苏者取而爨（cuàn）之而已。

我们今天很难想象橐籥的结构了。天地之间就像风箱一样，看似空虚，但是一鼓动，万物就轮流上场，生生不息。

中国古代的传统观念是把天地当作父母。譬如，《易经》有基本八卦，乾卦与坤卦分别象征天与地，也象征父亲与母亲，它们生出另外六个卦，代表三男三女。而老子将天地比作橐籥，代表天地只是一个广大的场所，让万物在其中不断地生存发展。天地本身是空的，它容纳一切，提供源源不绝的力量，让万物自行荣枯兴衰。

最后的结论是："多言数穷，不如守中。"意即：议论太多，很快就会走投无路，还不如守住虚静的原则。"中"代表虚静。人的心必须保持虚静、谦虚，才能容纳别人的意见。永远守住虚静的原则，才能让万物自行发展，源源不绝。

收获与启发

老子用"天地万物"四个字代表自然界。老子也多次提到"自然"两个字，它不是指自然界，而是指"自己如此的样子"。

天地与万物的关系，可以比拟圣人与百姓的关系。这再次强调了圣人是悟道的统治者。"天地不仁""圣人不仁"不是说"天地或圣人没有爱心，不管万物与百姓的死活"。老子非常强调慈爱，要我们向母亲学习。老子所谓的"不仁"是指"没有偏爱"。圣人有充分的智慧，可以根据当时的条件，判断怎样做对整体是最有利的。

发表太多议论，很容易让人无所适从。不如守住虚静的原则，观察事物的发展趋势，以不变应万变。

课后思考

人与万物一样，都免不了"刍狗"的命运，有兴衰荣枯的过程。了解这一点之后，你对自己的遭遇有什么不同的看法吗？

第六章　谷神何以不死？

这一章也是专门讨论"道"的。学习道家绝不能绕开"道"这个观念，但"道"很难说清楚。

> 谷神不死，是谓玄牝（pìn）。
> 玄牝之门，是谓天地根。
> 绵（mián）绵若存，用之不勤。

［白话］虚谷之神不会死亡，可以称为神奇的生殖力。神奇的生殖力有个出口，可以称为天地的根源。它若隐若现好像存在，作用却是无穷无尽。

首先，"谷神"是什么意思？我们念一本书，最怕看到孤证。对于只出现一次的概念，因为难以对照比较，所以不容易把握它的意思。

"谷"是指山谷或河谷。老子对于山谷显然有过细致的观察。他描写圣人心胸开阔，就像山谷一样。[①]"谷"有两点特色：第一，谷是空虚的，河水才能从中流过。如果满盈的话，就只见河流而不见河谷了。第二，谷是低卑的，河水才能在此汇聚。

"神"这个字古人经常使用，一般有两种意思：第一，指鬼神，代表一种赏善罚恶的力量；第二，代表神妙的作用。老子用"谷神"表

---

① 见《老子·第十五章》。原文：旷兮其若谷。

示使谷成为谷的力量，代表一种神妙的作用，它既可以让河水流过，也可以保持空虚状态，因而具有无限的可能性。那个力量就是"道"。

"谷神不死，是谓玄牝"，意即：虚谷之神不会死亡，可以称为神奇的生殖力。"不死"是标准的否定法。谷神永远不会死亡，因为使谷成为谷的力量永远存在，亦即"道"永远存在，可以称之为神奇的生殖力。"牝"代表雌性的生殖力，"玄"代表玄妙。第一章曾提到"玄之又玄"，说明人难以理解宇宙最深的秘密，只好把它当作奥妙来看。这间接承认了人类的理智有其限制。

"玄牝之门，是谓天地根"，意即：神奇的生殖力有个出口，可以称为天地的根源。换言之，这种神奇的生殖力通过一个门户，源源不绝地表现出它的力量，可以称之为天地之根。既然说它是"天地根"，就代表"道"是天地的根源。天地是万物存在的场所，是最大的领域，可以代表整个自然界。除了"道"之外，还有什么能作为天地之根呢？老子多次使用"根"这个字，代表他很重视根源，因为宇宙万物最终都要回到根源。

谷是空虚的，为什么称它为神呢？因为它有时满盈，有时空旷，让人无法预测。老子用"谷神"来比喻"道"，说它不会死亡，永远存在，这是很合理的想法。"道"就是使谷成为谷的那个力量。"道"造就了河谷，让河水充满与流过；而它本身保持空虚状态，处在卑下之处，包容承受一切。

王弼认为，谷中央什么都没有，既没有形状，也没有影子；既没有阻挡，也没有冲突。它处在卑下的地方，但它不变动；处在安静的位置，但它不消退。谷由它而成，但是看不到它的形态。[1]所以

---

[1]　原文：谷神，谷中央无谷也。无形无影，无逆无违，处卑不动，守静不衰，谷以之成而不见其形，此至物也。

就以"谷神"来比喻道的作用。

"绵绵若存，用之不勤"，意即：它若隐若现好像存在，作用却是无穷无尽。"绵绵"是若隐若现的样子，"若存"就是"好像存在"。老子这里又一次使用了疑似法。"道"无法从正面加以描述，但老子不愿意只说"道不是什么"，所以就用怀疑的口吻说"道好像是什么"，让我们可以顺着这个思路去想象。

你不能直接说"道"存在，因为道的存在与万物的存在有天壤之别。万物的存在是短暂的、充满变化的；而道是存在本身，是一切存在的来源与归宿，它的作用是无穷无尽的。

本章体现了"即用显体"的思考方式。当你不了解一样东西的本体时，就要看它有什么作用，由作用去推断本体的情况。近代以来，常听到"中学为体，西学为用"的说法，就是以中国的学问为本体，用西方的学术来改善社会生活。但是，这个问题非常复杂，很难用一两句话说清楚。不过，"即用显体"这种思考方式是可以成立的。

老子强调，道的作用是无穷无尽的，天地有穷而道无穷。由此可以肯定，"道"是不死的。严复先生（1854—1921）曾翻译过《天演论》，他对《老子》也有相当的研究。他如何解释"谷神不死"这句话呢？他说："道是虚的，所以称为谷；但它因应无穷，所以称为神。"另外，第五章提到天地之间"虚而不屈，动而愈出"，天地之间不断生出万物，永远不会穷尽。可见，道是不死的。总体而言，道是虚无的；道的作用是无穷的；道一直存在，可以不断创生万物。这三点都是道的具体表现。换言之，我们无法直接掌握道是什么情况，只能从它的作用来加以描述。

收获与启发

本章内容很短，但是含义深刻，因为所谈的是道家的核心观念——"道"。"道"是万物的来源与归宿，老子用"谷神"作为象征。谷是空虚的，可以让河水从中流过。一段时间不下雨，山谷又会恢复空虚的状态。同时，谷也是低卑的，可以让河流在此汇聚。道既空虚又低卑，可以包容一切存在，可以作为天地的根源。道若隐若现地好像存在，但它的作用是无穷无尽的。

老子对于"谷"特别重视。第三十九章提到"天、地、神、谷、万物、侯王"这六个领域，都与"道"有关。可见，老子对于山谷有过特别的观察，并深受启发。我们今天常说的"虚怀若谷"这句成语，也来自类似的背景。

课后思考

"虚怀若谷"一词值得借鉴。要让自己的内心保持谦虚状态，就像山谷一样：一方面是空虚的，可以容纳别人的想法；一方面是低卑的，不与人比较竞争。这样能否让我们的生命回到比较淳朴自然的状态呢？

第七章　天长地久吗？

本章内容可分为两部分：前面谈到天地，后面讲到圣人，把天地与圣人作为一个对照组。这类似于第五章的"天地不仁"与"圣人不仁"的对照。天地所针对的是万物，圣人所针对的是百姓。圣人为什么可以和天地对照呢？因为圣人是悟道的统治者，他所取法的是道，他的表现就像天地容纳万物一样，可以让万物得到生存和发展。

> 天长地久。
> 天地所以能长且久者，
> 以其不自生，故能长生。
> 是以圣人后其身而身先，
> 外其身而身存。
> 非以其无私邪？故能成其私。

［白话］天延续着，地持久着。天地能够延续而持久的缘故，是因为它们不求自己的生存，所以能够持续生存下去。因此之故，圣人退居众人之后，结果反而站在众人之前；不在意自己的生命，结果反而保全了生命。不正是由于他没有私心吗？这样反而达成了他的私心。

"天长地久"这句话今天还在用，男女之间的海誓山盟经常会说"天长地久，海枯石烂"这些话。"天长地久"是相对于万物来说的。譬如，长寿之人能活一百二十年，乌龟能活两百多年，一棵树甚至能活上千年，但是与天地相比，这些都不算什么。天地有如父母，为万物的生存发展提供了必要的空间与条件。相对于万物而言，天地确实可以算是长久的。

但是，天地真的可以长久存在吗？事实上，宇宙万物一直处在变化之中，就连天地也不例外。《老子·第二十三章》也指出："天地尚不能久。"因此，我们要有两方面的认识：一方面，天地相对于万物而言，可以算是长久的；另一方面，天地的存在及作用并非恒久不变。

"天地所以能长且久者，以其不自生，故能长生。"意即：天地能够延续而持久的缘故，是因为它们不求自己的生存，所以能够持续生存下去。换言之，天不会想要生出更多的天，地也不会想要生出更多的地，天地只是保持自己的样子，为万物的生存和发展提供必要的条件。如果天地谋求自己生存的话，就会与万物构成竞争关系。

那么圣人怎么做呢？"圣人后其身而身先"，意即：圣人退居众人之后，结果反而站在众人之前。圣人是悟道的统治者，他让自己处在空虚卑下的状态，总是退居众人之后，以服务的方式来代替领导，结果反而成为走在前面的领导者。因为众人都希望得到圣人的指引，了解生存发展的正确途径。

同时，圣人"外其身而身存"，意即：圣人不在意自己的生命，结果反而保全了生命。圣人已经悟道，因此会取法于天地。天无不覆盖，地无不承载，天地不与万物相争，不去想怎样发展自己，结果反而得到最大的保存。圣人把"道"体现在言行中，他不考虑自己的得失成败，不与百姓争夺利益，让百姓可以自由发展，结果反而保全了生命。

最后的结论是："非以其无私邪？故能成其私。"意即：这不正是由于他没有私心吗？这样反而达成了他的私心。这句话极易引起误解。有人说：老子的圣人还是有自己的私心，他只是把无私当作手段而已。这样说是混淆了"结果"与"目的"，我们一定要学会分辨这二者。

譬如，一个学生念高中的目的是考上大学，结果未必可以成功，那么整个过程就是无用的吗？事实上，他在求学过程中可能会念到一些书，由此建立了自己的人生观与价值观。这个结果可能比他原本的目的更可贵。我们今天学习《老子》，最初的目的可能是多学一点国学知识，结果未必能完全掌握。但是，我们可能因此学会了修养的方法和理由，这个结果反而让人受益终身。

圣人是悟道的统治者，他的目的是治理百姓。他按照道的方式来治理，结果反而让自己得以保存。从一般人的角度来看，圣人的无私反而达成了他的私心。其实，圣人根本没有考虑过自己的成败得失。譬如，一个人在战场上奋勇向前，结果反而活了下来；另一个人畏惧逃跑，说不定反而丧命。人心中所想的目的，与实际的结果未必合拍。

人活在世界上，做任何事都要分清"目的"与"结果"。如果你的目的是自私自利的，那么你只是把自己当作达成目标的工具而已。就算结果理想，难免觉得落寞。如果你不替自己考虑，而是尽职尽责，问心无愧，结果反而保存了生命的内在价值，可以肯定自己作为一个人的基本尊严。

私心这个问题值得我们认真思考。我尽自己的力量去做该做的事，结果总是好的。不必预先设定一个目的，那样只会让自己所做的一切都变成手段，甚至为了达到目的而不择手段。由于偏差的认知，造成偏差的欲望，后果将不堪设想。这显然背离了老子的思想。

收获与启发

天地的长久是相对于万物来说的。万物都在设法延续自己的生命，都是为自己考虑。天地不考虑自己的生存，反而可以长久存在。

圣人是悟道的统治者，他从不在意个人的成败得失，而是尽自己的力量，把悟道的智慧用在治理百姓上，结果反而保全了生命。在一般人看来，好像圣人本来有某种自私的念头，最后达成了目标。其实不然。一个人如果有明显自私的念头，学习道家不可能有真正的心得。

学习道家要分辨目的与结果。要安心接受自然发生的"结果"，因为那是由之前的各种条件所决定的。"目的"则与个人的欲望有关，那不是道家考虑的重点。如果你悟道了，就会从整体来考虑，结果自然合乎道的要求。你不为自己考虑，最后反而成就了自己。

课后思考

你有没有类似的经验？你尽力做好分内之事，并没有想从中得到好处，结果各种好处却不期而至。关于结果与目的的分辨，你还有哪些个人的观察或经验？

第八章（上） 上善若水

本章介绍《老子·第八章》。

> 上善若水。
> 水善利万物而不争，
> 处众人之所恶，
> 故几（jī）于道。
> 居善地，心善渊，
> 与善仁，言善信，
> 政善治，事善能，
> 动善时。
> 夫唯不争，故无尤。

［白话］最高的善就像水一样。水善于帮助万物而不与万物相争，停留在众人所厌恶的地方，所以很接近道。居处善于卑下，心思善于深沉，施与善于相爱，言谈善于检证，为政善于治理，处事善于生效，行动善于待时。正因为不与万物相争，所以不会引来责怪。

我们中国人很喜欢"上善若水"这四个字。我第一次到北京首都机场三号航站楼，在二楼用餐的地方看到一个屏风，上面就写着"上善若水"。我参加各种活动，也经常听到有人讲这四个字。那么

"上善若水"究竟是什么意思呢?

"上善"是指最高的善,这个词听起来十分抽象。但是一说"上善"像水一样,马上就变得很具体了。水让人感觉到既温柔又清洁,还有流动性,充满活泼的力量。

在《老子》书里面,关于水的说法还有七处。老子提到"海、江海、深渊、水的泛滥、水往下流",等等。第七十八章提到水的特性是"柔弱胜坚强"。水是柔弱的,但攻击坚强的东西时,没有比水更有力量的。水一旦汇聚起来,力量惊人,可以让黄河决堤,可以冲垮城镇。

老子接着说,水很接近于"道",有两方面的理由:一个针对万物,一个针对人类。"水善利万物而不争,处众人之所恶,故几(jī)于道。"意即:水善于帮助万物而不与万物相争,停留在众人所厌恶的地方,所以很接近于道。我们可以从中学会老子的思维方法。我们见到的存在之物本来就只有两种:一个是万物,一个是人类。

对于万物来说,水可以滋润万物,对万物有利,而不与万物相争。万物的存在,尤其是有生命之物,无不需要水。阳光、空气、水是生命所不可缺少的条件。譬如,在《管子》这本书里就提到,水是大地的血脉,好像筋脉之间的血液相通一样。[①]事实上,水是一切生命的基础。

在古希腊时代,第一位西方哲学家泰勒斯(Thales,624—550 B.C.)留下两句名言,第一句就是:"水是万物的起源。"水是生命的来源,充满无限的活力,有如带着神明的力量,遍布于万物之中。泰勒斯的年代可能比老子略早一些,他只留下断简残篇,我们无法了解他的整个思想系统。但这至少表明,"水"对于人类来说是一种

---

① 见《管子·水地》。原文:水者,地之血气,如筋脉之通流者也。

很特别的存在之物。老子用水来比喻"道"，是相当合理的思维。

再看人类这一方面。俗话说，人往高处走，水往低处流。人最怕处在卑下之处，被别人踩在脚下。但是水偏偏不排斥这一点，它总是处在最低下、最卑污的地方。

因此，水对于万物、对于人类，通通包容与接受，没有造成任何困难与冲突，所以它最接近于"道"。凡存在之物皆来自于道，都从"道"获得力量与支持，所以道不排斥任何东西。从人的角度来看，会认为某些东西毫无用处或肮脏不洁；但从道的角度来看，则完全没有这个问题。正如《庄子·秋水》所说："以道观之，物无贵贱。"从"道"来看，万物没有贵贱之分，都可以在"道"中存在与发展。

从事科学研究的人通常会欣赏道家的观点。英国生化学家李约瑟（Joseph Needham，1900—1995）毕生研究中国的科技文明，编著了十五卷的《中国科学技术史》，其中第二卷专门探讨中国科学思想的起源。他认为，中国科学思想起源于道家的老子与庄子。因为研究科学的人不能有"人类中心主义"的想法，必须超越个人喜怒好恶的偏见。比如，人的排泄物又脏又臭，但是对医生来说，他可以从中判断一个人的身体是否健康，所以根本不在乎脏臭的问题。这正是受道家思想的启发。

李约瑟先生是英国学者，可谓旁观者清。他强调，老庄的思想里面有一种实事求是的态度，只是就事论事，不考虑个人的情绪与欲望，这样才能进行客观的科学研究。比如，《老子·第一章》提到，"无欲"可以看出万物的奥妙，而"有欲"则可以看出万物能力的边界。两者配合，才能展开科学研究，为人类社会做出贡献。

"上善若水"一方面说明水就像"道"一样，对万物与人类都能接纳包容。另一方面，道本身是无形的，而水是有形的，所以只能说"水接近道",而不能说"水就是道"。这一点有别于古希腊泰勒斯所说的"万物的起源是水"。只有无形,才能作为基础;一旦有形,就成为特定的东西。老子的立场是:从无形的"道"生出有形的万物。所以老子用水来描写道,是很好的比喻。

汉代的《淮南子》大量发挥了老子的思想,它这样描写水:"天下没有比水更柔弱的东西,然而水之大,像海洋一样,没有限制,深不可测,无穷无涯。不管地面上的雨量增减,对水都没有任何影响。在天上是雨露,落地后就润泽万物。万物没有水无法生存,许多事情没有水也办不成。而水本身没有好恶,而是全面照顾万物。"[1]《淮南子》与老子的观点可谓一脉相承。

事实上,儒家对于水也非常推崇。孔子有一次"仁智"并举,说:"智者乐水,仁者乐山。"[2]即明智的人欣赏流水,行仁的人欣赏高山。高山象征仁者,因为它对于动物、植物、矿物全部包容。智者欣赏流水,因为水顺着形势而变化,活泼流动,随遇而安。这不是一种深刻的智慧吗?

收获与启发

老子特别推崇水,因为它最接近道的表现。道是无形的,水是有形的。水非常柔弱,但是也有坚强的一面。首先,从自然界来看,水可以包容一切,对万物有利而不与万物相争。然后焦点再转到人类身上,人类最厌恶卑下的地方,而水完全不排斥。从人的一生来看,有柔弱的时候,也有坚强的时候;有得意的时候,也有失意的

---

[1] 出自《淮南子·原道训》。原文:天下之物,莫柔弱于水,然而大不可极,深不可测,修极于无穷,远沦于无涯,息耗减益,通于不訾。上天则为雨露,下地则为润泽;万物弗得不生,百事不得不成。大包群生,而无好憎。

[2] 出自《论语·雍也》。

时候。

古希腊的哲学家非常重视水，孔子也充分肯定流水，孟子进一步发挥说："水源泉滚滚，一直流向大海。只要有源有本，就会源源不绝。"[1]可见，水可以给人各方面的启发。

老子通常会就自然界与人类这两个方面来进行思考，这种思维模式值得学习。我们能看到的只有自然界与人类。但是，万物与人类都是短暂而充满变化的，有开始也有结束。所以学习哲学就要问：老子为什么非要提出一个"道"不可呢？因为他要建构"二加一"的系统。"二"是指自然界与人类，"一"是指这一切的来源与归宿。如此才能构成完整的系统，使人的生命真正获得安顿。西方所有大哲学家都有类似的建构。

但是那个"一"太过抽象，超越我们思维的范围之外，所以老子很聪明地用水来做比喻，让我们透过水去掌握道的特色：它对万物有利而不与万物相争；它不在乎卑污，对于人类与万物完全包容，完全接受。老子用水做比喻，对于东西方哲学家都是很好的参考。

课后思考

水不与万物相争，但是人不可能完全与世无争。如果蓄意相争，很容易造成"天下本无事，庸人自扰之"的局面。所以最好顺其自然，放松心情，保持良好的人缘，多替别人考虑，多做一些对大家都有利的事，到最后就没有人可以跟你争了。你对此有哪些个人的体验呢？

---

[1] 出自《孟子·离娄下》。原文：源泉混混，不舍昼夜，盈科而后进，放乎四海。

第八章（下） 水的七种善

本章接着介绍《老子·第八章》的后半段，其中提到水的七种善。

居善地，心善渊，
与善仁，言善信，
政善治，事善能，
动善时。
夫唯不争，故无尤。

[白话] 居处善于卑下，心思善于深沉，施与善于相爱，言谈善于检证，为政善于治理，处事善于生效，行动善于待时。正因为不与万物相争，所以不会招来责怪。

古代文字非常精简。这七个"善"字，既可以当动词用，也可以当副词用。这七种善可分为四组，两个两个一组，第七个是结论。我们可以从中学到人生的七个方面该怎么做。

"居善地，心善渊"，意即：居处善于卑下，心思善于深沉。这两句很有趣，开头是"居"和"心"，合在一起就是我们常说的"居心"。

居处善于卑下，不是说你要住在最低洼的地方，或者处在人类社会最卑微的地方；而是说你要保持谦卑的心态，与别人来往时总能尊重别人，顾及他人的感受，对任何事都不要勉强别人。这样就不会给别人带来压力与威胁。

有一篇评论《红楼梦》的文章说，贾宝玉为什么总是受女孩欢迎呢？因为贾宝玉有一个特色，就是"自视甚卑"。一般人都是"自视甚高"，认为自己很了不起。贾宝玉则自视甚卑，总觉得自己有各种问题，所以自然表现出谦虚的态度，受得别人的欢迎。贾宝玉就是标准的"居处善于卑下"。

另一方面，心思要善于深沉。我们与别人来往时，当然不能勾心斗角；但是，你在表达自己的想法时，则要非常小心。水本身当然没有用心。只要具备适当的条件，水就会积聚起来，越来越深沉。山谷有多深，水就能累积多深。"心善渊"的"渊"代表深渊，它既安静又深沉。人的心思确实应该安静而深沉。

比如，老子曾劝孔子"良贾深藏若虚"。一个好商人会把珍贵的货品收藏起来，好像自己什么都没有一样。否则，就可能引起别人的觊觎，甚至出现骗、偷、抢，那不是给自己带来困扰吗？所以，真正有修养的人能够沉潜深刻，只有在必要的时候，才会展示自己的想法。这就是心思善于深沉。

接着两点谈到与别人来往时，在行动与言论方面应该如何做。

"与善仁"，即施与善于相爱。与别人来往时，要像水一样，总是帮助别人。《水浒传》里宋江的绰号是"及时雨"，他总是在别人需要的时候，伸出援手，行侠仗义，最后自然得到众人的支持。这就是施与善于相爱。

"言善信"，即言谈善于检证。"信"就是"真"。言而有信，说到做到，这样才能检证你说的话。水总是能反映实情。古人用铜镜来梳妆，但是铜镜价格不菲，一般人买不起，就会取一盆水，让水保持平静，就可以照见须眉。"照见须眉"的说法出于《庄子》，"须"

代表男生，"眉"代表女生。所以，说话要像水一样，反映出真实的情况，不必夸张或虚伪；并且言出必行，让别人可以检证。

老子始终念念不忘他心中的圣人，圣人是悟道的统治者，他会有怎样的表现呢？

在政治方面，要做到"政善治"，即为政善于治理。水有两个明显的特色。第一，水可以把东西清洗干净，让人觉得特别清爽。因此，政治要做到清明而高效。第二，水在任何地方都能保持水平。因此，政治要做到公平公正。为政善于治理，就是把水当作老师，在政治上保持清明与公平，从而政通人和，常保太平。

在行事方面，要做到"事善能"，即做事善于生效。"能"代表做事有良好的效果。比如，水在杯中，杯子是圆的，水就成为圆形；杯子是方的，水就成为方形。水在江河湖海之中，会随着情况而调整，不会非要保持什么形状不可、非要处在什么环境不可。因此，做任何事都应该顺势而行，随形而化，能方能圆，把事情妥善办好为止。这就是处事善于生效。

"动善时"，即行动善于待时。这是对前面六点的总括。任何行动都应该掌握时机，依时而行。水有"固、液、气"三态，可以根据时机而变化，不会违背时势。譬如，水在冬天会结冰，在夏天会融解，煮沸时会变成水蒸气。因此，任何行动都要依时而行，充分表现处世的智慧。

最后的结论是："夫唯不争，故无尤。"意即：正因为不与万物相争，所以不会招来责怪。人取我弃，人弃我取，自然皆大欢喜，又怎么会有人责怪呢？这正是智慧的表现。

可见，道家与儒家还是有不同之处。儒家让每个人从具体的行为做起，培养德行，成为君子。道家则强调智慧，一般人不容易领悟，老子只好勉强用一些例子来说明。智慧觉悟的底线是

"无尤"，即至少不要被人责怪。一般人经常与人相争，所以常会受到别人的责怪，甚至互相责怪，最后变成纠缠不清。不管人生的目标何在，你都要花很多力气解决这些纠纷，自己的心情也会受到干扰。

收获与启发

"居善地，心善渊"针对的是如何自处，要保持谦虚，心思深沉，不断进行修炼。

"与善仁，言善信"涉及如何与别人来往。

在行动时，首先不要损人利己，再进一步对别人有所帮助。《易经·损卦》的卦辞提到"元吉"（上上大吉），因为损卦的原则就是损己利人。你只要能做到损己利人，到哪里都会受到欢迎。这正好可以跟"与善仁"相配合。

在言论上，言谈要善于检证。水发出的声音，如瀑布冲击声、河水流动声、海浪拍岸声，都是配合客观的地理形势发出的，没有虚张声势的问题。因此，我们说话也要能经得起事实的检验。

"政善治，事善能"涉及政治方面。圣人在治理百姓时，能够像水一样表现出清明与公平。在处事方面，能够随时势而调整，展现出良好的效果。

"动善时"是前面六善的总结。古代农业社会比较单纯，只要做到春耕夏耘、秋收冬藏就可以。今天这个时代，更要依时而行，让各种行动配合大的形势与时机。"时"对道家很重要，对儒家更重要。孟子谈到四种圣人，其中最高水准的是以孔子为代表的"圣之时者也[①]"，即孔子是圣人中最讲究时宜的：该清高就清高，该

---

① 出自《孟子·万章下》。原文：孔子，圣之时者也。

随和就随和，该负责就负责。这与孔子所说的"智者乐水"是完全相通的。

课后思考

老子提到水的七种善，前两种是对自我的要求；第三、第四种涉及我与别人来往时的言行表现；第五、第六种是负责政治或做事的时候可以参考的；最后强调一切行动都要配合时机。针对与别人来往的言行方面，你能否做到施与善于相爱、言谈善于检证呢？你能否从中领悟老子的智慧呢？

第九章　功成身退是上策

本章介绍《老子·第九章》，其中有两句成语是人人耳熟能详的。

> 持而盈之，不如其已。
> 揣（chuǎi）而锐之，不可长保。
> 金玉满堂，莫之能守。
> 富贵而骄，自遗其咎。
> 功遂身退，天之道也。

［白话］累积到了满溢，不如及时停止。锤炼到了锐利，不能长久保持。金玉堆满家中，没有人能守住。富贵加上骄傲，自己招致祸患。成功了就退下，这才合乎天道。

"持而盈之，不如其已"，意即：累积到了满溢，不如及时停止。孔子曾经带学生到鲁桓公的庙去参观，看到里面有一个欹器。"欹"（qī）就是偏斜的意思。所谓的"欹器"大概是什么样子呢？它有一个像杯子一样的铁罐装在铁杆上面，可以往里面舀水。平常空的时候，它是偏斜的。水加到一半，杯子就摆正了。把水加满，它就翻覆了。这叫做"中而正，满而覆，虚而欹"。孔子看过之后，叹了一口气说："啊，哪有满了而不倾覆的东西呢？"①孔子显然深受启发。后来孟子这样描写孔子："仲尼不为已甚者也。"②即孔子是一个做任何事都不会过度的人，他能够适可而止。

"揣而锐之，不可长保"，意即：锤炼到了锐利，不能长久保持。譬如，把宝剑磨得很锋利，就会锋芒毕露，不能长久保持。它容易破坏周围的东西。把它藏在布袋里面，它会把袋子戳破。我们与别人来往时，如果有棱有角，会使人倍感压力与威胁，容易受到别人侧目。老子强调"和光同尘"，要让自己的光芒和缓一点，看到别人有灰尘也不要排斥。这与"揣而锐之，不可长保"是类似的意思。

"金玉满堂，莫之能守"，意即：金玉堆满家中，没有人能守住。人们都喜欢"金玉满堂"这四个字，但不要忘记后面还有半句——"莫之能守"，没有人守得住。钱乃身外之物。你拥有太多钱财，很容易受到别人的觊觎，别人连偷带抢就要对付你了。"金玉满堂，莫之能守"与"持而盈之，不如其已"是相关联的。你累积到满盈，还要继续赚钱，就会变成"金玉满堂，莫之能守"。

"富贵而骄，自遗其咎"，意即：富贵加上骄傲，自己招致祸患。这句话与"揣而锐之，不可长保"也可以相对照。你磨练到很锐利，无法长期保持，容易伤害周围的人与物。你富贵还骄傲的话，会自己招致祸患，别人可能就要对付你了。儒家谈到"富贵"，除了让你不要骄傲，还希望你"富而好礼"。而道家则直接告诉你：富贵而骄傲会有后遗症，因为利与害是紧密相连的。

---

① 出自《荀子·宥坐》。原文：孔子观于鲁桓公之庙，有欹器焉。孔子问于守庙者曰："此为何器？"守庙者曰："此盖为宥坐之器，"孔子曰："吾闻宥坐之器者，虚则欹，中则正，满则覆。"孔子顾谓弟子曰："注水焉。"弟子挹水而注之。中而正，满而覆，虚而欹。孔子喟然而叹曰："吁！恶有满而不覆者哉！"

② 出自《孟子·离娄下》。

那什么叫做"咎"呢?"咎"这个字的结构是"人"加上"各",等于是"人各一词"。大家有各自的想法,很难同心同德,于是会出现困难与灾难。"咎"这个字在《易经》里面用得最多。《易经》有六十四卦三百八十四爻,爻辞里面"无咎"一词总共出现了九十五次。占到这个爻,代表没有特别的困难或灾难,跟平常的状况差不多。这已经不错了。

最后一句话最深刻。"功遂身退,天之道也",意即:成功了就退下,这才合乎天道。我们常说"功成身退",老子的原文是"功遂身退",意思是一样的。"遂"代表把事情做完毕。"功成身退"对人生是很好的警示,下面举两个古代的例子来说明。

第一个例子是春秋时代后期勾践复国的故事。吴王夫差打败了越王勾践,勾践就设法求饶,替夫差做牛做马,自己则卧薪尝胆。后来,越国"十年生聚,十年教训",最后复国成功。在这个过程中,范蠡与文种这两个大臣是勾践最得力的助手。成功之后,文种认为自己的功劳很大,现在可以享福了。但他忘记了一点:有的人可以共贫贱,未必可以共富贵。所以文种后来死得很凄惨。

而范蠡则功成身退,离开越国到外地经商去了。他先到了"陶"国,化名"朱公",所以被后人称为"陶朱公",成为古代著名的商人。司马迁在《史记·货殖列传》里面,把范蠡作为商界的代表人物。"货殖"就是做生意将本求利。《史记》说范蠡"三致千金",即三次赚到千金,又把千金散出去,周济穷困的亲戚朋友。他赚了钱能够帮助别人,从事社会公益活动,堪称企业家的典范。范蠡活得平安愉快,并且实现了自己的理想,所以是"功遂身退"很好的例子。

另一个例子是秦始皇的宰相李斯的故事。秦始皇过世以后,秦二世胡亥继位。而李斯斗不过宦官赵高,最后被判了死刑。李斯临刑前对他的儿子说:"我想要跟你再度牵着黄犬,出上蔡东门去追逐狡兔,岂可得乎！"①李斯本来是楚国上蔡人，他年轻时经常带着儿子出上蔡东门，去郊外打猎。但是现在马上就要受刑而死，这一切都不可能了。李斯不知功成身退，不能见好就收，所以结局非常悲惨。

在《庄子·列御寇》里面有一个类似的故事。有人想请庄子做官，庄子答复使者说："你见过用来牺牲的牛吗？它从小被人养育，披的是锦绣袍子，吃的是青草大豆，这样享受了许多年。最后要把它牵到太庙，当作牺牲品祭祀。这个时候，这只牛即使想一开始就做一只孤单的小牛，其可得乎（办得到吗）！"②这跟李斯死前的感叹如出一辙。

所以，不必羡慕别人的富贵。你如果运气好、能力强、得到富贵的话，就要收敛锋芒。累积到一定程度就去行善吧，为自己和子孙多积德。不但要谦虚，还要富而好礼，这样才能活得平安愉快。

本章最后出现了"天之道"三个字。在《老子》全书里面，"天之道"一共出现五次。还有两次直接说"天道"，意思与之类似。老子所谓的"天"，是指整个自然界。古人通过观察发现，自然界是一个整体，呈现出规律的循环运动，可以保持生态的平衡。譬如，夏天太热了，就开始慢慢变凉，变成秋天。冬天太冷了，就开始慢慢回暖，变成春天。这就是"天之道"。另一方面，"天之道"是对万物都有利而不加以损害。

收获与启发

一个人要有高度的自觉。本章前四句话都在提醒你：当你在某

---

① 出自《史记·李斯列传》。原文：斯出狱，与其中子俱执，顾谓其中子曰："吾欲与若复牵黄犬俱出上蔡东门逐狡兔，岂可得乎！"遂父子相哭，而夷三族。

② 原文：或聘于庄子，庄子应其使曰："子见夫牺牛乎？衣以文绣，食以刍叔，及其牵而入于太庙，虽欲为孤犊，其可得乎！"

方面占优势时，要看得长远一点。老子为何会受到西方学者的推崇？因为西方哲学家也一样，看事情不会只看现在，而是要看得长远，甚至从永恒来看，从无限来看。

西方近代哲学家斯宾诺莎（Spinoza，1632—1677）有一句名言："从永恒的形相去观看。"如果从永恒的角度去看，你会发现，现在的一切都值得珍惜。现在的情况好，就好好珍惜；情况不好，就谨慎保守。最后才会得到比较理想的结果，使自己的生命得到妥善的保存。道家强调"安其天年"。"天年"就是一个人自然的寿命。换句话说，人不要因为后天的欲望而陷入灾难，以至于天年受损。这是得不偿失的。人活在世界上是最宝贵的机缘，要好好珍惜自己的生命。

课后思考

本章提到了四点——"累积到满溢，锤炼到锐利，金玉满堂，富贵又骄傲"，都会有其后遗症。请问：哪一点对现在的你启发最大？你准备如何着手进行修炼？

第十章　修炼的六个步骤

老子笔下的"圣人"是指悟道的统治者。那么，圣人是如何修炼成的？第十章与第十六章都谈到修炼的方法。第十章讲得更详细，提到修炼的六个步骤，然后又做了一个简单的总结。

载营魄抱一，能无离乎？

专气致柔，能如婴儿乎？

涤除玄览，能无疵（cī）乎？

爱民治国，能无为乎？

天门开阖，能为雌乎？

明白四达，能无知乎？

生之，畜（xù）之。

生而不有，

为而不恃，

长而不宰，

是为玄德。

[白话] 精神形体配合，持守住道，能够不离开吗？随顺气息以追求柔和，能够像婴儿一样吗？涤除杂念而深入观照，能够没有瑕疵吗？爱护人民与治理国家，能够无所作为吗？天赋的感官在接触外物时，能够安静保守吗？明白各种状况之后，能够不用智巧吗？生长万物，养育万物。

生养万物而不据为己有，化育万物而不仗恃己力，引导万物而不加以控制，这就是神奇的德。

本章前半段谈到修炼的六个步骤，我们先分析一下它的结构。前三步谈到圣人如何修炼自我。先要将"身""心"配合起来，持守住道；然后，"身"要像婴儿一样，"心"要像镜子一样。后三步谈到圣人怎样在事情上磨练，包括爱民治国、天门开阖、明白四达。

换言之，若想成为圣人，不可能只是关起门来修炼。一方面要"向内"，在身心两方面下功夫，让它们与道结合；另一方面还要"向外"，在治理百姓等事情上进行磨练，然后才能大功告成。这六个步骤都以问句来结束，旨在提醒人们反思：我能做到这样吗？能做到什么程度呢？这正好是一种修炼的过程。

第一步强调身心配合。"载营魄抱一，能无离乎？"意即：精神形体配合，持守住道，能够不离开吗？"载"即"处于某种状态"。"营"是指"魂"，即所谓的心。"魄"就是体魄，即所谓的身。古人认为，人由三魂七魄所组成。魂来自于天，魄得自于地，所以天地是人的生命的来源。"一"在老子笔下通常是指"道"。人活在世界上，经常会出现身心分离的现象。老子希望你能够把身心整合起来，持守住道，而不要离开根源。因为道是万物的来源与归宿。

第二步针对的是身体方面。"专气致柔，能如婴儿乎？"意即：随顺气息以追求柔和，能够像婴儿一样吗？婴儿是人类生命的开始阶段，充满无限的生机与希望，可以随时回应任何情况，重新开始。所以在身体方面，要让自己柔软、随顺得像婴儿一样。

第三步针对的是心的方面。"涤除玄览，能无疵乎？"意即：涤除杂念而深入观照，能够没有瑕疵吗？"除"代表"杂念"。"玄览"代表深入观照。道家喜欢把人心比作镜子。心要像镜子一样，不能有任何污垢，否则它什么都照不见。后来庄子就说："至人之用心若镜。"①即最高境界的人，会把他的心当作镜子来使用，让心保持干净，从而照见万物的真相。

前三步是就个人的生命，从身心两方面来加以修炼。后三步则体现出统治者的角色。

第四步，"爱民治国，能无为乎？"意即：爱护人民与治理国家，能够无所作为吗？这里提到爱护人民与治理国家，只有统治者才有这样的可能。这时要问：你能做到无为吗？老子的"无为"表面上是无所作为，其实是无心而为。一个人总是无所作为，可能是给懒惰找个借口。"无心而为"则代表能够透彻观察，顺应自然的状态。

第五步，"天门开阖，能为雌乎？"意即：天赋的感官在接触外物时，能够安静保守吗？"天门"是指人天赋的感官能力。"雌"与"雄"相对。雄代表采取主动，跟别人一争雄长。雌代表处于被动状态，甘为雌伏。当你用眼睛、耳朵这些感官与外界接触时，不要让感官过于主动，表现出各种复杂的欲望，而是要学会收敛自己。

第六步，"明白四达，能无知乎？"意即：明白各种状况之后，能够不用智巧吗？"明白四达"代表圣人了解全盘的东西，什么都懂。"无知"代表不用智巧。圣人不是明明有知而装成无知，他只是不去运用智巧。任何智巧的运用都是以它为手段，希望达成另外一个目的。总是运用智巧，会变成勾心斗角。圣人完全没有这个必要。

到结论的部分，老子说："生之，畜之。"意即：生长万物，养育万物。这个"之"本来没有明确指代万物，但老子笔下的圣人面对的是所有百姓，通常也会把万物包含在内。这只是一种概括的说法。

---

① 出自《庄子·应帝王》。原文：至人之用心若镜，不将不迎，应而不藏，故能胜物而不伤。

王弼认为，"生之，畜之"这句话特别重要。要想生长万物、养育万物，就要做到"不塞其原，不禁其性"。只要不塞住万物生命的源头，它就会自己生存发展；只要不禁止万物的本性，它就会与其他万物配合起来，共同发展。问题是：人能做到这一点吗？人可能有偏差的知，由此带来执着的欲。"知"和"欲"对人来说都是一种风险。所以老子所谓的"生之，畜之"就是不塞其源，不禁其性，让人处在自然的状态，走上他应该走的路。

老子最后以四句话作为总结："生而不有，为而不恃，长而不宰，是为玄德。"意即：生养万物而不据为己有，化育万物而不仗恃己力，引导万物而不加以控制，这就是神奇的德。这四句话在第五十一章再次出现。可见，《老子》这本书不是一个人写的，而是将几个人的心得汇编而成，所以才有如此明显的重复。

"玄德"就是非常奇妙的德。《三国演义》里的刘备字"玄德"，一般就称他刘玄德，出处就在这里。老子的"道"是指万物的来源与归宿，"德"是指万物从道所获得的本性与禀赋。万物都按照道所赋予的本性去发展，整体上会保持一种奇妙的平衡和谐。但对于人类来说，如果没有悟道的统治者，将会演变出复杂的后果。

"生而不有，为而不恃，长而不宰"，这三句话是学习老子的人都应该铭记于心的。你能否生养一样东西而不据为己有吗？你能否做一件事情而不仗恃自己的力量吗？当你作为领导的时候，你能否不去宰制部下而让他自由发展呢？你只是在一旁提供服务，以至于他根本就不觉得自己被拥有，被仗恃，被控制。

圣人是悟道的统治者。他在面对万物的时候，可以做到"不塞其源，不禁其性"，让万物顺利发展。但是面对人就不一样了。人的本性包含了认知能力和意愿能力。如果"知"偏差了，"欲"执着了，后面就会有大麻烦。圣人本身必须作为表率，在治理百姓时必须运用高明的智慧，让百姓感觉不到自己被别人拥有，任何事情好像也不是圣人一个人做成的，也感觉不到上面有个领导在控制自己。

收获与启发

本章介绍了圣人的修炼方法，修炼的目标是成为悟道的统治者。今天学习老子的思想，我们要设法做自己生命的统治者，管理好自己的生命，在生活上、工作上效法圣人的作为，即"生而不有，为而不恃，长而不宰"。能做到这三句话，就代表你是老子最好的朋友。

课后思考

你认为老子所说的修养的六个步骤，哪一步最难？你可以从哪一步着手进行修炼？

第十一章　有无互相配合

本章介绍《老子·第十一章》，其中谈到"有"与"无"的关系，是非常重要的一章。

> 三十辐共一毂（gǔ），当其无，有车之用。
> 埏（shān）埴（zhí）以为器，当其无，有器之用。
> 凿户牖（yǒu）以为室，当其无，有室之用。
> 故有之以为利，
> 无之以为用。

[白话] 车轮上的三十根木条，聚集在一个车轴中，有了轴心空虚之处，才有车的作用。揉合陶土做成器皿，有了中间空虚之处，才有器皿的作用。开凿门窗建造房屋，有了室内空虚之处，才有房屋的作用。所以，"有"带给人便利，"无"发挥了它的作用。

老子以车子、器皿、房屋为例，通过归纳法来说明"有"与"无"相互配合。

第一句以车子为例。"三十辐共一毂，当其无，有车之用"，意即：车轮上的三十根木条，聚集在一个车轴中，有了轴心空虚之处，才有车的作用。"车"在古代念 jū，汉代以后才念 chē，因为"车"（jū）同"器""室"是押韵的。不少学者认为，《老子》的文句其实有很多地方是押韵的，因为古音与今天的念法不同。我们今天学习《老子》，更重要的是了解老子的思想。老子很有学问，他运用文字自然有非常奥妙的地方。

这句话最后有一层转折。有了轴心空虚之处，才能将三十根木条聚集在一个车轴中，做成一辆车；但是车上要有空间，才能让人乘坐。这与后面两个例子不太一样。古人为何要将三十根木条插在一个车轴里呢？因为一个月有三十天。可见，古人的生活总是设法与自然界的规律相配合。

第二句以器皿为例。"埏埴以为器，当其无，有器之用"，意即：揉合陶土做成器皿，有了中间空虚之处，才有器皿的作用。古人用陶土或黏土来制作器皿。"埏埴"的"埏"就是用手抟揉，把土抟成一件器皿。器皿中间一定要有空虚的地方，才能加以利用。如果中间填满的话，只能作为装饰品，既不能装东西，也不能盛水，又有什么用呢？

第三句以房屋为例。"凿户牖以为室，当其无，有室之用"，意即：开凿门窗建造房屋，有了室内空虚之处，才有房屋的作用。为什么要开凿门窗呢？因为在古代北方有很多山，人们在山边开凿出门窗，再把里面挖空，就能供人居住。古代有一个官职叫做"司空"，就是负责在山上挖洞、建造房屋的。孔子在鲁国曾做过小司空，即负责工程建设的副长官。

老子举了三个例子，一个是供人乘坐的车子，一个是用来装东西的器皿，一个是供人居住的房屋。这三样东西一定要有空的地方，才能发挥它们的作用。

由此归纳出结论："故有之以为利，无之以为用。"意即："有"带给人便利，"无"发挥了它的作用。"有"代表你具有某种有利条件，有可能做成某件事。但一定要让它"无"，亦即使其空虚化、空无化，才能发挥它的作用。

譬如，你有一个杯子，如果装满水的话，有再好的酒或茶都不能装了。一定要把杯子空掉，才能有各种用途。人活在世界上，不论从事任何行业，都希望自己能发挥出适当的作用。那么这个作用要如何表现呢？你只有经常放空自己，才能保持一种随时应变的状态，从而展现自己最大的能力。

在《老子》书中谈到"有无"，有以下三种用法。

第一种，"有无相生"，在第二章出现过。譬如，过去这里没有花，叫做"无"；现在开出一朵花，叫做"有"；一段时间之后，这朵花枯萎凋零了，又变成了"无"。所以，"有无相生"是针对一样东西的存在来说的，它可以从无到有，又从有到无。

第二种，"有无互相配合"，在本章出现。譬如，你"有"一张纸，它必须是"无"（空白的），才能用来写字。如果纸上涂满东西，就无法写字了。这里的"有"是指你拥有一样东西，它会给你带来便利；"无"是指让它保持空虚，才能发挥它的作用。所以，有与无互相配合。有无相生、有无配合都是相对的概念，没有区分先后顺序。

第三种，"有生于无"。这种用法比较特别，在《老子·第四十章》才会出现，即"天下万物生于有，有生于无"。代表可以从"无"生"有"。这里面包含了先后顺序，所以特别值得留意。

"有生于无"并不是说从"完全虚无"生出万物。人的理性无法理解这种情况。王弼的解释非常精彩，他说：老子所谓的"无"是指"无形"，"有"是指"有形"。"有生于无"是说，一切有形之物都来自于无形之物。最原始的状态是无形的，无形则无名；有形之后才能有名。[1]

---

[1] 原文：凡有皆始于无，故未形、无名之时则为万物之始，及其有形、有名之时，则长之育之，亭之毒之，为其母也。

这再次印证了第一章的断句应为："无名，万物之始；有名，万物之母。"无名是因为无形；一旦有形，人就可以为它命名，从而掌握这样东西。后面进一步谈到无欲、有欲。我们反复强调，《老子·第一章》不能用"有""无"来断句。因为在老子的年代，没有"完全虚无"这种观念。从"完全虚无"怎么会变成"有"呢？这又不是变魔术。所以只能理解为：原来是无形的，后来变成有形，让人可以把握。原来的无形并不等于虚无，这是《老子》的关键概念。

收获与启发

老子用车子、器皿、房屋这三个比喻来说明：你拥有一样东西，要让它空虚化、空无化，才能发挥它的作用。如果它本身是充满的，就不可能有别的用处了。

学习任何知识都属于一种"有"。我获得这个知识，取得有利的条件，要怎样灵活运用呢？首先，不能死脑筋，认为这个事情非如何不可，而要与时俱进；同时，还要把自己经常放空，才能充分发挥自己的能力。这就像学开车，开始完全照规矩来，后来就不再受规矩所限，可以随机应变，进入一种化境，达到最好的效果。

马塞尔（Gabriel Marcel，1889—1973）是当代西方哲学存在主义的代表，他提出一个观念："拥有就是被拥有。"当你拥有一样东西的同时，你也被它所拥有，因为你心心念念都在这样东西上。一个人拥有太多东西，可能反而忘了自己才是生命的主体。你的生命本身不受任何条件所限，具有无限可能性的自由。

课后思考

你能否通过举例来说明，你拥有某样东西之后，具备了怎样的有利条件？你又怎样设法使它变成空无，来充分发挥它的作用？

第十二章　五色令人目盲

本章介绍《老子·第十二章》。

> 五色令人目盲；
> 五音令人耳聋；
> 五味令人口爽；
> 驰骋（chěng）畋（tián）猎，令人心发狂；
> 难得之货，令人行妨。
> 是以圣人为腹不为目，
> 故去彼取此。

[白话] 五种颜色让人眼花缭乱；五种音调让人听觉失灵；五种滋味让人口不辨味；纵情于狩猎作乐，让人内心狂乱；稀有的货品让人行为不轨。因此，圣人只求饱腹而不求目眩，所以摒弃物欲的诱惑，重视内在的满足。

本章内容相对简单，里面提到让人陷入困境的五种情况。前三种是五色、五音、五味。这些说法反映了中国古代的传统，下面分别加以说明。

首先，"五色令人目盲"，即五种颜色让人眼花缭乱。我们今天看的电视、电影，都是七彩综艺。古代没有这些科技产品，但是一直看五种颜色也会让人目眩神迷。当然还不至于到"目盲"那么严重。古代生活以自然的色彩居多，五种色彩显然是人们刻意安排的。

古人所谓的"五"通常与"五行"有关。关于五行，主要有两种说法。

最早的说法来自《尚书·洪范篇》。这篇文章主要阐述了治理国家的九个重要范畴，其中第一个就是"五行"，按"水火木金土"的次序排列。这五种东西是自然界的五种素材，属于百姓日用所需。这种五行排列次序仅在《洪范篇》里出现过。离开这个范围，用处并不大。

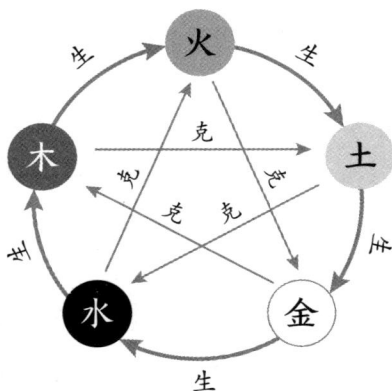

五行相生相克图

第二种说法是《易经》后天八卦所配合的五行，按照"木火土金水"的次序排列，首尾相接构成环形。顺时针方向相生，即木生火，火生土，土生金，金生水，水生木；隔一位相克，即木克土，火克金，土克水，金克木，水克火，亦即"比相生而间相胜"。这种五行顺序的应用范围很广，对于阅读古代资料很有帮助，应该牢牢掌握。

五色、五音、五味与五行完全配合。"五色"即青红黄白黑，其顺序与木火土金水相应。青红黄白黑这五种颜色为何会令人眼花缭乱呢？因为它们是人为安排的。阳光包含红橙黄绿蓝靛紫七种颜色，我们每天接触也不会觉得疲劳。两者的差别在于是自然的还是人为的。

第二点，"五音令人耳聋"，意即：五种音调让人听觉失灵。"五音"即宫商角徵羽。人的耳朵可以对声音进行细腻的分辨，如蛙鸣、犬吠、鸡啼、鸟叫、马嘶、牛鸣。这些声音为什么不会让人耳聋呢？因为这些声音是自然的，不会带来任何压力，听起来反而觉得轻松愉快。

"音"下面加一个"心"，就构成了"意"字。人创作的音乐以及人说的话，都希望传达某种意义。这样一来，听的人就会有压力，生怕误解了对方的意思。不断重复这些声音，会让人无法忍受，甚至听觉失灵。

《庄子·齐物论》中分辨了人籁、地籁与天籁。"籁"是一种竹子做的乐器，类似于笛子。"人籁"就是人发出的声音，包括音乐在内。这种声音听多了会有压力，甚至觉得重复而乏味。"地籁"就是大自然发出的声音。像风吹过竹林的呼啸声，海浪撞击岩石的波涛声，下雨时的风雨声，都属于地籁。自然界发出的声音不传达任何意义，不会给人带来压力。所谓的"天籁"，既不是用耳朵去听，也不是用心去想，而是用"气"去听。这超越了一般意义上的声音，变成一种听的态度。你要化解所有执着的念头，进入空虚的状态，这时听到的所有声音都属于天籁。

第三点，"五味令人口爽"，即五种滋味让人口不辨味。"五种味道"为"酸苦甘辛咸"，也与"木火土金水"对应。木是酸的，因为树木结的果实都是酸的；火是苦的，因为火把东西烧焦了都是苦的；土是甘的，因为土里长出的五谷稼穑都是甘甜的；金是辛的，因为金属冶炼时产生的气味是辛辣刺鼻的；水是咸的，因为水最终会流入大海，而海水是咸的。

一样东西滋味厚重，恐怕会让你失去味觉。就像《舌尖上的中国》里面，有很多菜看上去很好吃，但天天吃也会让人口不辨味。如果采用自然养生法，每天吃新鲜的蔬菜水果，则不会出现这种问题。这同样是人为与自然的分辨。

视觉、听觉、味觉都跟感官有关。分辨的原则很简单：自然的没有问题，人为的则会造成困扰。你如果刻意追求感官的满足，就会发现"欲深谿壑"，欲望简直比无底洞还要深。西方有一句谚语说得好："欲望就像滚雪球一样。"一个人如果按照"需要"来生活，很容易就能满足。如果按照"想要"来生活，就会有很大的麻烦。

第四点，"驰骋畋猎，让人心发狂"，意即：纵情于狩猎作乐，让人内心狂乱。今天也有一些人纵情于享乐之中，有人喜欢飙车，有人喜欢赌博。这些都会让人发狂，越陷越深。

第五点，"难得之货，令人行妨"，意即：稀有的货品让人行为不轨。我们不难发现，凡是被偷、被抢、被骗的，都是比较珍贵的东西。《世说新语》里面有这样一个故事。王戎是晋代"竹林七贤"之一，他小时候特别聪明。有一次很多小朋友一起在街上玩，看到路边有一棵李子树，上面结了很多李子，都快垂到地上了。小朋友纷纷去采李子吃，只有王戎站着不动。大人好奇地问他："你怎么不去采李子吃呢？"王戎说："这棵李树长在路边，又结了很多李子，那一定是苦的。"[1]这就是"道旁多苦李"这一典故的来历。

有趣的是，阿拉伯诗人纪伯伦（Kahlil Gibran，1883—1931）写过一篇类似的文章，他说：有个人家里有一棵石榴树，石榴长得非常好。他一个人吃不完，就把石榴摘下来放在家门前，旁边挂个牌子写着"免费的，欢迎自取"。结果一个夏天过去了，也没有人来

---

[1]　出自《世说新语·雅量》。原文：王戎七岁，尝与诸小儿游。看道边李树多子折枝。诸儿竞走取之，唯戎不动。人问之，答曰："树在道边而多子，此必苦李。"取之，信然。

拿。第二年他改变策略，把石榴摘下来放在门前，牌子上写着"价格非常昂贵，有意购买者请到屋内问询"。结果石榴全都卖光了。这说明东西越贵，越有人买。如果免费赠送，别人反而会担心那是次品。这正好印证了老子的话，稀有的货品让人行为不轨。

上面五种情况是一般人经常碰到的。圣人作为悟道的统治者，要如何治理百姓呢？他一定要有所选择。"是以圣人为腹不为目，故去彼取此。"意即：圣人只求饱腹而不求目眩，所以摒弃物欲的诱惑，重视内在的满足。圣人会让百姓吃饱喝足，但不会让百姓心思纷乱，产生复杂的物质欲望。"目眩"是以第一点"五色令人目盲"作为代表。老子的原则是"以物养人"，而不要"以物役人"。亦即不要用万物来奴役人、控制人。只求饱腹就是以物养人，追求目眩就是以物役人。

收获与启发

人的感官受到外界刺激，会产生复杂的欲望，让人内心狂乱，甚至违法乱纪。可见，人相当软弱，经不起诱惑。这是一般百姓的情况。

今天教育普及，民智大开，远超老子的想象。但是，在个人的修养上还是可以从老子的话中得到启发。我们要注意保养自己的身体，适当节制自己的欲望。否则，你顺着欲望的牵引，会给自己带来更多痛苦，岂不是自寻烦恼吗？

课后思考

老子描述了人的感官可能导致的困境之后，最后选择了尽量吃饱肚子，而不求眼花缭乱。事实上，在这两者之间还有广大的空间。你认为两者的比例是多少比较适合呢？是用一半的力量来安顿自己的生命，另一半向外取得各种成就呢？还是有不一样的比例？

第十三章　没有身体又怕什么？

这一章谈到"得宠"与"受辱"是怎么回事。同时，我们都有具体的身体，又该如何面对自己与身体的关系呢？

> 宠辱若惊，贵大患若身。
> 何谓宠辱若惊？
> 宠为上，辱为下。得之若惊，失之若惊，是谓宠辱若惊。
> 何谓贵大患若身？
> 吾所以有大患者，为吾有身，
> 及吾无身，吾有何患？
> 故贵以身为天下，若可寄天下；
> 爱以身为天下，若可托天下。

［白话］得宠与受辱都好像受到惊吓，重视大祸患如同重视身体。什么叫做得宠与受辱都好像受到惊吓？得宠是高高在上的，受辱是低下卑微的。但是这两种，获得它时好像受到惊吓，失去它时也好像受到惊吓，这就叫做得宠与受辱都好像受到惊吓。什么叫做重视大祸患如同重视身体？我所以有大祸患，是因为我拥有这个身体，如果我没有这个身体，我还有什么祸患呢？所以重视身体超过天下的人，才可以把天下交付给他；爱惜身体超过天下的人，才可以把天下委托给他。

本章内容很特别，因为它说明了人在社会上"得宠"与"受辱"这两种情况。"得宠"是受到别人的提拔，"受辱"是被别人贬抑。所谓的"别人"，当然是指有权力的人。人的社会有它的权力结构，人在其中的遭遇会给他的生活带来影响。今天，得宠与受辱也可以指群众的好恶。譬如，有些明星当红时，所到之处，万人空巷；落魄时则无人闻问，孤老以终。事实上，宠辱是不可分的。没有开始的得宠，哪有后来的受辱呢？原文所谓"宠为上，辱为下"，在王弼本和帛书本皆作"宠为下"，又该如何分辨？重点在于下一句"得之若惊，失之若惊"，应兼指宠辱而言。因此，先肯定常人以为的"宠为上，辱为下"，再点明二者无异，其意更清楚。

　　"宠辱若惊"，即得宠与受辱都好像受到惊吓。一般来说，人受辱会受到惊吓。别人无缘无故把我贬官，或臭骂一顿，难免让人心惊。但是不要忘记，人在得宠时一样会受到惊吓：我怎么忽然之间有这么好的机遇呢？平步青云，升到高位。换句话说，宠辱都不是我自己决定的，而是某种外在的力量加在我身上，所以会让我受到惊吓。这提醒我们：始终要谨慎小心，得宠时要谦虚，受辱时要坦然，这样才能保存自己生命的特色。

　　更重要的是"贵大患若身"，即重视大祸患如同重视身体。这句话要倒过来看，即重视我的身体就像重视大祸患一样。正因为我有这个身体，才会产生各种欲望。譬如有人说，人步入社会以后，希望"五子登科"——有车子、房子、银子、妻子、儿子。这显然是从男性的立场来说的。世间的名利权位与物质享受，其得失往往受制于外在的条件。追求这些东西，会给自己带来无尽的苦恼。可见，我有这个身体，欲望与祸患就随之而来。所以要调整观念，谨慎对待自己的身体。

　　"何谓贵大患若身？吾所以有大患者，为吾有身"，意即：什么叫做重视大祸患如同重视身体？我之所以有大祸患，是因为我拥有这个身体。老子等于是自问自答。有很多电影描写这样的情节，在严刑逼供之下，由于身体受不了酷刑，只好说出秘密。当然，也有人坚贞不屈，最后成仁取义，牺牲了生命。在老子来看，你不如先把这一点放开。"及吾无身，吾有何患？"意即：如果我没有这个身体，我还有什么祸患呢？这样一来，就比较容易应对各种情况。

古希腊哲学有一个斯多亚学派，他们把各种遭遇都当成宇宙里不可改变的规律。万一遭到酷刑，就会想：你们对付的是我的身体，但我的身体不是我，你们要砍手砍脚，最后杀了我，我都毫不在意。这是用理性的力量来超越外在的痛苦，实在不是一般人能做到的。

老子的想法与之类似，你可以想象自己没有身体，因而不会有各种欲望，这样自然会远离祸患。一有身体的话，就要求名求利，追求感官享受，渴望受人尊敬。一旦有了子女，还要顾及家人的需要。这一切形成天罗地网，任凭你有多么崇高的理想，都会困在网中，动弹不得。所以，人生最难的就是放开对身体的执着。要知道人的生命如同草木，最后难免朽坏消亡。这时就要问：人生的目的何在？

庄子受老子启发，认为人的生命要分辨"内在"与"外在"。一般人都是"重外而轻内"，要慢慢修炼成"重内而轻外"。最高境界是"有内无外"，外在的一切就像过眼云烟。

回想一下，我在十几二十年前是什么情况？甚至昨天的我还在吗？明白这一点，就知道应该如何取舍了。当初很在意的事，到后面云淡风轻。譬如，我一路念书数学不太好，到三十几岁还梦到高考的数学题没做完。但是如今再回头去看，好像数学不好也没那么严重吧。俗话说："时间是最好的医生。"的确如此。再进一步，你能否突破时间的限制？如果从永恒来看，从我出生之前到结束之后来看，人生哪有过不去的事呢？又何必太在意身体当下的处境呢？

最后的结论又回到圣人身上。究竟谁可以担任天下的领导呢？一方面，人没有身体，也就没有祸患，所以对自己的身体、对一切宠辱得失都不必太执着；另一方面，人既然已经存在，就要珍惜自己的身体。所以老子说："故贵以身为天下，若可寄天下；爱以身为天下，若可托天下。"意即：重视身体超过天下的人，才可以把天下交付给他；爱惜身体超过天下的人，才可以把天下委托给他。

有的统治者一味追求功业，结果自己累得病倒，甚至提早报销。这种人很想有所作为，但他的作为越多，对百姓来说就一定越好吗？未必如此。所以老子才会语重心长地说：爱惜身体超过天下的人，才可以把天下委托给他。统治者应该清心寡欲，考虑全面，不会勉强或刻意做什么事，以至于损伤自己的身体。

如果有一件事需要你花很大力气去做，代表你尚未掌握自然的趋势。能顺势而行，掌握正确的方向，则事半功倍。老子曾经劝孔子不要急功近利，想要立刻改善世界，造福人类。你越是努力这样做，可能离目标越远。

《庄子》里面有一则寓言。一个人很害怕看到自己的影子，就拼命奔跑。但是他跑得越快，影子跟得越紧，最后他累死了。还不如到大树底下乘凉，在树荫下面根本看不到自己的影子。[①]这则寓言说明，人要回归于道。人可以各尽其力，但不要刻意或勉强。这就是道家的主张。

有些人可能觉得这样太消极。其实这并非消极或积极的问题，而是注意力焦点的问题。你如果太重视身体，刻意养生，就会逐渐

---

① 出自《庄子·渔父》。原文：人有畏影恶迹而去之走者，举足愈数而迹愈多，走愈疾而影不离身。自以为尚迟，疾走不休，绝力而死。不知处阴以休影，处静以息迹，愚亦甚矣！

发展到追逐名利权位。这样就回到了第一句，得宠和受辱都好像受到惊吓。你今天得宠，将来才会受辱。前面一帆风顺，后面才有失意的感受。如果你注意力的焦点根本不在这些方面，就不会有这些困扰。

　　这一章相当特别，老子自问自答什么叫做"宠辱若惊、贵大患若身"。最后的结论仍然归结到圣人身上，他爱惜自己的身体，对待百姓顺其自然，让大家过得轻松愉快。

课后思考

　　你会不会为了身体的舒适、欲望的满足，而过度追求外在的东西，以至于本末倒置，主客易位，让自己疲于奔命呢？

第十四章　混而为一的道

这一章非常抽象，是专门描写"道"的。《老子》有十五章专门描写"道"，约占全书篇幅的百分之二十。"道"是什么很难说清楚，但老子作为道家创始人，无法避开这个难题。他非说不可，否则他的核心思想就模糊了。

> 视之不见，名曰夷；
> 听之不闻，名曰希；
> 搏之不得，名曰微。
> 此三者不可致诘（jié），故混而为一。
> 其上不皦（jiǎo），其下不昧，
> 绳绳兮不可名，复归于无物。
> 是谓无状之状，无物之象，是谓惚恍。
> 迎之不见其首，随之不见其后。
> 执古之道，以御今之有。
> 能知古始，是谓道纪。

［白话］看它却看不见，称它为"夷"；听它却听不到，称它为"希"；摸它却摸不着，称它为"微"；这三方面都无法穷究底细，所以它是浑然一体的。它外显的部分并不明亮，隐含的部分也不晦暗，绵绵不绝的样子无法为它定名，然后又回归于空无一物。这就叫做没有形状的形状，没有物体的形象，这就叫做若有若无的惚恍。迎向它，看不见它的源头；

跟随它，看不见它的后续。把握早已存在的道，可以用来驾驭当前的一切。能够了解最早的开始，这就叫做道的规律。

前三句话是试图用感官去掌握"道"，去看、去听、去触摸。

"视之不见，名曰夷"，意即：看它却看不见，称它为"夷"。"夷"就是平。由于没有任何东西凸显出来，所以根本看不清楚是什么东西。"听之不闻，名曰希"，意即：听它却听不到，称它为"希"。"希"就是稀微的一点声音。后文还会提到"大音希声"。"搏之不得，名曰微"，意即：摸它却摸不着，称它为"微"。这些都描写了一种若有若无的状态。"夷、希、微"所针对的是人的感觉能力，代表用感官无法掌握"道"。

"此三者不可致诘（jié），故混而为一"，意即：这三方面都无法穷究底细，所以它是浑然一体的。"混"这个字特别重要。所有谈到宇宙起源的古代神话，都会强调从混沌进入到秩序。《老子·第二十五章》是谈论"道"最具体的一章，它的第一句话就是"有物混成"。代表一切都混在一起，没有任何区分，连天地都尚未分开，所以人根本无从分辨。

"其上不皦（jiǎo），其下不昧"，意即：它外显的部分并不明亮，隐含的部分也不晦暗。这与"和光同尘"的说法类似。

"绳绳兮不可名，复归于无物"，意即：绵绵不绝的样子无法为它定名，然后又回归于空无一物。"不可名"三个字呼应了第一章的"无名，万物之始"。代表在开始的阶段是无形无象的，看似空无一物，却又演变出了万物。"无物"二字也值得留意。说它是"无"，但是万物由它产生；说它是"有"，又看不到任何形状。老子很少把"无"单独作为一个术语，一般都是两个字连用，如"无物""无名"等。

"是谓无状之状，无物之象，是谓惚恍"，意即：这就叫做没有形状的形状，没有物体的形象，这就叫做若有若无的惚恍。"无状之状"代表它有形状，但无法分辨是什么形状。"无物之象"代表它有形象，但是看不出它是什么东西的形象，所以称之为惚恍。今天一般会说"恍惚"，形容一个人精神萎靡不振，迷迷糊糊的，什么都搞不清楚。老子之所以说"惚恍"，因为在这句话里面，"状、象、恍"是押韵的。在《老子》里面，用古音来押韵的书写模式相当普遍。

"迎之不见其首，随之不见其后"，意即：迎向它，看不见它的源头；跟随它，看不见它的后续。如果想掌握"道"的话，只有两个办法：要么从正面观察，看它从哪里来；要么从后面追随，看它往何处去。然而，从正面观察，看不到它的源头；从后面追随，也看不到它的结束。根据专家估算，大约一百三十七亿年前，宇宙出现大爆炸；大约八十亿年之后，宇宙将会结束。我们现在只能想象开始和结束的情况。

"执古之道，以御今之有"，意即：把握早已存在的道，可以用来驾驭当前的一切。"古今"代表时间上的区分，但是"道"完全超越了时间。人要想驾驭今天世界上的一切，无论认知方面还是欲望方面，都要回到最初的情况，回归于道，才能平息由认知带来的复杂后果。

最后的结论是"能知古始，是谓道纪"，意即：能够了解最早的开始，这就叫做道的规律。"道纪"这个词可以理解为"道的规律"。道是万物的基础，万物从"道"获得各自的本性，并按照本性去发展。所以，花有花道，茶有茶道，树有树道。只有人类最特别。人有理性可以认知，接着就可能产生正确的或偏差的欲望。所以人类世界一方面多彩多姿，另一方面也可能出现各种偏差的观念，给人增加了许多困扰与烦恼。

收获与启发

感官无法掌握"道"，看、听或触摸，都无法分辨道是什么东西，只能肯定有个浑然一体的东西存在。中国关于宇宙起源的神话，也是从混沌进入到秩序。"上下四方曰宇，往古来今曰宙"，"宇宙"代表空间与时间的整体。不过，所谓"空间""时间"，都是针对人的认识能力来说的。就"道"本身而言，人根本无法为它命名。所有名字都是约定俗成，暂时使用而已。

本章凸显出老子思想的几个重点。一方面，人的感官不可能掌握道；另一方面，道"不可名"，所以人的理性也无法运作。只觉得恍恍惚惚，不知道怎么回事，万物与人类就出现了。你如果善于思考，就会发现这一切肯定有其根源，并非偶然发生或莫名其妙出现的，万物的存在与发展也遵循一定的规律。

老子形容"道"是"无物""无状之状""无物之象"。这不是说"道"是纯粹虚无，而是很难分辨它的形状，很难掌握它的形象，因而无法用言语来表达。了解老子的"道"之后，就不会受限于"今之有"。你之所以觉得现存的一切很难把握，是因为没有回到原始的状态，回到"道"里面去。其实，一切都来自于道，一切都在道里面，所以没有必要做任何区分。掌握到道，就掌握到根源，对于各种变化就不再感到困惑。

人用感官或理性都无法掌握"道"，所以必须承认：道的存在非常特别，它不是万物之一，而是万物的来源与归宿。老子的道家不同于世间其他学派。它不是一种相对的想法，而是让我们回到根源，化解"存在上的虚无主义"的压力。

课后思考

人用感官和理性都无法掌握道。你认为道是纯粹幻想出来的，还是真有这个东西作为万物的来源与归宿呢？

第十五章　能静能动的悟道者

　　本章描写的是古代善于行道的人，也就是老子虚拟的圣人。圣人是悟道的统治者。圣人是如何悟道的？这是方法论。圣人悟道之后有什么特色？这是结果论。悟道是一个长期的过程，觉悟之后会有特殊的表现。本章用了各种比喻的手法来描述"善为道者"的特殊表现。

　　　　古之善为道者，微妙玄通，深不可识。
　　　　夫唯不可识，故强为之容：
　　　　豫兮若冬涉川；犹兮若畏四邻；
　　　　俨兮其若客；
　　　　涣兮其若释；
　　　　敦兮其若朴；
　　　　旷兮其若谷；
　　　　混兮其若浊；
　　　　孰能浊以静之徐清？
　　　　孰能安以动之徐生？
　　　　保此道者不欲盈。
　　　　夫唯不盈，故能蔽而新成。

　　［白话］古代善于行道的人，精微奥妙而神奇通达，深刻得难以理解。正因为难以理解，所以勉强来形容他：小

心谨慎啊，有如冬天涉水过河；提高警觉啊，有如害怕邻国攻击；拘谨严肃啊，有如在外做客；自在随意啊，有如冰雪消融；淳厚实在啊，有如未经雕琢的木头；空旷开阔啊，有如幽静的山谷；混同一切啊，有如浑浊的河水；谁能在浑浊中安静下来，使它渐渐澄清？谁能在安定中活动起来，使它出现生机？持守这种"道"的人，不会要求圆满。正因为没有达到圆满，所以能够一直去旧存新。

真正悟道的人很难被别人理解，因为他的内心达到无法言说的高度。譬如，老子曾劝孔子说："一个好商人应该'深藏若虚'，一个德行完美的君子应该'容貌若愚'。"①老子在本章用了七个比喻来描写古代善于行道的人，让人联想到"水之七善"。这七个比喻也可以像"水之七善"那样分成四组，两个两个一组，最后一个是总结。

第一组。"豫兮若冬涉川"，意即：小心谨慎啊，好像冬天涉水过河。在北方的冬天涉水过河，随时有落水的危险，要非常小心。"犹兮若畏四邻"，意即：提高警觉啊，有如害怕邻国攻击。春秋时代后期，各诸侯国之间经常发生战争，所以要提高警觉，保持柔弱谦下的态度，以避免受到邻国攻击。这两句话提醒我们：人间充满了困难与危险，谁能料到灾难会在什么时候出现呢？

第二组。"俨兮其若客"，意即：拘谨严肃啊，有如在外做客。俗话说，在家千日好，出门一时难。《易经》中的"旅卦"就提醒我们，旅行时出门在外，要保持拘谨严肃的态度，充分考虑环境的风险以及同别人的关系，不能像在家那样自在随意。"涣兮其若释"，意即：自在随意啊，有如冰雪消融。冬去春来，冰雪自然就会消融，

---

① 出自《史记·老子韩非列传》。原文：吾闻之，良贾深藏若虚，君子盛德容貌若愚。

可以非常轻松地达成目标。圣人为什么能自在随意呢？因为圣人体会到"道"无所不在，所以能够随遇而安。"拘谨严肃"代表外在的表现，"自在随意"代表内心的状态，两者是相对的。圣人能兼顾两个方面，做到外在谨慎小心，内心一团和谐。

第三组。"敦兮其若朴"，意即：淳厚实在啊，有如未经雕琢的木头。"朴"就是未经雕琢的原木，可以做成各种制品，具有无限的可能性。老子经常用"朴"这个字代表一种纯朴的状态，无需刻意表现出任何特色。"旷兮其若谷"，意即：空旷开阔啊，有如幽静的山谷。继"谷神不死"（第六章）之后，本章再次出现了"谷"。老子非常欣赏幽静的山谷。这两句话提到原木和山谷，提醒人们要保持最初的自然状态。

最后以"混兮其若浊"作为总结，意即：混同一切啊，有如浑浊的河水。就像黄河挟泥沙而俱下，一切都混在一起，让人无从分辨。上一章提到"混而为一"，本章说"混兮其若浊"，第二十五章说"有物混成"，这些都是老子对于"道"的一种描述。圣人是悟道的统治者，他能够注意到上述四组、七个步骤，并以最后的"混"字作为重点。

"孰能浊以静之徐清？孰能安以动之徐生？"意即：谁能在浑浊中安静下来，使它渐渐澄清？谁能在安定中活动起来，使它出现生机？这两句话特别值得注意。在第二次世界大战后的1946年，德国哲学家海德格尔（Martin Heidegger，1889—1976）偶遇中国学者萧师毅先生，两人聊得很愉快，于是约定一起合作翻译《老子》。海德格尔是当代西方重要的哲学家，影响遍及人文领域的各个方面。他的背景本来是基督宗教的传统，后来读了《老子》之后，心领神会，认为老子思想完全符合古希腊"爱智慧"的表现。但是，他觉得当时各种翻译本都不够理想，所以希望把《老子》再一次翻译成德文。

他与萧先生合作的时间只有三个多月，翻译到第八章"上善若水"就停止了。在合作期间，他请萧教授为他写了一副对联，内容就是"孰能浊以静之徐清？孰能安以动之徐生？"一般人讲《老子》，很喜欢强调安静、顺从、柔弱、不争的这一面，却忽略了老子也有能动的一面——希望在安定中重新振作发动，使一切重现生机。海德格尔确实慧眼独具，旁观者清，他发现老子兼具动静两面。一个人能动，未必能静。如果能静下来，就可以积蓄力量，重新振作发动。关键要知道：什么时候停止，什么时候行动。这两句话兼顾静与动，很适合作为书房里的对联，经常提醒自己。

最后是结论部分。"保此道者不欲盈"，意即：持守这种"道"的人，不会要求圆满。宇宙万物一直处在变化中，所以不可能圆满。它们来自于道，又回归于道。从头到尾圆满的只有"道"本身。人活在世界上，悟道之后就会明白：我们可以朝着圆满的目标前进，但在有生之年，不可能真正达到圆满。

"夫唯不盈，故能蔽而新成"，意即：正因为没有达到圆满，所以能够一直去旧存新。"蔽而新成"这句话历来有很多争议，帛书本和王弼本都写成"蔽不新成"。事实上，"而"与"不"在古代篆文里面形状非常接近，因此要看哪个意思能够说得通。

《老子·第二十二章》提到"敝则新"，意为"敝旧将可更新"。所以"敝"与"新"两者是相反相成的。你承认自己是旧的，就会有一个新的开始；而新的一旦出现，又会变成旧的。所以要不断去旧，才能不断出新。可见，"蔽而新成"的说法更可取。《老子》里面有许多关键词，在不同版本中会有不同的说法。我们在解读时要"以经解经"，就《老子》本身的文句来诠释。

这句话提醒我们，人生目标要用长远的眼光来看，现在的成就只是阶段性的成果而已。要一直处在去旧存新的状态中，否则很难说你已经悟道了。

老子描写了古代善于行道的人的特殊表现，可分为四组、七个步骤。第一和第二句是收敛的，要小心谨慎，提高警觉。第三和第四句是相对的，外在要拘谨严肃，有如在外做客；内心要自在随意，有如冰雪消融。第五和第六句用自然界的"朴"与"谷"做比喻，要保持纯朴的状态，回归原始的情况。最后以"混"字作为总结。

海德格尔特别欣赏的两句话是："谁能在浑浊中安静下来，使它渐渐澄清？谁能在安定中活动起来，使它出现生机？"所以人要兼顾动静两方面。不能一味求静，到最后完全失去生机与活力。这不符合万物变化的规律。

最后的结论是：持守这种"道"的人，不会要求圆满。正因为没有达到圆满，所以能够一直去旧存新。这里采用"蔽而新成"的说法更合理。

课后思考

你是否学会了收敛与放开自己？在哪些方面要练习收敛，在哪些方面可以放开自己？不过最后还是要知道：我们没有离开自己的根源，因此要保持一个真诚的自我。

第十六章　修炼要靠虚与静

本章介绍《老子·第十六章》。如果想了解老子笔下的圣人是如何修炼的，就要看第十章与第十六章。

> 致虚极，守静笃。
> 万物并作，吾以观复。
> 夫物芸芸，各复归其根。
> 归根曰静，静曰复命。
> 复命曰常，知常曰明。
> 不知常，妄作凶。
> 知常容，容乃公，公乃全，全乃天，
> 天乃道，道乃久，没身不殆。

[白话]追求"虚"，要达到极点；守住"静"，要完全确实。万物蓬勃生长，我因此看出回归之理。一切事物变化纷纭，各自返回其根源。返回根源叫做寂静，寂静叫做回归本来状态。回归本来状态叫做常理，了解常理叫做启明。不了解常理，轻举妄动，就会招致凶险。了解常理才会包容一切，包容一切才会大公无私，大公无私才会普遍周全，普遍周全才会合乎自然，合乎自然才会与道同行，与道同行才会保持长久，终身免于危险。

本章一开头谈到具体的修养方法，可以概括为两个字——虚与静。

"致虚极"，意即：追求"虚"，要达到极点。"虚"这个字让人难以捉摸，好像什么都没有，空荡荡的。其实，老子的"虚"是指"单纯"。亦即追求单纯，要达到极点。

譬如，我们经过一所幼儿园，会听到里面传来欢声笑语。孩子为什么那么容易快乐呢？因为他很单纯，没有复杂的念头和欲望，看到父母就觉得天地无限美好。一进小学就开始有了压力，进入初中就很少有笑声了。到高中因为面临高考，恐怕只有叹息的声音了。考上大学，烦恼并不会减少，因为要考虑毕业之后何去何从。

你能找回小时候那种单纯的快乐吗？社会上的复杂情况难以避免，但是我们可以设法保持内心的单纯。譬如，我一次只做一件事，心无旁骛，不要同时想很多事。与别人来往时，尽量把握当下的情况，不要想得太复杂。各种复杂的状况其实都是人造成的，所以把握住人的因素，把自我的执着放开，就能让一切变得更加单纯。

"守静笃"，意即：守住"静"，要完全确实。"静"有三个层次：第一是安静，即外面没有声音；第二是平静，即内心不起波澜；第三是宁静，可以在静中孕生致远的动力。正如诸葛亮在《诫子书》中所说："非淡泊无以明志，非宁静无以致远。"

"万物并作，吾以观复"，意即：万物蓬勃生长，我因此看出回归之理。"复"就是回归、从头开始。《易经》中有个复卦，一个阳爻从底下出现，会带着其他阳爻一起往上发展。阳爻象征着生命力，所以复卦的《象传》说："复，其见天地之心乎？"即可以从复卦看出天地的心意。当一切快要停止的时候，又有新的动力慢慢出现，总是让万物生生不息。这就是复卦的特色。

"观"字在道教里经常使用。道士们修行的地方一般称为道观（guàn），类似于佛教的寺庙。"观"即观察，原本是指"用眼睛看着天上的飞鸟"。所谓"观复"，就是看到万物虽然不断蓬勃发展，但最终都会返回根源。

"夫物芸芸，各复归其根"，意即：一切事物变化纷纭，各自返回其根源。关于"各复归其根"，可以有两种理解：第一种是叶落归根，这是讲个别的情况；第二种是万物都要回到"道"这个大根源里面，这是讲整体的情况。

老子接下来提出一系列非常简明的定义。

首先，"归根曰静"，意即：回到根源叫做寂静，因为回到根源就不用再活动了。"静曰复命"，意即：寂静叫做回归本来状态。"复命曰常"，意即：回归本来状态叫做常理。"常理"就是普遍的、永恒的道理。万物都会经历从出现到发展、再到结束的整个过程。结束并不是彻底消失，而是回到出现之前的状态。

"知常曰明"，意即：了解常理叫做启明。这句话非常重要。"明"字在《老子》全书总共出现了七次，代表启明的状态。人的认知可以分成"区分、避难、启明"三个层次。"区分"之后就会出现欲望，陷入争夺。到了"避难"的层次，可以预先知道困境何在，然后设法避开。到了"启明"的层次，就会了解常理，知道一切从道而来又回归于道，于是不再有任何执着与困扰。

"不知常，妄作凶"，意即：不了解常理，轻举妄动，就会招致凶险。违背常理的话，在自然界得不到万物的配合，在人的世界也得不到别人的支持，这就叫做"凶"。

接下来的几句话一气呵成，好像有一种内在的逻辑顺序。"知常"仍是关键所在。

"知常容"，意即：了解常理才会包容一切。法国有一句谚语说："了解一切就会宽容一切。"比如，你与别人促膝长谈之后，就会包容他的作为。人与人之间因为了解而互相包容。同样的，你了解了四季更迭、万物消长的道理，就会包容这一切。

"容乃公"，即包容一切才会大公无私，而不会有个人的偏好。

"公乃全"，即大公无私才会普遍周全。王弼本与帛书本皆写作"公乃王"，但王弼在解释中并未提到帝王。他认为，"公"就是荡然公平，"王"就是无所不周普。可见，"公乃全"的说法更合适，因为"全"就是普遍周全。

"全乃天"，即普遍周全才会合乎自然。王弼本写作"王乃天"。但是，"王"与"天"的关系并不明显。"全乃天"的说法更合理。另外，老子笔下的"王"字，可指统治者，但未必与悟道有关，亦可指归往。前者如"侯王"（于第三十二章、第三十七章和第三十九章，共五见）与"王"（于第七十八章），后者如"百谷王"（于第六十六章，二见）。本章原文在此一系列的描述实与这样的"王"无关。

"天乃道，道乃久，没身不殆"，意即：合乎自然才会与道同行，与道同行才会保持长久，终身免于危险。老子最后把焦点拉回到人的身上。人活在世界上，尤其是活在乱世里面，能够做到"没身不殆"是相当不容易的。

从最后的结论往前看，更容易明白老子的用意。圣人之所以能够终身免于危险，保持平安的状态，是因为他悟道了，发现自然界与人类社会都有内在的规律。做任何事情，只要努力就会有成果，同时也要付出相应的代价。一旦有了成果，就可能引起别人的竞争。如果不能顺从自然界与人类社会的规律，都会留下后遗症。

收获与启发

"虚"与"静"是圣人的修炼方法。"虚"就是保持单纯的心态，每次只做一件事，并把它当作此刻唯一重要的事。《老子》里面"虚"字出现了五次，它不是指虚幻或虚无，而是指单纯。亦即让自己保持一种空的状态，不要执着，从而孕生无限的动力。

宋代学者邵雍（1012—1077）是研究《易经》的专家，他非常欣赏"虚"这个字，认为老子得到"易之体"（易经的本体）。"易"就是变化。想要产生变化，就不能执着，不能钻牛角尖。只有保持"虚"的状态，才能展现所有的可能性。

本章出现了"静、复命、常、明"等重要概念。尤其是"明"这个字，它是老子的核心概念。

老子指出，圣人的修养有一个逻辑的顺序，要从虚的单纯与静的稳定出发，让自己从外在回到内在，可以去"观"。宋代学者程颢（1032—1085）在《秋日偶成》这首诗中写道："万物静观皆自得。"你静心观察万物，就会发现鸢飞鱼跃，各具特色，处处都显示出无穷的生机。所以人不要轻举妄动，而要用欣赏的眼光来看待这一切。

课后思考

你能否在生活的某些方面，设法回归到单纯的心态？你能否从安静、平静，逐步进入到宁静的状态？

第十七章　管理的四个层次

本章是《老子》全书里面少数几章谈到百姓对统治者的反应的，这时的统治者就不一定是圣人了，那么百姓的态度如何呢?

太上，下知有之;

其次，亲而誉之;

其次，畏之;

其次，侮之。

信不足焉，有不信焉。

悠兮其贵言。

功成事遂，百姓皆谓:我自然。

［白话］最好的统治者，人民只知道有他的存在;次一等的，人民亲近他并且称赞他;再次一等的，人民害怕他;更次一等的，人民轻侮他。统治者的诚信不足，人民就不信任他。最好的统治者是那么悠闲啊，他很少发号施令。等到大功告成，万事顺利，百姓都认为:我们是自己如此的。

这段话把统治者分为四等。

第一等:"太上，下知有之。"意即:最高明的统治者，人民只知道有他的存在。这里有的版本写成:"太上，不知有之。"意思就变成：最高明的统治者，老百姓不知道有他的存在。这种说法不太合理，理由在于：

第一，王弼本、帛书甲本乙本都写作"太上，下知有之"；

第二，上下对立，用"太上"代表最高明的统治者，用"下"代表百姓，说明百姓知道有统治者存在；

第三，本章结尾说："等到大功告成，万事顺利，百姓都认为：我们是自己如此的。"如果百姓根本不知道有人统治，又何必强调"我们是自己如此的"？正因为百姓知道有人在统治，但后来发现他什么都没说，什么都没做，而百姓都过得平安愉快，所以才会说"我们是自己如此的，这并非统治者的功劳"。这样才合乎逻辑。

可见，最高明的统治者很少发布什么政策，提出什么计划，而是尽量让百姓休养生息。汉代初期推行的"黄老之治"就与之类似。不过，所谓"黄老"是指黄帝与老子，它与老子《道德经》的思想不完全一样，而是另一套相似的思维。

中国古代有一首歌谣叫做《击壤歌》，也反映了上述情况。《击壤歌》说："日出而作，日入而息，凿井而饮，耕田而食，帝力于我何有哉？""帝力"就是帝王的权力。我是一个农夫，好好从事农业生产，谁当帝王跟我有什么关系呢？百姓根本不在乎是谁在统治。

第二等："其次，亲而誉之。"意即：次一等的统治者，人民亲近他并且称赞他。因为他兢兢业业地工作，悉心照顾百姓，所以得到百姓的亲近与称赞。

第三等："其次，畏之。"意即：再次一等的，人民害怕他。第三等统治者用各种法律法规来约束百姓，对违法乱纪者给予处罚，让百姓都害怕他。

第四等："其次，侮之。"意即：更次一等的，人民轻侮他。百姓认为这个统治者既无原则，又无操守，没有作为领导者的资格，所以就鄙视他、侮辱他。

古代政治有四种治理方法，依序为：德治、礼治、法治、刑治。"德治"以尧舜时代为代表，统治者自身德行高尚，可以作为百姓的表率；"礼治"以周公制礼作乐为代表，孔子就非常推崇周公；"法治"以法律政令来治理百姓；最差的是"刑治"，它用各种刑罚来约束百姓。

事实上，任何一个时代都兼具这四种统治方法，只不过重点有所不同。越是优秀的统治者，越重视德治与礼治。但是中国古代社会显然每况愈下，从德治、礼治，后退到法治、刑治，才会出现老子所描述的四种情况。

《论语·为政》有一句话涵盖了这四种统治方法。孔子说："道（dǎo）之以政，齐之以刑，民免而无耻。道之以德，齐之以礼，有耻且格。"意即：以政令来教导，以刑罚来管束，百姓免于罪过但是不知羞耻。以德行来教化，以礼制来约束，百姓知道羞耻还能走上正途。可见，德治与礼治比较理想，法治与刑治则会有后遗症。可见，儒家与道家显然有共同的历史及社会背景。

"信不足焉，有不信焉"，意即：统治者的诚信不足，人民就不信任他。这反映了古代社会统治者与被统治者之间的信赖关系。

"悠兮其贵言"，意即：最好的统治者是那么悠闲啊，他很少发号施令。所谓"贵言"，就是珍惜言论，很少发号施令。老子对于说话始终保持戒心，因为人的言论会表达自己的看法，反映个人的欲望与要求。除了"贵言"之外，后文还会提到"希言"，也是要人少说话。谈到老子、庄子的养生观念时，也会强调少言。多言不但伤气，还伤脑筋。要让别人理解并认同你的想法，是很不容易的。

"功成事遂，百姓皆谓：我自然"，意即：等到大功告成，万事顺利，百姓都认为：我们是自己如此的。可见，天下本无事，何必庸人自扰呢？在古代农业社会，百姓好好耕田，保持自己的样子，就能过得平安愉快。在《老子》全书中，"自然"一词总共出现了五次，它不是指自然界或大自然，因为老子用"天地万物"四个字来代表自然界。老子在历史上第一次把"自然"两个字组合起来。"自"是自己，"然"是样子，"自然"就是指"保持自己的样子"或"自己如此"。

道家一向强调"顺其自然"，这个"自然"要采用最原始的意思。亦即要保持自己的样子，按照一切原本的样子去保存及发展。人也一样。人如果选定一个目标、刻意而为的话，马上就会表现出某些特殊的作为。

《庄子·天地》发挥了老子的思想，他说："古代的圣人治理天下时，用的方法是放任民心，使他们自己成就教化，改变风俗，完全消除他们害人的念头，促成他们自得的志趣，就像是本性自动要这么做，但百姓并不知道何以如此。"①

作为统治者，不可能无所作为。比较稳妥的做法是，观察百姓的情况，顺水推舟，因势利导，让百姓按照自然的趋势发展。如果刻意照顾百姓的话，不仅压力很大，而且十分辛苦。譬如，大禹治水八年在外，三过家门而不入，最后身体累坏了。当然，在当时的情况下，为了救助百姓，恐怕不得不如此。道家会设想回到一种原始的淳朴状态，地广人稀，百姓各自生活，与世无争。

我们今天可以就自己的范围来思考。比如，你负责管理一家公司，不可能什么都不做，所以至少要做第二等的管理者，充分考虑

---

① 原文：大圣之治天下也，摇荡民心，使之成教易俗，举灭其贼心而皆进其独志，若性之自为，而民不知其所由然。

员工的愿望，让大家都亲近你、称赞你。如果到了让别人畏惧你、侮辱你的程度，代表你的管理彻底失败了。

《老子·第十七章》是极少数可以用来评论政治的材料，它的分类简明扼要，值得进一步思考与演绎。

课后思考

你有没有当过某个团体的负责人，比如班长、同学会负责人、某社团的代表，或某单位的管理者？针对本章提到的四种管理者，请你回忆一下，你曾经是哪一种领导呢？

第十八章 国乱显忠臣吗?

这一章只有四句话,所描写的是天下大乱的处境。春秋战国时代是一个乱世,学者们纷纷提出自己的心得,希望能够拨乱反正,救民于水火。但乱世的原因是什么,各个学派所见不同。只有知道来源,才能对症下药。《老子》全书有大约百分之二十的篇幅用来描写天下大乱,反映了当时的时代背景。

> 大道废,有仁义;
> 智慧出,有大伪;
> 六亲不和,有孝慈;
> 国家昏乱,有忠臣。

[白话] 大道毁坏之后,才有所谓的仁义;智巧聪明出现,才有严重的虚伪;家人之间失和,才有所谓的孝慈;国家陷于昏乱,才有所谓的忠臣。

"大道废,有仁义",意即:大道毁坏之后,才有所谓的仁义。换句话说,"仁义"有两种,一种是自然的,一种是人为的。在大道里面有自然的仁义,不用要求人们行善,不必规定责任与义务,大家自然会和乐相处。大道毁坏之后,只剩下人为的仁义,要靠学习和模仿才能做到。第五章曾提到"天地不仁""圣人不仁"。老子所说的仁义,特别是指儒家、墨家所强调的行仁、行义。他们刻意制定某些行为标准，让人们模仿那种作为。达到规定的标准，才算合乎仁义。

"智慧出，有大伪"，意即：智巧聪明出现，才有严重的虚伪。这里所谓的"智慧"是指智巧聪明，不是指觉悟的智慧。统治者使用智巧聪明来治理百姓，百姓就会伪装自己，设法避开各种祸患，就像鸟儿躲避罗网一样。于是整个社会陷入严重的虚伪，大家都在作秀，而忽略了人的真诚性与真实性，造成混乱的局面。

"六亲不和，有孝慈"，意即：家人之间失和，才有所谓的孝慈。所谓"六亲"，是指父子、兄弟、夫妇这六种家庭中的角色。古代社会以男性为中心，所以"兄弟"也包括姐妹在内，"父子"也包括母女在内。

一家人相处得不好，才会出现所谓的孝慈。难道六亲和睦就不需要孝慈吗？事实上，一家人和睦相处，则无需分辨谁是孝、谁是慈。一旦规定了孝慈的标准，反而会带来很大困扰。比如，父亲指责孩子说："你如果孝顺的话，就不该花这么多钱去玩游戏。"孩子就反驳父亲说："你如果慈爱的话，就应该让我尽量去玩游戏。"父亲说："你怎么不学学隔壁的小明？他们家没什么钱，但是他书念得很好。"孩子就说："你怎么不学学小明的父母亲？他们家没什么钱，但是他们很会照顾孩子。"家人之间以这些标准互相要求的话，会永远争吵不休，没完没了。如果六亲和睦，自然会做到父慈子孝、兄友弟恭、夫和妻柔。

"国家昏乱，有忠臣"，意即：国家陷于昏乱，才有所谓的忠臣。这句话更让人觉得有压力。常言道："家贫出孝子，国乱显忠臣。"只要提到忠臣，就会想到岳飞、文天祥、史可法这些人，这正好反衬出当时的乱世。因此很多人主张：我宁可不当忠臣，也不要让国家昏乱。如果为了证明谁是忠臣，就要让国家陷于昏乱，岂非本末倒置？当国家上轨道时，你根本看不出谁是忠臣，因为每个官员都能尽职负责地照顾百姓。

整体来看，首句所说的"大道"是关键所在。如果一切都混同为一个整体，没有"仁义"之类的区分，没有相互的比较，就不会出现后面的问题。王弼的注解说："鱼相忘于江湖之道，则相濡之德生也。"这个说法源自《庄子·大宗师》。庄子说："泉水干涸了，几条鱼一起困在陆地上，互相吹气来湿润对方，互相吐沫来润泽对方，这实在不如在江湖中互相忘记对方。"①庄子用"江湖"来比拟大道。鱼当然希望在江湖中自在悠游，互相忘记彼此；奈何泉水干涸，还奢谈什么江湖呢？

"大道废"也反映了现实的处境。人类文明发展至今，取得了辉煌的成就，相对的离根源也越来越远了。现在已经很难想象，原始的和谐状态是怎样的情况。我们要尽量开阔自己的心胸，不与别人互相计较，要像江湖中的鱼一样忘记彼此，悠游自在。我们可以从身边的家人、亲戚、朋友开始，逐步扩展到同乡、同县、同省的人，再扩展到同一国、同一洲，最后到整个人类。

一个人悟道之后就会明白，"道"无所不在，它让万物构成一个真正的整体。自然界可能出现泉水干涸的现象，人也可能忘记"道"而让自己陷入困境。忘记也没有关系，我们可以透过老子的启发，重新恢复对道的认知。

有一些西方当代哲学家致力于研究古代少数民族或原住民的智慧，提出"对存在本身的乡愁"这一观念。所谓"存在本身"，就是指宇宙万物的来源与归宿，亦即老子所说的"道"。"乡愁"就是客居他乡时心中泛起的思乡之情。

---

① 原文：泉涸（hé），鱼相与处于陆，相呴（xǔ）以湿，相濡以沫，不如相忘于江湖。

我们对于"道"是否也有一种乡愁？老子与西方思想在这里可以互相呼应。人的内心有一种最深切的愿望，就是希望回到最原始的状态。道是万物的来源与归宿，一切都在道里面形成一个整体。我们不用刻意讲求仁义，不用虚伪作秀，也不用分辨孝慈忠奸。

　　本章谈到的四种情况是逐层演变的，关键是大道被人遗忘。事实上，大道永远存在，不会因为我们的遗忘而消失。它永远在那里，等待我们蓦然回首，返回根源。就像鱼儿暂处干涸之处，它总是希望能重返大海，因为它本来就属于大海。

　　人活在世界上，可能要历经沧桑，甚至到老了才会觉悟：其实许多事不必那么计较，不需要与别人展开竞争。如果能看开这一点的话，生命将会进入一种全新的境界。

课后思考

　　老子说："六亲不和，有孝慈。"那么在六亲和睦的情况下，你是否能做到孝或慈呢？

第十九章　从减少欲望开始

本章是从圣人的角度去探讨，如何引导百姓，才能给百姓带来最大的福祉。老子在这里提出一些明确的忠告，想要做到并不容易。

> 绝圣弃智，民利百倍；
> 绝仁弃义，民复孝慈；
> 绝巧弃利，盗贼无有。
> 此三者以为文，不足。
> 故令有所属：
> 见（xiàn）素抱朴，
> 少私寡欲。
> 绝学无忧。

[白话]去除聪明与才智，人民可以获得百倍的好处；去除仁德与义行，人民可以恢复孝慈的天性；去除机巧与利益，盗贼就不会出现。这三方面是用来文饰的，不足以治理天下。所以要让人民有所依归：表现单纯、保持朴实、减少私心、降低欲望、去除知识、没有烦恼。

一开头连续三句话都用了"绝"与"弃"，都是要设法去除。

第一句，"绝圣弃智，民利百倍"，意即：去除聪明与才智，人民可以获得百倍的好处。"圣"字的本义是指一个人聪明到极点。"圣"

的繁体字写作"聖",《说文解字》对"聖"字的解释是"从耳呈声"。"从耳"代表他一听就懂;"呈"表示字音,所以念成"圣"。一个人聪明与否,可以从他能否很容易听懂别人的话来判断。"智"就是智巧,代表这个人很会察言观色,主意很多。

如果大家都用聪明才智来竞争的话,就算你再有本事,也是双拳难敌四手。这就像用兵作战一样,大家各出险招,出奇制胜,令人防不胜防。而去除聪明才智,人民就不用再勾心斗角,生活会变得单纯而愉快,这叫做民利百倍。

第二句,"绝仁弃义,民复孝慈",意即:去除仁德与义行,人民可以恢复孝慈的天性。仁与义代表高尚的道德,但它们是刻意规定的标准,由此造成各种区分。如果人们不再考虑仁与义的问题,就可以恢复自然的状态。事实上,你不用特意制定孝慈的标准,大家自然就会和谐相处,因为孝顺与慈爱是人的天性。

第三句,"绝巧弃利,盗贼无有",意即:去除机巧与利益,盗贼就不会出现。盗贼经常会铤而走险,采用机巧的手段获取利益。

"此三者以为文,不足",意即:这三方面是用来文饰的,不足以治理天下。"文饰"代表只是表面上有所改变。真要治理天下的话,仅靠去除这三点是不够的,还要积极地加以引导。谈到教育,都要注意到两个方面:先去除坏的方面,再引导走上好的方面,要有"破"有"立"。所以,前面三种"去除"只能用来文饰,不足以治理天下。接下来还要进一步让百姓有所依归,也涉及三个方面。

第一,"见素抱朴",即表现单纯,保持朴实。"素"是指未经染色的丝。"朴"是指未经雕琢的原木。"见素抱朴"所针对的是前面的"绝仁弃义"。讲求"仁义"就是给你染上美好的颜色,把你雕刻成美好的东西,这样就失去了素朴的状态。

第二,"少私寡欲",即减少私心,降低欲望。"少私寡欲"所针对的是"绝巧弃利"。如果大家都能减少私心，降低欲望，就不会表现机巧、追逐利益，又怎么会有盗贼出现呢？

关于"寡欲"，儒家的孟子也说过："养心莫善于寡欲。"[①] 即修养自己的心性，最好的方法就是减少欲望。在古装剧里经常看到，皇宫有所谓的"养心殿"，说明帝王也需要养心。但他们谁能做到"寡欲"呢？可见，任何学派都会建议人们减少欲望。因为欲望就像滚雪球一样，如果任其发展，后果将不堪设想，甚至会让人陷入疯狂。

第三，"绝学无忧"，即去除知识，没有烦恼。王弼本把"绝学无忧"四个字放在下一章的开头，但是第二十章谈的是圣人与一般人的差异。而帛书甲本乙本，都在"见素抱朴，少私寡欲"之后，立刻接上"绝学无忧"四个字。

帛书本的写法比较合理。因为本章开头强调去除三个方面，最后自然提出三点针对性的建议。"见素抱朴"针对的是"绝仁弃义"，"少私寡欲"针对的是"绝巧弃利"，而"绝学无忧"正好针对"绝圣弃智"。即去除聪明与才智，不去追求知识，也就不会有烦恼。人生的烦恼从识字开始。一旦识字就会做出区分，进而产生各种偏差的欲望，烦恼与忧愁也会随之而来。所以不去追求知识，反而过得轻松自在。

一般而言，"学"有两种：一种是学习各种知识，另一种是学习生活之道。如果你学的是生活之道，学会如何自处与处世，显然没有问题。但是我们从小受教育，所学的大部分都是知识。我在美国耶鲁大学念书四年，耶鲁大学的图书馆藏书七百多万册，光是与我的研究领域相关的就有好几个书架。我每次经过时都会心生感慨，老子说的"绝学无忧"确实有道理。

---

① 出自《孟子·尽心下。》

我们今天学《老子》，不可能完全去除聪明才智，不去行仁义，或放弃巧和利。但是，若想让生活掌握在自己手中，减少外界的干扰，就要设法做到"见素抱朴，少私寡欲"，尤其是要减少不必要的知识。知识太多会泛滥无所归，到最后接收了很多信息，却无法判断真伪，反而造成更多的困扰。

英国诗人艾略特（Thomas Stearns Eliot，1888—1965）在《岩石》中写道："我们在信息里面失落的知识，到哪里去了？我们在知识里面失落的智慧，到哪里去了？"这两句话精准地区分了信息、知识和智慧三个层次。因此，在学习的过程中，要懂得如何掌握要点。

此外，一切价值观都是相对的，会随着时代、社会而改变。如果你能像老子一样彻底去除这些观念，就更容易进入一种自由自在的心境。

收获与启发

对于人间普遍追求的价值，老子做出了反面的思考。老子的辩证思维值得学习。任何说法都有正面与反面。我们了解两面之后，扬弃不合理的地方，再综合双方的优点，往上提升到"合"的程度。当然，老子的"正反合"辩证法是从长远的角度来判断的，某些有利的条件经过长期演变，最后可能造成负面的效果。

课后思考

如果放弃某些知识或学问的话，真的可以减少烦恼吗？

第二十章　圣人是大众眼中的笨人

《老子》全书与圣人有关的部分，占了将近一半的篇幅。本章详细描述了圣人与一般人的差别。根据上一节的说明，把"绝学无忧"四个字归到第十九章的结尾。

唯之与阿（ē），相去几何？

美之与恶，相去若何？

人之所畏，不可不畏。

荒兮，其未央哉！

众人熙熙，如享太牢，如春登台。

我独泊兮，其未兆，如婴儿之未孩，

儡（léi）儡兮，若无所归。

众人皆有余，而我独若遗。

我愚人之心也哉，沌（dùn）沌兮！

俗人昭昭，我独昏昏。

俗人察察，我独闷闷。

澹兮其若海，

飂（liù）兮若无止。

众人皆有以，而我独顽且鄙。

我欲独异于人，而贵食母。

[白话] 奉承与斥责，相差有多少？美丽与丑陋，差别

又有多远？众人所畏惧的，我也不能不害怕。遥远啊，差距像是没有尽头！众人兴高采烈，有如参加丰盛筵席，有如春天登台远眺。唯独我淡泊啊，无动于衷，好像还不懂得嬉笑的婴儿，孤孤单单啊，好像无处可去。众人都绰绰有余，唯独我好像有所不足。我真是愚人的心思啊！混混沌沌啊！世人都炫耀光彩，唯独我暗暗昧昧。世人都精明灵巧，唯独我昏昏沉沉。辽阔啊，好像无边大海。飘荡啊，好像无所栖息。众人都有所施展，唯独我顽固又闭塞。我所要的，就是与别人都不同，重视那养育万物的母体。

这一章有两组词值得注意：一组是"人、众人、俗人"，加起来共出现七次；另一组是"我"字，也出现七次。"我"所指的就是圣人，因为与之相对的是众人或百姓。众人都是按照一般的生活方式或价值观在发展。

"唯之与阿（ē），相去几何？"意即：奉承与斥责，相差有多少？人们都会奉承地位比自己高的人，而斥责地位低下的人。每个人都会得到别人的奉承与斥责，因为每个人都处在上下之间。这反映了社会上一般的作为。

"美之与恶，相去若何？"美丽与丑陋，差别又有多远？《老子·第二章》提到"天下皆知美之为美，斯恶已"。"恶"代表丑陋。美与丑是价值上的判断，两者是相对的。说一个人美，是相对于丑人而言的；但与更美的人相比，他就算是丑了。所以，美与丑的差别又有多远呢？

"人之所畏，不可不畏"，意即：众人所畏惧的，我也不能不害怕。这代表我有一个底线，要"和光同尘"，按照社会大众的方式来生活。

接下来的几句话说明了"我"与别人的差别何在。

"荒兮，其未央哉！"，意即：遥远啊，差距像是没有尽头！《诗经·小雅·庭燎》中出现过"夜未央"一词，意思是长夜漫漫无穷尽。此处的"未央"代表我与众人的距离很遥远。

"众人熙熙，如享太牢，如春登台。"意即：众人兴高采烈，有如参加丰盛筵席，有如春天登台远眺。

"我独泊兮，其未兆，如婴儿之未孩，傫（léi）傫兮，若无所归。"意即：唯独我淡泊啊，无动于衷，好像还不懂得嬉笑的婴儿，孤孤单单啊，好像无处可去。说明我跟众人格格不入，对热闹的场面无动于衷。这里再次出现了"婴儿"。婴儿是人类最初的状态，没有被人间的偏差观念所污染。就像"素"与"朴"一样，尚未经过人工的染色与雕琢，保持着原始的纯全状态。

"众人皆有余，而我独若遗。我愚人之心也哉，沌（dùn）沌兮！"意即，别人都显得绰绰有余，有自己的理想和抱负，想要在社会上取得成就。唯独我好像有所不足。因为我不清楚在世间到底要什么，结果我似乎什么方面都比不上别人。我真是愚人的心思啊！混混沌沌啊！

别人活在世界上可谓"归人"，以为世界就是他的家乡；而我则是这个世界的"过客"，因为只有"道"才是我真正的家乡。换言之，老子笔下的"我"就是指悟道的圣人。与众人相比，圣人简直就像是愚笨的人。他的表现异于社会大众。大家都要的东西，圣人不要，看上去不是很笨吗？

"俗人昭昭，我独昏昏。俗人察察，我独闷闷。"意即：世人都炫耀光彩，唯独我暗暗昧昧。世人都精明灵巧，唯独我昏昏沉沉。我不炫耀自己的能力，也没有什么成就可言，所以看起来很暗昧。我不运用聪明智巧，所以看起来昏昏沉沉的。

"澹兮其若海"，意即：辽阔呀，好像无边大海。前面提到"遥远"，这里又提到"辽阔"，代表圣人与一般人的差距实在太大了。一般人只能在人间的相对价值观里面打转。别人都要的，他也跟着追求。得到之后，生活会不会更好呢？也搞不清楚。一般人对于人生没有做过深刻的反省与思考，不知道人生应该何去何从。最后只能像大多数人一样，莫名其妙地来，糊里糊涂地走了。

"飂（liù）兮若无止"，意即：飘荡啊，好像无所栖息。

"众人皆有以，而我独顽且鄙"，意即：众人都有所施展，唯独我顽固又闭塞。一般人活得兴高采烈，总想大展宏图，只有我看起来顽固又闭塞。别人都要的，我没有兴趣；我所追求的，别人又不了解。

最后的结论非常清楚："我欲独异于人，而贵食母。"意即：我所要的就是与别人都不同，要重视那养育万物的母体。这里出现了"欲"字，代表老子笔下的圣人同样有"欲"。他有正确的知，所以有正确的欲。我要紧紧守住我的母体（亦即"道"），那不是真正重要的事吗？

众人在世间逐物而不返，结果外面得到越多，失去自己就越多。这就像西方存在主义所说的"拥有就是被拥有"。你拥有的越多，也同时被这些东西所拥有。到最后可能失去自我，不知道什么才是最重要的。

本章清楚地描述了圣人与一般人之间的差异。《庄子·知北游》发挥了老子的思想，提出"外化而内不化"的处世态度。

"外化"即外在与别人同化，别人怎么样，我也怎么样；"内不化"即我的内心不受干扰。"人之所畏，不可不畏"是一种"外化"，但老子本章的重点在于"内不化"。你可以在外面取得成就、得到别人的肯定，但内心不会受外界干扰，可以做到完全不动心。道家不提倡人们特立独行、让人侧目，但是内心要永远保持清醒。

收获与启发

本章将"我"与别人对照，我孤孤单单、混混沌沌、暗暗昧昧、昏昏沉沉。一般人都不喜欢这些词，但对老子来说，人间各种成就只会带来困扰，有难得糊涂的心态反而是好事。

本章所说的"我"，至少是指求道的人。我与众人相比，显得孤单落寞，愚笨而顽固。表面看来，众人如鱼得水，在世间占据优势；但他们脱离了"道"这个母体，最后终究是一场空。这就像玩陀螺，你用力抽打，陀螺转个不停，非常热闹；等陀螺停下来，才发现仍然停留在原点。等于这一生白白错过了悟道的机会。

本章涉及许多古代社会生活的内容，可以作为参考。譬如，"太牢"是一种古代祭祀的规格，祭品包括牛、羊、猪，代表丰盛的宴席。"如春登台"即春光明媚时登台远眺，代表心思开阔、志得意满的样子。

本章的关键是"贵食母"这三个字。"贵"就是重视，"食"就是养育，"母"就是母亲。"贵食母"意即：我重视那个养育万物的母体。第一章就曾提到"有名，万物之母"。老子经常用"母"来比喻"道"的作用。

我们今天如果刻意模仿圣人的表现，到最后可能两头落空：一方面没有悟道，另一方面又脱离了一般人的生活，变成与世界格格不入。因此，还不如慢慢来。

课后思考

一般人看起来聪明灵巧、兴高采烈，活得很热闹、很有趣。你是否对于道已经有所领悟，从而甘心忍受寂寞？

第二十一章　恍恍惚惚的道

这一章也是专门描写"道"这个观念的。老子说过："道，可道，非常道。"一旦落于语言文字的层次，就不是本来的那个道了。但老子作为道家创始者，必须要对"道"做出详细的描述。老子想尽办法描述他所觉悟的那个最深的根源，可谓用心良苦。

> 孔德之容，惟道是从。
> 道之为物，惟恍惟惚。
> 惚兮恍兮，其中有象；
> 恍兮惚兮，其中有物；
> 窈（yǎo）兮冥兮，其中有精；
> 其精甚真，其中有信。
> 自今及古，其名不去，以阅众甫。
> 吾何以知众甫之状哉？以此。

［白话］大德的表现，完全跟随着道。道这种东西，是恍恍惚惚的。惚惚恍恍啊，其中却有某种形象；恍恍惚惚啊，其中却有某种物体。深远暗昧啊，其中却有精微之气；精微之气极为实在，其中竟有可靠验证。从现在上溯到古代，它的名字不会落空，根据它可以观察万物的本源。我怎么知道万物的本源是什么样子呢？根据就在这里。

这一章是专门描写道的，所以听起来显得有些模糊。读书有一种方法，即根据最后的结论来把握前文的脉络。本章结论是："我怎么知道万物的本源是什么样子呢？根据就在这里。"可见，这一章所要描写的正是作为万物本源的"道"。

再回到开头，老子说："孔德之容，惟道是从。"意即：大德的表现，完全跟随着道。"德"就是"得"，即万物从"道"所获得的本性。从山河大地到花草树木，每一样存在的东西都有它自己的德。"孔德"就是"大德"。

这句话有两种可能的解释。第一，宇宙万物都按照各自的本性发展，完全遵从道的安排。譬如，冬去春来，年复一年，万物不断进行循环式发展，好像有某种规律在安排这一切。但是这样说等于什么都没说，因为万物本来就如此，没有不遵从道的可能性。第二，老子用"孔德"来形容圣人的表现。这种解释更合理，因为人是万物里面唯一可以选择要不要遵从道的。选择的前提是先了解什么是道。圣人悟道之后，会展现出完美的"德"，他的表现完全追随着道。

接着开始描述"道"是什么。"道之为物，惟恍惟惚"，意即：道这种东西，是恍恍惚惚的。第十四章曾用"惚恍"一词来描写道，形容它若有若无、若隐若现的样子。说它是"有"，它又不是宇宙万物那种类型的"有"（存在）；说它是"无"，它也不是真的虚无，因为万物都从它而来。所以只能说它若有若无，恍恍惚惚。我们很期待能老子说得更清楚、更具体一些，但这是不可能的。因为人所使用的概念一定是相对的，而道不可能成为认知的对象。

"惚兮恍兮，其中有象；恍兮惚兮，其中有物；窈（yǎo）兮冥兮，其中有精；其精甚真，其中有信。"意即：惚惚恍恍啊，其中却有某种形象；恍恍惚惚啊，其中却有某种物体。深远暗昧啊，其中却有精微之气；精微之气极为实在，其中竟有可靠验证。这四句话接连提到"有象、有物、有精、有信",又说"其精甚真",代表道不是假的,不是虚无,而是确有其物。但老子又采用疑似法来描述,说它"惚兮恍兮""恍兮惚兮""窈兮冥兮",因为"道"无法用语言准确表达。

"精"字在古代是指气之极、气之精。"气"最精微奥妙的部分就称为"精",它细微之极,根本无法用感官或理性去掌握。这种"精"并非虚幻,相反的,它非常实在。它是宇宙万物的来源,是最终极的实在。"信"就是"真"的意思,在这里可以理解为"真实可靠的验证"。道的存在如何验证?你放眼所见的万物不都是证据吗?宇宙万物一直处在变化中,所以一定有它的来源或基础,除非万物全都是虚幻的。

"自今及古,其名不去,以阅众甫。"意即:从现在上溯到古代,它的名字不会落空,根据它可以观察万物的本源。换句话说,道不是万物之一,那么"道"这个名字会不会是虚幻的?不会的,道这个名字不会落空。第一章说"无名,万物之始;有名,万物之母。"人一旦给道取了名字,就代表它既是万物的开始,又是万物的母亲。从"道"这里出发,可以观察万物的本源是怎么回事。"众甫"的"众"就是万物,"甫"就是父亲,"众甫"代表万物的开始。

最后的结论说:"吾何以知众甫之状哉?以此。"老子说:我怎么知道万物的本源是什么样子呢?根据就在这里。这里的"吾"显然是指圣人,他悟道之后有了心得,然后勉强加以描述。他发现,道既不是万物之一,也不是完全的虚无。从今天的万物追溯到古代,一切都从道而来,而道这个名称不会落空。换句话说,道是究竟真实,不会随万物的生灭变化而改变。感觉无法捕捉它,理智无法认识它。因为道是一个整体,它统合一切,从不显示为特定的客观对象。

《庄子·天地》中有一段话可与本章对照来看,庄子说:"看过去一片昏暗，听起来毫无声响。一片昏暗之中，只有圣人见到了光明；毫无声响之中，只有圣人听到了和音。所以在无比深远之处，却有东西存在；在无比神妙之境，却有真实存在。"①庄子显然从本章获得了启发，精准地阐发了老子的思想。

庄子准确把握了关键问题：道是究竟真实，是万物的来源与归宿。这听起来很遥远，也想不通是怎么回事。但重点在于，一定有这个来源与归宿。它叫什么名字并不重要，因为名字是人们约定俗成的。

老子的思想也可以与西方哲学进行对照。西方近代哲学家笛卡尔（René Descartes，1596—1650）有一句名言："我思故我在。"意思是说：我的本质就是思考能力，我一思考，就不能否定我的存在。但笛卡尔早就不在人间了。单凭这句话，不足以让他成为一个大哲学家。所以笛卡尔后面接着说："我在故上帝在。"亦即我这样一个短暂的生命现在居然存在，足以证明上帝的存在。哲学家所说的"上帝"，跟老子所说的"道"几乎是同样的意思，都代表万物的来源与归宿。老子提出"道"的观念，无非也是想说明：我是一个短暂的生命，我今天之所以能够存在，是因为背后有"道"作为来源与归宿。我们学了西方哲学，再来看自己的国学，就会觉得道家确实了不起。老子的思想非常明确，并且构成一个完整的系统。

收获与启发

我们学道家要记得两点：第一，道一定存在；第二，道没有名

---

① 原文：视乎冥冥，听乎无声。冥冥之中，独见晓焉；无声之中，独闻和焉。故深之又深而能物焉；神之又神而能精焉。

称。任何人谈到道，都是勉强在谈。因此，要做到"得鱼忘筌①""得月忘指"。你用竹筌捕鱼，捕到了鱼，就要忘记竹筌。你用手指指月亮，看到了月亮，就要忘记手指。竹筌与手指等于人的语言文字。任何语言文字都是载体或媒介，重要的是把握那个真实的、永恒不变的道。

悟道之后，会有不同的生活态度。大家都去争夺什么，我可以看得开；做成一件事，也不会志得意满。因为一切都在道里面，并没有得失成败的问题。我们可以把人生看作一个整体。人生中无论有什么波澜，到最后都会复归于平静。正所谓"生不带来，死不带去"。

课后思考

老子希望让人悟道，知道人的存在不是一种偶然，不是毫无意义的，而是道让我们存在，是道在做安排。我们这一生的主要任务就是努力悟道，进而展现不同的生命境界。你对此有哪些心得？

---

① 出自《庄子·外物》。

第二十二章　贪多则消化不良

本章介绍《老子·第二十二章》。

　　曲则全，枉则直，
　　洼则盈，敝则新，
　　少则得，多则惑。
　　是以圣人抱一为天下式。
　　不自见，故明；
　　不自是，故彰；
　　不自伐，故有功；
　　不自矜，故能长。
　　夫唯不争，故天下莫能与之争。
　　古之所谓曲则全者，岂虚言哉！
　　诚全而归之。

　　［白话］弯曲才可保全，委屈才可伸展，低洼将可充满，敝旧将可更新，少取反而获得，多取反而迷惑。因此，圣人持守着"道"，来作为天下事物的准则。不局限于所见，所以看得明白；不以自己为对，所以真相彰显；不夸耀自己，所以才有功劳；不恃恃自己，所以才能领导。正因为不与人争，所以天下没有人能与他相争。古人所说的，"弯曲才可保全"这些话，怎么会是空话呢！真的能让人得

到保全，善度一生。

从最后的"古之所谓曲则全者"这句话可以看出，本章前六句话是古人说过的话。所以这一章可分为前后两段。

"曲则全"，即弯曲才可保全。譬如，大风刮来的时候，大树毫不弯曲，就会被连根拔起；柳枝、小草随风摇曳，因而得以保全。孔子也有类似的观察，他说："邦有道，危言危行；邦无道，危行言孙。"[1]意即：国家上轨道的时候，应该说话正直，行为正直；国家不上轨道，行为还是要正直，但是说话则要委婉、谦逊。也是说弯曲才能保全自己。

"枉则直"，即委屈才可伸展。一个人如果从来没受过委屈，也就没有伸展的问题了。《易经·系辞下传》说："前往的要屈缩，来到的要伸展，屈缩与伸展互相感应就会出现有利的情况。"[2]譬如，蚕或毛毛虫必须弯曲自己，才能向前伸展。人间的情况亦然，往往要先受了委屈，最后才能伸张正义。许多小说或电影可以赚人热泪，就是因为描写了这一类现象。

"洼则盈"，即低洼将可充满。譬如，杯子必须是空的，才能装好酒、好茶。学习《老子》也一样，只有先把自己的观念放在一边，让自己变成空杯子，才能领悟老子的智慧。

"敝则新"，即敝旧将可更新。第十五章提到"蔽而新成"，代表旧与新是相对的。《大学》这本书提到，商汤的洗脸盆上刻着"苟日新，日日新，又日新"这几个字。换句话说，今天的"新"到了明天就成为"旧"了，所以要日日更新，与时俱进。只有把过去的成就当

---

① 出自《论语·宪问》。
② 原文：往者屈也，来者信也，屈信相感而利生焉。

作敝旧的东西，才能不断自我超越，推陈出新。

"少则得，多则惑"，即少取反而获得，多取反而迷惑。我对此深有体会。我曾在荷兰莱顿大学教书，下午空闲时就去当地美术馆参观。有一次到了一家美术馆，正赶上它在内部整修，外面挂着牌子："很抱歉，今天只展出一幅画。"我只好花了三个小时仔细看这一幅画，结果完全看懂了，有了自己的心得。又有一次我去了另外一家美术馆，当时正在展出六十幅世界名画，真可谓美不胜收。我用三个小时看了六十幅画，平均每一幅画只能看三分钟。全部看完毕，只觉得头晕脑胀，什么都没看懂。

读书方面也一样。内容少就会加倍珍惜，反复揣摩，更容易有自己的心得。贪多则消化不良。在学习国学方面，我一向主张"念书在精不在多"。国学有如汪洋大海，"经史子集"永远也念不完，所以一定要把握重点。最值得重视的当然是儒家与道家，道家的经典就是《老子》与《庄子》。只要把几本经典的内容充分消化，有了自己的心得，就很容易推广到别的思想领域。

前半段的结论是："是以圣人抱一为天下式。"意即：因此，圣人持守着"道"，来作为天下事物的准则。亦即所有人都应该效法圣人。"一"是指一个统合的整体，一般就把它当作"道"。"道"是一个整体，一切都在道里面。第十章谈到如何修炼时，也用过"抱一"这个词，它的第一句话就是"载营魄抱一，能无离乎？"即精神与形体配合，持守住道，能够不离开吗？

在这六组描写中，前四组属于相反相成的状态，后两组是"少则得，多则惑"，提醒我们不要贪多，不要什么事情都想胜过别人。

后半段用四句话描写了圣人悟道之后的表现。

第一，"不自见，故明"，即不局限于所见，所以看得明白。"明"字在《老子》书中特别重要。认知有三个层次，要从最初步的"区分"，提升到中间层次的"避难"，最高境界则是"启明"。不局限于自己所见，就是明。不从自己的角度来看，要从哪里来看？要从"道"的角度来看，才能看得明白。也就是庄子所说的"以道观之，物无贵贱"。从道来看，万物没有贵贱之分。

第二，"不自是，故彰"，即不以自己为对，所以真相彰显。如果你总认为自己是对的，就会先入为主，一叶障目。

第三，"不自伐，故有功"，即不夸耀自己，所以才有功劳。儒家同样重视这一点。譬如，颜渊的志向是"无伐善，无施劳"[1]，即不要夸耀自己的优点，不把劳苦的事推给别人。当你夸耀自己时，心里一定存着一种比较的心态，认为自己胜过别人。你已经夸耀了自己，别人为什么还要肯定你呢？你不夸耀自己，别人才愿意归功于你。

第四，"不自矜，故能长"，即不仗恃自己，所以才能领导。任何事情的成功都要靠天时、地利、人和的配合，人和尤为重要。大家通力合作，才能完成一项大的工程。仗恃一己之力，好像天下非我不可，又怎么能领导别人呢？

"夫唯不争，故天下莫能与之争"，意即：正因为不与人争，所以天下没有人能与他相争。这句话体现了老子思想的特色。"不争"二字在《老子》书中共出现了六次，甚至在全书最后一句话中也出现了（圣人之道，为而不争），说明老子非常重视"不争"的处世态度。老子看透了世间的规律，知道物极必反、否极泰来，一切总是保持一种平衡状态。所以，老子的"不争"并不是一种策略或方法。

关于不争，有这样一则笑话。有个美国人回家跟太太吹嘘："我今天打败了两个奥运冠军。"太太不信，先生就说："我跟网球冠军比赛游泳，跟游泳冠军比赛网球，所以两场都赢了。"这实在是有点

---

[1] 出自《论语·公冶长》。

自我解嘲的味道。我也可以说，天下没有人下围棋能赢我。我不跟别人下，又怎么会输呢？这当然是个玩笑。不过，你不跟别人相争的话，确实可以立于不败之地。

我年轻时选过一个教授的课，第一学期得了高分，第二学期得分却很低。我心里很纳闷："同样一门课，分数怎么差这么多？"于是拜托一个同学私底下去打听。这位教授就说："我就是要让他知道人外有人，天外有天。"他认为我争强好胜，所以要给我一个教训。我至今对这个教训记忆犹新。不过，只有掌握老子的智慧，才能从根本上解决问题。

"古之所谓曲则全者，岂虚言哉！诚全而归之。"意即：古人所说的"弯曲才可保全"这些话，怎么会是空话呢！真的能让人得到保全，善度一生。最后这句话等于把开头那句话又重复了一遍。

收获与启发

本章的重点是描写圣人的修为。他富有智慧，可以透过相对之物，看到相反相成的情况，所以不会排斥弯曲、委屈、低下、敝旧或少量。关键是要掌握"一"，亦即以"道"作为大的原则。圣人在行为上会表现出四个"不"——不自见，不自是，不自伐，不自矜。当然，人总有自己的想法与做法，但是要切记：不要自我膨胀。

最后提到"不争"。因为道是一个整体，所以不需要与别人相争。你真有本事的话，等轮到你，再来发挥也不迟。如果刻意去争，就算胜过别人，也可能两败俱伤，或者完全看不清真相。

《老子》全书有六次提到"明"，足见老子对"明"的重视。第十六章提到"知常曰明"，即了解常理、常道就叫做"明"。本章提到"不自见，故明"，即不局限于自己所见，就能看得明白。这些材料可以互相对照。

"抱一"就是要紧紧持守住道。道是一个整体，在整体中没有"多与少、弯曲与保全、委屈与伸展、低洼与充满"等相对的问题。第二章所说的"有无相生，难易相成"就是类似的概念。人类的所有判断，无论是对价值的判断还是对事实的判断，都是相对的。判断标准确定之后，就会分出正反两端。若能兼顾正反两面、抱持一个整体，一切困难便会迎刃而解。

课后思考

把"少则得，多则惑"用在学习国学方面，可以说"念书在精不在多"。不一定把每句话都统统掌握，只要想通一两句话，然后努力实践，就可以提升生命的层次，改善生命的品质。这样做是不是收获更大呢？

第二十三章　少说话最自然

本章也与圣人的修养有关。前半部分讲的是自然界的情况，强调自然界有它的限制。人当然也有其限制，所以必须做出选择。

> 希言，自然。
> 故飘风不终朝，骤雨不终日。
> 孰为此者？天地。
> 天地尚不能久，而况于人乎？
> 故从事于道者，同于道；
> 德者，同于德；
> 失者，同于失。
> 同于德者，道亦德之；
> 同于失者，道亦失之。
> 信不足焉，有不信焉。

　　[白话] 少说话，才合乎自己如此的状态。所以狂风不会持续吹一早上，暴雨不会持续下一整天。是谁造成这种现象呢？是天地。连天地的特殊运作都还不能持久，何况人呢？所以，积极求道的人，与道同行；修德的人，所认同的是有德；失德的人，所认同的是无德。认同有德的人，道也会获得他；认同无德的人，道也会失去他。统治者的诚信不足，人民就不信任他。

"希言，自然"，意即：少说话，才合乎自己如此的状态。老子关于言论的立场非常明确。这是第三次看到有关言论的说法。第二章说圣人"行不言之教"，即圣人以不说话的方式去教导百姓。第十七章说"悠兮其贵言"，即最好的统治者是那么悠闲，他很少发号施令。对于圣人来说，"言"是指颁布政策法令，或是直接给予指示。

统治者为何要如此谨慎呢？因为人的言语一定表达了某种意愿，包含了特定的要求或目的。别人听到你的话，要达成你所说的目的，就会出现压力。如果以这些话作为标准去要求百姓，还要定期检查是否达标，百姓难免会阳奉阴违。所以，为政不在于多言，而在于做你该做的事。孔子在教学时也说过"先行其言，而后从之"（《论语·为政》），意即：先去实践自己要说的话，做到以后再说出来。

今天的人们聚在一起很喜欢问：你有什么想法或主意？事实上，想法太多、一味求新求变的话，最后很可能会陷入困境。人生问题都有它的常理、常态。你抬头看看天，低头看看地，它们都是保持自己的样子。

《老子》书里面"自然"一词出现了五次，第十七章说"百姓皆谓我自然"，本章说"希言，自然"。老子所谓的"自然"不是指自然界，而是指"自己如此的状态"。任何东西保持自己的样子，就是"自然"。少说话，才合乎自己如此的状态。多说话，代表你想改变目前的状态，就会刻意而为。但这就像狂风暴雨一样，不会长久。

"故飘风不终朝，骤雨不终日"，意即：所以狂风不会持续吹一早上，暴雨不会持续下一整天。狂风暴雨是自然界的一种特殊状态，它们偶尔出现，不会持久。

"孰为此者？天地。天地尚不能久，而况于人乎？"意即：是谁造成这种现象呢？是天地。连天地的特殊运作都不能持久，何况人呢？"天地尚不能久"是就天地的特殊运作（飘风、骤雨）而言的，与第七章"天长地久"的说法并不矛盾。统治者像狂风暴雨一样发布很多政令，是不能长久维持的。

后半段提出了"道"。"故从事于道者，同于道"，意即：积极求道的人，与道同行。代表积极行道是一个大的目标。接下来，你有两种选择：第一，"德者，同于德"，即修德的人，所认同的是有德；第二，"失者，同于失"，即失德的人，所认同的是无德。

宇宙万物都从道而来，"德"就是万物从"道"所获得的各自的本性。万物都按照本性去生存发展，只有人不一样。人作为万物之灵，他的本性里包含了认知能力和意愿能力，而两者都可能出现偏差。人间所有的问题都是人自己造成的，所以人要自己设法解决。

解决的方法有两种。第一种是去修德，即修养我天生的本性，让它顺着道所安排的方向去发展，如少说话，无心而为，不与人争等等。另一种选择是认同无德。换言之，你认为天生的本性不够好，所以要在人类相对的价值观里追求更高的成就，从而失去了原有的本性。最后就算成功，也离开了道。

"同于德者，道亦德之；同于失者，道亦失之。"意即：认同有德的人，道也会获得他；认同无德的人，道也会失去他。所以，你是要走在求道的路上，还是要背离它呢？这是人生最重要的选择。人生本来就只有对或错两条路，不可能有中间路线。你如果选择"德"，就会保持自己的本性，顺着道的安排去走。你如果选择失去"德"，只在人间寻找相对的价值，就会失去原有的本性。

人生的一切都是由自己的选择所造成的，重要的是分辨本末轻重。所谓"本"，是指我的本性，那是由道安排的；所谓"末"，是指在人间的具体作为，那是由我相对的观念造成的。孰轻孰重，老子说得非常清楚。

所以，"德"是指"万物得之于道者"。"同于德者"是指顺着自己的本性与禀赋去行动。这当然是针对人来说的，因为只有人才能选择是否顺从道的安排。"同于失者"则是倒行逆施，有如飘风骤雨不能长久维持，最后会自取灭亡。飘风骤雨是一个比喻，目的是提醒人们：天地也要顺着道的要求，平平淡淡才能天长地久；如果天地有特殊的作为，来一场狂风暴雨，虽然一时热闹，但不能长久维持，最后还是要回到原来的轨道上。

最后，"信不足焉，有不信焉"，意即：统治者的诚信不足，人民就不信任他。这句话在第十七章出现过。

这一章还是针对圣人的修炼来说的。要想成为圣人，关键在于选择。你可以拼命说话，显示自己的聪明才智；也可以少说话，安于自己如此的状态。到最后你会发现，这一生说了很多话，大部分都是为了取得世间的成就，其实我们最应该追求的是道。道家认为，得道者忘言。真正悟道的人会明白，他所说的话是多余的。所以不要自作聪明，不如多观察、多欣赏自然界本身的规律，以及由此造成的和谐效果。

由此可见，"顺其自然"显然需要某些智慧。一方面，要欣赏万物本来的样子；另一方面，对于人的生命，要从长远的、宽广的角度去了解，就不会执着于一时一地，非要怎样轰轰烈烈不可。你多所造作的话，只会产生不理想的后果。

收获与启发

"希言，自然"这四个字就很有启发，即少说话，才合乎自己如此的状态。当然，人不可能不说话，所以说话的时候要问：我说的是内心真正的体会吗？听者能否恰当地理解？如果没有把握，还不如"贵言"，珍惜自己的言语。如果你当了领导，就把规则先定好，然后可以"不言"。因为一说话就代表还有其他的要求。

所以，老子的观点不能只从表面上看；否则，你活在世界上完全不说话，怎样与别人沟通呢？重要的是：要沟通什么内容？沟通的目的何在？如果讲求道的话，道是万物的来源与归宿，我们都在道里面，所以很多事情不用刻意去说，自然会形成应有的结果。少说话，就会认真扮演好自己的角色。如此一来，该做的事自然就做成了。

圣人的修炼从效法天地着手，他所追求的是悟道，此时有两个选择：一是选择与德配合，顺从道的安排；另一个是选择人间的相对价值，从而失去德。最后还要看他的诚信如何，能否获得百姓的信任是最好的验证。

课后思考

少说话是一个很大的挑战。少说话不是不说话，而是在适当的时间、适当的地点，对适当的人，说出必要的话。要言之有物，才能达成理想的效果。另外，与其坐而言，不如起而行，因为身教胜于言教。这方面你有什么心得？

第二十四章　太自负看不明白

本章介绍《老子·第二十四章》。最后的结论提到"有道者不处",即悟道的人不会处于这种情况,代表本章内容也是针对圣人如何修炼的。

> 企者不立;
> 跨者不行;
> 自见者不明;
> 自是者不彰;
> 自伐者无功;
> 自矜者不长。
> 其在道也,曰余食赘形,
> 物或恶之,故有道者不处。

[白话]踮起脚跟,无法站得久;跨步前进,无法走得远;局限于所见,就看不明白;以自己为对,就遮蔽真相;夸耀自己的人,没有功劳;仗恃自己的人,无法领导。从道的观点来看,这些可说是剩饭与赘瘤。人们都厌恶这样的作为,所以悟道的人不会如此。

本章首先通过两个现实生活中的例子,表明:凡是非正常的状态,都无法持久。上一章提到狂风暴雨很难持久。天地尚且如此,更何况人呢?

"企者不立",意即:踮起脚跟,无法站得久。譬如,你去参加庆典活动,人山人海,挡住了视线,你只好踮起脚跟来看。但这样很快会累,只好脚跟着地,恢复原来的姿势,才能站得久。

"跨者不行",意即:跨步前进,无法走得远。比如,你平常一步大约六十公分,如果跨步前进,每步跨一米,走不了多远,腿就会酸痛难忍。这些事实都提醒我们:保持平常的状态,才能维持长久。

接着四句话提到人的四种作为——自见、自是、自伐、自矜,都是执着于自我的表现。与第二十二章的"不自见,故明"等四句话完全对应,是用相反的方式来说明同样的观念。两者对照,意思会更加明确。其中,"自见、自是"代表"知"的方面,"自伐、自矜"代表"行"的方面。知与行兼顾,表明老子有完整的思考。

第一句,"自见者不明",意即:局限于所见,就看不明白。这里可以参考《韩非子·喻老》里面的一段故事。《喻老》主要是透过历史故事来阐释老子的观念。

楚庄王要讨伐越国,杜子是他的大臣,就觐见庄王说:"大王为什么要讨伐越国呢?"大王说:"因为越国政治混乱,兵力弱小。"杜子就说:"臣愚昧,很担心我们的智慧就像眼睛一样,能看到一百步之外的东西,却无法看到自己的睫毛。大王的军队先前败于秦国与晋国,丧失的土地有几百里,代表我们国家的兵力也是弱小的。另外,我们境内有个大强盗名叫庄蹻(qiāo),他横行霸道,官吏却束手无策,代表我们的政治也是混乱的。所以,大王的弱小与混乱并没有比越国好。您现在要讨伐越国,代表您的智慧可能像眼睛一样,看不到自己的睫毛。"楚王听了之后,从善如流,立刻停止了讨伐越国的计划。①

楚庄王本来想去讨伐越国，认为越国政治混乱、兵力弱小；但是经过杜子的劝谏，发现自己的国家其实同样政治混乱、兵力弱小，对外连续打了几次败仗，境内有强盗又抓不到。这不就是"自见者不明"吗？局限于自己所见，就看不清楚真相。因此，要认识一件事情，困难不在于看到别人如何，而在于看清楚自己的状况。

这个故事里提到庄蹻这个强盗，古代把他与盗跖（zhí）并列，合称蹻与跖。听到蹻与跖，就知道两个大强盗来了。《庄子·盗跖》就描写了盗跖与孔子的辩论。盗跖举出人间许多不公不义之事，说明正人君子的结局反而很惨，善恶并没有什么报应。对于盗跖的歪理，连孔子也无法辩驳。孟子拿盗跖与舜来对照，说："每天早上起来孳孳为善的，那就是舜；每天早上起来孳孳为利的，那就是盗跖。"②

第二句，"自是者不彰"，意即：认为自己是对的，就遮蔽了真相。尤其是有权力的人，如果自以为是的话，谁来告诉他真相呢？在古希腊时代，所谓"真理"是指"去除遮蔽、揭开来"。只有把遮蔽真相的东西移开，才能看到真理。其实，遮蔽真相的往往是自己的先入为主、自以为是。

第三句，"自伐者无功"，意即：夸耀自己的人，没有功劳。古代对于自我夸耀似乎很在意。一个人有功劳而夸耀自己的话，别人虽然不会否认，但也不愿意继续称赞他。因为任何事情的成功，都需要天时、地利、人和的配合。

---

① 原文：楚庄王欲伐越，杜子谏曰："王之伐越何也？"曰："政乱兵弱。"杜子曰："臣愚患之，智如目也，能见百步之外而不能自见其睫。王之兵自败于秦、晋，丧地数百里，此兵之弱也。庄蹻为盗于境内而吏不能禁，此政之乱也。王之弱乱非越之下也，而欲伐越，此智之如目也。"王乃止。
② 出自《孟子·尽心上》。原文：鸡鸣而起，孳孳为善者，舜之徒也。鸡鸣而起，孳孳为利者，跖之徒也。

第四句，"自矜者不长"，意即：仗恃自己的人，无法领导。"长"就是领导别人。天下之大，非一人所能独治。你再有本事，靠一己之力怎能治好天下呢？一定要组成一个领导团队，各层官员分工配合，才能让政治上轨道。所以，真正的领导不是发号施令而已，而是能够创造各种有利条件，让大家顺利地合作。

"自见、自是、自伐、自矜"都是自我膨胀的表现，以至于陷入"不明、不彰、无功、不长"的后果。

"其在道也，曰余食赘形"，意即：从道的观点来看，这些可说是剩饭与赘瘤。"余食"就是吃剩下的饭菜，让人听到就觉得厌恶；"赘形"是附赘之形，让人看到就觉得丑陋。《庄子·骈拇》提到"骈拇枝指"。"骈拇"是说，有些人的两根脚趾头连在一起，即两根脚趾中间多了一块肉；"枝指"是说，有些人生下来就有六根手指头，比正常人多了一根手指。这些多出来的东西就叫做"附赘"，让人看到觉得丑陋。老子用"余食赘形"来讽刺自我膨胀的种种表现。从道的视角来看，那些举动实在是多余而丑陋的。

最后的结论是："物或恶之，故有道者不处。"意即：人们都厌恶这样的作为，所以悟道的人不会如此。古代常用"物"来代表"众人"。譬如，《易经·坤卦·大象传》说："君子以厚德载物。"坤卦象征土地。君子效法土地，要敦厚自己的品德来包容、承载众人，就像土地能够承载万物一样。这里的"物"代表众多百姓。否则，你要怎样修德才能承载万物呢？

另外，"有道者"是指不断学习及实践道的人，他可以作为"圣人"的一个候选人。

课后思考

对于"自见者不明"这四句话，你会练习哪一句呢？练习之后，有怎样的心得？

第二十五章（上） 给道取个名字

这一章气势恢宏，是老子谈论"道"的关键之作，说明了老子最初是如何为道取名字的。

> 有物混成，先天地生。
> 寂兮寥兮，独立而不改，周行而不殆，可以为天地母。
> 吾不知其名，强字之曰道，强为之名曰大。
> 大曰逝，逝曰远，远曰反。
> 故道大，天大，地大，人亦大。
> 域中有四大，而人居其一焉。
> 人法地，地法天，天法道，道法自然。

［白话］有一个浑然一体的东西，在天地出现之前就存在了。寂静无声啊，空虚无形啊，它独立长存而不改变，循环运行而不止息，可以作为天地的母体。我不知道它的名字，勉强叫它做"道"，再勉强命名为"大"。它广大无边而周流不息，周流不息而伸展遥远，伸展遥远而返回本源。所以，道是大的，天是大的，地是大的，人也是大的。存在界有四种大，而人是其中之一。人所取法的是地，地所取法的是天，天所取法的是道，道所取法的是自己如此的状态。

"有物混成，先天地生"，意即：有一个浑然一体的东西，它在天地出现之前就存在了。"混"字前文出现过，是指还没有做任何区分的状态。重要的是，它在天地出现之前就存在了。人类所知最广大、最久远的存在就是天地。有天地，然后才有万物。但是，居然有个东西比天地还要早。天地无论怎样广大、久远，它还是有变化的，有开始也有结束。所以天地也需要有一个来源，否则无法解释它的变化。

"寂兮寥兮"，意即：寂静无声啊，空虚无形啊。"无声"说明听不到，"无形"说明看不到。但问题是，在原始状态下，人类尚未出现，又有谁去听、去看呢？其实，这只是一种描写而已，让你知道它是超越一切之上的。

"独立而不改，周行而不殆"，意即：它独立长存而不改变，循环运行而不止息。这两句话特别值得注意。

首先，"独立"代表这样东西是唯一的存在。"不改"代表它永远存在，没有任何改变，所以超越在万物之上。古希腊的柏拉图（Plato，427—347 B.C.）说："所谓'超越'，就是不随万物的变化而变化。"老子的"道"独立长存，没有任何变化，体现了它的超越性。

另一方面，"周行而不殆"说明它循环运行而不止息，这是从万物的角度来看的。"周行"代表"道"遍在各地，它无所不至，也就无所不在。这体现了道的内存性或内在性。

所以，老子的"道"一方面具有超越性，另一方面具有内存性或内在性。道在万物里面，万物也都在道里面。能够掌握超越性与内在性这两面，正是老子思想的精彩之处。"周行"二字给老子带来了深刻的启发。"道"这个字从"行"从"首"，好像有一个带头的力量在不断行走，这不就是"周行"吗？

"可以为天地母"，意即：可以作为天地的母体。王弼本写成

"天下母"，但帛书甲本乙本都写成"天地母"。"天地母"的说法更合理，因为它与第一句话"先天地生"的意思相同，说明道是最早出现的，天地都是从道而来。并且，有天地之后才有万物。道既然是天地的母体，当然也是万物的母体。

"吾不知其名，强字之曰道"，意即：我不知道它的名字，勉强叫它做"道"。老子承认不知道它的名字，因为道在宇宙万物出现之前就存在，一切都在道里面，它怎么可能被当成认识的对象呢？正如苏东坡所描写的："横看成岭侧成峰，远近高低各不同。不识庐山真面目，只缘身在此山中。"①今天乘飞机或许可以看到山的全貌，但是谁能看到道的全貌呢？你到了空中，还是在道里面。所以不可能给它取名字，就勉强称之为"道"吧。有的《老子》版本里并没有"强"这个字，但韩非子解释老子时就说"强字之曰道"②。代表在战国时代，《老子》的版本里就有"强"字。换言之，"道"这个名字是勉强取的。

"强为之名曰大"，意即：再勉强命名为"大"。对人来说，天地很大；但道比天地更大，可谓"至大无外"，最大的东西没有所谓的外面，所有的一切都包含其中。老子用"道"与"大"来描写它："道"代表"周行"，说明它循环运行而不止息；"大"代表"至大无外"，说明没有东西比它更大。

"大曰逝，逝曰远，远曰反"，意即：它广大无边而周流不息，周流不息而伸展遥远，伸展遥远而返回本源。"逝""远""反"三个字，都用来描写道之大。"逝"就是周流不息。为什么周流不息、伸展遥远之后还会再度返回本源？因为道是一个整体，无论

---

① 出自《题西林壁》。
② 见《韩非子·解老》。原文：圣人观其玄虚，用其周行，强字之曰道。

再怎么远，还是在道里面运行。宇宙万物都来自于道，最后又回到道里面，正如第十六章所说的"夫物芸芸，各复归其根"。只有回到本源，才能循环发展，周流不息。

我们看到宇宙万物的存在，知道天地先于万物出现，但是肯定还有比天地更早的根源。必须承认有一个根源存在，否则天地从何而来？作为天地的根源，必须具备两种性质。

第一是超越性。道不随万物的变化而变化。天地万物都来自于道。天地万物充满变化，但是道本身不受任何影响。它是唯一的，永远不会改变。这就是"独立而不改"，代表道的超越性。

第二是内存性。道不同于万物，但又遍在万物之中。没有道的加持，万物根本不可能存在。道在万物里面，万物也都在道里面。这就是"周行而不殆"，代表道的内存性。

为什么西方哲学家非常推崇《老子》这本书呢？因为老子所描写的"道"兼具超越性与内存性。西方哲学在做根本的探讨时，同样认为：宇宙万物的根源或本体必须具备超越性与内存性这双重性格。

比如，黑格尔（Hegel，1770—1831）是近代西方集大成的哲学家，他的思想称作绝对唯心论，认为整个宇宙是一个绝对的精神。那么为何会出现有形可见的世界呢？因为精神一定具有活力，可以行动，所以它必须走出自己，再回到自己。走出自己是精神的异化，于是出现有形可见的大自然。但大自然的存在只是一个过渡阶段，目的是让绝对精神可以回到自己。这与老子说的非常接近，道大得不得了，"大曰逝，逝曰远，远曰反"，它最终还是要回到自己本身。

但是老子的道并不是绝对精神。因为称它为精神或心灵，代表它有认知能力。而老子的"道"是唯一的，它保持自己如此的状态，没有必要去认知。对黑格尔来说，人的存在是不可或缺的。绝对精神必须要通过人这种相对的精神，才能意识到自己，回到自己本身。

这是西方唯心论的立场。对于老子来说，不用区分唯心、唯物，他讲的是宇宙万物最根本的情况：一切从道而来，最后又回归于道。

老子与黑格尔有一点类似的地方，他们都强调人类很特别。老子认为，人作为万物之灵，他的"灵"表现在圣人身上。圣人体察到宇宙万物有其来源与归宿，就勉强称它为"道"，再勉强命名为"大"。真正的大是"至大无外"，代表在它外面没有别的东西，一切都包含在它里面。道让万物出生，目的是要让万物回到道里面去。人活在世界上，应该给自己定一个最高的目标，就是设法悟道，以摆脱不必要的烦恼。人作为万物之灵，有相对的认知能力，对事实和价值会形成相对的判断，从而产生欲望与执着。这一切其实都是自寻烦恼。

老子的"道"兼具超越性与内存性。西方哲学谈论上帝时，也有类似的思维。他们一方面肯定上帝超越万物，另一方面又肯定上帝内存于万物之中。这是人类智慧抵达最高层次时所达成的某种共识，并没有谁对谁错的问题。

古希腊时代与老子的年代接近，当时也有类似的观念，但是留存下来的材料只有断简残篇，不成体系。《老子·第二十五章》对于"道"则做了相当明确的描述。

课后思考

人的精神也有"超越"与"内存"两种作用。我可以超越在万物之上去思考，同时我的思考不能脱离这个世界。这种两面观能否给你带来一些启发，让你的思考变得更为完整而深刻？

第二十五章（下） 道法自然

　　《老子·第二十五章》非常重要，因为在这一章里面，老子第一次给"道"取了名字。"道"本来指"路"。"道"字从"行"从"首"，好像有一个头带着往前走。老子认为道有两个特色：一方面它独立而不改，体现了道的超越性；另一方面，它周行而不殆，体现了道的内存性。人在观察的时候，超越性比较抽象，很难立刻掌握；内存性则比较具体，万物的存在都得到道的支持，说明道是周行各地的。"周行"代表普遍运行，那不就像在走路吗？所以老子勉强称之为"道"。接着，我们要介绍第二十五章的后半段。

> 故道大，天大，地大，人亦大。
> 域中有四大，而人居其一焉。
> 人法地，地法天，天法道，道法自然。

　　［白话］所以，道是大的，天是大的，地是大的，人也是大的。存在界有四种大，而人是其中之一。人所取法的是地，地所取法的是天，天所取法的是道，道所取法的是自己如此的状态。

　　在本章后半段，关于原文的字句存在较大争议。王弼本与帛书本都写作："道大，天大，地大，王亦大。域中有四大，而王居其一焉。"两次提到"王"。但是接着又说："人法地，地法天，天法道，道法自然。"提到"人法地"而没有说"王法地"。所以很多学者认为，将"道、天、地、人"四者并列比较适合。如果前面讲"王"而后面讲"人"，似乎不合逻辑。

东汉许慎编著的《说文解字》里面，关于"大"的解释是："天大，地大，人亦大焉，象人形。"亦即"大"这个字像一个人正面伸开双手的样子。可见，许慎所见的版本是"人亦大"。清代段玉裁在注解《老子》时也说："《老子》：'道大，天大，地大，人亦大。'"不过，各家版本的最后一句话都是一致的，都写作"人法地"。

人作为万物之灵，与道、天、地并列，可以说得通。古代把"天、地、人"称为"三才"，代表三个层次。可见，三者并称，自古有之。但是，说"王亦大"则把视角局限在人的社会性、历史性里面。请问：这里的"王"是泛指还是特指呢？如果"王"泛指所有统治者，代表人中之王的话，这些"王"的素质可谓参差不齐，他们都能称为大吗？如果特指某个王，又是指哪个时代、哪个国家的王呢？所以，说"人亦大"更合逻辑。

《庄子·逍遥游》一开头讲了三个寓言，其实是同一个故事。有一条鱼叫做鲲，它后来变成一只鸟叫做鹏。鲲与鹏都大得不得了，庄子屡次用"不知其几千里"来形容它们。[1]可是世上哪有这么大的鲲或鹏呢？庄子到底想表达什么呢？其实，庄子受到老子的启发，他想要表达的正是"人亦大"。但是，人的身体比马、牛、象都要小。尤其是从天空看向地面，人就像蚂蚁一样小。所以，人的大不在于身体层面，而在于人作为万物之灵的精神层面。

法国作家雨果（Victor Hugo，1802—1885）曾说："比陆地更广阔的是海洋，比海洋更广阔的是天空，比天空更广阔的是人的心

---

[1] 原文：北冥有鱼，其名为鲲（kūn）。鲲之大，不知其几千里也。化而为鸟，其名为鹏。鹏之背，不知其几千里也。

灵。"人的心灵可以不受时代、地域的限制，超越可见的范围，了解无穷的宇宙。人不仅能看到现在的天空，还能想象古代及未来的天空，甚至可以想象外太空。可见，人的心有无限理解、无限想象的可能性。

庄子用鲲与鹏做比喻，直接肯定了老子的"人亦大"，希望每个人都能充分展示出自己的精神境界。我们小时候住在家乡，觉得天地就这么小。后来到外地念书，或者有机会环游世界，就会发现天地真的很大。但是人可以透过理解与想象，超越有形可见的天地，那不代表人的心灵可以大到与天地并列吗？

老子接着说："域中有四大，而人居其一焉。"意即：存在界有四种大，而人是其中之一。这里要把"域"译为"存在界"，因为道已经包含一切在内了。从人的角度来看，存在的领域有四种"大"，就是道、天、地、人。人在其中占据了一个位置。这是道家思想的关键所在。老子强调，人除了有形可见的身体，还有内在的精神世界。精神领域可以不断开发，达到难以想象的大，甚至可与道、天、地并列。

老子的话实在让人震撼。人一旦领悟道的超越性与内存性，他的精神就能自由翱翔，不受任何限制，这不就跟道一样大了吗？人的生命非常特别。人有身体，难免受到物质世界的牵绊；但是人还有思想能力，可以通过修炼使之提升到难以企及的高度。

最后的结论是："人法地，地法天，天法道，道法自然。"下面分别加以解释。

第一，"人法地"，即人所取法的是地。人活在世界上，若想过得平安愉快，必须取法于地理方面的条件。俗话说："靠山吃山，靠海吃海。"不同的地理形势提供了不同的生存条件。人们可以因地制宜，通过耕种或捕猎，实现生存与发展。

第二，"地法天"，即地所取法是天。地球上有的地方是沙漠，有的地方是绿洲，有的地方是森林，地貌为何会有如此大的差别呢？这是受到天的影响。古人所谓的"天"，是指"天体"或"天时"。天上的日月星辰称作"天体"。天体的运转使整个大地呈现出周期性的季节变化，称作"天时"。所以，天的运作会造成不同的地理条件。

第三，"天法道"，即天所取法的是道。人能够看到的最大领域是天，看不到天外还有别的东西，所以只能说天所取法的是道。道是天地的根源，是比天地更早的存在。正因为道如此安排，才会出现这样的天体与天时。换言之，人看到天的规律运行，万物生生不息，就把一切都归因于道的安排。

最后，"道法自然"，即道所取法的是自己如此的状态。从这句话可以证明，"自然"二字绝不是指"自然界"。因为前面说"地法天，天法道"，地和天都属于自然界，说明自然界要效法"道"。最后说"道法自然"，如果"自然"是指"自然界"的话，就变成"道"又回过头要效法自然界。这不就变成循环论证了吗？在《老子》书里面，"自然"一词总共出现五次，每一次都是指"自己如此的样子"，没有例外。对于自然界，老子会用"天地万物"来表示。

如何理解"道法自然"这句话呢？老子的意思是说：道的规律来自它本身，道所取法的是自己如此的状态；万物只要保持自己如此的状态，里面就有道存在。譬如，在路边的一棵树或一朵花，它只要保持自己的样子，里面就有道。与"自然"相对的是"人为"。比如，你看到一座精心设计的庭院，乍看起来巧夺天工，看久了就会厌烦。因为那是人刻意设想出来的，不够自然，缺乏生机与活力。

事实上，万物本来就会保持自己如此的状态。人在判断的时候，只要不具有任何成见，不掺杂主观的念头，就能从万物里面看出道。

人若想悟道，就要保持自己如此的状态，保持自己的本性与禀赋，减少人为的造作，减少人间相对的价值判断，道就会在你身上自动展现出来。这就是"道法自然"。

因此，千万不要把"道法自然"理解为道要取法自然界或取法天地。"自然"是指"自己本来的样子"。道保持自己本来的样子，它无所取法。万物只要保持自己的样子，道就会在里面展现出来。这也清楚地表明：道是无所不在的。

收获与启发

本章涉及很多重要的观念，说明了道与天地、道与人的关系。人活在世界上，首先要取法地，才能实现生存与发展。再透过地来取法天，透过天来取法道，最后发现：道所取法的是自己如此的状态。由此回到人本身的"德"上面。你只要保持自己的本性与禀赋，道就会在你的身上展现出来，你就可能成为圣人——悟道的统治者。这样就能比较准确地把握老子整个思想的脉络。

西方当代存在主义哲学家海德格尔（Martin Heidegger, 1889—1976）提出一个很好的观念，叫做"属己性"（Eigentlichkeit）。他认为，一个人要对自己负责任，要选择成为自己。你属于自己，代表你真诚到了极点，你不是为人作嫁，不是作秀给别人看。这样一来，真理就可以在你身上开显。这与老子说的"道法自然"不是有异曲同工之妙吗？人与万物一样，你只要保持自己的样子，属于自己，为自己负责，道就会在你的生命里展现出来。

课后思考

通过本章的学习，你对于老子的"道法自然"是否有了更深入的理解？

第二十六章　稍安勿躁

本章介绍《老子·第二十六章》。

> 重（zhòng）为轻根，静为躁君。
> 是以君子终日行不离辎（zī）重，
> 虽有荣观，燕处超然。
> 奈何万乘之主，而以身轻天下。
> 轻则失根，躁则失君。

［白话］重是轻的根本，静是动的主宰。因此君子整天行路，都不离开载物的车辆，虽然享受尊荣，却不会沉溺其中。为什么万乘大国的君主，还以轻率态度治理天下呢？轻举将会失去根本，妄动将会失去主宰。

本章首次出现"君子"一词。儒家经典里经常提到"君子"，而在《老子》书里面，"君子"一词只出现了三次。本章出现了一次，另外两次出现在第三十一章。

关于这一章的原文，有两处存在争议。

第一，河上公本与王弼本都写作"是以圣人终日行不离辎重"，而帛书甲本乙本都写成"是以君子终日行不离辎重"。"辎重"是指行军打仗时运载器械、物品、粮草的车辆。圣人作为统治者，怎么会具体管理车辆呢？而君子在古代属于大夫阶级，负责为作战提供后勤保障，所以写成"君子"更合理。

第二，关于"万乘之主"的说法也有争议。像"万乘之国""万乘之主"这些说法，到了战国中叶才开始广泛使用。《老子》如果作于春秋末期，怎么会使用这个词呢？事实上，古人在阅读文章的时候，经常会添加一些注解。后代在传抄过程中，就可能把某些注解混到原文里面。这种情况屡见不鲜。所以，"万乘之主"的说法可能是后代传抄时写错了，但它并不影响《老子》的整个思想系统。老子把社会划分为统治阶级与被统治阶级。不管是万乘之主还是君子，都属于可以发号施令的统治阶级。这种划分反映了比较早期的社会构成情况。到战国中后期，布衣可为卿相，平民百姓都纷纷崛起了。可见，《老子》的成书年代应该是比较早的。

"重（zhòng）为轻根，静为躁君"，意即：重是轻的根本，静是动的主宰。"躁"就是躁动。换言之，"重"与"轻"相对，要把"重"作为根本，因而不要轻举。"静"与"躁"相对，要把"静"当作主宰，所以不要妄动。

譬如，不倒翁这种玩具为何不会倒呢？因为它的重心很低，上面很轻，所以不管怎么动都不会倒。谈到"静"与"躁"（动），能动的，未必能静；能静的，动起来才有力量。正可谓"静如处子，动如脱兔"。这两句话是在提醒我们不要轻举妄动。

"是以君子终日行不离辎（zī）重"，意即：因此君子整天行路，都不离开载物的车辆。"辎重"是指军中运载器物粮草的车辆，负责整个军队的后勤补给。古代作战时，有"大军未至，粮草先行"的说法。粮草就属于辎重的范畴。两军交锋时没有这些辎重的话，怎么可能持续作战呢？在日常生活中，辎重相当于百宝箱之类的东西，比如重要的器材、必需的用具与药品都属于这个范畴。君子整天行路都不离开辎重，代表他没有离开某些必备的条件或根据地。

《韩非子·喻老》在这里引述了一段故事，这个故事在《史记·赵世家》中也有记载。赵国是战国七雄之一，地处北方，与游牧民族接壤。赵武灵王积极倡导"胡服骑射"（穿上胡人的服装，练习骑马射箭），使赵国的军事实力迅速增强。赵武灵王在位二十七年，志得意满，就将王位传给儿子，自己号称"主父"，相当于太上皇。武灵王禅位之后，又想提拔他另一个儿子，遭到新国君和大臣的反对，并引发了内战。最终，新国君打败了武灵王的另一个儿子，并把武灵王困处在沙丘宫，活活饿死。韩非子认为，国君的辎重就是王位与权力，不能随便传给别人；否则会失去凭借，变成孤家寡人，无法进行有效的统治。①这种解释体现了韩非子法家的立场。

每个人都有自己擅长的领域。如果做任何事都不离开自己的根据地，就会得心应手。一旦离开"辎重"，就有可能遇到麻烦。比如，我多年来一直在讲国学，有时别人邀请我谈一谈我不熟悉的领域，我会婉言谢绝，以免自己离开辎重而陷入困境。

"虽有荣观，燕处超然"，意即：虽然享受尊荣，却不会沉溺其中。换句话说，我们不要依赖外在的声势、权位或有利条件，而要保持平常心，超然物外，不为所动。"燕"就是安，就是平常。

"奈何万乘之主，而以身轻天下"，意即：为什么万乘大国的君主，还以轻率态度治理天下呢？一旦离开辎重，便会后患无穷。韩非子评论说：主父原是赵国国君，是万乘之主，但是他以轻率的态度来面对天下的宝物，过于放纵自己的想法和欲望。等他无权无势的时候，就变得无足轻重。他离开自己的权位，就是轻举妄动，以

---

① 原文：邦者，人君之辎重也。主父生传其邦，此离其辎重者也。

至于功败身死。①

老子最后的结论是："轻则失根，躁则失君。"意即：轻举将会失去根本，妄动将会失去主宰。老子所谓的"重"，有稳重、厚重、沉着、谨慎的意思；所谓"静"，有安静、静止、无为、超然的意思。统治者有了权位之后，难免心浮气躁，轻举妄动，结果往往以失败告终，甚至使整个国家都陷入困境。我们现代人也一样。一个人在自己的专业领域内发展，熟门熟路，知道该如何进退取舍，一般不会有太大问题。如果换一个新的领域，就会遇到很多险阻，结果可能不太理想。

值得注意的是"君子"这个词。在《老子》全书中，"君子"一词仅出现了三次。在儒家经典里，"君子"一词出现的频率则高得多，《论语》里出现了一百零七次，《孟子》里出现了八十二次。儒家以"君子"作为人格的典范，强调一个人要立志成为君子，努力修养德行。而道家的"君子"可以作为圣人的过渡阶段，他以智慧为依托，以悟道为目标。换言之，儒家的君子要求德行的修养，道家的君子要求智慧的觉悟。发展的目标都是成为圣人，但儒家和道家的"圣人"显然不一样。

对一个人来说，重要的是分辨：什么是内在的？什么是外在的？外在的一切是相对的，但是也必不可少。如果缺少某些外在条件，内在的修炼也会受到影响。然而，内在的觉悟才是根本。缺乏内在的觉悟、只求外在条件的话，就会陷在相对的价值观里无法自拔。

古希腊哲学家亚里士多德（Aristotle，384—322 B.C.）比他的老师柏拉图更加肯定现实的世界。他强调幸福的最高境界是"观想"，

---

① 原文：主父，万乘之主，而以身轻于天下。无势之谓轻，离位之谓躁，是以生幽而死。

但也不能忽略两个必要条件：一、要有必要的财产，以维持正常的生活；二、要有一些好朋友，可以经常来往沟通，互相帮助。可见，无论你如何超越，都不能离开现实的生活，亦即"君子终日行不离辎重"。我们守住自己的根据地，才能灵活应对各种局面。

课后思考

老子指出，轻举将会失去根本，妄动则会失去主宰。所以做任何事都要谋定而后动，以免落到失败的下场。这一方面你有哪些经验呢？

第二十七章　善人与不善人

这一章先提到五种"善"，代表一个人擅长做某些事情，可以达到非常高明的程度。接着谈到圣人的作为。最后指出"善人"与"不善人"是相反相成的，两者要互相配合。

> 善行无辙（zhé）迹；
> 善言无瑕谪（zhé）；
> 善数不用筹策；
> 善闭无关楗（jiàn）而不可开；
> 善结无绳约而不可解。
> 是以圣人常善救人，故无弃人；
> 常善救物，故无弃物。
> 是谓袭明。
> 故善人者，不善人之师；
> 不善人者，善人之资。
> 不贵其师，不爱其资，虽智大迷，是谓要妙。

［白话］善于行走的，不会留下痕迹；善于说话的，没有任何瑕疵；善于计算的，不必使用筹码；善于关闭的，不用栓锁别人也开不了；善于捆绑的，不用绳索别人也不能解。因此，圣人总是善于帮助人，所以没有被遗弃的人；总是善于使用物，所以没有被丢弃的物。这叫做保持启明

状态。因此，善人是不善人的老师，不善人是善人的借鉴。不尊重老师，不珍惜借鉴，即使再聪明也免不了陷于困惑，这是个精微奥妙的道理。

本章开头提到五种"善于"，可以把它理解为顺其自然或熟能生巧。关键是结果令人满意。

第一，"善行无辙迹"，意即：善于行走的，不会留下痕迹。"辙迹"原指车辙马迹。古代没有今天的柏油路，都是泥土沙石路，所以走路很容易留下痕迹。如果想不留痕迹，只有一个办法，即走在别人的脚印上。别人怎么走，你也怎么走，就不会留下痕迹。如果你非要另辟蹊径，别人就能顺着足迹追踪到你，那就不算善于行走了。

第二，"善言无瑕谪"，意即：善于说话的，没有任何瑕疵。善于说话的人，能够注意说话的场合与对象，把握问题的关键，做到面面俱到。这真是谈何容易！

第三，"善数不用筹策"，意即：善于计算的，不必使用筹码。古代用筹码来计算，操作可能过于复杂。善于计算的人可以使用心算，把握大局而忽略细枝末节。比如学习《易经》，怎样才能记住某一卦是第几卦呢？我的方法是先背诵《卦序歌》，把六十四卦按顺序背下来。然后每隔十卦，把第十、二十、三十、四十、五十、六十这几卦背熟。今后遇到哪一卦，就可以根据《卦序歌》和每十卦的卦名，在三秒内推算出它是第几卦。

第四，"善闭无关楗（jiàn）而不可开"，意即：善于关闭的，不用栓锁别人也开不了。这是因为他设计了一个暗室，别人根本不知道门在哪里，不得其门而入。有的门锁设计得很隐蔽，让人无法察觉那是一个锁。我曾经听一个专家介绍过，没有任何车锁能防止小偷撬开，只是有些锁要花较多时间才能打开，小偷觉得风险太大，就会自动放弃。

第五，"善结无绳约而不可解"，意即：善于捆绑的，不用绳索别人也无法解开。用绳子把一个人捆得再紧，照样有人可以解开，很多魔术师就有这种本事。所以最好像孙悟空一样在地上画个圈，让他承诺自己不会跳出来。任何外来的力量都有可能被解开。只有力量由内而发，努力克制自己，才能把自己捆绑住。

想要做到这五种"善于"，就要根据结果来反推。你要行走，先要看怎样才能不留痕迹；要说话，先要想如何才能没有瑕疵。老子用这种方式引起我们的思考。

"是以圣人常善救人，故无弃人；常善救物，故无弃物，是谓袭明。"意即：因此，圣人总是善于帮助人，所以没有被遗弃的人；总是善于使用物，所以没有被丢弃的物。这叫做保持启明状态。天下没有人是完全无用的，正如李白所说的："天生我材必有用。"①万物也一样。人无弃人，物无弃物。每一个人、每一样东西，只要存在，总有办法发挥它的作用。

《世说新语》里面有这样一个故事。陶侃在荆州担任主管时，命令造船的官员把碎木屑全部收集起来，大家都一头雾水。后来在元旦集会时，雪后初晴，台阶很湿滑，陶侃就吩咐手下把收集的碎木屑撒在上面，方便大家行走。②这个故事说明，任何东西都有它的价值，不应该随便丢弃。人要尽其才，物要尽其用。

由圣人的表现来看，他确实是悟道的统治者。他在统治百姓、使用资源的时候，可以做到恰到好处。所谓"袭明"，就好比外面套

---

① 出自《将进酒·君不见》。

② 出自《世说新语·政事》。原文：陶公性检厉，勤于事。作荆州时，敕船官悉录锯木屑，不限多少，咸不解此意。后正会，值积雪始晴，听事前除雪后犹湿，于是悉用木屑覆之，都无所妨。

着一件外衣，可以保持启明状态。老子一向重视"明"这个字。能够觉悟宇宙万物都在道里面构成一个整体，就叫做"明"。每一个人、每一样东西都有适合它存在和发展的地方。

"故善人者，不善人之师；不善人者，善人之资"，意即：善人是不善人的老师，不善人是善人的借鉴。判断"善"与"不善"通常会采用社会通行的标准。不同的时代与社会，判断标准有所不同。根据某个标准，认定一些人是善人，相对的就有不善的人。善人可以作为不善人的老师，教不善人走上人生的正路；不善人可以作为善人的借鉴，像镜子一样提醒善人始终走在正路上。我们今天说一个学校的"师资"如何，是指一个学校的教师配备情况，这两个字最早就出现在这里。

有一部电影描写，在美国有一个失业训练所，许多失业人员都来这里接受训练，以便重新就业。失业者上课的时候，经常情绪低落，意志消沉。老师教训大家说："你们不好好努力，将来去外面怎么能找到工作呢？"有个学生听得不耐烦了，就说："老师，我们这些学生如果都用功听课，毕业之后都找到工作，老师您不就失业了吗？"这同样说明，师与资互相配合，善人与不善人互相需要。

老子最后说："不贵其师，不爱其资，虽智大迷，是谓要妙。"意即：不尊重老师，不珍惜借鉴，即使再聪明也免不了陷于困惑，这是个精微奥妙的道理。换言之，善人与不善人同样不可或缺。不善人是由平凡人变成的，善人也是由平凡人修炼成的，将来两者有可能互换位置。在一个完整的社会里面，应该珍惜每一个人，让大家都能发挥作用。这是一个精微奥妙的道理。

历史上有周处除三害的故事。周处先除掉虎与蛟这两害，后来发现自己是第三害，于是改过迁善，最后皆大欢喜。如果一开始就把周处打成坏分子，那前面两害谁来除呢？所以善与恶有可能互换位置。

每一个人都可能透过思考、学习而觉悟，从而转变成善人。换句话说，宇宙万物与人类都来自于道，所以一个都不能少，每样东西都有它的意义与价值。千万不要妄下判断，认为哪些人有问题。

在孔子的时代，鲁国有一位年轻的执政者叫做季康子，他通过世袭当上鲁国的卿。他问孔子："如杀无道，以就有道，何如？"①意即：我把坏人都杀光，来亲近那些好人，这样治理国家可以吗？这话让人听了不寒而栗。他居然用简单的二分法来评判人，不知道坏人改过迁善就变成好人，好人也可能堕落而变成坏人。春秋末期的混乱局面由此可见一斑。老子虚拟了一个圣人作为悟道的统治者，这个角色非常重要，他是每一个学派都应该向往的典范。

课后思考

你做过哪些事没有留下特别的痕迹？说过哪些话没有瑕疵，不会引起别人的责怪？

---

① 出自《论语·颜渊》。原文：季康子问政于孔子曰："如杀无道，以就有道，何如？"

第二十八章　策略与目的

我们都知道，明朝学者王阳明主张"知行合一"。老子非但没有知行合一，还反其道而行之。这一章是标准的"把认知当作避难"。老子的"知"分为三个层次，从"区分"到"避难"，再到"启明"。中间的避难很重要，本章就充分发挥了这个道理。

> 知其雄，守其雌，为天下谿（xī）。
> 为天下谿，常德不离，复归于婴儿。
> 知其白，守其辱，为天下谷。
> 为天下谷，常德乃足，复归于朴。
> 朴散则为器，
> 圣人用之，则为官长。
> 故大制不割。

［白话］知道雄强的好处，却守住雌柔的位置，这样可以作为天下的仆役。作为天下的仆役，就不会离开恒久的德，再由此回归婴儿的状态。知道光明的好处，却守住暗昧的位置，这样可以作为天下的山谷。作为天下的山谷，才可以满足恒久的德，再由此回归真朴的状态。真朴的状态分散为具体的器物，圣人依循这个原则，建立了管理与领导。所以完善的政治是不去割裂的。

本章的内容相当丰富，前半段谈到知与行的关系。道家强调智慧的觉悟，所以在"知"方面，要知道一样事情的正面与反面。"雄"与"雌"是相对的。"雄"就是站在台面上，可以发挥才干，出人头地。但是我要守住"雌"的一面，安静退守，才不至于招来后患。这属于"以认知作为避难"的层次。后面又提到圣人的作为，属于"以认知作为启明"的层次。

　　"知其雄，守其雌，为天下谿（xī）。为天下谿，常德不离，复归于婴儿。"意即：知道雄强的好处，却守住雌柔的位置，这样可以作为天下的仆役。作为天下的仆役，就不会离开恒久的德，再由此回归婴儿的状态。

　　不少学者认为，"谿"是指"山谷"。但是，第二句"知其白，守其辱，为天下谷"又提到了山谷，这样意思不就重复了吗？事实上，古代有很多字的字音相同，形状相似，可以互相借用。《周礼》中提到，古代男女犯了罪，会没入县官为奴，其中年轻聪明的就去作仆人。"奚"就是仆人。本章的"谿"与"奚"相通，有"仆役"的意思。

　　作为仆役，只需要服从主人的命令，他的认知和欲望都降到最低程度，没有任何排斥，专门替别人服务，这与道所展现的"德"不是很接近吗？所以这句话意为：作为天下的仆役，就不会离开恒久的德，再由此回归婴儿的状态。"仆役"是人类社会中地位是最卑微的，而婴儿是人类世界最原始的状态。所以把"谿"理解为"仆役"，正好可以跟"婴儿"相配合，两者都属于人的世界。

　　"知其白，守其辱，为天下谷。为天下谷，常德乃足，复归于朴。"意即：知道光明的好处，却守住暗昧的位置，这样可以作为天下的山谷。作为天下的山谷，才可以满足恒久的德，再由此回归真朴的状态。

关于这段话的原文，历来存在较大争议。王弼本和帛书本都在"知其白，守其辱"中间插入一段话，写作"知其白，守其黑，为天下式。为天下式，常德不忒，复归于无极。知其荣，守其辱，为天下谷……"其实在古代，"辱"就有"黑垢"的意思。《老子·第四十一章》提到"大白若辱"，即最纯的白看起来好像有黑垢一样。所以在古代，"白"与"辱"是相对的，不像今天将"白"与"黑"相对。并且，"守其辱"和"为天下谷"这两句话前后押韵，配合得很好。

我们今天常说"虚怀若谷"。我宁可看起来有黑垢，也要守在低卑的地方，这样才能满足恒久的德，再由此回归真朴的状态。"朴"是指未经雕琢的原木，代表一种原始的自然状态。

将上述两段话合而观之，第一段讲的是人类世界的仆役和婴儿，第二段讲的是自然界的山谷和原木。一个聚焦于人类世界，一个聚焦于自然界，这非常符合老子一贯的思维方式。《老子·第八章》讲"上善若水"的时候，就是先提到自然界，说水善于帮助万物而不与万物相争；接着提到人类世界，说水停留在众人所厌恶的地方；再由两方面归结出结论——水最接近于道。

如果在中间加上一段"知其白，守其黑，为天下式。为天下式，常德不忒，复归于无极。知其荣，守其辱，为天下谷"，则很难做出合理的解释。老子先描述了人类世界，后面又描述了自然界，为什么中间还夹杂着"作为天下的楷模"，然后又"复归于无极"呢？这让人难以理解。

另外，"无极"这个词也很突兀。《庄子》书里面倒是经常提到一些描述无穷无尽的说法，但《老子》里面忽然冒出一个"无极"，毫无来源与根据，只能理解为无穷无尽，没有什么限制。北宋的周敦颐写过《太极图说》，其中第一句话就是"无极而太极"。但那与老子所说的"无极"完全无关。

更重要的是，在《庄子·天下》中引用了这段话，原文是："知其雄，守其雌，为天下谿。知其白，守其辱，为天下谷。"这里并没有提到中间那一段话。庄子距离老子不到二百年，他使用的参考资料应该比较可靠。

前面的章节提到过"玄德""孔德"，这两段话里两次提到"常德"。所谓"常德"，就是恒久的德，亦即由"道"所获得的本性与禀赋。从"常德不离"与"常德乃足"这两句话可以推知，一般人常处在离开常德或常德不足的困境中。你只要保持常德，就可以回到婴儿或真朴的状态。婴儿代表纯真的原始状态，朴代表未经雕琢的原木。由此可见，知道是一回事，行动是另一回事。你的行动要守住你原本的样子，要"终日行不离辎重"。否则可能往而不返，完全忘记了自己的本性。

老子提出知与行要完全相反，目的是为了保持常德。前面由"知"了解了灾难的起因，后面就要通过"守"来避开灾难。圣人能做到这两步，知道"仆役"与"山谷"最合乎道所要求的状态。

"朴散则为器"，意即：真朴的状态分散了，就变成具体的器物。所谓"器"，既包括人类文化创造的一切产品，也包括人类设计的各种社会结构，如社会阶层、岗位分工等。

"圣人用之，则为官长"，意即：圣人依循这个原则，建立了管理与领导。"官长"是指管理与领导。换句话说，圣人作为悟道的统治者，表面看起来很卑微、淳朴，其实对一切都了如指掌。他善于让各层官员都发挥能力，从而使天下安定和谐。

"故大制不割"，即完善的政治是不去割裂的。"制"就是政治的"治"。老子所谓的"大"经常是指"完善"。换言之，完善的政治要把一切都统合起来，知道雄与雌、白与辱都不可或缺，要让每个人都发挥自己的才能，不要有明显的区分与割裂，不要把高低、主从分得太清楚。

收获与启发

一方面，我们的"知"要尽量完整而根本，了解事物的正面与反面；另一方面，我们要收敛自己，守住原始的、真朴的状态。目的是要让整个社会安定有序，和谐发展。圣人不制造价值上的分辨，并能够从根本上化解这些问题。

课后思考

你能否在某些方面做到"知其雄，守其雌；知其白，守其辱"呢？

第二十九章　三去主义

本章介绍《老子·第二十九章》。

> 将欲取天下而为之，吾见其不得已。
> 天下神器，不可为也，不可执也。
> 为者败之，执者失之。
> 故物或行或随；或嘘或吹；
> 或强或羸（léi）；或培或堕。
> 是以圣人去甚，去奢，去泰。

[白话]想要治理天下而有所作为，我看他是不能达到目的了。天下是个神妙之物，对它不可以有为，不可以控制。有为就会落败，控制就会失去。所以，一切事物，有的前行，有的后随；有的性缓，有的性急；有的强壮，有的瘦弱；有的成功，有的失败。因此，圣人要去除极端，去除奢侈，去除过度。

所谓"三去"，就是去除极端、奢侈与过度。从最后一句的"圣人"可以知道，这一章所说的是圣人的观点与作为。

"将欲取天下而为之，吾见其不得已"，意即：想要治理天下而有所作为，我看他是不能达到目的了。根据专家的研究，"取"就是"治理"的意思。老子喜欢对照"无为"与"有为"。本章是从反面"有为"的角度来说的。如果治理天下时想要有所作为，会有什么后果呢？老子认为他无法达到目的。"不得已"是指"不能达到目的"，而不是"被迫如何，不得不如何"。"已"是句尾的语助词。

"天下神器，不可为也，不可执也"，意即：天下是个神妙之物，对它不可以有为，不可以控制。天下为什么是个神妙之物呢？因为天下是由众人组成的。你怎么可能控制众人呢？人是万物之灵，每个人都不一样。众人聚合在一起，形成一个个团体。长期下来，每个团体都会自动保持平衡。不能保持平衡的团体，在发展过程中会被逐步淘汰掉。最后呈现出一种稳定的状态，显得很神奇。这不是人能够刻意安排的。

王弼对这句话的注解是：神器是无形无方的，不是人的理智可以掌握的。万物以自然为性，你可以顺着它，而不能采取特定的作为。你可以通达它，而不能想去控制它。你如果有为或控制，就会弄巧成拙，顾此失彼，无法实现长治久安。①

譬如，古希腊的柏拉图设计了一个"理想国"，分成三个阶级：一是领导者；二是卫士或军人；三是一般百姓。理想国的人数是五千零四十人，因为五千零四十恰好能被三除尽。只要每个人各司其职，治理这样一个小城邦显然不难。但这根本就是一种空想，不可能在现实中取得成功。所以，一般就把西方的理想国称为"乌托邦"。

后来，英国哲学家托马斯·莫尔（Thomas More，1478—1535）真的写了《乌托邦》一书，书中记载他去外地旅游，看到有的地方采用一种乌托邦的结构，各方面都设计得很好。但是不要忘记，如果一切尽在掌控，每个人的发展都可以预测的话，那人生还有什么乐趣呢？

---

① 原文：神，无形无方也。器，合成也。无形以合，故谓之神器也。万物以自然为性，故可因而不可为也，可通而不可执也。物有常性而造为之，故必败也。物有往来而执之，故必失矣。

因此，不如顺其自然，让众人自己求得某种平衡。人是天下最神秘的生物，人们普遍爱好安定和谐的生活，总希望保持自然的均衡。人的世界是一个神妙之物，你对它不可以有为，不可以控制。有为就会落败，控制就会失去。

为何会如此呢？老子接着说明了他的理由，共提出八种情况，可分为四组。

"故物或行或随"，意即：一切事物，有的前行，有的后随。古文中的"物"通常包括人在内。这里的"物"所指的就是"人"，因为天下神器是由人构成的。人年轻的时候，跟在别人后面走，心里可能不太舒服。但不要着急，等到时机成熟，你也会走到前面去，一代一代的人本来就是要接棒的。将来你真的走到前面，说不定还羡慕后面的人更年轻呢！

"或嘘或吹"，意即：有的人性缓，有的人性急。我们今天说"吹嘘"，是说一个人在吹牛。在古代，"嘘"是指缓慢发出气息，"吹"是指快速发出气息。《庄子·齐物论》一开头就说，南郭子綦（qí）靠着桌子坐着，忽然"仰天而嘘①"，他缓缓地吐气，好像在练功一样。换句话说，有人个性很急，有人个性很慢，有人是急惊风，有人是慢郎中。所以最好各适其性，不能用一个标准来衡量。

"或强或羸（léi）"，意即：有的人强壮，有的人瘦弱。譬如，同样挑几公斤的担子，强壮的人感觉很轻松，瘦弱的人却不堪重负。"强壮或瘦弱"也可以用来形容某个团体。你不能要求每个社团或公司都一样强壮，只能让各家分头发展。如此一来，整体反而能保持一种动态的平衡。这就是人类社会的奇妙之处。

"或培或堕"，意即：有的人成功，有的人失败。有人成功，就

---

① 原文：南郭子綦隐几（jī）而坐，仰天而嘘，苔（dá）焉似丧其耦（yù）。

意味着有人失败了。大家都成功是不可能的。比如，天下不可能有大家都发财这种事。你发财了，别的人一定是少赚甚至赔钱了。如果七十几亿人都发财，那么"财富"这个词也将失去它的意义。

如果有人忽略了这八种情况，想要在政治上有所作为，最后很可能劳而无功。要把天下当作神器，因为它是由众人聚合而成的。人的情况各不相同，有年老的就有年少的，有强壮的就有弱小的，有性急的就有性缓的。但大家彼此会慢慢协调，形成动态的平衡。你如果刻意作为，就会捉襟见肘，无法达成目的。个人所构想的目的一定是非常偏狭的，只局限于某一个方面，而不能总揽全局。

在这个世界上，人的才能参差不齐，行为各具特色。我们可以把范围拉开一点，时间拉长一点。天下分久必合，合久必分，一治一乱。人心的归向总是保持物极必反的趋势。某个阶段走过头了，就会自动折返。所以，一定要避免人为的造作，否则会扰乱自然形成的秩序，甚至导致天下大乱。

"是以圣人去甚，去奢，去泰"，意即：因此，圣人要去除极端，去除奢侈，去除过度。所谓极端，就是执着于一定要如何。所谓奢侈，就是放纵欲望，追求生活上的享受。所谓过度，就是超过它应该有的限度。圣人的"三去"，就是不要走极端，而要走中庸之道；不要奢侈浪费，而要节制欲望；不要过分，也不要不及。道家总是以一种长远而开阔的眼光来看待每一种状况。老子后来提到，有些人过于重视养生，反而会提早结束生命。所以掌握好"度"最重要。能够做到这三个方面，才有资格担任悟道的统治者。

这里可以把老子的"三去"与孔子的"三忘"加以对照。在《论语·述而》里，孔子说自己"发愤忘食，乐以忘忧，不知老之将至"，意即：他发奋用功就忘记了吃饭，内心快乐就忘记了烦恼，连自己快要衰老了都不知道。孔子忘食、忘忧、忘老，可以称为"三忘"。儒家立志为人群服务，所以孔子的"三忘"是把个人的得失成败置之度外，"知其不可而为之"。老子的"三去"则是希望统治者在治理百姓时，不要走极端，不要奢侈浪费，不要超过分寸。从中也可以看到两家学派的不同主张。

孔子的"三忘"不容易做到，我今年已经七十岁了，只能学到孔子的三分之一。我可以忘记自己的衰老，却忘不了吃饭和烦恼。这说明我的修养还不够，德行与智慧还需要努力提升。至于老子的"去甚、去奢、去泰"，则更不容易做到。我们经常希望一鼓作气，把一件事情赶快做完。比如我在网上讲《老子》，总希望一口气能讲完毕。但是我转念一想：我把这件事情匆忙做完，效果不理想，该怎么办？所以遇事不能着急，要设法去甚、去奢、去泰。

在古希腊时代，雅典附近有一座德尔菲神殿，专门供奉太阳神阿波罗。德尔菲神殿上面刻有两句话："认识你自己，凡事勿过度。"把"认识你自己"放在前面，代表认识自己很难，认识别人更难，更何况要认识整个社会呢？但认识了之后要如何行动呢？所以关键要做到第二句话"凡事勿过度"。

要知道，一个社会的公平是最难实现的。你觉得这样公平，别人未必认同。你推广一项政策或举措，不可能让所有人都满意。所以尽量不要刻意有为或控制。人是万物之灵，每一个人都是神妙的生命，整个人类社会更是神妙无比。圣人了解这一点，所以会尊重人性的自然表现，无心而为。

课后思考

老子的"去甚、去奢、去泰"有点类似，都是让你排除过度的事。做任何事，都要按照自己的本性，不要太勉强。任何事里面都有神妙的平衡。你对此有何心得？

第三十章　不得已才用兵

《老子》这本书的背景是天下大乱，乱的根源在于人类具有认知能力，偏差的认知会带来偏差的欲望，由此造成各种困扰，最可怕的后果就是引发战争。战争对人类造成了巨大伤害。老子有很明显的反战思想，第三十章、第三十一章就是专门批判战争的。其实，任何一种合理的哲学思维，对于人类的战争都会持批判的态度。

> 以道佐人主者，不以兵强天下。
> 其事好还。
> 师之所处，荆棘生焉。
> 大军之后，必有凶年。
> 善者果而已，不以取强。
> 果而勿矜，果而勿伐，果而勿骄，
> 果而不得已，果而勿强。
> 物壮则老，是谓不道，不道早已。

[白话] 用"道"来辅佐国君的人，不会靠兵力在天下逞强。打仗这种事，总会得到报应。军队所过之处，长满了荆棘。大战之后，必定出现荒年。善于用兵的人，只求达成目的，而不靠兵力来逞强。达成目的却不自负，达成目的却不夸耀，达成目的却不骄傲，达成目的却出于不得已，达成目的却不逞强。事物壮大了，就会趋于衰老，这

就叫做不合乎道。不合乎道，很快就会消逝。

"以道佐人主者，不以兵强天下"，意即：用"道"来辅佐国君的人，不会靠兵力在天下逞强。本章的主要角色不是国君，而是类似于第二十六章所说的君子。他用"道"来辅佐国君，主要特色是不靠兵力来逞强。

春秋战国时代天下大乱，诸侯们纷纷寻求富国强兵的方法，希望透过战争来兼并其他国家。司马迁在《史记·太史公自序》中描述了兼并战争的残酷：春秋时代不过二百四十多年，就有三十六位国君被杀，五十二个国家灭亡，丢掉社稷、在外奔走的诸侯更是不可胜数。[①]周朝开国时封建了一千八百多国，经过春秋末期一路发展到战国，最后只剩下战国七雄。期间发生的战争不计其数，乱世的情况让人触目惊心。可见，在古人的经验里面，经常会遇到战争。兵凶战危，会由此引发各种复杂的问题。

"其事好还"，意即：打仗这种事，总会得到报应。"还"字有时也读作"旋"，代表打仗这件事总会回过头来给你报应。如果靠兵力来逞强，等到你力量衰退之际，别人也会"以其人之道，还治其人之身"。希腊时代的亚历山大大帝（Alexander the Great，356—323 B.C.），以及罗马时代的凯撒大帝（Gaius Julius Caesar，100—44 B.C.），就是有名的例子。用武力来征服别人，很少能够长期维持。在征服者的生命结束之后，帝国往往会随之瓦解。

"师之所处，荆棘生焉。大军之后，必有凶年。"意即：军队所过之处，长满了荆棘。大战之后，必定出现荒年。古代兵出于农，打仗时农夫被抓去当兵，田地无人耕种，便会长满荆棘。随后必定

---

① 原文：春秋之中，弑君三十六，亡国五十二，诸侯奔走不得保其社稷者不可胜数。

出现荒年，使得民不聊生。

"善者果而已，不以取强"，意即：善于用兵的人，只求达成目的，而不靠兵力来逞强。"果"代表有了结果，达成了目的。善于用兵的人以自保为主，能够打退敌人就够了。换言之，为了抵抗侵略，保家卫国的战争仍是必要的；但不要仗恃着兵强马壮，想要号令天下。

"果而勿矜，果而勿伐，果而勿骄，果而不得已，果而勿强"，老子连用了五个"果"，意即：达成目的却不自负，达成目的却不夸耀，达成目的却不骄傲，达成目的却出于不得已，达成目的却不逞强。

前三点是类似的，不要自负，不要夸耀，不要骄傲。在战场上胜过别人，千万不要以成功者自居。西方中世纪作家但丁（Dante，1265—1321）在《神曲》里面提到七大死罪，排在第一位的就是骄傲。在西方宗教的背景下，认为人本来是受造的，来自于泥土；人却以为自己了不起，可以做这个，可以做那个，远远逾越了自己的本分，这就是骄傲。

第四点是达成目的却出于不得已。这里的"不得已"是指迫不得已。别人侵略我，我迫不得已要起来反抗，保家卫国。第五点是达成目的之后不要逞强。因为兵凶战危，用兵作战都是不得已而为之。春秋时代流行一句话，叫做"国之大事，在祀与戎①"。亦即国家重要的事情，一个是祭祀，一个是国防武力。祭祀属于宗教活动，代表对祖先的崇敬。国防武力的目的是要保护百姓，所以对于战争一定要保持高度警惕。

进一步引申来看，善于游泳的人，容易溺水而死；喜欢登山的

---

① 见《春秋左传·成公十三年》。

人，容易死于山难；经常骑马的人，容易坠马摔伤。这些意外的发生都是因为"艺高人胆大"，由于自己擅长某个领域而放松警惕，以至于阴沟里翻船。相反的，一般人的水性不太好，所以游泳时非常谨慎，就很少发生水难。一个人从不骑马，则根本不会从马背上摔下来。这些观念并非消极，而是提醒你不要逞强；用兵方面亦然。

"物壮则老，是谓不道，不道早已"，意即：事物壮大了，就会趋于衰老，这就叫做不合乎道。不合乎道，很快就会消逝。"物壮则老"有两种情况：一种是自然发生的，人到壮年之后自然会走向衰老，这种趋势不可避免；另一种则是由于争强好胜，结果反而盛极而衰。这样做不合乎道的要求，很快就会消逝。"不合乎道"就是没有达到理想的标准，这是一种负面的评价。

古希腊时代的亚历山大大帝，凭借武力开疆拓土，版图范围横跨欧、亚、非三大洲。但是他英年早逝，年仅三十三岁就去世了。他过世前让部将把他抬出去，让士兵们看到他两手空空地垂下来。士兵们因而觉悟，亚历山大大帝打遍三大洲，最后走的时候也只能两手空空。他之所以有如此特别的举动，因为他的老师是古希腊著名哲学家亚里士多德。他在生命快要结束的时候，想起老师的教训，才会有这样的表现，为西方历史树立了一个典范。

对于现代人来说，无论是在学校念书，还是在社会上工作，竞争是难以避免的，关键在于你是不是"有意"与别人竞争。如果你刻意争胜，成功之后还到处炫耀，就会出现问题。如果你只是尽力而为，成功之后谦虚低调，别人自然会肯定你的能力。这时你也不用太客气，说自己全靠运气。人本来就各有所长。你在某方面成为专家，别人在其他方面非常卓越，大家互相尊重，协同发展，共同构建一个多姿多彩的社会，不是很好吗？

老子提醒我们"其事好还"，即任何事情都会回到自己身上。

有些人年轻的时候疏于保养身体，中年之后身体就来讨债了。前面拼命赚钱，后面就用钱来保养身体。可见，身体过度透支的话，后面一定会有后遗症。保持一种理想的平衡，才能让身体维持长久。

收获与启发

老子主张尽量避免战争。不管是古代的农业社会，还是今天的科技时代，一旦发生战争的话，所有的事都会耽搁，而且还会出现人员伤亡等可怕后果。

一旦战争有了结果，就要"果而勿矜，果而勿伐，果而勿骄，果而不得已，果而勿强"。这五种心态非常重要。王弼说"果"就是"济"。司马光说"果"代表完成。王安石说"果"就是胜利。他们的说法都是类似的。亦即有了结果之后就要适可而止。

即便用兵，也是出于不得已，千万不要耀武扬威，否则后果不堪设想。有时候一个国家明明在战争中取得了胜利，反而埋下了失败灭亡的种子。譬如，秦始皇通过战争统一了天下，但是在短短十五年之内，秦帝国就崩溃瓦解了，这就是穷兵黩武的后果。所以，打天下可以靠武力，治理天下则要做好文化教育的工作，如此才能维持长久。历史上有很多这样的例证。

课后思考

我们当然不会去发动战争，但可以从"果"字学到一些心得。做任何事，达到目的就好，不要骄傲、炫耀或逞强，而要适可而止。人各有所长，你在某一方面成功的话，要有感恩之心。你对此有何心得？

第三十一章　用兵打仗是下策

老子反对战争，第三十章和第三十一章专门谈到战争问题，反映了天下大乱的时代背景。古代的哲学，像道家与儒家，都很明确地反对战争。如果为了保家卫国而非战不可的话，就要非常谨慎，达成目的就好，千万不要靠战争来耀武扬威。

　　夫兵者，不祥之器，
　　物或恶（wù）之，故有道者不处。
　　君子居则贵左，用兵则贵右。
　　兵者不祥之器，非君子之器，
　　不得已而用之，恬淡为上。
　　胜而不美，而美之者，是乐（lè）杀人。
　　夫乐杀人者，则不可得志于天下矣。
　　吉事尚左，凶事尚右。
　　偏将军居左，上将军居右。
　　言以丧礼处之。杀人之众，以悲哀莅（lì）之，
　　战胜以丧礼处之。

[白话] 武力是不吉利的东西，人们都厌恶它，所以悟道的人不接纳它。君子平时重视左方，使用武力时就重视右方。武力是不吉利的东西，不是君子的工具，如果不得已要使用它，最好淡然处之。胜利了不要得意，如果得意，

就是喜欢杀人。喜欢杀人的人，就不可能在天下得到成功。吉庆的事以左方为上，凶丧的事以右方为上。副将军站在左边，上将军站在右边。这是说，作战要依丧礼来处置。杀人众多，要以悲哀的心情来看待，战胜要依丧礼来处置。

这一章的原文，有些地方像是后代学者添加的注解。比如，"偏将军""上将军"都是战国时代的用语。古代经典在传抄过程中，难免发生这一类情况。

《老子》全书中"君子"一词只出现了三次，第二十六章出现一次，剩下两次均在本章出现。这里所谓的"君子"，有点像负责带兵打仗的将军，他有特殊的作风，但尚未达到悟道的层次，他的目标是成为圣人。

本章三次提到"左"与"右"，它们分别代表什么呢？

首先，"君子居则贵左，用兵则贵右"，即君子平时重视左方，使用武力时就重视右方。可见，平常与战时，对于"左""右"的观念有所不同。其次，"吉事尚左，凶事尚右"，即吉庆的事以左方为上，凶丧的事以右方为上。这与第一点是一致的，因为用兵属于凶事，兵凶战危。然后，"偏将军居左，上将军居右"，即副将军站在左边，上将军站在右边。这又是为什么呢？

有些学者认为，《左传·桓公八年》提到"楚人上左"，即楚国人比较重视左方，老子正好有楚国人的背景，所以他会说"平常重视左方，打仗时重视右方"。但问题是，难道打仗不需要重视吗？"吉事尚左，凶事尚右"也许还说得通，可"偏将军居左"就说不通了。

比较合理的解释要参考《易经》的"后天八卦"，它有一个原则叫做"左阳右阴"。在后天八卦中，左手边属于东方，右手边属于西方，与一般的地图正好相反。因为画卦的时候是从北向南看。左手边对应东方与春季，太阳从东方升起，万物在春天生长，所以充满了朝气；右手边对应西方与秋季，太阳从西方落下，万物在秋天凋零，所以充满了杀气。中国人由此形成了"左阳右阴"的观念，认为阳主生，阴主杀。

"君子居则贵左，用兵则贵右"，因为用兵时要杀人，右为阴、主杀。同理，吉祥的事在左边，因为它是生命的发展；凶丧的事在右边，因为它是生命的结束。另外，偏将军居左，因为他主生，要负责清理战场，救助伤员；上将军居右，因为他主杀，要负责发号施令，进攻杀敌。这些话都可以用"左阳右阴，阳主生，阴主杀"来解释。

接着，老子说："兵者不祥之器，非君子之器，不得已而用之，恬淡为上。"意即：武力是不吉利的东西，不是君子的工具，如果不得已要使用它，最好淡然处之。上一章提到"果而不得已"，这里又提到"不得已而用之"，都是"不得已"而用兵。这时要记得"恬淡为上"，最好淡然处之。

"胜而不美，而美之者，是乐（lè）杀人。夫乐杀人者，则不可得志于天下矣"，意即：胜利了不要得意，如果得意的话，代表你喜欢杀人。喜欢杀人的人，就不可能在天下得到成功。

《孟子》有一段话表达了类似的观念。梁惠王去世后，他的儿子梁襄王继位，当时还很年轻。梁襄王见到孟子，忽然问他："天下怎样才会安定？"孟子说："统一了就会安定。"梁襄王再问："谁能统一天下？"孟子回答说："不嗜杀人者能一之。"[①] 即不喜欢杀人的国

---

① 出自《孟子·梁惠王上》。原文：孟子见梁襄王。出语（yù）人曰："望之不似人君，就之而不见所畏焉。卒（cù）然问曰：'天下恶（wū）乎定？'吾对曰：'定于一。''孰能一之？'对曰：'不嗜杀人者能一之。'"

君就能统一天下。这与老子所说的"乐杀人者，则不可得志于天下"有异曲同工之妙。孟子的话如此浅显，要求的标准如此之低，国君只要不喜欢杀人，就可以统一天下，可见当时的诸侯们普遍热衷于征伐。后来，秦始皇虽然靠武力统一了天下，但十五年之后，秦帝国就分崩瓦解了。

"言以丧礼处之。杀人之众，以悲哀莅（lì）之，战胜以丧礼处之"，意即：作战要依丧礼来处置。杀人众多，要以悲哀的心情来看待，战胜要依丧礼来处置。这种话谁听得进去呢？中国历代的战争，获胜方哪里有用丧礼来处置的？不过，儒家的孟子又呼应了老子的说法，他说："善战者服上刑。"[1]即善于打仗的人应该受到最重的刑罚，而不是得到最高的奖赏。可见，儒家与道家都不约而同地非常忌讳战争。

要知道，去打仗的都是年轻人，一旦丧命，全家都会伤心欲绝。如果死伤太多的话，整个社会都会陷入困境。但是相对的也要知道，战争有时在所难免。古希腊哲学家赫拉克利特（Heraclitus，535—475 B.C.）曾说："战争是人类文明的父亲。"频繁的战争孕生了各种武器上的发明与文化方面的进步。现代战争带来科技的发展，科技也促成了战争的恐怖。

因此，不要主动去发动战争，因为"其事好还"，战争的恶果迟早会返回到自己身上；即便战胜了，也可能让整个国家陷入困境。老子知道，天下大乱并非由个人或单一原因所造成。在历史的进程中，各种偶然事件交织在一起，错综复杂，最后便引发了战争。

战争也许不可避免，但我们对战争要有正确的态度。老子提醒我们：第一，要"不得已"而用兵，为了保家卫国，可以进行反抗

---

① 出自《孟子·离娄上》。

侵略的战争；第二，即便取胜，也千万不要得意。战争会造成严重的伤亡，双方参战的士兵都是人类之一，所有伤亡都是无法挽回的损失，会给士兵本人和家属留下无尽的遗憾。所以，我们要尽量避免战争。

在明末清初之际，中国再次陷入兵荒马乱。据粗略统计，当时中原地区的人口只剩下六千多万。你能想象那种尸横遍野、妻离子散的惨状吗？一场战争过后，史书上常用"千里无人烟"来形容，那是多么可怕的景象啊。这样的悲剧最好不要再重演。

课后思考

人与人之间难免有竞争甚至斗争的关系，怎样才能从根本上化解不必要的竞争？万一需要保护自己或维护正义的话，要注意"果"这个字，达到目的就要适可而止。你对此有何心得？

第三十二章　天降甘露

本章强调了"道"与"无名"的关系，再次印证了《老子·第一章》的断句应该是："无名，万物之始；有名，万物之母。"这叫做"以经解经"。

> 道常无名，朴。
> 虽小，天下莫能臣。
> 侯王若能守之，万物将自宾。
> 天地相合，以降甘露，民莫之令而自均。
> 始制有名，
> 名亦既有，夫亦将知止。
> 知止可以不殆。
> 譬道之在天下，犹川谷之于江海。

［白话］道永远是无名的，处于真朴的状态。虽然细微，天下没有人能够轻视它。侯王如果能守住它，万物将会自动归附。天地之间阴阳之气相合，就降下甘露；人民不需要靠君王的命令，就自动均衡。万物开始出现，就有了名称；名称既已产生，就会知道适可而止，知道适可而止，就可以避免危险。以道在天下的情况来说，就像江海为河川所归。

《老子》书里面，专门介绍"道"的篇章有将近百分之二十。本章就是其中之一。这一章可分为两段。

前半段谈到道与"无名"的关系。老子说："道常无名，朴。"意即：道永远是无名的，处于真朴的状态。"道"为什么永远是无名的？因为人类的思考一定要使用名称或概念，而"道"是万物的来源与归宿，根本不是人类感觉或思考的对象。正如第二十五章所说，只能勉强给它取名叫做"道"。

接着再度提到"朴"，即未经雕琢的原木。原木不是任何具体的东西，但它可以雕成任何一样东西。说它是有，却说不清楚它是什么；说它是无，它又可以变成任何一样东西。用"朴"来描写"道"，说明道可以生出万物，道也在万物里面，但是道不是任何一样东西。

"虽小，天下莫能臣"，意即：虽然细微，天下没有人能够轻视它。"道"虽然显得很微小，但如果你把"道"当作"臣"，以为可以收服它、轻视它，那就大错特错了。"小"字代表"至小无内"。只有小到内在没有任何东西，才能遍在一切之中。

"侯王若能守之，万物将自宾"，意即：侯王如果能守住它，万物将会自动归附。在此要注意，"侯王"是指尚未悟道的统治者。所以讲到"侯王"，一般会使用假设语句。"若"就是假设的情况。侯王若能守住道，就变成了圣人，万物都会自动来归附。但是守住道并不容易，要像道一样小，自甘卑微，才能无所不在、无不参与。百姓才愿意像万物归顺道一样，归顺到他身边。

接下来的两句话再度体现了老子的思维模式。"天地相合，以降甘露"，意即：天地之间阴阳之气相合，就降下甘露。这讲的是自然界的情况。"民莫之令而自均"，意即：人民不需要靠君王的命令，就自动均衡。这讲的是人类世界的情况。侯王如果能持守道，自然界与人类两方面都会稳定下来。

后半段谈到"有名"。

"始制有名"，意即：万物开始出现，然后就有了名称。这与第一章所说的"有名，万物之母"，表达了同样的意思。万物出现以后，就用"名"作为万物的母亲。譬如，"车"这个名称可以涵盖各式各样的车子。等于"车"这个名称是母亲，而具体存在的个别车子就成了子女。

"名亦既有，夫亦将知止"，意即：名称既已产生，就会知道适可而止。为事物命名，代表人类开始使用认识能力对事物加以区分，个人的欲望随之出现，并衍生出复杂的问题。若想摆脱这种困境，就要知道适可而止。重要的是，要知道停止在何处。

知道名称之后，要考虑两个方面：第一是名实相符，第二是名分相配。譬如，"太阳""月亮"是个名称。我现在把实物指给你看，说这是太阳，那是月亮，亦即名称要用来指称实在的东西。这叫做名实相符。

同时，人的世界有自由选择的可能，所以还需要名分相配。譬如，在《论语·颜渊》，齐景公问孔子如何治理国家，孔子回答说："君君，臣臣，父父，子子。"这句话经常被人误解，认为孔子封建保守。其实，孔子讲的是名与分要配合。比如"君君"，第一个君是"名"，第二个君是"分"。"分"是指分寸，亦即配合你的身份的一种适当表现。孔子说，君要像君，臣要像臣，父要像父，子要像子，君臣父子都要有适当的行为表现。这样讲很合理，难道要君不像君、臣不像臣吗？

"君"或"臣"只是一个名称而已，可能随着时代而改变。时至今日，社会上依然有人是领导者，有人是被领导者。你在企业上班，难道上面没有老板吗？如果你是主管，难道手下没有下属吗？所以每个人都要努力做到名分相配。

所谓"君要像君，臣要像臣"，要以什么作为标准呢？儒家就以尧、舜作为标准。君主要像尧一样，大臣要像舜一样，都有适当的规范。儒家并没有"君要臣死，臣不得不死"的观念，那是后代帝王专制以后产生的僵化思想，跟儒家毫无关系。孟子用一句话清楚地阐明了儒家的立场："民为贵，社稷次之，君为轻。"①说明君是为民服务的。

老子的思想与之类似。候王如何才能守住道？要保持卑微，"至小无内"，才能无所不在。如果过于高尚的话，就只能待在少数几个地方，那就不像道了。

老子接着说："知止可以不殆。"意即：知道适可而止，就可以避免危险。人往往都是遇到危险时才知道后悔：早知如此，何必当初？那怎样才能停止呢？你要按照"名"所要求的"分"来停止。你有什么样的名，就要做到相应的分寸。这个度是很难把握的。可见，人的世界除了"名实"之外，还有"名分"的问题。"名分"对人构成最大的挑战。

最后的结论是："譬道之在天下，犹川谷之于江海。"意即：以道在天下的情况来说，就像江海为河川所归。可见，"道是万物的来源与归宿"这个定义是非常精准的。所有的一切都来自于道，最后又回归于道。

收获与启发

人有认知能力，就会出现与"名"有关的问题，那么该如何应对呢？第一，任何所谓的好名、大名，都可能经过渲染而失去本真，

---

① 出自《孟子·尽心下》。

所以要做到名实相符；第二，名会让人产生欲望，不断追求更高层次的名，而忘记现在的"名"所应该做到的"分"，所以要做到"名分配合"；第三，要知道适可而止，知止可以不殆，不要一味追逐欲望，往而不返。

老子在这一章从"无名"讲到"有名"，清楚地剖析了人类社会的问题所在，亦即人类的认知能力制造了"名"，却不能使"名分"相配合。如果一个人能够悟道，了解道是万物来源与归宿，就会感觉到生命有一个稳定的基础。学习道家之后，可以化解各种情绪上的困扰，不会有喜怒哀乐太过度的问题。

课后思考

道本来是无名的，后面变成了有名。有名之后，人能否做到知止，使得名实相符以及名分相配？你对此有何看法？

第三十三章　人要有自知之明

这一章是由许多人生警语集合而成的，每一句话都可以当成座右铭。

> 知人者智，自知者明。
> 胜人者有力，自胜者强。
> 知足者富。
> 强行者有志。
> 不失其所者久，
> 死而不亡者寿。

［白话］了解别人的是聪明，了解自己的是启明。胜过别人的是有力，胜过自己的是坚强。知道满足的是富有，坚持力行的是有志。不离开根据地的才会持久，死了而不消失的才算长寿。

"知人者智，自知者明"，意即：了解别人的是聪明，了解自己的是启明。在《世说新语》中有这样一个故事。曹操大权在握以后，志得意满，封自己为魏王。有一天他接到一封信，说匈奴国的大使想要拜见魏王。曹操有些紧张，因为他的长相不太俊美，他又很爱面子，于是找到一个帅哥叫做崔琰，让他穿上魏王的服装，坐在王位上。曹操自己则假扮成武士，持刀站在崔琰的旁边。

匈奴国大使拜见了魏王就离开了，曹操赶忙派人去打听，问他对魏王的印象如何。这位大使见多识广，阅人无数，就说："大王固然相貌堂堂，但是真正的英雄是他旁边的那个捉刀人。"这位大使确实厉害，他与大王简单谈了几句就看破了真相。他发现，每次遇到关键问题，这位大王就抬头看看旁边的卫士。真正的大王怎么会看别人的脸色行事呢？所以真正的英雄是旁边的捉刀人，他才是一把手。

曹操听说之后非常生气，他本来很爱面子，结果面子、里子都丢了，于是恼羞成怒，立刻派杀手把匈奴国大使给杀了。[①]这个匈奴国大使实在很冤枉，他可谓"知人者智"，但是却没有自知之明。他如果念过《老子·第三十三章》，就会等到返回匈奴国、确保自身安全之后，再说出他的见解。所以老子说得好，了解别人算是聪明，但是了解自己才是真正的启明。

事实上，"认识你自己"这句话是千古名言。古希腊的德尔斐神殿刻有两句话，第一句就是"认识你自己"。直到今天，西方很多心理医师仍以"认识你自己"为圭臬，每当病人来看病，医师就会问："你认识你自己吗？你知道自己得到什么才会快乐吗？"千万不要以为自己像别人一样就会快乐，每个人都是不一样的。

"胜人者有力，自胜者强"，意即：胜过别人算是有力，胜过自己才是真正的强者。《韩非子·喻老》在这里引用了一段儒家学者的对话。子夏与曾子都是孔子的学生，有一次曾子见到子夏就说："你怎么变胖了？"子夏说："我因为打了胜仗，所以变胖了。"曾

---

① 出自《世说新语·容止第十四》。原文：魏武将见匈奴使，自以形陋，不足雄远国，使崔季珪代，帝自捉刀立床头。既毕，令间谍问曰："魏王何如？"匈奴使答曰："魏王雅望非常，然床头捉刀人，此乃英雄也。"魏武闻之，追杀此使。

子说："你说的是什么意思呢？"子夏就说："我进门见到先王的道义，觉得很快乐；出门看到富贵荣华，又觉得很羡慕。两者在我心中交战，所以我前一阵子变瘦了。现在先王之义取得了胜利，所以我又变胖了。"韩非子评论说：立志的困难不在于胜过别人，而在于胜过自己。真正胜过自己的才是强者。[①]换言之，不要羡慕富贵的快乐，而要欣赏先王的道义。要胜过自己一般的认知与欲望，才是真正的强者。

"知足者富"，即知道满足的是富有。一个人要想富有，最有效的方法就是降低自己的欲望。只要知足，就会觉得自己什么都有了；否则，一个人再怎么有钱，也会觉得自己很穷。孔子最好的学生是颜渊，他的生活非常穷困，一般人都无法忍受，但是颜渊可以不改其乐，因为他懂得知足。

"强行者有志"，即坚持力行的是有志。我十五岁念高中一年级的时候，我的国文老师就在黑板上写下这几个字。当时我的理解能力有限，就从表面上把这句话理解为"勉强自己往前走就是有志向"。我把它当成自己的座右铭，从此开始勉强自己。每天晚上，我比同学们多学十分钟再睡觉；每逢寒暑假，我比同学们多学一个星期再休假。一开始是勉强自己，后来逐渐养成了习惯，读书就比较顺利了。可见，老子每一句话都能给我们的人生带来启发。

其实，这句话里的"强"与"勤"相通，所以它的准确含义是"坚持力行的是有志向"。《老子》中的"强"有正反两种意思：比如，"自胜者强"的"强"是好的意思，即胜过自己的才是真正的坚强；

---

① 原文：子夏见曾子，曾子曰："何肥也？"对曰："战胜故肥也。"曾子曰："何谓也？"子夏曰："吾入见先王之义则荣之，出见富贵之乐又荣之，两者战于胸中，未知胜负，故臞。今先王之义胜，故肥。"是以志之难也，不在胜人，在自胜也。故曰："自胜之谓强。"

而第三十六章的"柔弱胜坚强"的"强"则是不好的意思。

年轻人听到有志向就十分向往。其实，不只年轻人应该如此，人老了一样需要有志向。我现在的年纪已经不小了，还在坚持力行，努力实践。所以，这句话是一辈子的座右铭。

"不失其所者久"，即不离开根据地的才会持久。《韩非子·难势》里面，引用另一位法家学者慎到的观点说："飞龙乘云，腾蛇游雾，云罢雾霁，而龙蛇与蚓蚁同矣，则失其所乘也。"意即：龙在云中飞翔，蛇在雾里遨游，但是等云消雾散之时，龙、蛇就跟蚯蚓差不多了，因为它们离开了自己的根据地。正可谓"虎落平阳，龙困浅滩"。

"死而不亡者寿"，意即：死了而不消失的才算长寿。有的学者把"亡"当作"夭"，指夭折，没有活满天年。但这样就要先界定什么叫做"天年"，可能每个人都不一样。其实，可以从两个角度来理解这句话。第一，"死而不亡"代表人虽然死去，但是留下了好的名声，就像古代的圣贤与英雄豪杰，被人歌颂至今。第二，"死而不亡"代表人在活着的时候就悟道了，从而使整个生命如鱼得水，达到启明的层次。

老子所谓的"知"，最高的层次就是达到启明的境界，可以用《庄子·秋水》的一句话来形容，即"以道观之，物无贵贱"。从道来看，万物没有贵贱之分。人如果能够悟道，就不再有生死存亡的问题。死亡绝不是完全的消逝，而是回到你的来源，回归于道。

收获与启发

本章每一句话都可以当成座右铭。我十五岁时选择了"强行者有志"作为座右铭，要勉强自己往前走，成为一名有志青年。当大家都困了、累了的时候，我勉强自己再多学一点。经过长期的累积，就会有不一样的结果。

另外，"自知者明""自胜者强"这两句话非常好。你要了解自己，并战胜自己的欲望，才能成为自己的主宰。譬如，什么叫做自由？第一种想法是，为所欲为就是自由。但如此一来，难道本能的冲动也算是自由吗？第二种想法是，对于自己想做而不该做的事，我可以自由地选择不去做。第二种自由显然比第一种要难得多，它需要把"自知者明"与"自胜者强"配合起来。至于知足者富，更是值得每个人借鉴的金句。

课后思考

你愿意从本章的哪一句话入手，作为自己现在生活的指南？

第三十四章　大道像泛滥的河水

本章是专门谈论"道"的，老子会谈到最根源的部分，说出最全面的观点。

> 大道氾（fàn）兮，其可左右。
> 万物恃之以生而不辞，功成而不有。
> 衣养万物而不为主。
> 常无欲，可名于小；
> 万物归焉而不为主，可名为大。
> 以其终不自为大，故能成其大。

[白话] 大道像泛滥的河水啊，周流在左右。万物靠它生存而它不干涉；成就一切而不居功。养育万物而不加以主宰。它永远保持无欲状态，可以说是小；万物都来归附，它也不加以主宰，可以说是大。由于它从不自以为大，所以能够成就它的大。

老子在第二十五章为"道"命名之后，接着就称它为"大"。本章最后也提到"大"字。可见，"道"与"大"两个字经常连在一起。

"大道氾兮，其可左右"，意即：大道像泛滥的河水啊，周流在左右。老子把大道比作泛滥的河水。"其可左右"说明"道"左右周行，无所不至，亦无所不在。这体现了道的内存性。"无所不在"四个字出自《庄子·知北游》。有人问庄子道在哪里，他给出的标准答案就是"道"无所不在。

老子的道有两点特色。第一是超越性。道"独立而不改"，无论万物怎样变化，道完全不受影响。第二是内存性。道"周行而不殆"，它内在于万物，无所不在。

我对"大道氾兮"四个字印象特别深刻。在1985年年底，我应邀到美国新泽西州参加世界宗教大会。主办方第一天晚上举行了一场欢迎晚会，邀请了世界八大宗教的代表上场表演，其中也包括道教。由于主办方是韩国的一个团体，他们就让几位韩国学者穿上道教的服装，上台表演了道教的基本礼仪；然后又诵读了一段道教的经典，所选的就是《老子·第三十四章》。他们认为本章最能代表道教的特色。但遗憾的是，他们上来就把"大道氾兮"念成了"大道祀兮"。"氾"与"祀"这两个字，右边的结构有点相似，左边的部首完全不同。把"氾"念成"祀"是错误的。我当时听了很惊讶，心中忿忿不平。

第二天一早，我就向主办方提出抗议，说："昨天晚上表演道教，你找韩国学者念韩文也就算了，我们听不懂；但他们偏偏念中文，把'大道氾兮'念成'大道祀兮'。老子描述的是大道像洪水泛滥一样，分不清左边右边，代表道无所不在，由此体现道的内存性。"主办方只是敷衍地说："没办法，表演已经过去了，况且当时也没人注意。"于是这件事就不了了之了。

时隔三十多年，我对这一幕仍然记忆犹新。我从中体会到，如果我们不珍惜自己的传统文化，不能将它很好地继承并发扬光大，外国人就可能随便引用。他讲错了、讲反了，你也无可奈何。这实在令人遗憾。

"万物恃之以生而不辞，功成而不有。衣养万物而不为主"，意即：万物靠它生存而它不干涉；成就一切而不居功。养育万物而不加以主宰。这是标准的老子思维。万物来自于道，每一样东西都从道那里获得了"德"（本性）。万物按照各自的本性发展，形成整体的平衡与和谐。而道不干涉，不居功，也不主宰。第十章曾谈到圣人的"玄德"，即"生而不有，为而不恃，长而不宰"。这些都是圣人悟道之后，从道那里学来的心得。

"常无欲，可名于小"，意即：它永远保持无欲状态，可以说是小。这句话特别重要。所谓"小"，就是"至小无内"。道小得不得了，好像微小的分子、原子一样，所以才能遍在万物之中。对人而言，如果内心没有欲望，就没有内在的问题，可以说是小。如果内心有欲望，就不能说是小了。

这里把"无欲"二字连用，再次证明了《老子·第一章》的断句应为"故常无欲，以观其妙"。亦即人要向道学习，不要有先入为主的成见，才能看到万物的奥妙。这就是"以经解经"。有的学者认为老子不可能说"有欲"，所以把这句话断成"故常无，欲以观其妙；常有，欲以观其徼"。这就不是老子的原意了。

"万物归焉而不为主，可名为大"，意即：万物都来归附，它也不加以主宰，可以说是大。所谓"大"，就是"至大无外"。道无所不包，万物都来归附，所以称它为大。"万物归焉"的"归"字，表明"道"的确是万物的来源与归宿。万物都归向道，道却若无其事，因为万物本来就来自于道，它有无限的容量。

因此，道一方面是最小的，可以无所不在；另一方面它又是最大的，可以无所不包。"无所不在"与"无所不包"这两个词很适合用来描写老子所谓的道。

我们知道了"道"是宇宙万物的来源与归宿之后，心会不会容易定下来？人活在世界上，都要经历生老病死的过程，但你不必担心、彷徨或失望，因为一切都有来源与归宿。人生的目标只有一个，就是设法悟道，觉悟到道是人生的来源与归宿。

人从道而来，最后又回归于道，为什么要过这样的一生呢？人与万物不同，人的本性里包含了认知能力。人本来可以活得简单朴素、平安愉快，但他的认知可能会出现偏差，进而导致复杂的欲望，结果让自己误入歧途，一生都在自寻烦恼。

这样说似乎很消极，那么要如何看待人类文化的积极发展呢？人类文化确实有各种杰出的成就，但是如果你像老子一样生在乱世的话，所有文化上的成就都无济于事，因为你随时面临着死亡的威胁而疲于奔命。老子正是希望从根本上化解天下大乱的问题。《老子》一书只有短短五千言，怎么可能涵盖人生所有的问题呢？所以，我们要掌握老子的核心观念，然后举一反三，在自己生活中灵活应用。

一本古代的经典，只能针对某一种人类处境来立说。《老子》这本书所针对的是大多数人的公约数。在这个世界上，很多人都会自寻烦恼，拼命向外追逐，最后才发现自己逐物而不返。你如果想要悟道，一定要知道最后的目标在自己身上。一方面要学习道的小，做到无欲，以排除外界事物的干扰；另一方面还要学习道的大，主动帮助别人而不加以主宰，千万不要自以为了不起。

道支持万物而不加以干涉，成就一切而不居功，养育万物不加以主宰，永远保持无欲的状态。学会这一点的话，我们的生命不就可以逍遥自在了吗？《庄子·逍遥游》通过鲲与鹏的寓言，表明人的心灵与精神状态可以不断地提升超越，抵达与道冥合的境界。

收获与启发

本章强调了道的内存性。道好像泛滥的洪水一样，无所不在。

道在万物里面，万物也在道里面，这是老子思想的核心。《老子》有约百分之二十的篇幅，大概十五篇左右，从各种角度反复描述"道"是什么；有近一半的篇幅谈到圣人。圣人的关键在于他可以悟道。我们要学习圣人是如何修炼的，以及他悟道之后有什么特别的表现。

课后思考

老子对任何处境都要思考：自然界如何？人类如何？两者有没有共同的来源与归宿？这样一来，无论做任何事或处在任何环境里面，都比较容易保存自我的真实状态，活得逍遥自在。你有没有类似的想法或经验？

第三十五章　淡而无味的道

本章介绍《老子·第三十五章》。这一章也与道有关，老子比较了道与世俗世界之间的差异。

> 执大象，天下往。
> 往而不害，安平太。
> 乐（yuè）与饵，过客止。
> 道之出口，淡乎其无味，
> 视之不足见，听之不足闻，
> 用之不足既。

[白话] 守住最大的形象，天下人都来归附。都来归附而不互相伤害，就安乐和平到极点。乐声与美食，会让过客留步。而"道"如果说出口来，却淡得没有味道，看它却看不见，听它却听不到，用它却用不完。

"执大象，天下往"，意即：守住最大的形象，天下人都来归附。谁能守住最大的形象？当然是圣人。圣人作为悟道的统治者，他的想法与表现与众不同。对于"象"这个字，韩非子这样解释它的来源：人很少看见活着的象，但是可以看到象的骨头，于是就按照骨头的模样，去想象它活着时候的样子，所以人在头脑里想象的东西就称为"象"。①我们都听过"盲人摸象"的故事。象是古人所见到的陆地上最大的生物。由于象太大了，每个人只能摸到象的一部分，所以需要发挥想象力，才能构成一幅完整的图案。"象"字就是这样来的。事实上，"象"这个字的象形文字与大象的身体结构确实有点相似。

为什么韩非子说古人只能看到大象的骨头呢？《孟子》书里面有一段话提到相关的背景。孟子说："商纣王征用了许多农田作为自己的狩猎场，里面逐渐聚集了很多猛兽。后来周武王革命成功，就把虎、豹、犀、象这些大型野兽都赶走了。"②不过，象也不至于就此灭绝了。所以，韩非子的说法未必正确。

"执大象"代表圣人守住最大的形象，掌握住最大的原则，所以能够无限地包容。他知道，只要存在的东西都来自于道，所以他接纳一切事物，包容三教九流的各色人物，所以天下人都来归附。

"往而不害，安平太"，意即：天下人都来归附而不互相伤害，就安乐和平到极点。"安平太"描写人间一片祥和之气，大家在一起不会互相伤害，等于是大同世界了。对于宇宙万物来说，它们构成一个食物链，保持一种动态的平衡，看上去安静而和谐。人的社会如果上轨道的话，确实可以做到"安平太"三个字。但实际上，社会不上轨道的时候居多，天下经常会陷入动乱。

老子接着描写了人的世界，他用"乐与饵，过客止"这六个字来形容，描写得非常精准。意即：乐声与美食会让过客留步。我们

---

① 出自《韩非子·解老》。原文：人希见生象也，而得死象之骨，案其图以想其生也，故诸人之所以意想者皆谓之象也。

② 出自《孟子·滕文公下》。原文：邪说暴行又作，园囿、污池、沛泽多而禽兽至。及纣之身，天下又大乱。周公相武王诛纣，伐奄三年讨其君，驱飞廉于海隅而戮之，灭国者五十。驱虎、豹、犀、象而远之，天下大悦。

今天常说："我们是这个世界的过客，而不是归人。"其实，老子很早就用"过客"这个词了。过客听到乐声、看到美食就会停下脚步，以为在人间还蛮舒服的。

比如，当某些歌星或偶像组合举办演唱会时，成千上万的人聚在一起，大家听着美妙的音乐，仿佛置身天堂之中。一般人确实会有这样的表现。有一篇报道很有趣，物理学家杨振宁先生有一次到香港开会，走出接机大厅的时候看到人潮涌动，将他吓了一跳，心想："香港人什么时候这么喜欢物理学了呢？"结果他搞错了，跟着他走出来的是周杰伦，原来这些人都是周杰伦的歌迷。他们被美妙的乐声所吸引，觉得活着很有乐趣；物理学则太难了，没有几个人能听懂。

吸引人的除了音乐，还有美食。我们到任何地方旅游，一定会问：这里有什么特色美食吗？比如，《舌尖上的中国》这个节目让人看了垂涎欲滴，恨不得立刻去当地品尝一下美食。乐声与美食让人当下感到愉悦，于是人们停下脚步，聚在一起。

"道之出口，淡乎其无味"，意即："道"如果说出口来，却淡得没有味道。美食固然可以触动你的味蕾，让人大快朵颐。但不要忘记，再好吃的东西，让你天天吃，你也受不了，因为刺激会递减，你越来越品尝不出美味。再者，经常吃美食大餐，身体有可能被搞坏。现在很多人受到"三高"的困扰，就是因为吃了太多美食造成的。有句俗话说得好："东西都一样，好吃的不健康，健康的不好吃。"与美食的诱惑相比，道说出口来，却平淡得简直没有味道。

"视之不足见，听之不足闻"，意即：要看它却看不见，要听它却听不到。因为道不是用眼、耳、鼻、舌等感官可以掌握的。

最后一句话很重要。"用之不足既"，意即：你用它却用不完。

因为道是一种根源的力量，可以让万物生生不已，层出不穷。用道来对照人间的东西，就会发现：第一，人间的东西用久了会用完；第二，就算一时用不完，也会让人感到厌烦无聊；第三，要得到这么好的东西，就要跟别人展开竞争甚至斗争。而道完全超越这一切，它取之不尽，用之不竭。只要你能掌握到根源，顺其自然，一切都不成问题。

收获与启发

老子再次提醒我们，"道"与感官所见之物是不同的，它不是一种刺激或娱乐，无法透过感官来把握。但是，道怎么用也用不完。可见，道是最平常的，它内存于万物，无所不在，永不止息，由此体现了道的内存性。

老子提到"执大象"，大象之大远超你的想象。凡存在之物皆与道有关联，所以要守住最大的形象，做到无所不包容。对于统治者来说，这是一个很好的建议。

谈到乐与饵，我们也可以从积极的角度来看。人在世界上虽是过客，但每个人都希望活得快乐一点。就像到外地旅游的时候，如果酒店招待得很好，会让你感到宾至如归。所以，人活在世界上，有时也要设法自得其乐。

但是，不管你如何想得开、看得透，人生顶多一百二十年而已，每个人最终都会离开这个世界。如果你把这个世界当作归宿，终究会失望的。老子用心良苦地提醒我们，道淡乎其无味，它是平平淡淡的。所以，对于食衣住行这些基本需求，达到最低标准就可以，要用心体验宇宙万物的美好，慢慢接近作为根源的道。对于人生，要守得住平凡，耐得住寂寞，淡乎其无味，没有任何执着，很难受到诱惑，这样才能保持长久。这就是老子很好的建议。

如果淡乎其无味，难免会显得有点愚笨。老子就说自己跟别人不一样，他看起来是一个愚笨的人，不会跟着别人去追逐享受，不会因为音乐和美食而停下脚步。我们要如何取舍呢？你能否减少各种复杂的状况，开始体会那淡乎其无味的道，感觉到平淡的生活就是一种快乐？

第三十六章　柔弱胜刚强

"柔弱胜刚强"绝不是那么简单的。老子在本章开头连续提到四种情况，听起来充满权谋的意味。如果你要达到某种目的，就要先以相反的方式让别人松懈，最后才能取得成功。这是标准的"以知为避难"。从正面来看，这些知识可以帮助你在竞争中占据上风；从反面来看，你要了解这一切，才能避开别人可能给你带来的灾难。

> 将欲歙（xī）之，必固张之；
> 将欲弱之，必固强之；
> 将欲废之，必固举之；
> 将欲取之，必固与之。
> 是谓微明。
> 柔弱胜刚强。
> 鱼不可脱于渊，
> 国之利器不可以示人。

[白话] 将要收敛它，必须暂且扩张它；将要削弱它，必须暂且强化它；将要废弃它，必须暂且抬举它；将要夺取它，必须暂且给予它。这叫做微妙的启明。柔弱胜过刚强。鱼不可以离开深渊，国家的有力武器不可以向人炫耀。

"将欲歙（xì）之，必固张之"，意即：将要收敛它，必须暂且扩张它。"固"与"姑"相通，意为"姑且"。

这句话谈到目的与手段的问题。你的目的是要收敛它，采用的手段则是暂且扩张它。勾践复国就是最好的例子。越王勾践被吴王夫差打败后，卑躬屈膝，忍辱做了夫差的奴仆，鞍前马后地侍奉他。勾践鼓动吴王夫差去讨伐齐国，怂恿他在天下称霸。吴国的军队确实厉害，先在艾陵打了胜仗，在江、济一带得到扩张；又在黄池大胜而归，控制了太湖流域。吴国的势力快速膨胀，成了春秋后期的霸主。不过，吴国也因为连年征战，消耗巨大，国力变得越来越弱，最后被勾践一举击败。

本章前四句话的意思相似，你的目的是收敛它、削弱它、废弃它、夺取它，就要暂且扩张它、强化它、抬举它、给予它。然而，事情绝非如此简单。你与别人竞争的时候，如果任其发展，到最后他把你消灭了怎么办？所以要想达成最终目的，你自己至少要具备以下三个条件：

第一，要有全盘的观点，充分考虑时空的条件。首先，时间要足够长。比如，勾践复国"十年生聚，十年教训"，用了二十年时间慢慢发展，积蓄力量；同时不断给夫差煽风点火，让他逐渐消耗国力。其次，空间要足够大，要有不断扩张的可能性，或者用空间来换取时间。

第二，要有知人之智，亦即《孙子兵法》所说的"知己知彼，百战不殆"。打仗想要取胜，一定要充分了解敌我双方的情况。否则，所有谋略都无用武之地。

第三，要有自知之明，亦即像勾践一样能够忍得住。事实上，勾践虽然复国成功，后来也一度称霸，但他并没有汲取教训，最后一样以失败收场。

"将欲废之，必固举之"。这让我们联想到康熙曾经两度废太子。

太子被确立之后，久而久之，他的缺点、野心全都暴露出来，于是被废掉。所以，开始取得成功，后面未必如此。但是，在时间上一定要足够长，以便让他的缺点充分暴露出来。否则，如果时间仓促，太子真的继承了皇位，后面的发展就不一样了。

历史上有很多类似的故事。西方最有名的就是特洛伊木马屠城的故事。古希腊时代发生了著名的特洛伊战争，希腊联军远征特洛伊，却一直无法取胜。最后希腊联军假装败走，在海边留下一座巨大的木马。特洛伊人把木马当成战利品拖进城，于是埋下了失败的种子。希腊联军先让敌人放松警戒，再突然发动进攻，结果一举获胜。

西方有一句话说得很生动："上帝要谁灭亡，必先使其疯狂。"换言之，让一个人可以为所欲为、心想事成，最后就会使他陷入困境。这与老子所说的类似。

"是谓微明"，意即：能做到这几点叫做微妙的启明。启明是认知的最高层次。本章前四句都是以认知为避难。避难之后进一步从整体来看，从道的角度来看，就变成微妙的启明。

老子接着说："柔弱胜刚强。"柔弱怎么可能胜过刚强呢？你拿鸡蛋去碰石头，当然是鸡蛋裂开。一般人只看到刚强胜柔弱，却忽略了时间是一个重要的元素。柔弱是可长可久的，可以确保自身的安全无虞。

孔子曾去拜见老子，在离开时希望老子再给他一些指导。老子没有说话，只是把口张开来。孔子一看，口中舌头还在，但是牙齿全部掉光。这不是柔弱胜刚强吗？但是这种情况一定要到很老的时候，以时间作为见证，才有可能出现。人间并不是所有事情都是柔弱胜刚强。

另外还有一些比较浅显的例子。譬如，有些人喜欢抽烟，结婚之后太太劝他戒烟，他就不抽了；或者太太劝他没用，女儿一劝就听了。这不是柔弱胜刚强吗？有些人个性很强，吃软不吃硬。你用柔和的方式提醒他，他愿意听；你跟他硬碰硬的话，他就跟你杠到底。

"鱼不可脱于渊，国之利器不可以示人"，意即：鱼不可以离开深渊，国家的有力武器不可以向人炫耀。老子先讲自然界的情况，鱼在深渊里面悠游自在，深渊相当于它的根据地，别人看也看不到，抓也抓不着，对它无可奈何。再讲人类世界，即国家的有力武器不可以轻易展示给别人。这里再度体现了老子的思维模式：一边讲自然界，一边讲人的世界，两者共同的来源与归宿则是道。

韩非子的法家从这句话中得到启发，认为国君的权势有两个把柄（二柄）：一个是赏，一个是罚。国君绝不能轻易让别人拿走这两个把柄。如果底下的大臣掌握赏罚的权力，那么所有人都会向他靠拢。①

这方面最有名的是田氏篡齐的故事。齐国本来是姜太公的后裔，传了二十四世，就被田氏篡了位。田氏又称为陈氏，在孔子的时代就已经有了弑君的行径。据《论语》记载，孔子看到陈恒杀害了齐国国君，特地上朝向鲁哀公报告。根据当时的诸侯同盟协议，如果某国发生大臣杀国君这类事情，其他诸侯国可以组成联军讨伐他。但是鲁国当时自顾不暇，所以对孔子的报告不置可否。换句话说，这件事在国际上没有人管。陈恒杀了齐国国君之后，没有立刻篡位。隔了两代之后，他的曾孙才正式登基。所以到了战国时代，齐国国君不再姓姜，而是姓陈或姓田。"陈"和"田"在古代是一个家族。为什么田氏可以成功篡齐呢？就是因为他掌握了赏罚这两种权力，由此掌握了统治的权柄。可见，韩非子把老子思想用在权谋之术上，喜欢发挥老子有

---

① 出自《韩非子·二柄》。原文：明主之所导制其臣者，二柄而已矣。二柄者，刑、德也。……人主者，以刑德制臣者也，今君人者，释其刑德而使臣用之，则君反制于臣矣。

关"术"的部分。

老子把认知当作避难，运用得非常成熟。人间的各种互动都是
有消有长，当我们与别人之间存在竞争关系的时候，要想到最终的
目的是什么。有时候暂且让别人领先，对方可能会志得意满，疏于
防备，因而埋下最终失败的祸根。事实上，《易经》就强调"变化"
二字，始终提醒我们居安思危的重要性。

课后思考

人与人之间出现复杂的关系，往往来自于偏差的认知和无穷的欲
望。就算你自己有某种修为，也不能防止别人用各种手段来对付你。
老子强调，要保持柔弱的姿态，以"知"作为避难，柔弱胜刚强。与
此同时，你自己还需要具备三个条件：有全盘的观点，有知人之智，
以及有忍的功夫。对此你有哪些个人的经验或观察？

第三十七章　无为而无不为

《老子》传统上分为《道经》与《德经》：《道经》是从第一章到三十七章，《德经》是从第三十八章到八十一章。本章是《道经》的最后一章，又一次提到了"道"。

> 道常无为而无不为。
> 侯王若能守之，万物将自化。
> 化而欲作，吾将镇之以无名之朴。
> 无名之朴，夫亦将不欲。
> 不欲以静，天下将自定。

［白话］"道"总是无所作为，但是又没有东西不是出于它的作为。侯王如果能持守它，万物将会自行化生。万物化生而有人想要有所作为时，我就用无名的真朴状态来安定他。无名的真朴状态，也就是要使人不起欲望。不起欲望而趋于静止，天下将会自己稳定。

这一章相当重要，因为它前面谈到"道"，中间谈到"侯王"，后面又提到"吾"。侯王还不是圣人，所以使用了假设语句。"吾"是"圣人"的同义词，等于进入了圣人的阶段。

"道常无为而无不为"，意即："道"总是无所作为，但是又没有东西不是出于它的作为。在《老子》全书中，"无为而无不为"的说法出现了两次。第一次是本章的"道常无为而无不为"。第二次出现在第四十八章，讲的是圣人的作为。说明圣人归根结底还是要回到"道"上。

道是无为的，因为它没有任何目的要完成，也没有任何潜能要实现。但是道又是无不为的，因为任何事物如果违背了道的规律，根本就不可能存在。一切存在的状态、发展的样式，都是道的安排。所以道的无为是无心而为，而不是无所作为。

深入分析就会发现，道的"无为"和"无不为"分别来自于道的两种性格。"无为"体现了道的超越性，道"独立而不改"，它本身圆满自足，怎么会有为呢？"无不为"则体现了道的内存性，道"周行而不殆"，它在万物里面周流运行，无所不在。道既超越又内存，可以"无为而无不为"，自然而然地成就了这一切。

在天气晴朗时去郊游，会看到漫山遍野的花。这些野花是自己长成的，五彩缤纷，形态各异，有的正在盛开，有的慢慢凋零。每一次去看，总有不同的风貌，让人百看不厌。大自然就是"无为而无不为"，它没有刻意做什么事，结果一切都安排好了。

我在1980年到美国耶鲁大学念书，学校附近有一座山丘。当秋天来临时，山丘上的树叶色彩斑斓，没有两片叶子的颜色是一样的，简直比花还要漂亮。大自然真可谓是鬼斧神工。欧阳修在《浪淘沙·把酒祝东风》这阙词中说："今年花胜去年红，可惜明年花更好，知与谁同？"即今年的花比去年开得更红，明年会更好，但是谁来跟我一起欣赏呢？可见，自然界没有人为的造作，充满无限的生机，非常值得欣赏。

假如你自己设计一片花圃，你一定会把花卉按照色彩来搭配，使其富有层次感，看起来错落有致，但看久了就会觉得厌烦，因为这是人工设计的，属于有心而为。人的设计一定有特定的目的，而目的来自于人的认知及欲望。人如果刻意而为，最后难免挂一漏万，左支右绌，无法令人满意。

"侯王若能守之，万物将自化"，意即：侯王如果能持守它，万物将会自行化生。"侯王若能守之"与第三十二章的说法完全相同。"若"字表明侯王尚未悟道。天下的侯王多的是，有几人能守得住道呢？

第三十二章说的是"万物将自宾"，是指百姓会自动归附。本章说的是"万物将自化"，是指百姓会自己化生。老子笔下的"万物"主要是指百姓，因为统治者与天地、万物、山河没有直接的关系，他能够统治的是百姓。所谓"百姓自己化生"，是说百姓自己该做什么就做什么，整个社会保持一种平衡和谐的状态。

"化而欲作，吾将镇之以无名之朴"，意即：万物化生而有人想要有所作为时，我就用无名的真朴状态来安定他。"欲作"是指有人想要有所作为，可见这句话针对的是人间的问题。人一旦有偏差的认知，欲望就会复杂化，总想有所作为，有所变革。这个时候"吾"出现了，"吾"是圣人的同义词。圣人用"无名之朴"来安定他，使他回到根源。

"朴"是指未经雕琢的原木，保持着原始的状态。老子用"朴"来描写"无名"的状态。《老子·第一章》说："无名，万物之始；有名，万物之母。"在万物尚未出现或人类还没有上场的时候，根本没有名的问题，属于"无名"的状态。人类出现之后，开始用理性来分辨万物，就会为万物命名。但是一旦知道名称，就会引发欲望，所以人的欲望主要来自于"名"的分辨。圣人要设法使人从"有名"回到"无名"的状态，亦即回到"有物混成"的状态。

"无名之朴，夫亦将不欲"，意即：无名的真朴状态，也就是要使人不起欲望。圣人让一切回到无名状态，连名称都消解了，哪里还有欲望的空间呢？

"不欲以静，天下将自定"，意即：不起欲望而趋于静止，天下将会自己稳定。第十六章提到"归根曰静"，即回到根源就是静，也就是回到了自己稳定的状态。本章开头讲"万物将自化"，是借"万物"来说明人的社会状况。最后讲"天下将自定"，则是很清楚地在描述人的社会。

庄子发挥老子的思想，多次提到"自化"的观念。《庄子·在宥》说："处无为而物自化。"《庄子·天地》说："无为而万物化。"《庄子·秋水》说："何为乎？何不为乎？夫固将自化。"亦即一切都会自行化生，自己走上它应该走的道路，并保持整体的平衡与和谐。道自然而然地成就了这一切，根本不需要人来费心。

收获与启发

"道常无为而无不为"体现了道的超越性与内存性。"侯王"尚未达到圣人的程度，所以使用了假设语句。侯王如果能守住道的话，百姓就会自己化生。如果有人想要有所作为，圣人会用无名之朴来镇住他、安定他，让他消解欲望。因为欲望来自于人的认知，认识很多名称之后就会比较，从而产生复杂的念头。因此，要从有名推到无名，回到"有物混成"的状态。那时人类尚未出现，宇宙万物保持生态平衡，人又何必多此一举，庸人自扰呢？万物与人类可以自行化生，但是统治者的修炼着实不易。

《老子》第一章到三十七章属于《道经》，第三十八章到八十一章属于《德经》。《道经》与《德经》的核心观念并没有太大差别，只是《德经》对于"德"发挥得比较多。

老子是古代最优秀的知识分子，他觉悟了最深刻的智慧，知道人间的问题来自于复杂的欲望，欲望又来自于认知。人的认知通常都停留在区分的层次，由此造成各种困难。那要如何化解呢？老子虚拟了一个圣人来统治，让人们从区分到避难，再进一步提升到启明。"道"绝不是一个观念而已，而是万物的来源与归宿。这就是我们在《道经》中所学到的。

老子把古代社会简单地分为两个阶级——统治者与被统治者，管理的责任都在统治者身上。我们今天学习《老子》，要设法成为自己生命的管理者。如果想要悟道，就不能忽略"德"，人的"德"是最特别的。在《道经》中，出现过"玄德"或"孔德"的说法，这些都是概括性的描写。从《德经》开始，将会深入阐释"德"的内涵。

课后思考

"无为而无不为"是说没有刻意做什么事，该做的事就都做完了。这并不是一般人可以做到的。请问，你可以从哪些地方着手，去练习"无为而无不为"呢？

《道经》总结

《老子》第一章到三十七章称为《道经》。本节要总结《道经》的内容，对老子哲学做一番回顾。老子的哲学有什么特色呢？可以从内容与形式两方面来看。

1. 老子哲学在形式上的特色

老子哲学在形式上的特色，可以用"抽象、完整、根本"这三个词来概括。

（1）抽象的概括

老子的哲学表现了抽象的思维。《老子》全书五千多字，看不到任何人名、地名、历史事件。它是标准的哲学思维的成果，高度概括，非常抽象，因而有比较广泛的应用空间。

但是这样也容易出现一些问题，比如谈到"上善若水"，就有人提出质疑：水这么好，但洪水不是会造成灾难吗？这是一个很好的问题。那么洪水是怎么回事呢？在远古时代出现了很多关于洪水的神话故事，这些故事都有相似的发展轨迹：第一步，创造天地万物；第二步，人类出现；第三步，发生洪水之类的天灾。古人透过观察，知道洪水与人类有关。人类在一个地方聚居，久而久之就会改变那里的自然生态，造成自然界的猛烈反扑，洪水就是最明显的表现。所以水本身没有问题，因为人类改造自然，造成自然界的反扑，才出现了洪水的灾难。

另外，老子强调"无为、不争"，假设你是学生，那你念书难道不与别人竞争吗？你到社会上工作，难道不用努力有为吗？可见，老子的话是抽象的概括，可以做各种应用，但是一定要配合完整的掌握与根本的探讨，才不至于引起误解。

（2）完整的掌握

老子的哲学思维，经常兼顾自然界与人类两个方面，然后说出自己的心得。这叫做完整的掌握。老子哲学具有标准的哲学架构，即"二加一"的结构。二指自然界与人类，一代表两者的来源与归宿。自然界与人类一直处于变化生灭之中，有开始也有结束，所以必须追问它们的来源与归宿是什么。

（3）根本的探讨

所谓"根本"，是就人类世界来说的。当天下大乱之际，每个人都会碰到"痛苦、罪恶、死亡"这三大奥秘。能对这三点都做出解释，就是根本的探讨。只有借助于"二加一"的一，才能对三大奥秘做出合理的说明。但那个一是道，怎么会有问题呢？所以问题出在人的身上。

总之，老子哲学在形式上具有三点特色：第一，抽象的概括；第二，完整的掌握；第三，根本的探讨。他针对天下大乱的时代背景，提出了自己的解决方案，亦即虚拟一个圣人作为悟道的统治者。在《老子》书里面，圣人与百姓经常对照出现，圣人加上百姓就是人类。可见，在老子的时代，社会还比较单纯，只有统治者与被统治者两个阶级。

2. 老子哲学在内容上的特色

老子哲学在内容方面有三点特色。

（1）肯定道的存在

老子肯定，道就是万物的来源与归宿。他的探讨是完整而根本的，所以一定要找到一个万物的来源与归宿。道本来没有名字，但是人的思维需要名称或概念才能运作，所以非给它取名字不可。名字出现以后，人类就可以从这里面找到归宿。

老子强调，道的作用是"反"，是回归。这个世界既然已经存在，就不用再追问来源，而是要问：我们的归宿在哪里？《老子·第四十章》提到"反者道之动"，第十六章提到"夫物芸芸，各复归其根"。"反"与"归"这些词，都说明人将来要返回根源，回到"道"里面。

（2）德是什么？

老子提出"德"这一概念。"德"与"得"相通，庄子把"德"解释为"万物得之于道者"，即万物从道所获得的各自的本性。山河大地，日月星辰，花草树木，鸟兽虫鱼，这十六个字构成了自然界。每一样东西都有自己的本性，只要按照本性发展，就会保持自然界的平衡与和谐。只有人不一样。

（3）人

人同样来自于道，所以人也有德，但是人的本性里面包含了一个特别的东西，叫做认知能力。老子把人的认知分为"区分、避难、启明"三个层次。区分会造成复杂的欲望，引起各种问题。所以，我们把人的"德"译为"本性与禀赋"，特别加上了"禀赋"一词。

"本性"是指先天的、生来就具备的。万物只有本性，所以它的表现可以预测，自然的一切都是必然的。现在科技发达，可以推测何时会刮风下雨，何时会地震，等等。但是，人除了本性之外还具有禀赋，也就是人具备哪些可能的发展条件。人的禀赋包括认知能力，由认知会进一步引发欲望。人可以自由地选择要如何行动，所以人基本上是不可控制、不可预测的。

综上所述，老子哲学在内容上有三点特色：第一，肯定道的存在；第二，说明什么是德；第三，谈到人的特色。

《老子》这本书前半部称作《道经》，因为第一章开头是"道，可道，非常道"；后半部称作《德经》，因为第三十八章的开头是"上德不德，是以有德"。可以将这两句话对照来看。

《道经》首句出现了三个"道"字。第一个"道"与第三个"道"意思一样，是指永恒的道本身。中间的"道"是指用言语说明，等于是人类在说话。整句话意为："道，可以用言语表述的，就不是永恒的道。"

《德经》首句出现了三个"德"字。第一个"德"与第三个"德"意思一样，是指生来具备的禀赋；中间的"德"是指刻意修德。"上德"是指"以德为上"，"下德"是指"以德为下"，可译为"推崇禀赋"或"贬抑禀赋"。整句话意为：推崇禀赋的人不刻意修德，所以保存了禀赋。贬抑禀赋的人不忽略修德，所以失去了禀赋。

本节简要总结了老子哲学在形式上与内容上的特色，可以帮助我们更好地理解《老子》下半部《德经》的内容。

《老子》正文解读

《德经》

第三十八章（上） 推崇本性与禀赋

　　《老子·第三十八章》亦即《德经》的第一章。本章出现了许多新概念，要分两节来加以探讨。

> 上德不德，是以有德；
> 下德不失德，是以无德。
> 上德无为而无以为；
> 上仁为之而无以为；
> 上义为之而有以为。
> 上礼为之而莫之应，则攘臂而扔之。
> 故失道而后德，
> 失德而后仁，
> 失仁而后义，
> 失义而后礼。
> 夫礼者，忠信之薄，而乱之首。
> 前识者，道之华，而愚之始。
> 是以大丈夫处其厚，不居其薄；
> 处其实不居其华。
> 故去彼取此。

　　[白话] 推崇禀赋的人不刻意修德，所以保存了禀赋；贬抑禀赋的人不忽略修德，所以失去了禀赋。推崇禀赋的

人无所作为，并且不存任何目的；推崇行仁的人有所作为，但是不存任何目的；推崇行义的人有所作为，并且存着特定目的。推崇行礼的人有所作为而得不到响应，就举起手臂强迫别人回礼。所以，失去了道，才要讲求禀赋（德）；失去了禀赋，才要讲求仁；失去了仁，才要讲求义；失去了义，才要讲求礼。礼的出现，使忠信沦于浇薄，也是大乱的祸首。从前的有识之士，把握道的浮华外表，其实正是愚昧的开始。因此，大丈夫立身淳厚而不居于浅薄；存心实在而不陷于浮华。所以要舍弃后者而采取前者。

这一章依次谈到"德、仁、义、礼"，似乎有一个逐渐退化的顺序。本章最难理解的是"上""下"这两个字。在古文中，"上""下"可以用作动词，表示"以……为上""以……为下"，可译为"推崇"与"贬抑"。

"上德不德，是以有德；下德不失德，是以无德"，意即：推崇禀赋的人不刻意修德，所以保存了禀赋；贬抑禀赋的人不忽略修德，所以失去了禀赋。

第一个"德"与第三个"德"字的意思相同，都是指"天生的禀赋"，第二个"德"字是指"修养德行"。我们知道，儒家强调修养德行，而道家对于修德行善始终保持戒心。道家认为，人能够保存禀赋就好。因为一旦修养德行、行善避恶，首先就要分辨：善恶的标准是什么？标准是谁定的？为什么这样定？这个标准有普遍性吗？是否会随着时代和社会而改变呢？

贬抑禀赋的人（下德）认为，仅靠人天生的禀赋，无法在人类社会里生存。换言之，人有认知能力，懂得如何区分，随之会产生各种欲望，所以人的世界充满了竞争和斗争；仅靠人的禀赋不足以应对社会的压力，因此要努力修德行善。而道家认为，拼命修养德行，反而会失去禀赋。

"上德无为而无以为"，意即：推崇禀赋的人无所作为，并且不存任何目的。因为推崇禀赋的人认为自身的禀赋是足够的，所以他不存任何目的，顺其自然去发展。他的无所作为其实是无心而为。

王弼本在这句话后面，还有一句"下德为之而有以为"。帛书本则没有这句话。我们参考帛书本，删掉了这句话。因为"下德为之而有以为"与后文"上义为之而有以为"的表述完全一样，都是"为之而有以为"，那么"下德"与"上义"有何差别呢？并且，"下德"与"上义"中间还夹着一个"上仁"，这很难讲得通。

"上仁为之而无以为"，意即：推崇行仁的人有所作为，但是不存任何目的。"上德"与"上仁"都不存任何目的，两者的差别在于：上德是无所作为，而上仁是有所作为。推崇行仁的人，真诚由内而发，他不存任何目的，至少没有任何外在的目的。但是，一定要有所作为才算是行仁，否则怎么判断他在行仁呢？

"上义为之而有以为"，意即：推崇行义的人有所作为，并且存着特定目的。义者，宜也。从适宜到适当到正当，正当就是该做的事，这就叫做义。推崇行义的人存着特定目的，他认定某些事是应该做的，并设法达成这个目标。

"上礼为之而莫之应，则攘臂而扔之"，意即：推崇行礼的人有所作为而得不到响应，就举起手臂强迫别人回礼。在"义"的阶段，已经出现了特定目的；到"礼"的阶段，这个目的更加明显。礼要求互相尊重，我对别人行礼是希望得到回报。如果没有回报，我就会认为别人失礼，于是举起手臂强迫别人回礼。然而，如果内心缺乏真诚的情感而勉强行礼，就会变成装腔作势或作秀表演，反而带来更复杂的问题。

很多学者认为，"仁、义、礼"这些说法与儒家有关。事实上，比儒家更早的古代经典，如《尚书》《诗经》《易经》里面，早就有类似的想法。自古以来，要想让一个社会步入正轨，一定要有仁、义、礼。尧舜的时代也有刑法，舜一上台就惩罚了"四凶"，把当时社会认定的坏人加以处分。周公则制礼作乐，制定了社会的规范。在春秋时代末期，"仁、义、礼"的说法早已流行。所以，认为这段话是对儒家思想的批判，显然有些勉强。

道家思想并非只针对儒家，它的心胸更加开阔，要设法找到问题的源头。换言之，人活在世界上，不要自作聪明，人为设计的东西太多，反而会忘记人的禀赋。推崇"仁、义、礼"等于忘记了根本，那些是社会乱了之后才需要的东西。

不过，这里始终存在着一个争论：这个世界究竟是因为有了仁、义、礼，所以才会乱？还是因为先乱了，所以才需要仁、义、礼呢？原因与结果有时完全混在一起，无法说清楚。在道家看来，人的本性（德）里面就有一些问题。人的本性包括认知能力，会造成区分之知，引发复杂的欲望。不管人有心还是无心，自然而然就会演变为天下大乱的局面。

老子接着说："故失道而后德，失德而后仁，失仁而后义，失义而后礼。"意即：失去了道，才要讲求禀赋；失去了禀赋，才要讲求仁；失去了仁，才要讲求义；失去了义，才要讲求礼。

后面三句话的顺序没有问题。人们认为天生的禀赋（德）不够好，于是开始讲求"仁"，即行善但不存任何目的。接着要讲求"义"，亦即有了特定的目的。再往下走就会讲求"礼"，此时不但有特定的目的，还要勉强别人以同样的方式来回礼。到最后所有人都流于虚伪，十分可惜。

第一句"故失道而后德"比较难理解。为什么失去了道，才要讲求禀赋（德）呢？我们可以这样理解：人类出现之后，就脱离了作为根源的道；想要走向正确的归宿，只有一个办法——不能再失去德。

道家希望人们保存自然的禀赋（德），不要太在意人为的德行修养。儒家强调德行修养，而道家强调智慧觉悟。道家并非忽略德行修养，而是认为德行修养只是第二步，真正可贵的是一个人天生的本性与禀赋。道家与儒家在这一点上有明显的差异。

课后思考

你认为"道、德、仁、义、礼"这样的顺序合理吗？

第三十八章（下） 大丈夫的作风

本章介绍《老子·第三十八章》后半段。

> 夫礼者，忠信之薄，而乱之首。
> 前识者，道之华，而愚之始。
> 是以大丈夫处其厚，不居其薄；
> 处其实不居其华。
> 故去彼取此。

[白话] 礼的出现，使忠信沦于浇薄，也是大乱的祸首。从前的有识之士，把握道的浮华外表，其实正是愚昧的开始。因此，大丈夫立身淳厚而不居于浅薄；存心实在而不陷于浮华。所以要舍弃后者而采取前者。

这一段谈到"乱"和"愚"的由来，亦即天下大乱的原因何在。老子在这里批判了两点：第一，批判了"礼"；第二，批判了"前识者"，即"从前所谓的有识之士"。

"夫礼者，忠信之薄，而乱之首"，意即：礼的出现，使忠信沦于浇薄，也是大乱的祸首。人与人相处，礼本来是要表达真诚的情感的。如果只注重外在的礼节表现，而不管内心有没有真诚的情感，就变成为了行礼而行礼，使忠信沦于浇薄。"忠"就是对自己真诚。"信"就是言而有物，说话算话。"浇薄"形容人情薄得像纸一样，缺乏深厚的情感。如果不遵守礼的规矩，就会受到别人的责怪。迫于内外情势的压力，大家只好行礼如仪。但是，礼仪越繁琐，内心的真诚就越跟不上。到最后大家都在表演作秀，心口不一，从而导致天下大乱。

"前识者，道之华，而愚之始"，意即：从前的有识之士，把握道的浮华外表，其实正是愚昧的开始。老子接着批判了"前识者"，即从前所谓的有识之士。他们貌似有知识，但那正好是愚昧的开始，因为他们只把握了"道"的浮华外表，而缺乏深刻的领悟，只是在"术"的层面上应用而已。

韩非子在这里引用了一段古代的资料，说明有些人自作聪明，修行了很久，结果只知道"术"而已。楚国有一个人懂得道术，名叫詹何。有一天，詹何坐在堂上，旁边有几个弟子侍候。这时门外有一头牛经过，叫了几声。弟子根据牛叫的声音，判断这是一头黑牛，但它的额头是白色的。身为老师的詹何说，它确实是一只黑牛，但它的角是白色的，而不是白色的额头。

到底谁对呢？于是派人去查看，发现果然是头黑牛，它的角上绑着白色的布条。[1]詹何说对了，看来学生还是略逊一筹。这实在很有趣，怎么会有人把白布裹在牛角上呢？难道要故意测验他们师生的能力？还是要配合他们的表演？一般人只能听音辨位，但是詹何师徒居然能根据声音来辨别样貌，实在是匪夷所思。

韩非子认为这些人莫名其妙，辛辛苦苦修炼道术，结果用来猜测牛长得什么样子。听起来好像很了不起，但这只是浮华的外表。你找一个身高五尺的小孩（十二三岁），不用经过特别的训练，到门

---

① 出自《韩非子·解老》。原文：詹何坐，弟子侍，有牛鸣于门外，弟子曰："是黑牛也而白题。"詹何曰："然，是黑牛也，而白在其角。"使人视之，果黑牛而以布裹其角。

外一看就知道是黑牛角上绑着白布条。詹何研究了一辈子道术，与小孩看到的是一样的。请问：这种道术练了半天，到底有什么意义呢？眼睛和耳朵是两种不同的感官，如果非要混在一起，反而把事情搞复杂了。这不是愚昧的开始吗？

"是以大丈夫处其厚，不居其薄；处其实不居其华。故去彼取此"，意即：大丈夫立身淳厚而不居于浅薄；存心实在而不陷于浮华。所以要舍弃后者而采取前者。"大丈夫"一词在《老子》里面只出现了这一次，所以很难判断它到底指什么。"丈夫"是指一般的男性。老子强调智慧的觉悟，所以在"丈夫"前面加个"大"字，可能代表有志于悟道的人。这样解释比较合理。

孟子关于"大丈夫"的描述听起来让人振奋，他说："富贵不能淫，贫贱不能移，威武不能屈，此之谓大丈夫。"(《孟子·滕文公下》)即内心有坚定的信念，不受环境压力的影响，具有高贵的人格，这样的人叫做大丈夫。

但《老子》中的"大丈夫"并不强调德行的修养，而是强调立身淳厚而不居于浅薄，存心实在而不陷于浮华。他不像从前所谓的有识之士，只重视礼的表面功夫。大丈夫有淳厚的心态，实在的立场，稳稳地站在根基上，努力去设法悟道。这有点类似于老子所谓的侯王。侯王有统治者的身份，但是尚未悟道。侯王只有悟道了，才能成为真正的圣人。

收获与启发

老子在本章批判了礼。礼的初衷是帮助人们表达真诚的情感。但如果礼仪过于繁琐，情感来不及配合，就变成徒具外在形式而失去真实的内涵，以至于流于虚伪，造成混乱。此外，老子批判了从前所谓有见识的人，他们只在术的方面下功夫，结果反而变得愚昧。

结论是"去彼取此",亦即要有所取舍。取的是厚重与实在,要掌握根本;舍的是浅薄与浮华。在古代,"华"与"花"相通,就像花开花落,容易凋零,代表华而不实。

王弼的注解强调"崇本抑末"四个字,亦即要把握住根本,把细枝末节放在一边。人的生命宝贵,时间有限,所以一定要设法掌握根本,而不要故弄玄虚。老子虽然说道是玄之又玄的,但是他没有任何故弄玄虚之意。老子希望我们了解,宇宙万物到底有没有来源与归宿呢?答案是有的,那就是道。

本章一开头讲"上德不德,是以有德",是希望我们推崇禀赋,而不要贬抑禀赋,刻意去修德。修德代表我认为禀赋不够,需要好好修炼,以适合人间的需要。随后出现了"仁,义,礼",这是标准的每况愈下。人接受了人间相对的价值观,于是往而不返,离根源越来越远。老子认为,人的生命很特别,人确实需要修炼,但不是修炼德行,而是从认知着手,把认知从区分提升到避难,再提升到启明,从道来看一切。然后你可以自由地选择,用智慧来进行自我约束和调节,从而摆脱人间价值观的束缚。否则将会劳而无功,往而不返。

第三十九章　辩证统合的一

本章是《老子》全书最长的一章，内容十分丰富，可以分为两部分。

第一，如果万物得到道而取得整合，会有怎样的效果？万物包括"天、地、神、谷、万物、侯王"这六个方面。如果它们一直整合下去，又会怎么样？老子谈到正面与反面的情况，可以称为辩证。

第二，老子把焦点放在侯王身上。作为人的世界的统治者，侯王如何称呼自己？为何会有这样的称呼？

　　昔之得一者：
　　天得一以清；地得一以宁；
　　神得一以灵；谷得一以盈；
　　万物得一以生；侯王得一以为天下贞。
　　其致之也，谓：
　　天无以清，将恐裂；
　　地无以宁，将恐废；
　　神无以灵，将恐歇；
　　谷无以盈，将恐竭；
　　万物无以生，将恐灭；
　　侯王无以贵高，将恐蹶（jué）。
　　故贵以贱为本，高以下为基。
　　是以侯王自谓孤、寡、不谷。

此非以贱为本邪（yé）？非乎？

故至誉无誉。

不欲琭（lù）琭如玉，珞（luò）珞如石。

[白话] 从前取得整合的，如下所述：天取得整合，才会清明；地取得整合，才会安宁；神取得整合，才会灵验；河谷取得整合，才会满盈；万物取得整合，才会生长；侯王取得整合，才会成为天下的首领。由此推衍，可以认为：天一直清明下去，恐怕就会破裂；地一直安宁下去，恐怕就会崩塌；神一直灵验下去，恐怕就会耗尽；河谷一直满盈下去，恐怕就会枯竭；万物一直生长下去，恐怕就会绝灭；侯王一直保持高贵姿态，恐怕就会失败。所以，尊贵要以卑贱为根本，高处要以低处为基础。因此，侯王自称为"孤家""寡人""仆下"。这不是将卑贱当作根本吗？不是这样吗？所以，最高的称誉是没有称誉。不要华丽如美玉，或粗糙如硬石。

本章一开头提到六种"得一"。《老子》书中的"一"是指整合，通常与"道"有关。因为只有整合在根源上，才是真正的整合。"天、地、神、谷、万物、侯王"这六个方面，只有侯王属于人类的范畴，其他都与自然界有关。

"天得一以清"，意即：天取得整合，才会清明。天如果没有取得整合，雷雨交加，东边日出西边雨，怎么会清明呢？这是一种客观的描述。

"地得一以宁"，意即：地取得整合，才会安宁。如果频繁发生地震、山崩、海啸，大地怎么可能安宁呢？

"神得一以灵"，意即：神取得整合，才会灵验。古代有很多神，神与神之间如果没有取得整合，不就互相矛盾了吗？又怎么可能灵验呢？

"谷得一以盈"，意即：河谷取得整合，才会满盈。如果河谷中间有断裂的地带，那么它永远也不可能满盈。

"万物得一以生"，意即：万物取得整合，才会生长。万物取得整合，才能配合四季的运行，生生不息地发展下去。如果万物不能配合四季的变化，怎么可能顺利生长呢？

"侯王得一以为天下贞"，意即：侯王取得整合，才会成为天下的首领。侯王属于人类的世界。侯王取得整合，天下才会结束战乱，恢复安定的局面。如果天下没有统一，怎么会有和平呢？

这六方面如果想"得一"，一定要找到作为根源的"道"。只有整合在道里面，才能维持这样的局面。这些说法比较容易理解，可以透过经验观察来做出判断。

接下来的一段话则很难解释。老子说："天无以清，将恐裂。"如果把它理解为"天如果没有清明，恐怕就要分裂"，这不是废话吗？它与"天得一以清"就成了同语重复。

这里要参考河上公的注解。河上公的年代比王弼还早，处于西汉、东汉之间。他是最早注解老子的学者之一。但是他的思想驳杂不纯，所以本书较少引用。他过于强调养生，认为老子的道是自然长生之道，希望人活得自然、长久而平安；再把它延伸到经术政教之道。这未必是老子真正的意思。

但是，河上公的注解有少数地方非常精彩，比如对于"天无以清，将恐裂"这句话，他就掌握到了关键点。他认为，要把"以"理解为"已"，意为"停止"。"无以"就是"不停止"。"天无以清，将恐裂"，意即：天一直清明下去，恐怕就会破裂。天如果从不刮风下雨，最后将会趋于破裂，无以为继。

"地无以宁，将恐废"，意即：地一直安宁下去，恐怕就会崩塌。古代虽然不像今天有这么丰富的地理知识，但是古人也知道，地壳需要偶尔活动一下，以保持某种平衡。这样看来，天与地都不是永恒的，它们必须要有变动，将虚和实配合起来，才能保持均衡的状态。

"神无以灵，将恐歇"，意即：神一直灵验下去，恐怕就会耗尽。如果神明一直灵验的话，人还何必努力呢？任何事只要问神明的意思就好了。

"谷无以盈，将恐竭"，意即：河谷一直满盈下去，恐怕就会枯竭。河谷总是有涨有落，不可能一直满盈，这样才能保持河谷之为河谷的那种空虚状态。

"万物无以生，将恐灭"，意即：万物一直生长下去，恐怕就会绝灭。人有"生老病死"，万物有"成住坏空"，这样才能不断循环发展。一朵花枯萎了，它并没有完全消失，而是化作春泥更护花，不断经历变化消长的过程。

河上公把"以"说成"已"，说明宇宙万物的变化不会停止，它们不是永恒的，不可能永远保持一种姿态，如此才能保持某种均衡。这体现了正反辩证的关系。从天、地、神、谷、万物，到人间的侯王，无不如此。

"侯王无以贵高，将恐蹶（jué）"，意即：侯王一直保持高贵姿态，恐怕就会失败。侯王代表人类的世界。侯王统治的基础在于百姓，所以要为百姓服务。如果侯王一直高高在上，就会与百姓脱节，非垮不可。

《易经》有一个"否卦"，它的结构是"天地否"（☰），天在上，地在下。天的本质是往上，地的本质是往下，所以"否"代表天地之气隔绝不通。天也代表侯王，地也代表百姓。如果统治者高高在上，就会与下面的百姓隔绝不通，形成"否"的格局。反之，把"否"完全倒过来就形成了"泰卦"，它的结构是"地天泰"（䷊），地在上，天在下，天地之气可以交流沟通。所以，统治者位于下方，才能与百姓交流沟通，形成国泰民安的格局。

"故贵以贱为本，高以下为基"，意即：尊贵要以卑贱为根本，高处要以低处为基础。这两句话凸显了本章的重点。

"是以侯王自谓孤、寡、不谷。此非以贱为本邪（yé）？非乎？"意即：侯王自称为"孤家""寡人""仆下"。这不是将卑贱当作根本吗？不是这样吗？

侯王一定要谦虚，所以用"孤、寡、不谷"来称呼自己。"孤寡"两个字很常见，如孤家寡人。但是什么叫做"不谷"呢？很多学者把"不谷"解释为"不善"，这样解释不太适合。因为善恶是一种道德判断，而"贱"代表一种身份地位。

近代学者章太炎在《新方言》中指出，"不谷"二字是"仆"的合音，"不谷"代表"仆下"。这样解释较为合理。侯王自称"仆下"，表示自己要为大家服务。他的身份明明很高贵，却把自己说得很低贱，这样才能保持某种平衡，不会遭到百姓的反对。第二十八章提到"知其雄，守其雌，为天下谿"，"谿"同样是指仆人。

另外，据《左传》记载，哀公六年，楚昭王生病了，大臣建议他去祭拜黄河。楚昭王说："不谷虽不德，河非所获罪也。"意即：我虽然德行不好，但是我没有得罪黄河，为什么要去祭拜呢？楚昭王的话得到了孔子的称赞。楚昭王自称"不谷"，又说自己"不德"。如果"不谷"是指"不善"的话，就与后面的"不德"语义重复了。可见，"不谷"是一个特殊的称号，译为"仆下"比较合理。

最后的结论是："故至誉无誉。不欲琭（lù）琭如玉，珞（luò）

珞如石。"意即：最高的称誉是没有称誉。不要华丽如美玉，或粗糙如硬石。最好取中道而行，在正反辩证关系中保持平衡。

收获与启发

这一章出现了正反辩证关系。老子把自然界的天地与人间的侯王放在一起评论。比较特别的是中间出现了神与谷，谷就是山谷，可见老子对于谷很重视。《老子·第四章》说："谷神不死，是谓玄牝。"所以侯王要自称"孤、寡、不谷"，表现一种虚怀若谷的心态。

课后思考

你如何看待平衡的态度？当你拥有富贵、名声或学问之后，是不是要谦虚一些，让自己保持平衡，才是长久之计？

第四十章　有与无的辩证

本章虽然很短，但它是专门谈"道"的，内容涉及道的活动与效用，所以特别重要。这一章也是自古以来公认的难点，众说纷纭，莫衷一是。我们学习任何东西，都要在困难的地方下功夫，这叫做"攻坚"。容易的地方大家都会，很难有什么特别的心得。掌握困难的部分，才是真正的功夫。

> 反者道之动；
> 弱者道之用。
> 天下万物生于有，
> 有生于无。

［白话］道的活动，表现在返回上；道的效用，表现在柔弱上。天下万物源自于有形者，有形者再源自于无形者。

本章只有简单的四句话，但每句话都值得深思。

第一句"反者道之动"，意即：道的活动，表现在返回上。我们看到万物与人类已经存在，自然要问：万物与人类要往哪里走？譬如，你看到天上有一架飞机，它已经起飞了，后边一定要着陆。同样的，万物与人类已经存在，它们都要返回根源。

老子的"道"是指万物的来源与归宿。万物已经出现，无论科学再怎么研究，也无法确定它们是如何出现的。所以关键的问题是：

万物及人类的归宿是什么？当然是回归根源。这就叫做"反者道之动"。凡存在之物必有活动，这种活动在老子看来都是要回到根源。《老子·第十六章》就曾提到："夫物芸芸，各复归其根。"这是一个普遍的论述。

所有的一切都在返回根源。如果你掌握到这个大方向的话，对很多事就会有不一样的看法。譬如，既然最终要返回根源，那么应该带什么东西回去？总不能带着琐碎的、不必要的东西回去吧。只有带着对人生的觉悟、对道的体验回到根源，才能心安理得。

第二句"弱者道之用"，意即：道的效用，表现在柔弱上。看到"用"这个字，就要想到"体"。中国人喜欢说"即用显体"，亦即可以透过一样东西的作用去了解它的本体。

"弱"与"强"相对。一样东西的作用一定是微弱的，才合乎自然（合乎自己的样子）。所有壮观、强盛的现象，最后都要归于平淡的状态。万物都从道而来，都是根据道所赋予它的本性在活动，这种活动一定是平衡和谐的。西方有一句名言："自然界不跳跃"。自然界是连续发展的，没有空隙，不会跳跃。所以，任何事情的发生都不是偶然的。所谓"偶然"，只是暂时还没有找到原因而已。道的作用是柔弱的，具体表现为两点：一、循序渐进，没有跳跃；二、逐渐演变，水到渠成。

《念奴娇·赤壁怀古》是苏东坡的代表作，一开场就很有气势："大江东去，浪淘尽，千古风流人物。"中间几句更令人震撼："乱石崩云，惊涛裂岸，卷起千堆雪，一时多少豪杰。"三国那段历史确实精彩纷呈。但最后的结论是："人生如梦，一樽还酹江月。"可见，人生如梦，一切都像大浪淘沙。人不要总想着高潮迭起。只有柔弱才能长久，这是永恒的真理。中间的过程都是人为的造作，搞得动荡不安、惊心动魄，最后仍要回到柔弱、自然的状态。历史上不乏这样的例子，很多诗词都有类似的感慨。

老子说："反者道之动；弱者道之用。"道的活动一定是回归，万物与人类都要走向归宿，没有第二条路。道的效用一定是柔弱，云淡风轻才是正常状态。

"天下万物生于有，有生于无"，意即：天下万物源自于有形者，有形者再源自于无形者。在此参考王弼的注解，把"有"与"无"解释为"有形"与"无形"。否则，如果把"有"当作一种特别的存在状态，它不是万物，却可以生出万物，那么这是什么样的"有"呢？更麻烦的是，如果把"无"当作纯粹虚无，那么从纯粹虚无怎样生出"有"呢？这样的"有""无"实在很难理解。

有些学者认为，万物生于有，"有"代表"德"；有生于无，"无"代表"道"。这听起来似乎有道理。但如果"有"代表"德"的话，表明有一种"德"跟万物是分离的。请问，《老子》书中哪句话可以证明这一点？老子所谓的"德"，是指万物从道所获得的各自的本性，德与万物是不能分离的。

所以，对一段话做出诠释要有根据。王弼的解释很有道理。"有"代表有形之物，"无"代表无形之物。对于有形之物，人才能给它取名字；对于无形之物，则无法为它命名。这又回到《老子·第一章》所说的"无名，万物之始；有名，万物之母"。因为无形，所以无名，那不就是"无"吗？因为有形，所以有名，那不就是"有"吗？这样解释，可以将万物的开始与母体衔接起来，与第一章的内容完全配合。

在《老子》书里面，"有"与"无"有三种用法。

一、第二章提到"有无相生"，这里的"有""无"是相对的，"有"是指"有形之物"，"无"是指"无形之物"。譬如，这里本来没有花，现在开出一朵花，变成有形之物，这就是从无生有。这朵花枯萎凋零之后，又从有变成无。

二、第十一章提到"有之以为利，无之以为用"，代表"有"与"无"互相配合。这个"有"代表具体的东西，"无"代表使它空无化、空虚化。两者也是相对的。

三、只有本章（第四十章）涉及先后顺序：最根源的是"无"，后面是"有"，然后才是"万物"。万物都来自于有形之物，所以人类才能为它命名。有形之物来自于无形之物，所以人类无法为它命名。这与前面两点并不矛盾。

可见，老子使用"有"与"无"这两个词，仍然保留了古代朴素的用法。到了庄子，才把"有"与"无"当作专门的术语，体现了人类思维的高度抽象能力。庄子认为"有"是一种存在的状态，"无"是一种超越存在的状态。在《老子》书里还不能这样讲，否则"有生于无"四个字无法合理解释。

《宋元学案》这本书记载了宋朝到元朝的学者对佛教与道家的批判。他们以儒家为正统，把佛教与道家轻蔑地称作"二氏"。他们把"有生于无"四个字当成老子的罪状，认为老子把大千世界、宇宙万物都推到无，那不是虚无主义吗？

说老子是虚无主义实在很冤枉。道家立说的目的，正是要化解存在上的虚无主义。春秋末期天下大乱，当时有两种虚无主义。儒家面对的是价值上的虚无主义，亦即善恶不分，即便分清了也没有用，因为善恶没有报应。儒家强调人性向善，让人从真诚出发，主动去行善。譬如，王阳明所谓的"致良知"，就是"真诚到极点"的意思。道家的理想更高，抱负更大，它要化解的是存在上的虚无主义，亦即人生自古谁无死，所有的一切到最后都可能消失。老子强调，一切都来自于道，又回归于道，所以不用担心。

收获与启发

"反者道之动"，亦即道的活动是要返回根源，宇宙万物不都是如此吗？"弱者道之用"，亦即道的作用是平平淡淡的，它缓慢发展，连续不断。"天下万物生于有"，即万物生于有形者；"有生于无"，即有形者来自于无形者。后文还会一再提到有形与无形的区分。

宋朝学者对老子怀有偏见，他们抓紧"有生于无"这四个字，认为老子的说法莫名其妙，无怎么可能生出有呢？但是，如果尊重王弼的注解，把"有生于无"解释为"有形之物来自于无形之物"，就可以与第一章"无名，万物之始；有名，万物之母"前后一贯，互相配合。儒家和道家其实没有必要在此处进行争论。

课后思考

这一章言简意赅，很难说清楚。你对本章有何心得？

第四十一章　从十二个角度谈修道

　　这一章的内容相当丰富。一开头提到三种人听到"道"的反应。然后从十二个角度说明"道"究竟是什么，修德是怎么回事，展示了圣人修行的心得。最后强调"道隐无名"以及道对万物的作用。

　　　　上士闻道，勤而行之；

　　　　中士闻道，若存若亡；

　　　　下士闻道，大笑之。

　　　　不笑不足以为道。

　　　　故建言有之：

　　　　明道若昧；

　　　　进道若退；

　　　　夷道若纇（lèi）；

　　　　上德若谷；

　　　　大白若辱；

　　　　广德若不足；

　　　　建德若偷；

　　　　质德若渝；

　　　　大方无隅（yú）；

　　　　大器晚成；

　　　　大音希声；

　　　　大象无形；

道隐无名。

夫唯道，善贷且成。

[白话]上等材质的人一听说"道"，努力去实践；中等材质的人一听说"道"，半信半疑；下等材质的人一听说"道"，就哈哈大笑。不被这种人嘲笑，就不足以称为"道"。所以，古代立言的人说过：明显的道好像暗昧；前进的道好像后退；平坦的道好像崎岖；最高的德有如山谷；最纯的白有如含垢；广大的德好像不足；健行的德好像怠惰；质朴的德好像会变；最大的方正没有棱角；最大的器物很晚完成；最大的声音几乎没有响声；最大的形象没有任何形迹；"道"幽隐而没有名称可说。只有道，善于辅助万物并且一一完成。

从最后的结论"夫唯道，善贷且成"可以知道，这一章还是谈论"道"的。

"上士闻道，勤而行之"，意即：上等材质的人一听说"道"，努力去实践。"上士""中士""下士"的划分，与古代的身份或官位无关。这里所强调的是"材质"，即所谓的"慧根"。你如果有慧根的话，一听说道，就努力去实践。这代表"道"不是听听就算了，而是需要实践。一个人悟道之后，对于人生会有完全不同的观点与态度，生命将产生质的变化。

"中士闻道，若存若亡"，意即：中等材质的人一听说"道"，半信半疑。有时努力做一点，做到一半，发现没什么效果就停下来。

"下士闻道，大笑之"，意即：下等材质的人一听说"道"，就哈哈大笑。他们认为，哪里有这种事情？何必去想什么来源与归宿的问题。

接着，老子以反讽的语气说："不笑不足以为道。"意即：不被这种人嘲笑，就不足以称为"道"了。下士为什么要嘲笑？因为他只知道人间相对的价值观，人人都在追名逐利，而学习道家的人却不要这些东西，看起来很愚笨的样子，所以要嘲笑他们。这种嘲笑反而证明了"道"的价值。

老子接着列举了十二种有关道或德的描述。"故建言有之"，即古代立言的人说过这些话。一般来说，"道"就是"路"。这条路是否明显？是否往前走？是否平坦？老子启发人们从这里开始思考。

第一，"明道若昧"，即明显的道好像暗昧。"若"字代表老子再度用疑似法来描写道。明显的道好像暗昧，最平常的东西一般人反而看不清楚。譬如，我一辈子在学校教书，很多人都会问我：念书有什么秘诀？其实除了用功之外，还能有什么办法？这是最明显的道理，很多人却看不清楚。人的聪明只是程度上的不同，用功才会造成本质上的差别。所有在念书方面有成绩的人，无不强调用功二字。经过长期的努力，结果自然会不一样。我自己教书之后有一个座右铭，就是要比学生更用功，否则我有什么资格继续教书呢？这就是"明道若昧"。

第二，"进道若退"，即前进的道好像后退。你往前走的时候，看起来却好像是在后退。譬如，我现在研究国学，每天从早到晚常在做一件事——查字典。很多字平常这样念，但在古文里是不是这样念？古代的用法如何？只有查字典才知道。这看起来好像是在后退，查字典不是小学生做的事吗？但是不用担心，因为"进道若退"。

第三，"夷道若纇"，即平坦的道好像很崎岖。譬如，很多人都有坐在树下被苹果砸到头的经验，只有牛顿去想：苹果为什么往下掉，而不往天上飞？他把一个看似简单的问题搞得复杂，事实上那是平坦的道。要在不疑处有疑，大家都不怀疑，你反而要怀疑，这就是平坦的道好像崎岖。

第四，"上德若谷"，即最高的德有如山谷一样。说一个人"虚怀若谷"并不代表他什么都没有，而是他可以包容一切，那才是真正的高明。

第五，"大白若辱"，即最纯的白有如含垢。这句话很重要。第二十八章提到："知其白，守其辱。""辱"就是黑垢。真正的白能够包容一切颜色，就像是含垢一样。如果不能容纳任何一点黑垢，缺乏包容性，怎么能说是最大的白呢？

第六，"广德若不足"，广大的德好像不足。"不足"代表能够包容、接纳，永远也不会满溢。这叫做广大的德。

第七，"建德若偷"，健行的德好像怠惰。"建德"就是健行的德。"偷"代表偷懒、怠惰。我不去巧立名目，不做任何改变，好像偷懒一样。事实上，这样做可以让万物完全按照自己如此的样子、顺着自然状态去发展。这叫做"建德若偷"。

第八，"质德若渝"，即质朴的德好像会变。很多《老子》的版本都写作"质真若渝"。但前面一直在谈"德"，这里忽然出现"真"，显得很突兀。古代"德"字写作"悳"，叫做"直心为德"。古代在刻印的时候，可能把"悳"误刻成"真"。质朴的德好像会变，正如我们常说的"守经达权"。"经"代表原则，"权"代表变化。要通达变化，才能真正守住原则。如果完全不动，就成了食古不化。

要了解老子的话，一定要有相反相成的辩证观念。不但要知道正面，还要知道反面。把时间拉长来看，把空间放大来看，就能看到相对的另一面。这样才能充分把握老子的观念。

接着谈到四个"大"。

第一，"大方无隅"，即最大的方正没有棱角。这与空间有关。

方形本来有四个直角，但是最大的方正没有边界，它可以包容一切。

第二，"大器晚成"，即最大的器物很晚完成。这与时间有关。一件器物巧夺天工，那一定是经过精雕细琢，花了很长时间才做成的。所以，无论在空间上还是时间上，真正的"大"都会超过你的所见。

第三，"大音希声"，即最大的声音几乎没有响声。这与听觉有关。有专家指出，地球自转时会发出巨大的声响，但是我们平常却听不到。这叫做"大音希声"。

第四，"大象无形"，即最大的形象没有任何形迹。这与视觉有关。一旦有了形迹，说它像这个、像那个，它马上就会被限制住，那就不够大了。这叫做"大象无形"。从空间到时间，从视觉到听觉，本章充分展现了老子的思维模式。

"道隐无名"，即"道"幽隐而没有名称可说。"无名"二字再度出现。人类所看到的都是有形之物，有形所以可以被命名。而道是无形的，因而无法被命名，所以说它隐藏在无名里面。

最后的结论是："夫唯道，善贷且成。"意即："只有道，善于辅助万物并且一一完成。"道如何辅助及成就万物？就靠一个"德"字。道家所谓的"德"就是"万物得之于道者"，即万物从道所获得的各自的本性与禀赋。这是老子思想的核心观念。

课后思考

老子在本章用十二句话来描写"道"或"德"，你觉得哪几句可以作为座右铭？譬如，"大器晚成"提醒我们，在时间上不要着急，要慢慢培养自己。"大白若辱"提醒我们，要尽量包容其他人的想法。你对此有何心得？

第四十二章　道生万物的一二三是指什么？

　　本章介绍《老子·第四十二章》。这一章非常重要，因为它解释了道是如何生出万物的。后面又谈到圣人如何教导他人。

> 道生一，
> 一生二，
> 二生三，
> 三生万物。
> 万物负阴而抱阳，
> 冲气以为和。
> 人之所恶，唯孤、寡、不谷，而王公以为称。
> 故物或损之而益，或益之而损。
> 人之所教，我亦教之。
> "强梁者不得其死"，
> 吾将以为教父。

　　[白话]道展现为统一的整体，统一的整体展现为阴阳二气，阴阳二气交流形成阴、阳、和三气，这三气再产生万物。万物都是背靠阴而面向阳，由阴阳二气激荡而成的和谐体。人们所厌恶的，就是沦为"孤家""寡人""仆下"，但是王公却以此来称呼自己。所以一切事物，有时是受损反而获益，有时是获益反而受损。别人教导我的，我

也用来教导别人。"强悍的人没有办法得到善终",我将以
此作为施教的开始。

本章前半段比较具有哲学意味,它解释了万物是如何产生的,
可以称作"万物创生论"。这是西方哲学的一个专用术语。不过,老
子的描述总共只有二十五个字,怎么可能成为一种完备的理论呢?
他只是简要地描述了万物是怎么来的。

很多人喜欢把"道生一,一生二,二生三,三生万物"
与《易经·系辞传》的说法进行对照比较,即:"《易》有太
极,是生两仪。两仪生四象。四象生八卦。八卦定吉凶,吉凶
生大业。"我们念书时,要学会由结论来界定前面的内容。比
如,老子最后说"三生万物",可见老子是在描述万物是如何产
生的。《易传》的最后一句是"吉凶生大业",是指在人间建立
大的事业,使大家更好地生存发展,可见它讲的纯粹是人类的
事情。

《老子》讲的是"一二三",《易传》讲的是"一二四八",这两
者是不同的体系,没有对照的必要。但是,《易传》可以帮助我们了
解"生"这个字的意思。这里的"生"不是指"生出、产生",而是
可以理解为"展现"。亦即以它为开始,可以让某种东西得以出现。
所以,"道生一"可译为"道展现为统一的整体"。

那么什么是"一二三"呢?这里可以采用"以经解经"的方法。
因为《老子》后面接着说:"万物负阴而抱阳,冲气以为和。"阴与
阳在古代被当作两种力量,在《易经》里面出现得最多。《易经》用
阴爻与阳爻构成基本八卦。"爻"就是"效法"的意思,"易"就是
"变化"。人如何效法变化呢?就用阳与阴来代表主动和受动这两种
力量。中国的文字非常美妙。比如"变化"二字,"变"就是主动,

"化"就是受动，先变再化。阳代表主动力，产生变的力量；阴代表受动力，它把阳的力量接过来，再把它化成具体的事物。

老子说："万物负阴而抱阳。""负"就是"背"，意即：万物背靠阴而面向阳。可见，老子也用阴阳二气来说明变化。"冲气以为和"的"气"字是关键，代表阴与阳都是气，不然两者怎么相冲呢？所以，"一二三"的"二"就是指阴气与阳气。

再往前推，"一"代表统一的整体，可称之为"元气"，亦即一开始还没有分成阴阳的气。而"冲气以为和"的"和"字，代表阴阳交流之后形成的和谐体。所以，"三"代表阴气、阳气与和气。采用以经解经的方法，可以清楚地解释"一二三"的含义。

《淮南子》一书是由汉代淮南王刘安的门客整理的，其中大量发挥了老子的思想。《淮南子·天文训》说："道始于一，一而不生，故分而为阴阳，阴阳合和而万物生。故曰'一生二，二生三，三生万物。'"可见，"一"代表元气。如果只有"一"的话，不能生出任何东西，所以元气分成了阴阳二气。"合"代表合作，"和"代表和谐。阴阳二气交流合作、产生和气之后，万物就出生了。这段话明显受到了老子思想的启发。

庄子更是直接指出，"道生一"的"一"就是"气"。《庄子·知北游》说："通天下一气耳。"即整个天地万物就是一个气，气聚则生，气散则死。

因此，老子这段话可以这样理解。"道生一"，亦即道展现为统一的整体，也就是元气。"一生二"，亦即统一的整体展现为阴阳二气。后面说"万物负阴而抱阳"，所以"二"显然是指阴气与阳气。"二生三"，即阴阳二气交流，形成"阴、阳、和"三气。后面说"冲气以为和"，所以"和"就是由阴气、阳气所构成的一种和谐状态。"三生万物"，就是由"阴、阳、和"三气再产生万物。换句话说，宇宙万物都来自于道。万物都是由阴阳二气以某种比例组合而成，各自形成一种和谐的状态。

对于矿物来说，阴占绝大部分，阳的比例很少。但任何东西只要存在，一定有某种比例的阳在里面。譬如，一块石头阴的部分可能占百分之九十九点九，阳的部分只有百分之零点一。

再看植物。俗话说"向阳花木易为春"，花可以向着阳光生长，说明花的阳的部分较多。但它毕竟是植物，没有感觉功能，所以阴可能占百分之八十，阳占百分之二十。

再看动物。比如，一头牛可以按照自己的感觉去行动。它的阳应该超过阴，阳可能占百分之六十以上，阴不到百分之四十。阳的比例超过阴，代表主动力比较强。

人是万物之灵，除了有感觉能力，还有思考能力，所以人的阳可能占百分之九十以上，阴只有不到百分之十。男女都是人，可以用同样的比例进行解释。人有具体的身体，有物质上的条件与需求，所以一定有阴的成分，不可能完全是阳。

"冲气以为和"，即阴气与阳气相冲之后，形成稳定的和谐体。所以，不管是一块石头、一棵树、一头牛，还是一个人，都是稳定的和谐体，能稳定地存在一段时间。它们都是由阴气、阳气、和气所构成的，这就是"三生万物"。所以，老子的"万物化生论"或"万物创生论"，采用"以经解经"的方式就能说清楚；而不用别出心裁，把"一"说成"无"，把"二"说成"有"。

后半段的意思相对比较简单。

"人之所恶，唯孤、寡、不谷，而王公以为称"，意即：人们所厌恶的，就是沦为"孤家""寡人""仆下"，但是王公却以此来称呼自己。"不谷"是指"仆下"，不能理解为"不善"，因为某些坏人觉得不善也没关系，他并不厌恶不善。而孤家、寡人、仆下都属于孤单卑贱的情况，是所有人都厌恶的。但是王公却用这些词来称呼自己，以此来取得某种平衡。

"故物或损之而益，或益之而损"，意即：所以一切事物，有时是受损反而获益，有时是获益反而受损。在人间确实会出现这种情况，因为人会思考与判断，所以保持平衡是最重要的。

"人之所教，我亦教之。'强梁者不得其死'，吾将以为教父"，意即：别人教导我的，我也用来教导别人。"强悍的人没有办法得到善终"，我将以此作为施教的开始。

"教父"是指施教的开始。由于《教父》这部美国电影的热播，"教父"一词有了黑社会头目的意思。在古代，"父"往往是对老人或长辈的一种尊称。《庄子》有《渔父》篇，渔父就是一种尊称。

老子始终强调"弱者道之用"。一个人过于强悍的话，就违背了道的发展原则，当然无法长期存在。所以千万不要走错了路。

收获与启发

老子强调"道生一，一生二，二生三，三生万物"，代表一切都来自于道，道才是万物的来源与归宿。所以，万物并非来自于天地。

课后思考

同今天的自然科学相比，老子的说法显得过于简单、朴素，不可能说明宇宙万象的情况。但是作为一种古代的理论架构，老子认为万物都有同质性，这一点是可取的。万物基本上是相通的，都具有阴与阳这两种元素，并以某种比例组合，构成动物、植物、矿物与人类。这代表中国古代对万物的看法，你觉得合理吗？

第四十三章　无为与不言

本章内容很短，但是有许多值得发挥的地方。

> 天下之至柔，驰骋天下之至坚。
> 无有入无间，
> 吾是以知无为之有益。
> 不言之教，
> 无为之益，
> 天下希及之。

［白话］天下最柔弱的东西，驾驭了天下最坚强的东西。无形的力量穿透了没有间隙的东西。我因此懂得了无所作为是有益的。不发一语的教导，无所作为的好处，天下很少人能够做得到。

"天下之至柔，驰骋天下之至坚"，意即：天下最柔弱的东西，驾驭了天下最坚强的东西。王弼的注解提到，"至柔"最好的例子是水和气。"气无所不入，水无所不出于经"（"出于"二字或为衍文），亦即气弥漫在各处，水渗透在一切之中。柔的东西没有定形，没有定质；而坚的东西方正明确，固守在一时一地，只能处于被动。所以至柔可以驾驭至坚，而不能倒过来说。

比如，山上古庙的屋檐底下，有些石头上居然有小孔。下雨的时候，屋檐上的水滴在那一点上，这叫做滴水穿石。但滴水真的可以穿石吗？你做个实验，水连鸡蛋都穿不过，怎么可能穿石呢？关键在于日久天长，十年二十年下来就不一样了。所以，水滴需要足够长的时间才能穿石。

"无有入无间"，意即：无形的力量穿透了没有间隙的东西。"无有"是指无形的力量。没有间隙的东西，最明显的是金属和石头。天地之气可以贯穿金石。有些宝石、美玉、翡翠里面，有气泡形成的特殊图案，很多人把它当作宝贝来珍藏。阳光无形无质，但是可以透过茅草屋顶。一般来说，白天拉起窗帘，光线照样会透进来。可见，光线、空气、水虽然都很柔弱，但是它们有一种渗透的力量，可以穿过没有间隙的东西。人们也不清楚它是如何渗透的，经过一段时间之后，效果自然会显现出来。

"吾是以知无为之有益"，意即：我因此懂得了无所作为是有益的。你不用刻意做任何事，到某个程度，自然就会达到某种成就，因为至柔能够驾驭至坚。比如，水本来很柔弱，但涓涓细流汇成江海，足以让巨船浮起。绳子很柔软，但作为缰绳可以控制千里马。世上很多伟人的背后，都有柔弱女性的支持。所以，柔与坚搭配起来，才能产生真正的效用。

"不言之教，无为之益，天下希及之"，意即：不发一语的教导，无所作为的好处，天下很少人能够做得到。第二章说过："圣人处无为之事，行不言之教。"这里再次出现了"不言"与"无为"。不说话怎么能教导别人呢？其实，言语只是一个载体，说者未必能说清楚，听者也未必能听明白。真正的教导在于心领神会。

"佛陀拈花，迦叶微笑"就是一个很好的例子。在灵鹫山中，佛陀拈花示众，默然不语，所有信众都不明所以，只有迦叶破颜微笑。佛陀就说："吾有正法眼藏，涅槃妙心，付嘱摩诃迦叶。""正法"就是中正不偏的佛法，亦即正确的佛法。"眼"代表可以朗照宇宙。"藏"字作动词要念"cáng"，代表可以包含万物。"正法眼藏"后来变成一个术语，等于是佛的最高的智慧。这句话的意思是，佛陀把最高的智慧（即涅槃妙心）教给了迦叶。佛陀拈花，迦叶到底为什么微笑？没有人知道。但是佛陀认为，微笑代表领悟了不可说的智慧。迦叶于是成为禅宗的始祖。后来禅宗流传到中国，大放异彩。这就叫做"不言之教"。

儒家也有一段类似的记载。孔子曾感叹说："我不想再说话了。"学生子贡在旁边就说："老师如果不说话，那么我们学生将来怎么再教下一代呢？"孔子说："天何言哉？四时行焉，百物生焉，天何言哉？"意即：天说了什么话啊？四季照样在运行，万物照样在生长，天又说了什么话呢？[①]孔子以天为喻，说明只要有实际的作用就好，就好比天让四季运转，万物出生，却不说话。人经常说话，表达很多个人的看法，却不一定有实际的效果。

《庄子·德充符》提到：鲁国有一个人叫王骀，他受过刑罚，被砍了一只腿，但是他在鲁国的学生数量与孔子平分秋色。很多人感到奇怪：王骀这个人上课根本不讲话，学生居然还有这么多。学生见到王骀这位老师，都是"虚而往，实而归"，他们去找老师的时候心里很空虚，回来的时候心里很充实，这是怎么回事呢？原来，学生们看到老师少了一条腿，心情居然不受干扰，也没有任何抱怨，这就是最好的启发和教育了。

西方也有类似的故事。有个人失业了，没钱买鞋子，心里常常在抱怨。有一天他过马路的时候，看到马路对面有一个人没有脚，

---

① 出自《论语·阳货》。原文：子曰："予欲无言。"子贡曰："子如不言，则小子何述焉？"子曰："天何言哉？四时行焉，百物生焉，天何言哉？"

拐着拐杖却面带微笑。这个人立刻觉悟了：别人没有脚都能笑得出来，我只是没有鞋子而已，又算得了什么呢？

教育的关键是能够让别人自己觉悟。所谓"书不尽言，言不尽意"，所有语言文字都无法充分表达你的心意。那不妨让别人自己去思考、去领悟。这叫做"不言之教"。

此外，老子所说的"无为"是指无心而为，而不是"无所作为"。为还是要为，但没有刻意的目的，该做什么事就做什么事。假如你是学生，就要好好上学；至于考了第几名，则不用放在心上，因为名次是相对的。假如你在一所重点学校，只考了第十名；如果你去一所普通学校，说不定能考第一名。所以对于孩子的考试名次，没有必要太在意。重要的是：他有没有超越自我，不断进步？有没有扮演好一个学生应该扮演的角色？如果家长过于强调成绩，刻意让孩子达成某些外在目标，就会额外增加孩子的负担，等于是有心而为了。所以，无心而为的观念是非常重要的。

收获与启发

"天下之至柔，驰骋天下之至坚"可以解释滴水穿石的现象，但不能忽略时间因素的重要性。否则，说滴水穿石、柔弱胜刚强，恐怕未必如此。这也提醒我们，很多问题不要指望马上就能解决。西方有一句话说得好："时间是最好的医师。"一个人遭遇挫折或失败，怎么可能睡一觉就好呢？此时不要着急，先缓冲几天，也许过一段时间就好了。我上中学时数学不好，心里经常有压力，别人劝我也没用。可是十年、二十年之后，我早就忘了那个问题，压力自然就消解了。可见，时间是非常重要的。

在说话方面，用不言来教导，在行动方面，用无为来运作，最后会取得良好的效果。学道家要谨记"顺其自然"四个字。"顺其自然"并非什么都不做，而是把重点放在认知方面，深刻地了解人情世故以及宇宙万物的发展规律。在人类社会中，即便你不做任何事，你与别人的关系也会自然地向前发展。所以要顺其自然，不要急于一时。

换言之，学习道家之后，对任何事都不要勉强，不要把自己主观的想法和意愿强加给别人。任何勉强都会带来后遗症。就算勉强达成了目标，过程也会很辛苦，说不定后面还有反弹，让你得不偿失。你失去的是自己宝贵的时间，甚至可能失去更宝贵的生命。

课后思考

你是否从别人的"不言"中得到过某种启发呢？能否找一些例子来说明？

第四十四章　长久才是王道

本章有许多观念值得我们参考。老子先提出三个简单的问题让人们去思考，然后说出他的结论，再提醒你怎样才能让自己活得平安愉快。从老子的思想架构来看，这一章属于"以认知作为避难"的层次。

> 名与身孰亲？
> 身与货孰多？
> 得与亡孰病？
> 甚爱必大费；
> 多藏必厚亡。
> 故知足不辱，
> 知止不殆，
> 可以长久。

［白话］名声与身体，哪一个更亲近？身体与钱财，哪一个更贵重？获得与丧失，哪一个更有害？过分爱惜必定造成极大的耗费；储存丰富必定招致惨重的损失。所以，知道满足，就不会受到羞辱；知道停止，就不会碰上危险；这样可以保持长久。

从最后的结论来看，老子希望你保持长久，所以一定要分清本末轻重，才知道该如何抉择。前两句话拿身体与名声、钱财相比，天下的问题不都来自于名利二字吗？可见，老子把握问题相当清楚。然后让人思考：获得与丧失哪一个更有害？提醒人们要小心得不偿失。

"名与身孰亲？"意即：名声与身体，哪一个更亲近？这个问题看起来很容易回答。人在冷静的时候都知道，名声是外在的，身体是自己的。

《庄子·让王》里面有一个生动的故事。韩国与魏国正在争夺边境的土地。有一位大臣去劝韩国的国君，他说："假如现在所有诸侯都签订了盟约，谁拿到这张盟约，就可以号令天下。但是有个条件，你左手拿到盟约，就砍掉你的右手；右手拿到盟约，就砍掉你的左手。那么您愿意取得这张盟约吗？"大王说："当然不愿意。"那位大臣就说："这样看来，两只手臂比天下重要。但是，韩国与魏国所争夺的土地，比起天下来说算得了什么？大王又何必为了一小块土地而愁坏身体、危害生命呢？"[①]可见，让你用一只手来换取最大的权力，你都不愿意，更何况是用身体去换取名声呢！名声与身体相比，当然是身体比较重要。

"身与货孰多？"意即：身体与钱财，哪一个更贵重？俗话说："人为财死，鸟为食亡。"但是，很多时候人不知不觉就走上了这条路。有个人家里半夜来了小偷，他爬起来看到小偷，自己还睡得迷迷糊糊的。小偷问他："你要钱还是要命？"他立刻回答："当然要钱。"这个人如果清醒的话，一定会说要命。没有命的话，钱有什么用呢？

---

① 原文：韩魏相与争侵地。子华子见昭僖侯，昭僖侯有忧色。子华子曰："今使天下书铭于君之前，书之言曰：'左手攫（jué）之则右手废，右手攫之则左手废，然而攫之者必有天下。'君能攫之乎？"昭僖侯曰："寡人不攫也。"子华子曰："甚善！自是观之，两臂重于天下也，身亦重于两臂。韩之轻于天下亦远矣，今之所争者，其轻于韩又远。君固愁身伤生以忧戚不得也！"

但通常我们就像没睡醒的人，迷迷糊糊，为了赚钱而全力以赴，结果失去了身体健康，更不可能得到快乐。年轻时用身体去赚钱，老了就用钱来保养身体。怎样在其中求得平衡，是一种重要的智慧。

"得与亡孰病？"意即：获得与丧失，哪一个更有害？庄子说过"直木先伐，甘井先竭[①]"。越是挺直的树木，越先被砍伐，因为挺直的树木砍下来就可以当栋梁。越是甜美的水井，就越早被喝光。俗话说："能者多劳。"你不用羡慕他，他最后肯定会吃不消。在谈到名与利之后，老子让你衡量一下，到底获得与丧失哪一个更有害？代表很多时候要适可而止。

"甚爱必大费；多藏必厚亡"，意即：过分爱惜必定造成极大的耗费；储存丰富必定招致惨重的损失。这两句话来自于实际的经验观察。你特别喜爱一样东西，就会为它花很多钱。譬如，今天的拍卖市场上，一件古董动辄就拍出上亿元的高价，令人瞠目结舌。为什么有人愿意花这么多钱呢？因为他"甚爱"，爱得太过分，所以只好耗费金钱了。

另外，也有很多关于"多藏必厚亡"的例子。我有一个做生意的朋友，经常到世界各地出差。他喜欢收集旅馆的杯子作为纪念。以前旅馆的水杯都印着特定的标志，有高有矮，有圆有方，做工很精致。有的旅馆很大方，你喜欢水杯就送你一个；有的旅馆很小气，那就买一个吧；有的旅馆既不送，也不卖，这位朋友走的时候就顺手带一个。他家里有个酒柜，里面放了三百多个各式各样的玻璃杯。灯光一打，闪闪发光，真是漂亮。结果有一年碰到地震，酒柜倒下来，他几十年的收藏毁于一旦。这就是"多藏必厚亡"。

老子并非让你什么都不要了，而是满足基本的需求就适可而止。

---

① 见《庄子·山木》。

超过一定限度的话，反而要耗费精神去照顾它们。一旦遇到地震、小偷之类的天灾人祸，就会遭受重大损失，你过去耗费的精神已经收不回来了。这种事没有人可以预防。

我有一个朋友，虽然没有受过很多教育，但他说的一句话却很有道理。他说："这个世界上，假如有钱、有权的人过世的时候带走所有他想要的东西，那么这个世界早就消失了。"值得思考的是：究竟是人拥有这些东西，还是这些东西拥有人呢？

在美国开拓西部的时候，早期的移民从东部来到美国西北角的华盛顿州（西雅图附近）。他们找到当地的印第安人，对他们说："我们要买你们这块土地。"当地印第安人的酋长说："是我们属于土地，而不是土地属于我们。我们怎么能卖呢？"这些原住民的传统观念值得我们珍惜。我们常常觉得自己拥有这个，拥有那个，把拥有的东西当作资源来买卖，这恐怕是一种误会。所以，"甚爱必大费，多藏必厚亡"可以作为我们的座右铭。这两个"必"字，在时间的长河中总会得到印证。

最后的结论是："故知足不辱，知止不殆，可以长久。"意即：知道满足，就不会受到羞辱；知道停止，就不会碰上危险；这样可以保持长久。

如果你不知满足，贪得无厌，别人就会瞧不起你，甚至羞辱你。所谓"知止不殆"，就是对许多事情纯粹欣赏就好，而不要想去占有它，否则容易被人利用，陷入危险的境地。

有些人很有运动天赋，但如果一直挑战极限的话，最后身体难免会受伤，因为他不知道停止。要循序渐进，按部就班，不要想一下子突破极限。人生最难体会的就是"够了"。要知道，你在这个年纪、在这个领域，目前的发展已经不错了。西方人也常常在问：到底多少才算够呢？对张三够的，对李四不一定够。每个人都要找到自己的底线是什么。如果没有底线，不断挑战自己的能力，恐怕一生都在追逐之中。就算你取得了很大成就，还有多少时间和力气去享受呢？

所以人生的快乐有两种：第一种是取得你所要的，第二种是享受你所有的。一般人只知道取得自己想要的，想方设法满足自己的欲望。取得的时候志得意满，令人羡慕。但是一旦变成你所有的，你会去享受它吗？不一定。其实，你只要懂得享受现在的一切，就可以过得很快乐了。所以，一定要记得第二句"享受你所有的"，人生就可以立于不败之地。

老子很喜欢"长久"这两个字。第七章提到过"天长地久"。天地之所以能够长久，是因为天地没有私心，天不会想要得到更多的天，地也不会想要得到更多的地。人的身体是必要的基础，千万不能为了名利而损伤身体，因此要学会知足、知止。

收获与启发

身体与名声、钱财相比，显然身体更重要。为了名声与钱财而损伤身体，显然得不偿失。"知足不辱，知止不殆"是很好的提醒，知道满足就不会受到羞辱，知道停止就不会遇上危险。

老子希望人们通过认知来避开灾难，逐渐接近启明的境界。老子说过"自知者明"，你了解自己的底线、知道自己真正想要的，那就是明。另外说过"知常曰明"，了解常道、常理就是明。这一章是关于价值观的思考。老子希望你分清本末轻重，在遇到抉择的时候，不要出现误会或错乱，以免到最后追悔莫及。

课后思考

人应该分清本末轻重，在身体、钱财、名声之间权衡得失。这并非让你只保养身体，其他什么都不做、什么都不要了，那样也违反了人的"德"——人从道所获得的认知和欲望能力。你会如何衡量得失呢？

第四十五章　收敛自有力量

这一章谈到修养的问题。老子的写作方法可以称为"正言若反"，即正面的言论听起来像是反面的。老子的思想包含辩证法，亦即"正反合"。之所以正言若反，是因为可以往上提升，从整体来看。

> 大成若缺，其用不弊。
> 大盈若冲，其用不穷。
> 大直若屈，
> 大巧若拙，
> 大辩若讷。
> 躁胜寒，静胜热。
> 清静为天下正。

[白话] 最大的圆满好像有缺陷，但它的作用不会衰竭。最大的充实好像很空虚，但它的作用不会穷尽。最大的正直好像是枉屈，最大的灵巧好像是笨拙，最大的辩才好像是木讷。疾走可以克制寒冷，安静可以化解炎热。平淡无为是天下的正途。

本章一开头就连说五个"大"字。老子在第二十五章第一次给"道"命名，然后立刻用"大"来描述它。"道"这个概念听起来有点抽象，不容易琢磨。称它为"大"的话，人们就可以展开想象：天地如此之大，道比天地还要大。"大"代表至大无外，圆满无缺。

首先，"大成若缺，其用不弊"，意即：最大的圆满好像有缺陷，但它的作用不会衰竭。人活在世界上，只能看到宇宙万物与人类这两个领域，但是所有的一切都在变化之中。所以，真正的圆满必须可以变动，看起来就像有缺陷一样；否则便会僵化，无法继续圆满下去。在老子心中，只有"道"是永远不变、圆满无缺的；其他事物都有两个极端。比如"大成若缺"的"成"与"缺"就是两个极端。但正因为如此，它的作用才不会衰竭。"其用不弊"的"用"字，就包含了动态与变化的意思。

　　第二，"大盈若冲，其用不穷"，意即：最大的充实好像很空虚，但它的作用不会穷尽。圆满与充实都是人们向往的，好像从此可以高枕无忧、天下太平了。其实不然。人活在世界上，不管你喜不喜欢，生命一直处在不断变化中。除非你找到来源与归宿，回到道里面，否则生命总会有缺陷，终究会陷入空虚。"充实"与"空虚"就是正反两面，你要以此为线索，找到作为整体的道。

　　第三，"大直若屈"，即最大的正直好像是枉屈。"屈"代表收敛，"直"代表正直。最大的正直必须能够"随物而直"，亦即随着每一样东西而显示它的正直，否则这个"直"就会僵化。这类似于儒家常说的"守经达权"。"经"代表"常"，代表原则；"权"代表变化。亦即要守住原则，通达变化。

　　第四，"大巧若拙"，即最大的灵巧好像是笨拙。有个反面的成语叫做"弄巧成拙"。本来想显示一下自己的聪明机智，结果反而把事情搞砸了。我早期从事过不少翻译工作，把西方哲学的作品从英文、法文译成中文。我始终遵循"宁拙毋巧"的原则，翻译宁可笨拙一点，也不卖弄自己的巧妙。譬如，如果在译文中使用很多中文成语，貌似很巧妙，但别人只看中文翻译的话，根本看不懂那是什么意思，因为中文成语有特定的用法，与西哲原文的含义完全是两码事。

我的老师方东美先生有一本代表作，叫做《中国哲学精神及其发展》。方先生是留美博士，英文非常好，所以他一开始用英文写了这本书，希望西方人藉此了解中国哲学的特色。写完之后，他找了一个学生（当时在美国大学教书）帮忙译成中文。他嘱咐这个学生，翻译要"宁拙毋巧"；同时，对于文中引用的古文，在英译中的时候要把它译成白话文，而不要直接还原为古文。譬如，"大成若缺，其用不弊"这句话，在英译中的时候要译为"最大的圆满好像有缺陷，但它的作用不会衰竭"，这样现代人才能看得懂。否则，你把英文又还原成"大成若缺，其用不弊"，别人还是不清楚这句话到底是什么意思。这就叫做"大巧若拙"，最大的灵巧好像是笨拙一样。

西方近代文艺复兴时期有一位艺术家叫做米开朗基罗（Michelangelo，1475—1564），他的雕刻备受赞誉，具有很高的艺术价值。别人问他："你为什么能雕刻得这么好？"他回答说："我在雕刻的时候，只是把多余的部分去掉。"换言之，米开朗基罗有一种透视的眼光，他在雕刻前，先将脑海中的人物直接投射到石头上，再把多余的部分去掉。

《庄子·达生》里面有一个类似的故事。有个人要雕刻飞禽走兽之类的动物形象，就到山中寻找合适的树根、树干作为原材料。他找材料的时候排除一切杂念，直接看到某个树根、树干里面有一只鹰或老虎，然后用刀子将里面的鹰或老虎解放出来。[1]这也是把多

---

[1] 出自《庄子·达生》。原文：梓庆削木为鐻（jù），鐻成，见者惊犹鬼神。鲁侯见而问焉，曰："子何术以为焉？"对曰："臣工人，何术之有！虽然，有一焉。臣将为锯，未尝敢以耗气也，必齐（zhāi）以静心。齐三日，而不敢怀庆赏爵禄；齐五日，不敢怀非誉巧拙；齐七日，辄然忘吾有四枝形体也。当是时也，无公朝，其巧专而外骨消；然后入山林，观天性；形躯至矣，然后成见鐻，然后加手焉；不然则已。则以天合天，器之所以疑神者，其是与！"

余的部分去掉，看起来好像很笨拙，其实非常巧妙。所以，"大巧若拙"在艺术方面也可以给我们带来很多启发。

第五，"大辩若讷"，即最大的辩才好像是木讷。庄子说过一句很讽刺的话："狗不以善吠为良，人不以善言为贤。"[①]狗不会因为拼命地叫，就算是好狗；人不会因为拼命地说话，就算是杰出。真正的辩论高手话并不多，但能一语中的。因为他的思维很有逻辑，所以一出手就能击中对方要害，让人无法反驳。相反，一个人喋喋不休，难免漏洞百出，甚至自相矛盾。佛教也有所谓"圣默然"的观点。所以，话说得越多，可能误会越多。如果你点到为止，让别人自己好好想一想，说不定反而容易领会你的用意。

"躁胜寒，静胜热"，意即：疾走可以克制寒冷，安静可以化解炎热。有的学者说，老子是楚国人，楚国在南方，他们所谓的"躁"是指火炉，"静"是指清水。你如果冷的话，就用火炉取暖；如果热的话，就用清水降温。这样解释未免过头了。其实，"躁"代表"躁动"，即快走；"静"就是安静下来。

请问，你在炎热与寒冷时该怎么办？有两种选择：第一种是使用外物，冷的时候用火炉取暖，热的时候用清水降温；第二种是借助于自身的条件，用疾走来克制寒冷，用安静来化解炎热。第二种显然更合理。如果要借助外物的话，万一很冷的时候，旁边没有火炉怎么办？很热的时候，没有清水怎么办？老子总是希望人们借助于自身的条件，而尽量减少对外物的依赖。特别是"静胜热"这句话，正是俗话说的"心静自然凉"。中国南方的天气很热，让人心烦气躁，将心静下来之后，自然会觉得清凉。

最后的结论是"清静为天下正"，意即：平淡无为是天下的正途。

---

① 见《庄子·徐无鬼》。

"清静"要理解为平淡无为，这才是天下人的康庄大道。人活在世界上，谁都喜欢高潮迭起，获得人群的肯定与掌声。但是人生中的大多数时刻还是平平淡淡、无心而为，才符合自然的状态。

收获与启发

老子用五个"大"来代表一种圆满的、最高的境界。"大成"就是最大的圆满，"大盈"就是最大的充实。"若"字代表"正言若反"。说到圆满就好像有缺陷，说到充实就好像是空虚，说到正直就好像有枉屈，说到灵巧就好像是笨拙。这些话都提醒我们，不要想一步登天，也不要卖弄小聪明。人间的一切都在变化之中，只有最后停止在道中，才能得到真正的圆满与安定。

课后思考

对于大的正直、大的灵巧、大的辩才，你觉得哪一种比较容易学会？你在哪方面有自己的观察或经验？

第四十六章　知足保障平安

本章介绍《老子·第四十六章》。

> 天下有道，却走马以粪。
> 天下无道，戎马生于郊。
> 祸莫大于不知足；
> 咎莫大于欲得。
> 故知足之足，常足矣。

［白话］国家政治上轨道，马匹被送回农村耕田。国家政治不上轨道，战马就在郊野出生。最大的祸患，就是不知满足；最大的过错，就是想要获得。因此，知道满足的这种满足，就能永远满足了。

在《老子》全书中，本章是第一次，也是唯一一次提到"天下有道""天下无道"这样的观念。道家与儒家都使用"道"这个字，但是意思完全不同。不过，因为儒家与道家有共同的时代背景，所以对于一般意义上的"道"，他们也都能够接受。

在《论语》中，孔子多次说过"邦有道""邦无道""天下有道""无道"。儒家以人为中心，所以孔子所谓的"道"代表人类的正路。一群人聚在一起，该怎样度过这一生，政治上要有怎样的作为才能让社会上轨道，这就称为道。

相对于此，道家的"道"最根本的含义是指万物的来源与归宿。这与其他学派统统不一样。当然，可以由此引申出"天之道""圣人之道""人之道"等说法，代表一般所谓的"正常的轨道、正确的发展路线"等意思。在《老子》第一章和第二十五章里面，"道"都是最根本的用法，指万物的来源与归宿。这是非常明确的立场。

本章所说的"天下有道""天下无道"则是一般的用法，即儒家的用法，指天下上轨道或不上轨道。老子面对天下大乱的局面，发现一切乱象都源于人的认知能力，认知的区分会造成复杂的欲望。他希望人们不要担心，人间固然有它本身的轨道，但"道"是万物的来源与归宿。只要找到真正的根源，其他一切问题都可以迎刃而解。

本章所描述的其实是非常客观的现象。"天下有道，却走马以粪。天下无道，戎马生于郊"，意即：国家政治上轨道，马匹被送回农村耕田。国家政治不上轨道，战马就在郊野出生。"粪"是指耕田。天下太平的时候，马匹在地里耕田；天下大乱的时候，马就被国家征用，成为战马。战马也需要定期繁殖，所以小马就在郊野出生。可见，一匹马既可以是耕马，也可以是战马。百姓其实也一样，天下太平的时候是农夫，天下大乱时就变成了士兵。

在春秋时代，各诸侯国的国君为了满足自己的欲望，彼此竞争较量，甚至不惜发动战争。战争给人类乃至整个自然界都会造成严重的灾难。譬如，在海湾战争中，伊拉克为了争夺石油资源而入侵科威特，美国为了支援科威特而参战。结果有的油轮被击沉，有的油田被炸毁，泄露的石油使科威特沿海受到严重污染。据专家估计，附近海域的生态需要三十年才能恢复。又如，美国在第二次世界大战后发动了越南战争。为了对付隐藏在丛林中的越军，美军使用了燃烧弹。一颗燃烧弹就能把一整片森林变成火海。当地生态若想复原，恐怕也需要三五十年。可见，战争不但给人类自身带来了灾难，也给整个大自然带来严重的后患。

"祸莫大于不知足"，意即：最大的祸患，就是不知满足。譬如，春秋时代的晋文公有一次得到别人的献礼，礼品是美丽的狐狸皮与黑豹皮。晋文公就说，这些动物因为皮太美了，所以成了别人猎杀的对象。[1] 同样的，古代有很多国家为了追求名声或利益而亡国。

为了名声而灭亡的，最可惜的要数徐国的徐偃王。徐偃王好行仁义，最喜欢别人称赞他是仁义之君，却疏忽了战争的准备。所以，尽管他的名声很好，国家却灭亡了。一味求名也是一种不知足。不管有多么好的名声，都不能忽略基本的国防武力。

为了利益而灭亡的例子更多。比如，晋文公假道虞国，灭了虢国，随后又灭了虞国。虞国为什么肯借路给晋国呢？因为晋文公送给虞国很多贵重的礼物，虞国国君禁不住诱惑，忘记了"唇亡齿寒"的道理。可见，为了名声或利益而不知满足，就会招来无穷的祸患。

《韩非子·喻老》里面有一个故事很有启发性。孙叔敖当过楚国的宰相，功劳很大，所以国君要赏赐他一块土地。他选择了一块最贫瘠的土地，别人都笑他笨。结果别的有功之臣选了好的土地，隔了一两代就被国家没收了；而孙叔敖选择的土地从来无人觊觎，子孙可以长期安居乐业。[2] 这正是因为他知足的缘故。

"咎莫大于欲得"，意即：最大的过错，就是想要获得。如果你总想要获得，就会与别人展开竞争或斗争，难免会结怨树敌。你以一己之力对付很多人，最后一定会失败。《易经》里面经常出现"无

---

① 出自《韩非子·喻老》。原文：翟人有献丰狐、玄豹之皮于晋文公，文公受客皮而叹曰："此以皮之美自为罪。"

② 原文：楚庄王既胜，狩于河雍，归而赏孙叔敖，孙叔敖请汉间之地，沙石之处。楚邦之法，禄臣再世而收地，唯孙叔敖独在。此不以其邦为收者，瘠也，故九世而祀不绝。故曰："善建不拔，善抱不脱，子孙以其祭祀世世不辍。"孙叔敖之谓也。

咎"一词，意为"没有灾难，不会被别人责怪"。《易传》里面有一个很好的观念："无咎者，善补过者也。"亦即善于补救过错的就是无咎。一个人不可能没有过失，也许你自以为没有过失，其实未必如此。如果能够常思改过，自然可以趋吉避凶。

最后的结论很有趣："知足之足，常足矣。"意即：知道满足的这种满足，就能永远满足了。这句话听起来有点重复，但却体现了人类思维的特色。我可以假定自己处于某种情况，同时又可以跳出自己，对这种情况加以评论。所谓"知足之足"，就是你一方面知足，另一方面又能满足于这种知足的状态。如果你不满足于现状，非要达到某种情况才罢休，那么你永远都不会满足，因为欲望就像无底洞，永远也填不满。

然而，所谓"对当下的满足"绝不是停下来不去奋斗了，无所作为只是一种偷懒罢了。对当下的满足一定要衡量自己的情况与外在的条件，这需要对人间有深刻的洞察，对人情世故有深入的了解，正所谓"世事洞明皆学问"。如果大家都在努力前进，就你一个人裹足不前，那不是拖累了整体的发展吗？真正的知足是在自己的岗位上努力工作，全力以赴，发挥你的才华；但是不会好高骛远，总想着去跟别人比较，如此才能长保平安。这才是老子的初衷。学习老子，不能忽略对于当下的满足与内心的喜悦。

课后思考

《老子》可以帮助我们化解情绪上的困扰，调节心中的喜怒哀乐等情绪。不管你有什么目标，要怎样努力奋斗，学会《老子》之后，你对于当下的情况会觉得很满意，可以过好每一天，正所谓"日日是好日"。你对此有何心得？

第四十七章　不出门知天下事

本章介绍《老子·第四十七章》。

> 不出户，知天下；
>
> 不窥（kuī）牖（yǒu），见天道。
>
> 其出弥远，其知弥少。
>
> 是以圣人
>
> 不行而知，
>
> 不见而明，
>
> 不为而成。

[白话] 不出大门，可以知道天下事理；不望窗外，可以看见自然规律。走出户外愈远，领悟道理愈少。因此，圣人不必经历就知道，不必亲见就明白，不必去做就成功。

本章的焦点又回到圣人身上。最后三个"不"听起来有点玄，可见圣人的表现确实很特别。

"不出户，知天下"，意即：不出大门，就可以知道天下事理。古代没有电视、手机之类的媒体，为什么不出大门就能知道天下的事理呢？因为古代都是一个大家庭在一起生活，几代同堂，一家人就构成一个小型的社会。你如果留意细节，就可以由小见大，从家人的相处中了解天下人相处的情况。

有一个记者去拜访一个大家族中九十多岁的老爷爷，记者问他："您能够五代同堂，一家人和睦相处，真是太幸福了。请问您有什么秘诀吗？"老人家没有讲话，只是拿出一张纸，在上面写了一个"忍"字。"忍"这个字是"心"上有一把"刀"。可见，一家人相处必须学会忍耐。

不仅家中如此，社会上甚至整个天下都是如此。只有凡事忍耐，才能与别人形成和谐的人际关系。人的一生都离不开"忍"字。人活在世界上，很多时候都是受人之命，寄人篱下，心想而事不成，于是忍耐就变成人生的常态。你不用出门，在家就可以了解这个道理。

"不窥（kuī）牖（yǒu），见天道"，意即：你不望窗外，就可以看见自然规律。古代的房子最里面那一间经常会开一扇天窗，可以透过光线。你看到窗外，就知道现在是白天还是晚上，大概是什么时辰。但其实不用看窗外，你可以通过房间里某些东西的状况，了解自然规律是怎么回事。这还是强调以小见大。

我在中学教科书里读过朱自清先生的散文《匆匆》，里面有一句说："太阳他有脚啊，轻轻悄悄地挪移了；我也茫茫然地跟着旋转。"你不用抬头看窗外，太阳光照进来，好像悄悄地在移动，时间慢慢流逝，你也茫茫然跟着旋转。这就是透过身边的细节去了解外在的情况。

西方近代哲学家斯宾诺莎（Spinoza，1632—1677），是笛卡尔之后理性主义最重要的代表人物。他说过："你给我一块木头，我可以告诉你整个世界是怎么回事。"这块木头一定来自于某一棵树，树上有年轮，你可以由此了解这棵树在哪里生长，当地的天文、地理、气候的情况大致如何。进一步，可以了解整个地区，甚至整个宇宙。这就是西方著名的"小宇宙、大宇宙"的观念。从小宇宙可以看到大宇宙，大宇宙就浓缩在每一个细节里面。天下的事情其实都是相通的。

英国哲学家休谟（Hume，1711—1776）讲过一个有趣的故事。欧洲有很多城堡都藏有美酒。有一个城堡主人想卖出一批酒，就打开了一桶来宴请朋友，并邀请两位出身于品酒世家的兄弟来品鉴。第一杯酒给了哥哥，哥哥拿起酒杯摇晃一下，闻了闻，尝了一口说："酒是好酒，但是里面有皮带的味道。"宾客们听了笑成一团，葡萄酒里怎么会有皮带的味道呢？这位品酒专家今天大概失常了吧？第二杯酒请弟弟来品尝，弟弟也拿起酒杯摇晃一下，闻了闻，尝了一口说："酒是好酒，但除了有皮带的味道，还有一点铁锈的味道。"宾客们又笑成一团。大家一边品酒，一边笑话这对兄弟。但是等到这桶酒喝完，发现酒桶底部有一条皮带，皮带上面有个铁环生锈了。这兄弟俩笑到了最后。他们的确是品酒专家，可以由小见大，由细节看到整体，非常人所能及。

《世说新语》里面有一个类似的故事。在魏晋时代，晋武帝在宴席上给大家吃竹笋配白饭。席上有一个音律专家叫做荀勖（xù），他吃了几口饭就对同桌的人说："这个饭是用旧木头当柴火烧成的。"大家听了都觉得好笑，于是私底下派人去查，原来是佣人把旧车轮劈开当柴火烧了。[1]荀勖居然可以尝出烧饭的木材是旧的还是新的，这种功力绝对不亚于前面那两位品酒师。

人活在世界上，如果用心观察的话，就可以看到被常人忽略的现象。一般人都要到外面闯荡，才知道天下的情况；都要看到窗外，才知道天体运行的情况。老子则提醒我们要换一种视角。

康德（Immanuel Kant，1724—1804）是西方最重要的哲学家之一，他一辈子都没有离开自己的家乡柯尼斯堡。人们给他取了一个

---

[1] 出自《世说新语·术解》。原文：荀勖尝在晋武帝坐上食笋进饭，谓在坐人曰："此是劳薪炊也。"坐者未之信，密遣问之，实用故车脚。

绰号，叫做"住在柯尼斯堡的中国人"。因为西方传统上都把宗教信仰作为道德的基础，但康德认为应该倒过来，把道德作为宗教信仰的基础。中国人一向被认为最重视道德，所以康德就得到了这个绰号。康德在家乡念完大学后当了老师，教授各种各样的课程。他靠阅读和聊天来增广见闻。结果每个人见到康德都很惊讶，康德根本没有去过某个地方，怎么反而比去过的人更熟悉呢？换句话说，如果你善用书本和资料，再加上自己合理的推测，有可能比到处旅游的人更有见识。

"其出弥远，其知弥少"，意即：走出户外越远，领悟道理越少。你总是往外跑而缺乏深入思考的话，最后肯定会眼花缭乱。我们到各地旅游，常常是走马观花，看看热闹而已。既缺乏完整的了解，更谈不上领悟什么道理了。为什么当地有这样的风土民情，有这样的服装、饮食或习惯？你不见得清楚。

老子在结论的部分，又把圣人抬了出来。圣人是悟道的统治者，他的表现不同于一般人。"是以圣人不行而知，不见而明，不为而成"，意即：圣人不必经历就知道，不必亲见就明白，不必去做就成功。

圣人不必经历就知道，不必亲见就明白，因为他可以用耳朵倾听、用眼睛观察，用逻辑来判断某件事是否合理。如果什么事情都要亲自看到才相信，都要亲身经历才了解的话，你一辈子能看到多少东西，经历多少事情呢？可见，人类的认知能力在圣人身上发挥得淋漓尽致。

最后是"不为而成"，这是老子的核心观念。为什么能"不为而成"？因为圣人没有刻意的目的。今天发生了某种情况，一定有它必要的条件存在。只要那个条件还在，类似的状况就会一再发生。所以，圣人只是把握大的原则，其他的一切则顺势而行。

天下的事情其实大同小异，许多有经验或有学问的人都会这样说。《庄子·则阳》提到，柏矩在老子门下学习，希望到天下各地去游历。老子说天下各地是一样的。柏矩不相信，于是去齐国游历了一番。结果发现天下果然都一样：统治者好，百姓就幸福；否则，百姓就会遭殃。

西方也有类似的故事。有个年轻人在河的这一边过得不愉快，总想到河的那一边去。有一天，他遇到一个往来两岸的老船夫。他问老船夫说："河那一边的人是不是过得比较快乐？"老船夫问他："你觉得在这一边过得怎么样？"这个年轻人抱怨了半天，然后老船夫对他说："河那边的情况跟你说的完全一样。"可见，不改变自己心态的话，到任何地方去都差不多。

课后思考

老子说："走出户外越远，领悟道理越少。"这是为什么呢？是不是因为我们到户外去，往往只使用感官的功能，只是看到、听到、闻到、尝到，而较少用到理性思维呢？

第四十八章　用减法来悟道

本章内容并不复杂，比较重要的是"无为而无不为"这句话，它在《老子》里面一共出现了两次。第三十七章说"道常无为而无不为"，用它来形容道。本章用它来形容修道之人。

> 为学日益，
> 为道日损。
> 损之又损，以至于无为。
> 无为而无不为。
> 取天下常以无事，
> 及其有事，不足以取天下。

［白话］探求知识，每天要增加一些；探求"道"，每天要减少一些。减少之后还要减少，一直到无所作为的地步。无所作为却什么都可以做成。治理天下总是无所事事，等到有事要做，就不配治理天下了。

"为学日益，为道日损"，意即：探求知识，每天要增加一些；探求"道"，每天要减少一些。可见，老子把"为学"与"为道"对立了起来。

一般人对于"为学"都有直接的体会，你要追求知识，当然要每天增加。我曾在美国耶鲁大学念书，它的图书馆藏书七百多万册，与我的专业领域相关的少说也有几万册，怎么能念得完呢？我每次进入图书馆，心里都有一种很复杂的感受。两边的书架很高，需要架梯子才能够看到高处的藏书。很多人花了一辈子心血写作，看过去也只是几个书脊的宽度而已。我在美国念书四年，每天读书十二小时以上，才能勉强把书念完。这就是每天增加一些。但是念完之后，不过是从一个专业的学生变成一个专业的老师而已。天下的知识真的是学不完的。

《庄子·养生主》一开头就说："吾生也有涯，而知也无涯。以有涯随无涯，殆已。"意即：我的生命是有限的，而知识却是无限的。用有限的生命去追求无限的知识，实在是太危险了。正可谓"学无止境"，你再怎么辛苦，也无法达成求知这个目标。

相对的是"为道日损"。你想要悟道的话，就要每天减少一些。益与损相对，益是增加，损是减少。《易经》里面就有益卦和损卦。想悟道为什么要每天减少呢？因为道并非某种外在的对象，不是用眼睛、耳朵或头脑可以把握的。你若向外追逐万物，只会逐物而不返，永远不能充分理解道。事实上，道无所不在，所以道也在你的心中。你可以向内观察，对自我有一种觉悟，知道自己生命的根源是道，将来的归宿也是道。这样不就可以对"道"有更简单、更直接的理解吗？

"损"就是做减法。人们一般都希望效率更高、待遇更好、拥有更多，这就是增加。但是，现在有很多人开始提倡做减法，因为你的东西越多，关心的范围就越广，以至于顾此失彼。有些人拥有很多东西，到最后根本记不清哪些东西是自己的，他只是名义上拥有那样东西而已。你能用到的，才是你真正拥有的。所以，对于自己生活中用不到的东西，要尽量做减法，让自己越单纯越好。

老子所谓的"道"是指万物的来源与归宿。你从道而来，又回到道里面去。人生只是一个过程，一切东西都是在这个过程中借用的，所以不必太执着。道家与佛教的智慧是相通的，你可以透过宗教或道家来化解执着。其实，人生真正需要的东西并不多，所以要设法去掉各种外在事物的干扰。西方存在主义者有一句名言："拥有就是被拥有。"你拥有很多东西，你同时也被这些东西所拥有，根本身不由己。

西方近代哲学家卢梭（Jean-Jacques Rousseau，1712—1778）是启蒙运动的代表人物，对法国大革命产生了深远的影响。他的父亲是一位钟表匠，所以家里到处都是钟表。卢梭从小就有很强的时间观念，但同时也受到了很大限制。有一天，他把自己的手表丢掉，说："从现在开始，我才能够真正过自己的生活。"我们常常在想：现在几点钟？该做什么事？其实这是谁规定的？如果用钟表定好一切日程，那么我生命的主体意义何在呢？钟表应该为人服务，而不是对人构成限制。我们要养成守时的好习惯，但是不要被它束缚，否则哪里有自由可言呢？卢梭将手表丢掉之后，才觉得自己有了真正的自由。这也是一种减法，去掉一样，少一样。

《庄子》书里面三次提到"形如槁木，心如死灰"这八个字。《庄子·齐物论》一开头就提到，有一位老师叫做南郭子綦，他修行到最后，身体就像枯槁的木头一样，没有任何本能、冲动与欲望；而心思就像死灰一样。学生发现老师的神情跟以前不一样，就去请教老师。①"形如槁木，心如死灰"说明身与心两方面都要进行修炼，修炼的方法就是"为道日损"，将自己的本能、冲动、欲望尽量化解，将个人复杂、执着的念头统统去掉。只有将自己完全放空，内

---

① 原文：南郭子綦隐几而坐，仰天而嘘，荅焉似丧其耦。颜成子游立侍乎前，曰："何居乎？形固可使如槁木，而心固可使如死灰乎？今之隐几者，非昔之隐几者也。"

心才能得到光明。

《庄子·人间世》用"虚室生白"来描述这种状态，亦即空的房间很容易显得光亮。假如你有一个仓库，里面堆满了货物，那么你用再亮的灯去照，还是会有阴影。相反，你将仓库清空，只要一根蜡烛就能照亮整个空间。

以老子来说，他不是强调"三去"吗？要"去甚，去奢，去泰"，即去除极端，去除奢侈，去除过度。他不是劝我们少私寡欲吗？这些都是损的工夫。去到最后，什么都放下了。

老子继续说："损之又损，以至于无为。无为而无不为。"意即：减少之后还要减少，一直到无所作为的地步。无所作为却什么都可以做成。为什么本书始终把"无为"解释成"无心而为"呢？答案就在这里。你不断减损，将身心各种动态的要求都去掉了，最后当然是无心而为。但是这种无为的效果令人惊讶，因为"无为而无不为"。第三十七章说"道常无为而无不为"，本章说圣人无为而无不为，代表圣人确实是悟道的统治者。

"取天下常以无事，及其有事，不足以取天下。"意即：治理天下总是无所事事，等到有事要做，就不配治理天下了。"取天下"意为"治理天下"，代表圣人具有统治者的身份。圣人想将天下治理好，但是他不会发布太多政令，制定太多政策。百姓可以按照自己本能的需求来生活，自己达到一种动态的平衡。结果圣人看上去无所事事，却将天下治理得很好。统治者如果一定要做这个、做那个，让天下变得扰攘多事，就不配治理天下了。

按照老子的说法，难道统治者什么都不做吗？事实上统治者是悟道的，他可以看到整体的状态以及发展的趋势。他知道对人最重要的，莫过于享受平安愉快的生活。现在提出各种新的政策，能让百姓过得更好吗？不一定。事实上，很多政策都是在做实验，实验的效果不理想，中间就有很多人牺牲了，甚至可能引发社会的动乱，所以多一事不如少一事。

第十七章提到治理百姓有四种层次，最高层次就是"下知有之"，百姓只知道有统治者存在，却不知道他做了什么。最后万事顺利，百姓过得平安愉快，都认为"我们是自己如此的"。这不是最理想的状况吗？统治者无心而为，百姓过得很快乐，觉得"我们自己管好了自己"，那不是最高明的统治吗？

收获与启发

"为道日损"意即，你要追求道的话，每天要减少一些，并且要慢慢减少。首先要尽量减少自己的欲望和复杂的念头，但并非从此消极无为。为还是要为，但是要记得"无心而为"，不要有刻意的目的，要承担好自己的责任，做自己该做的事。

课后思考

学生去念书，就要每天增加一些。为学与为道的方向不一样，但两者并不矛盾。我们一辈子都在为学，每天增加一些，但是我们知道，增加是为了保存和发展正确的知识与观念；而"为道"则有助于个人的修身养性。人活在世界上，要过得平安愉快，其实需要的东西很少。你对此有何个人的心得？

第四十九章　把百姓当孩子

　　本章也是专门谈圣人的。老子笔下的圣人是一个虚拟的角色，代表悟道的统治者。古代社会只有统治者在发号施令，百姓属于被统治者，他们的幸福和快乐往往系于统治者的一念之间。圣人是悟道的统治者，是非常正面的角色，他悟道之后的表现让人惊讶，也让人赞叹。

　　　　圣人常无心，以百姓心为心。
　　　　善者，吾善之；
　　　　不善者，吾亦善之；德善。
　　　　信者，吾信之；
　　　　不信者，吾亦信之；德信。
　　　　圣人在天下，歙（xī）歙焉，为天下浑其心，
　　　　百姓皆注其耳目，
　　　　圣人皆孩之。

　　［白话］圣人总是没有意念，而是以百姓的意念作为自己的意念。善良的人，我善待他；不善良的人，我也善待他；这样可使人人行善。守信的人，我信任他；不守信的人，我也信任他；这样可使人人守信。圣人立身于天下，谨慎收敛啊，使天下人的意念归于浑然一体，百姓都努力在听在看，圣人把他们都当成纯真的孩童。

关于本章第一句话，王弼本写作："圣人无常心，以百姓心为心。"即圣人没有固定的意念，他以百姓的意念作为自己的意念。听起来似乎有道理，但是帛书乙本写作"圣人恒无心"，本书据此将原文改为"圣人常无心"。

在老子笔下，"常"从来没有不好的意思。譬如，第一章"道可道，非常道；名可名，非常名"，这里的"常"代表永恒或恒久，都是好的意思。又如，"知常曰明"，即了解常道、常理就是一种启明。如果"常"都代表好的意思，老子怎么可能说"圣人无常心"呢？

《庄子·德充符》里面出现过"常心"这个词，他说："以其知得其心，以其心得其常心。"意为：经由人的认知能力去把握主导自我的心，再经由主导自我的心去把握普遍相通的常心。这里的"常心"代表普遍相通的心，也是好的意思。所以不能说"无常心"，而要说"常无心"，即圣人总是没有刻意的念头。

那么圣人有没有"常心"（固定的想法）呢？答案是肯定的。圣人是悟道的统治者，他要以特殊的作为（无心而为）来造福百姓，这就是他的"常心"。圣人如果完全没有固定的意念，他不想照顾百姓，不想让大家过得平安愉快，圣人岂不是随波逐流吗？如果百姓要什么，他就跟着改变，那如何治理百姓呢？凭什么说他悟道呢？所以圣人一定有常心，他有固定的智慧；但是他"常无心"，他不会刻意做什么事。可见，"常无心"与"有常心"这两个词并不矛盾，两者都不可或缺。圣人一方面常无心，一方面又有常心。

譬如，做父母的学了道家之后，该怎样教育孩子呢？首先，你当然会有"常心"（固定的意念），总是希望孩子过得平安愉快，学习和生活都很顺利，但是在教育过程中，你要"常无心"，亦即总是保持一种无心而为的态度，充分了解孩子，让他顺着自身的兴趣、愿望和才华的方向去发展，以孩子的心为心。只有做父母的高瞻远瞩，才能把握好这两个方面。否则，如果父母教育孩子完全没有自己的想法，全部按照孩子的想法来，那么后果不堪设想，因为孩子天真幼稚，无法克制自己的本能、冲动和欲望。他如果整天都要玩手机怎么办？

"善者，吾善之；不善者，吾亦善之；德善。"善良的人，我善待他；不善良的人，我也善待他；这样可使人人行善。可见，圣人心里确实有固定的意念，所以对于善良和不善良这两种人能够同样善待，最后使人人都变得善良。"德"与"获得"的"得"相通。"德善"就是获得了善，使人人行善。

"信者，吾信之；不信者，吾亦信之；德信。"意即：对守信的人，我信任他；不守信的人，我也信任他；这样可使人人守信。老子有无限的包容。善人行善固然很好，不善的人也有他的苦衷，也许他有偏差的观念，也许他一时冲动，没有克制住自己的欲望。圣人体谅别人的难处，对于善人与不善人都能善待。最后大家发现，原来有一个像母亲一样的人在包容我们，关爱我们。做父母的大都有这种经验，对于不听话的孩子，要多了解他、包容他，总有一天他会回到正路上来的。对于不守信的人亦然。

"圣人在天下，歙（xì）歙焉，为天下浑其心"，意即：圣人立身于天下，谨慎收敛啊，使天下人的意念都归于浑然一体。这同样表明圣人有自己的想法。他谨慎收敛，使天下人都能够"浑其心"，亦即使所有人的意念都归于浑然一体。不要去分辨谁善谁不善，谁信谁不信；对于不善的、不守信的人，圣人通通包容。最后大家发现，我们是一家人、一国人，是同一个天下的人，为什么不能好好相处呢？

这就是老子的智慧所在，他总能看到根源与归宿。在人生的过程里面，每个人都有各自的遭遇，因而会有不同的观念与表现，但最后还是浑然一体。不要忘记：我们都来自于道，最后又回归于道，活在世界上是很难得的机缘。老子希望藉此打破"存在上的虚无主义"，让人们珍惜自己的生命。

最后的结论是："百姓皆注其耳目，圣人皆孩之。"意即：百姓都努力在听在看，圣人把他们都当成纯真的孩童。这就像父母教导孩子一样，父母肯定有自己的想法，但他不会直接让孩子按照自己的想法去做。他知道从整体来看、从长远来看，哪种方式对孩子最好。

百姓就像孩子一样"注其耳目"，努力用耳朵听、用眼睛看。圣人能够多方开导他们，包容他们，对所有人都可以接受与欣赏。百姓慢慢会发现，以认知作为区分可能带来各种灾难，于是他们设法避开灾难，走上一条比较正确的路。让百姓统统启明的可能性很小，圣人把百姓当作孩子，不仅有包容、欣赏之心，也有鼓励、支持之意。久而久之，百姓自然就会发挥出正面的潜能。

收获与启发

根据帛书乙本，本章第一句话要写作"圣人常无心"，亦即我们常说的"无心而为"。帛书甲本此处有脱漏，原文看不清楚。圣人的目的（常心）是要让天下百姓"浑其心"，大家完全打成一片。

课后思考

学了这一章之后，你对于教育子女有什么新的想法吗？

第五十章　养生的秘诀

本章内容比较单纯，老子告诉我们人的生与死是怎么回事，以及要如何养生才能保护自己。

> 出生入死。
> 生之徒，十有三；
> 死之徒，十有三；
> 人之生生，动之于死地，亦十有三。
> 夫何故？以其生生之厚。
> 盖闻善摄生者，
> 陆行不遇兕（sì）虎，
> 入军不被甲兵。
> 兕无所投其角，
> 虎无所用其爪，
> 兵无所容其刃。
> 夫何故？以其无死地。

[白话] 人是从生命出发，走入死亡的。属于长寿的，占十分之三；属于短命的，占十分之三；想要照顾生命，却往往走向死亡的，也占十分之三。这是什么缘故？是因为照顾生命太过度了。听说善于养护生命的人，在陆上行走不会遇到犀牛与老虎，在战争中不会被兵器所伤。犀牛

用不上它的角，老虎用不上它的爪，兵器用不上它的刃。

这是什么缘故？因为他没有致命的要害。

本章以"出生入死"开头，听起来气势磅礴，以为将士要奔赴战场，冒险犯难，将生死置之于度外。事实上，这句话与一个人勇不勇敢毫无关系，老子讲的是客观的自然现象。

"出"代表出生、开始，"入"代表结束。"出生入死"，意即：人都是从生命出发，走入死亡的。宇宙万物凡是有生命的东西，不都是有开始也有结束吗？

接着，老子采用三分法，将人分为三种：第一种是长寿的，第二种是短命的，第三种是想要好好照顾生命却提早死亡的。这种分类显然没有统计学上的根据，只是大致的区分。"生之徒，十有三；死之徒，十有三"，意即：属于长寿的，占十分之三；属于短命的，占十分之三。

另外，"人之生生，动之于死地，亦十有三。夫何故？以其生生之厚。"意即：想要照顾生命，却往往走向死亡的，也占十分之三。这是什么缘故？是因为照顾生命太过度了。换句话说，有的人生于古代富贵之家，他想要好好照顾生命，结果照顾得太过头了，反而提早报销。现代有很多人得了富贵病，不就属于此类吗？

这三种人加起来是十分之九，剩下的十分之一则是"善摄生者"，即极少数懂得养生的人。他们通过摄取好的营养、避开危险的环境来保护自己，让自己可以活得长久一点。这样的人养生有什么独到之处呢？他们会注意到自然界与人类世界两个方面的情况。这依然是老子一贯的思维模式。

首先，要注意自然界的威胁。老子说："盖闻善摄生者，陆行不遇兕（sì）虎。"意即：听说善于养护生命的人，在陆上行走不会遇到犀牛与老虎。"兕"就是犀牛，"虎"就是老虎。犀牛的角很锋利，能把车子撞翻；老虎的爪子很厉害，除非你是武松，不然最好避开老虎。其实，他们并非不会遇到犀牛与老虎，而是懂得避开危险。

老子为何会提到犀牛与老虎呢？我们可以参考孟子的说法。孟子说，商纣王为了个人的享受，将很多农田变成他的狩猎场，里面逐渐聚集了虎、豹、犀、象四大猛兽，其中就有虎与犀。可见，虎与犀给古人留下了深刻的印象。①

《诗经·何草不黄》说："匪兕匪虎，率彼旷野。"意即：不是犀牛，也不是老虎，却在旷野里走动。司马迁在《史记·孔子世家》里面，特别提到了孔子的感叹。当孔子周游列国的时候，前不着村，后不着店，不知道该往哪里去，他就感叹地念了这句诗："匪兕匪虎，率彼旷野。"然后依次问子路、子贡、颜渊这三个学生："我们不是犀牛也不是老虎，为什么在旷野里面走来走去呢？"孔子对颜渊的回答最满意，颜渊说："我们不被人所用，以至于周游列国，跑来跑去，这不是我们的损失，而是那些诸侯的损失。我们还是要尽自己的力量修德行善。"②

另外，也要注意人类世界的威胁。"入军不被甲兵"，意即：在战争中不会被兵器所伤。战场是人类世界最危险的地方。古代的战

---

① 出自《孟子·滕文公下》。原文：及纣之身，天下又大乱。周公相武王，诛纣伐奄，三年讨其君，驱飞廉于海隅而戮之。灭国者五十，驱虎豹犀象而远之。天下大悦。

② 原文：孔子曰："回，《诗》云'匪兕匪虎，率彼旷野'。吾道非邪？吾何为于此？"颜回曰："夫子之道至大，故天下莫能容。虽然，夫子推而行之，不容何病，不容然后见君子！夫道之不修也，是吾丑也。夫道既已大修而不用，是有国者之丑也。不容何病，不容然后见君子！"

争只是区域性的，武器还比较原始，只要躲远一点就能避开危险。今天的武器威力巨大，人们很难躲避。换句话说，你如果想好好养生的话，不是要练武功胜过其他人，而是要懂得避开危险。这需要智慧的判断，但是基本上每个人都能做得到。

"兕无所投其角，虎无所用其爪，兵无所容其刃"，意即：犀牛用不上它的角，老虎用不上它的爪，兵器用不上它的刃。"夫何故？以其无死地。"老子等于自问自答。这是什么缘故呢？因为他没有致命的要害。事实上，是他避开了所有可能的危险。

进一步引申来看，万物都有它的爪与角，人间更是如此。人活在世界上，哪里没有危险呢？就算是在餐桌上，你每次多吃一点，最后也会患上富贵病，餐桌不就是危险的地方吗？人与人相处，表面看起来很融洽，暗地里却可能勾心斗角。这里也用了"角"这个字，说明人情险诈，世路崎岖，到处都有危险。那怎么办？只有一个办法，要让自己没有致命的要害。简单来说，自己没有过度的欲望就不会执着，也就不会被人所害。王弼在注解中说："没有任何欲望来拖累自己，哪里会让自己置于死地呢？"[1]

收获与启发

老子先讲"出生入死"，然后将人分为三大类：有的长寿，有的短命，有的为了养生而提早报销。最后剩下的十分之一是"善摄生者"，他们是我们学习的目标。

《庄子·养生主》里面提到"庖丁解牛"的故事，听起来很神奇，其中有一个原则就是"游刃有余"。庖丁有一把非常薄的刀，几

---

[1] 原文：斯诚不以欲累其身者也，何死地之有乎！

乎没有什么厚度；而牛的骨头与骨头之间、筋与肉之间都有空隙。用非常薄的刀在牛骨的缝隙中小心穿行，就叫做"游刃有余"。[①]换言之，在人间行走要像那把刀一样，走在各种空隙里面，而不要硬碰硬。普通的厨师三个月换一把刀，好厨师一年换一把刀，而庖丁的刀用了十九年，肢解过数千头牛，刀刃就好像刚在磨刀石上磨过一样。这就是庄子所说的养生宗旨。

另外，《庄子·达生》里面也讲了两个寓言，分别针对自然界的危险与人间的危险两个方面。第一个故事说，鲁国有一个人名叫单豹，活到七十岁，脸色红润得像婴儿一样。他为什么可以保养得那么好呢？因为他住在偏远的岩洞里，空气清新，水质干净，与人间保持距离。但是，他后来被一只饿虎吃掉了，因为他住得离城镇太远，所以老虎来的时候没有人可以保护他。这是由于自然界的危险而丧命的。另一个故事说，有一个人名叫张毅，凡是高门大院的富贵人家，他无不奔走钻营，结果活到四十岁就患内热病而死。内热病类似于今天的富贵病。这是由于人间的危险而丧命的。[②]

可见，庄子掌握了老子的思维模式。任何问题出现，就看两个方面：自然界如何，人的世界如何。两个方面的危险都能避开，就是智慧的表现。所以人在修炼的时候，一定要记得恰到好处。你喜

---

① 原文：彼节者有间而刀刃者无厚，以无厚入有间，恢恢乎其于游刃必有余地矣。是以十九年而刀刃若新发于硎。

② 原文：鲁有单（shàn）豹者，岩居而水饮，不与民共利，行年七十而犹有婴儿之色，不幸遇饿虎，饿虎杀而食之。有张毅者，高门县（xuán）薄，无不走也，行年四十而有内热之病以死。豹养其内而虎食其外，毅养其外而病攻其内。此二子者，皆不鞭其后者也。

欢大自然，也不能脱离人间太远；你喜欢人间，也要与人保持距离。否则，两个方面都可能让你受害。

课后思考

你可能对于"生生之厚"四个字颇有感触。太注重养生，可能导致营养过剩，反而给身体造成更大的负担。另外，我们要学会避开不必要的危险。譬如"马路如虎口"，要老老实实遵守交通规则，同时小心提防别人酒驾。要尽量排除不必要的欲望，这样就能活得比较安全，比较长久。你对此有何心得？

第五十一章　道与德的意义

本章内容比较丰富，谈到"道"与"德"同万物的关系。

> 道生之，德畜（xù）之，
> 物形之，器成之。
> 是以万物莫不尊道而贵德。
> 道之尊，德之贵，夫莫之命而常自然。
> 故道生之，德畜之，
> 长之育之，亭之毒之，养之覆之。
> 生而不有，
> 为而不恃，
> 长而不宰，
> 是谓玄德。

[白话] 由道来产生，由德来充实，由物质来赋形，由具象来完成。因此，万物无不尊崇道而重视德。道受到尊崇，德受到重视，这是没有任何命令而向来自己如此的。所以，由道来产生，由德来充实，进而来成长来培育，来安定来成熟，来滋养来照顾万物。产生万物而不据为己有，化育万物而不仗恃己力，引导万物而不加以控制，这就是神奇的德。

本章的最后四句话"生而不有，为而不恃，长而不宰，是谓玄德"在第十章出现过。我们据此推测，《老子》这本书应该是把一些修行有成的人的心得汇编而成的，因为一个人写作没有必要在短短五千言里重复同一段话。

《老子·第四十二章》说："道生一，一生二，二生三，三生万物。""一"代表元气，"二"代表阴气与阳气，"三"代表阴气、阳气与和气。"和气"就是阴阳以某种比例混合而构成的和谐稳定的状态。而"三生万物"是怎么回事呢？这么简单就生出万物了吗？本章可以帮助我们进一步理解万物的生成过程。

"道生之，德畜（xù）之"，意即：由道来产生，由德来充实。由第一句"道生之"可见，老子的立场很明确，万物连同天地在内，都来自于道。第二句是"德畜之"。老子所谓的"德"就是获得的"得"。万物从道而来，都获得道的某种加持。道赋予万物各自不同的本性，就叫做由德来充实。比如，一朵花先是含苞待放，然后花朵盛开，最后枯萎凋零。花的本性里就包含了从生长到结束的整个过程，这些都属于"德"的运作过程。植物如此，动物亦然。万物从"道"产生，从"德"获得充实的本性，从而成为具体存在的东西。

接着，"物形之，器成之"这两句比较具体。"物形之"即由物质来赋形。"形"字可以理解为形式。人在认识一样东西的时候，首先会把它归类，说这是花，那是草，这是牛，那是马。它们有各自的形式，可以让人做出判断。同时，一定要有物质，才能使一样东西显示为某种形式。如果没有物质，根本无法构成任何形式。

光有形式还不够，还需要"器成之"，即由具象来完成。一定要有具体的材料，才能完成个别的东西。所以，一个是形式，一个是质料（材料）。"形式"与"质料"是古希腊哲学家亚里士多德

（Aristotle，384—322 B.C.）的哲学术语。老子（约 571—471 B.C.）也有类似的观念，而且他的年代比亚里士多德还要早。

"物形之"的"形"代表由物质来赋予它某种形式，让你知道它属于哪一"种"东西。"器成之"的"成"代表具体的质料使它成为个别的东西，而不是别的东西。譬如，在"物形之"的阶段，你发现这是牛，而不是马。到"器成之"的阶段，你发现是这头牛，而不是别的牛。这样一来，宇宙万物的个别性不就被人统统掌握了吗？

我们所见的万物已经到了第四步，它一定是具体、个别的东西。我们看到一头个别的牛，这是"器成之"；然后说它属于牛这一"种"生物，这是"物形之"。再往上推，是道赋予了它某种德，使它可以存在。

王弼本《老子》这里写作："道生之，德畜之，物形之，势成之。"问题是《老子》书里面"势"字只出现这一次，所以很难解释清楚。然而，帛书甲本乙本都写作"器成之"。《老子》书里面，"器"字多次出现，可以互相参照。比如，第二十八章说"朴散则为器"。"朴"是指尚未加工的原木，它散开来就变成了"器"，这个"器"代表个别的东西。第二十九章说"天下神器"，即人类世界形成一种和谐的状态，可称为神妙的器具，这个"器"是指具体的器具。第六十七章说"不敢为天下先，故能成器长"，这个"器"代表许多个别的人，"器长"是指这些人的领导。由此可见，在《老子》书里面，"器"就是指具体而个别的东西。所以"物形之，器成之"的说法比较合理。

接着，老子说："万物莫不尊道而贵德。"意即：万物无不尊崇道而重视德。事实上，万物哪里有尊重不尊重、重视不重视的问题呢？只有人类才有选择的可能性，才能尊重与重视。其实，老子想要强调的是后一句话："道之尊，德之贵，夫莫之命而常自然。"意即：道受到尊崇，德受到重视，这是没有任何命令而向来自己如此的。这里又出现了"自然"一词。《老子》书里面，"自然"一词总共出现了五次，意思都是"自己如此的样子"。

说宇宙万物都尊重道而重视德，代表宇宙万物都按照固定的规律不断运作，天体不断运行，万物不断生长发展、枯萎凋零，没有任何例外。"万物莫不尊道而贵德"这句话实际上是讲给人听的，只有人才能做出选择，那么你要不要尊重道而重视德呢？

道与德到底是怎样对待万物的？老子用了六个词来描述，即"长之育之，亭之毒之，养之覆之"。意即：来成长来培育，来安定来成熟，来滋养来照顾万物。让人听起来非常温暖。

一般很少用到"亭之毒之"这个说法。我念高中的时候，看到老师在文章里用到"亭之毒之"，完全不懂它是什么意思。查字典之后才知道，原来这个词出自《老子》，意思是要让一样东西安定、成熟，它描述的是"道"照顾万物的一个过程。我当时大为惊讶，觉得这位老师好有学问。我们在学习中要养成一个习惯，对于大家都知道的东西，不用费太多力气；对于平时很少见的说法，就要特别用心。

"毒"字在古代经典中偶尔会出现。《易经》中有一个"师卦"，"师"代表军队或众人。师卦的《象辞》特别提到，打仗是为了什么？是要"以此毒天下"。"毒"在这里是好的意思，意为让天下安定。打仗是有毒的，因为它会带来伤亡。但是，由这个小毒可以避开大毒。若要保家卫国，有时非打仗不可。所以"毒"字不能只从字面上来理解。

关于宇宙万物是如何产生的，第四十二章提到"道生一，一生二，二生三"，本章又描述了万物生成的六个步骤。其中，"物形之，器成之"这句话尤为重要，可以帮助我们对老子的宇宙创生论有更完整的了解。

最后的结论是："生而不有，为而不恃，长而不宰，是谓玄德。"意即：产生万物而不据为己有，化育万物而不仗恃己力，引导万物而不加以控制，这就是神奇的德。这是形容道的表现，实在令人赞叹。第十章也出现过同样的话，用来描写圣人的作为。圣人是悟道的统治者，当然要效法道的表现。

课后思考

"尊道而贵德"这句话提醒我们，要尊重宇宙万物的来源，并珍惜自己的本性（德）。每个人都有自己的本性，都有认知和欲望能力。要做到"贵德"，就要听取老子的建议，建立正确的"知"，以便有正确的"欲"。要设法用减法，将各种外来的偏差观念慢慢去掉。你对此有何看法？

第五十二章　守住根本

本章首先对"道"做了一个较为完整的说明，与第一章遥相呼应；然后描述了圣人悟道之后的具体表现。

> 天下有始，以为天下母。
> 既得其母，以知其子；
> 既知其子，复守其母，没身不殆。
> 塞其兑，闭其门，终身不勤。
> 开其兑，济其事，终身不救。
> 见小曰明，守柔曰强。
> 用其光，复归其明，
> 无遗身殃，是为袭常。

［白话］天下万物有一个起源，就以它作为天下万物的母体。把握了作为母体的，可以由此认识它的孩子；认识了作为孩子的，再回去持守着母体，那么至死都不会陷于危险。塞住感官的出口，关上欲望的门径，终身都没有病痛。打开感官的出口，满足欲望的目标，终身都不可救治。能够察见细微，称为启明；能够持守柔弱，称为坚强。运用理智的光亮，返回到启明境界，不给自己带来灾害，这就叫做保持恒久状态。

"天下有始，以为天下母"，意即：天下万物有一个起源，就以它作为天下万物的母体。本章一开头就提到"始"与"母"这两个字，直接呼应了第一章所说的"无名，万物之始；有名，万物之母"。

"既得其母，以知其子"，意即：把握了作为母体的，可以由此认识它的孩子。这句话可与"有名，万物之母"对照来看。譬如，"马"这个名称（**有名**）包括了天下所有个别的马，所以"马"这个名称是"母"，个别的马是"子"。"既得其母，以知其子"是说，你只要把握了作为母体的"马"的本性，就可以认识所有个别的马。

重要的是下一句话："既知其子，复守其母，没身不殆。"意即：认识了作为孩子的，再回去持守着母体，那么至死都不会陷于危险。老子很喜欢用"守"这个字，譬如第三十二章、第三十七章都提到"侯王若能守之"。"既知其子，复守其母"是说，你通过个别的马掌握了马的本性，就要守住马的共同特性。换言之，你了解了马的本性之后，对于个别的马就不要有过度的要求，不要让马去做牛或狗所做的事。古代是农业社会，马可以拉车，牛可以耕田，狗可以看门，它们各有各的作用，因为它们的本性不同。

一般人都认为"有伯乐然后有千里马"，《庄子·马蹄》则描写了伯乐训练千里马的方法。经过他的培养训练，马已经死了一大半了。可见，马有自己的本性。你如果勉为其难，非要将它训练成千里马，那么大多数马都要牺牲了。①

---

① 原文：及至伯乐，曰："我善治马。"烧之剔之，刻之雒之，连之以羁馽（zhí），编之以皂栈，马之死者十二三矣；饥之渴之，驰之骤之，整之齐之，前有橛饰之患，而后有鞭荚之威，而马之死者已过半矣。

《庄子·达生》讲了另外一个故事。有个人驾马车的技术天下第一，但是明眼人一看就知道，马再跑几圈就要失足了，因为它的力气已经耗尽了。[①]每一样东西都有它的本性，如果你欲望太多，使用过度的话，就会产生问题。说明你只知道"子"，却没有守住它的"母"。

接着两句话谈到人的感官和欲望。"塞其兑，闭其门，终身不勤"，意即：塞住感官的出口，关上欲望的门径，终身都没有病痛。王弼认为，"勤"代表勤劳，"终身不勤"就是终身不用做什么事了。但不少专家指出，"勤"字在这里借为"癙"（qín），意为"病痛"。亦即对于感官与欲望的需求要适可而止，就不会有什么病痛。这样解释比较合理。

"开其兑，济其事，终身不救"，意即：打开感官的出口，满足欲望的目标，终身都不可救治。把"勤"解释为"病痛"，正好与本句的"救治"相呼应。《老子》历代的注解非常多，有时让人很难判断取舍。我们要综合各家的说法，看看哪种说法更合理。

人活在世界上，要注意把握自己的感官与欲望。开头谈到"母"与"子"的关系，就是让你正确使用感官与认知能力，了解每样东西的本性及适用范围，做到适可而止，而不要用人的想法去勉强它。

老子接着又提到"明"与"强"这两个词。"见小曰明"，意即：能够察见细微，称为启明。"见小曰明"确实很有道理。谁看不到大的东西呢？但是很少有人注意到小的地方。俗话说："魔鬼藏在细节

---

① 原文：东野稷以御见庄公，进退中绳，左右旋中规。庄公以为造父弗过也，使之钩百而反。颜阖遇之，入见曰："稷之马将败。"公密而不应。少焉，果败而反。公曰："子何以知之？"曰："其马力竭矣，而犹求焉，故曰败。"

里面。"只有看到细节，才知道它的关键何在。

"守柔曰强"，意即：能够持守柔弱，称为坚强。这与表面所见的不一样。你本身很强，再守住它，这并不是真正的强，恐怕是外强中干；能够守住柔弱，才是真正的强。老子在这里为"明"与"强"下了定义，目的是提醒我们：能够注意细节并收敛自己，才是真正的"明"与"强"。

"用其光，复归其明"，意即：运用理智的光亮，返回到启明境界。"光"代表理性的光明。每个人都有理性，运用理智的目的是要返回启明状态。亦即回到原始的自然状态，可以从"道"来看一切。这不需要每天增加，而是要每天减少，并注意到关键的细节。

"无遗身殃，是为袭常"，意即：不给自己带来灾害，这就叫做保持恒久状态。可见，老子的目的依然是希望你能够保全自己，善度一生。

《庄子·应帝王》里面有一则著名的寓言，形象地描述了感官与欲望的问题。南海的帝王是儵，北海的帝王是忽，中央的帝王是浑沌。儵与忽非常聪明，反应敏捷，他们两人经常要到浑沌的土地上见面，浑沌待他们非常友善。所谓"浑沌"，就是一团和气，就像《老子·第二十五章》所说的"有物混成"。后来儵与忽想报答浑沌的美意，就商量说："人都有七窍，用来看、听、饮食、呼吸，惟独浑沌什么都没有，我们试着为他凿开。"于是，他们每天帮浑沌凿开一窍，七天之后浑沌就死了。①

---

① 原文：南海之帝为儵（shū），北海之帝为忽，中央之帝为浑沌。儵与忽时相与遇于浑沌之地，浑沌待之甚善。儵与忽谋报浑沌之德，曰："人皆有七窍以视听食息，此独无有，尝试凿之。"日凿一窍，七日而浑沌死。

人不就是如此吗？小孩子总是一团和气，天真无邪。随着年龄的增长，慢慢懂得看好看的，听有趣的，吃有滋味的，闻比较香的，逐渐有了分别心。区分之后就出现了欲望，总想要更稀有、更珍贵的东西，结果让自己陷入欲望的困境，失去了平安与快乐。

那么对于感官和欲望应该采取什么态度呢？老子不是让你完全不用感官、不要有欲望，而是让你保持一种最低的需求。比如，你看东西看累了，可以闭上眼睛休息一下，这个你完全可以自己控制。你不能说身不由己，非看不可。重要的是去想一想：我到底看到了什么？听到了什么？对我有什么启发？

所谓"收敛"，并非完全不用感官、完全没有欲望，而是要收敛到内心里面加以判断：我使用这个感官起到了什么效果？我需要这么多吗？这种欲望对我来说真的有意义吗？我是否一直在盲目地向外追逐？所谓"损之又损"，一定要回到内心里面加以衡量，加以品味。要记住，除了取得你所要的之外，更重要的是享受你所有的，不用一天到晚向外去发展。

课后思考

关于"见小曰明"，历史上有一个著名的典故。商纣王有一位叔叔叫做箕子。商纣王接受了别人所献的一双象牙筷子，非常喜欢，拿在手里一直把玩，箕子就知道商朝危险了。商纣王一个小小的举动，就让有智慧的箕子产生了警惕。所以，我们要学习"见小曰明"的智慧，从小地方看出一个人的个性或一件事的成败。你对此有哪些经验与观察？

第五十三章　那是强盗头子

　　本章介绍《老子·第五十三章》。从这个标题就可以看出来，本章所谈的是天下大乱的情况。对于这种乱局，老子认为统治者要负全部的责任。

> 使我介然有知，行于大道，
> 唯施（yí）是畏。
> 大道甚夷，而人好（hào）径。
> 朝甚除，田甚芜，仓甚虚；
> 服文彩，带利剑，厌饮食，财货有余；
> 是谓盗夸。非道也哉！

　　[白话]假使我确实有所认识，就会顺着大道走去，只担心误入歧途。大道很平坦，可是人君却喜欢走斜径。朝廷很腐败，田园很荒芜，仓库很空虚，但他却还是穿着锦绣衣服，佩带锋利宝剑，饱餍精美饮食，财货绰绰有余，这样就叫做强盗头子。根本不是正途啊！

　　本章说明了统治者悟道与没悟道的差别何在。"我"代表悟道的统治者。事实上，很多国君也希望能够悟道，找到治理国家的康庄大道。老子强调"大道甚夷"，即真正的大道是很平坦的。今天人们喜欢说"大道至简"，可能就与老子的这句话有关。

"使我介然有知，行于大道，唯施（yí）是畏"，意即：假使我确实有所认识，就会顺着大道走去，只担心误入歧途。"介"字有两个常见的用法，一个代表微小，一个代表坚固。如果"介"代表微小的话，这句话的意思就成了：假使我对于"道"小有所知，就如何如何。但是对于"道"，知就是知，不知就是不知，小有所知能够算"知"吗？

　　所以，要把"介"理解为"坚固"。"使我介然有知"意为"假使我确实有所认识"。老子把人的认识能力分成三个层次：区分、避难、启明。"我"（圣人）抵达启明的境界，当然是对"道"有确切的认识。然后，我就会顺着大道走去，因为"上士闻道，勤而行之"。我设法清静无为，稍安勿躁，只担心自己误入歧途。所谓"误入歧途"，就是把焦点放在现实生活的享受上，放纵感官的欲望，那样就走偏了。

　　"大道甚夷，而人好（hào）径"，意即：大道很平坦，可是人君却喜欢走斜径。王弼本写作"而民好径"，这显然有一些问题，因为后面讲的都是国君造成的效果，百姓哪有选择的空间呢？所以要把"人"理解为"人君"，亦即一般的国君。换句话说，天下如果有问题，统治者要负全部的责任。古代的社会结构比较简单，只有统治者与被统治者两个阶级。在上位的统治者当然责无旁贷。

　　"朝甚除，田甚芜，仓甚虚"，意即：朝廷很腐败，田园很荒芜，仓库很空虚。这三句话反映了当时社会的乱象。朝廷为什么腐败？因为君主好大喜功，总是做表面功夫；田园为什么荒芜？因为君主总是让百姓去打仗、服劳役，使得土地无人耕种；仓库为什么空虚？因为百姓无法从事正常的生产活动，国家的税收便会枯竭。

　　"朝甚除"的"除"在这里借为"污"，亦即朝廷很腐败。《朱子治家格言》说："黎明即起，洒扫庭除。""庭除"就是庭院里污秽的地方，要把它打扫干净。朝廷很腐败，有很多污秽，这当然是由统治者造成的。田园荒芜，仓库空虚，代表民生凋敝，社会动荡不安。但是统治者照样追求个人的奢华享受，这正是问题所在。

接下来的四句话都是在批评统治者的表现。"服文彩，带利剑，厌饮食，财货有余"，意即：穿着锦绣衣服，佩带锋利宝剑，饱餍精美饮食，财货绰绰有余。国家民生凋敝，统治者却仍在聚敛钱财，他们只是为了个人的享受，而不是为了救济百姓。"服文彩"代表统治者好色，喜欢淫巧之事。"带利剑"代表统治者好勇，喜欢耀武扬威。"财货有余"代表统治者好货，喜欢聚敛财货。这三点正好是《孟子》书中所说的齐宣王的毛病。

齐宣王很不简单，他听到孟子这位前辈讲话很有道理，就虚心向他求教，并坦然承认自己有"好色、好勇、好货"三个毛病。[1]可见，无论是儒家还是道家，对当时统治者的描写如出一辙，他们无不好色、好勇、好货，说明当时社会的问题确实出在上层。统治者认为，天下都是我的，百姓也是我的。他们不关心百姓如何穷困、国家如何艰难，只要满足个人的奢侈享受就好。

中国历史上既有治世，也有乱世。治世的明君都会说："百姓有过，在予一人。"如果百姓犯了什么错，都由我一个人来负责，是我没有以身作则、教导好百姓。而乱世的昏君则会说："我个人有什么过错，都是百姓害的。"譬如，崇祯皇帝是明朝的亡国之君，他说："朕非亡国之君，但你们这些人是亡国之臣。"他将自己的责任推得一干二净。单凭这句话就知道，崇祯皇帝是个昏君。老子这四句话是自古以来对政治最直接的批判。真正的领导者要像圣人一样，"以百姓心为心"，完全替百姓着想。

---

① 见《孟子·梁惠王下》。

最后的结论是："是谓盗夸（kuā）。非道也哉！"意即：这样的领导者简直就是一个强盗头子。根本不是正途啊！在《韩非子·解老》里面，"盗夸"写作"盗竽"。竽是一种乐器，有个成语叫做"滥竽充数"。韩非子说："竽为众乐之倡，一竽倡而众乐和。"竽在众多乐器中最重要，竽先发出声音，其他乐器就开始配合。"大盗倡而小盗和，故曰盗竽"[①]，即大强盗头子在上面倡导，底下的小强盗就跟着呼应。可见，韩非子将国君比作强盗头子，将各级官员比作小强盗。

《老子》原文写作"盗夸"，"夸"有夸大、炫耀、奢侈的意思，也只有强盗头子可以如此。关于原文到底是"盗夸"还是"盗竽"，学术界还存在一些争议。韩非子是战国末期的学者，他的说法也有一定的可信度。

西方中世纪哲学家奥古斯丁（Augustinus，354—430）曾说："一个国家如果没有正义的话，那么跟一群强盗聚众滋事有什么差别呢？"统治者为了个人的享受与统治阶级的需求，到处横行霸道，欺压百姓，不就像强盗一样吗？因此，国家一定要有正义，国家存在的目的是为了百姓的福祉。统治者要好好照顾百姓，推动社会向前发展。中国与西方在这一方面的观念可谓不谋而合。

收获与启发

本章反映出老子对于天下大乱的忧虑。古代的统治者一言九鼎，能够决定国家所有的大政方针，一般百姓根本使不上力。因此，老

---

① 原文：竽也者，五声之长者也，故竽先则钟瑟皆随，竽唱则诸乐皆和。今大奸作则俗之民唱，俗之民唱则小盗必和，故服文采，带利剑，厌饮食，而货资有余者，是之谓盗竽矣。

子很希望统治者能了解道是什么。统治者如果确实对道有所认识，自然会走在正路上。但是，一般的统治者往往喜欢走斜径，找巧门，为了满足一己之私欲，搞得政治腐败、民生凋敝、国库空虚；但他照样吃好的、穿好的，聚敛财货，甚至穷兵黩武。这样的统治者相当于强盗头子，最后难免会沦于灭亡。

课后思考

老子认为，作为领导人要身先士卒，以身作则，知道自己的责任是照顾百姓，给百姓带来平安愉快的生活。这一点与儒家的观点十分类似。你对此有何看法？

第五十四章　从未脱离人间

这一章专门谈修德。对老子来说，修德并非指行善避恶而已。"德"是从"道"所获得的本性与禀赋。人的本性包含认知和意愿的能力。那么要如何修养人的认知和意愿呢？这种修养会造成怎样的效果呢？老子从未脱离人间，他关于修德的观念可与儒家相对照。最后出现的"吾"与老子笔下的圣人可以互通，因为他要"以天下观天下"。显然只有悟道的统治者才能做到这一点。

> 善建者不拔，
> 善抱者不脱，
> 子孙以祭祀不辍。
> 修之于身，其德乃真；
> 修之于家，其德乃余；
> 修之于乡，其德乃长；
> 修之于邦，其德乃丰；
> 修之于天下，其德乃普。
> 故以身观身，以家观家，以乡观乡，以邦观邦，
> 以天下观天下。
> 吾何以知天下然哉？以此。

［白话］善于建立的不可拔除，善于抱持的不会脱落，子孙依此原则，可以世代享受祭祀。这种修养用于

自身，德行就会真实；用于家庭，德行就会有余；用于乡里，德行就会长久；用于邦国，德行就会丰盛；用于天下，德行就会普遍。所以，要从我的自身去观察别人，从我的家庭去观察别的家庭，从我的乡里去观察别的乡里，从我的邦国去观察别的邦国，从我的天下去观察别的天下。我怎么知道天下的情况呢？就是用这种方法。

我们从小接触儒家思想比较多，所以这段话听起来比较亲切。老子开头三句话的目的是"子孙以祭祀不辍"，即子孙可以世代享受祭祀。这正是中国的传统观念。代表老子并未脱离人间，没有忽略社会的一般需求。所谓"祭祀不辍"，就是让子孙世代祭祀祖先，使家族得以绵延发展。要想实现这个目标，就要做到"善建者不拔，善抱者不脱"，意即：善于建立的不可拔除，善于抱持的不会脱落。善于抱持也就是善于保持。

要让一个家族世代代享受祭祀，当然只有行善。《易经·蛊卦·小象传》提到，子孙要继承祖先，最好的方法是用德行来继承（承以德也）。《易经·坤卦·文言传》说："积善之家必有余庆，积不善之家必有余殃。"一般人都用前半句"积善之家必有余庆"来互相勉励。你不断行善的话，后代就有多余的吉庆，使家族可以长期发展下去。

老子接着提出修德的五个步骤。儒家经典《大学》里面提到"修身、齐家、治国、平天下"四个层次，老子则提出"身、家、乡、邦（国）、天下"五个步骤，比儒家多了一个"乡"。说明老子在了解人间的时候，反而比儒家更为详细。

"修之于身，其德乃真"，意即：你自身去修养的话，德行就会真实。要特别注意"真"这个字，老子不会让你通过修养变成善人，而是要让你成为一个真实的人。你的"德"完全配合道的安排，有正确的认知，因而有正确的欲望，这叫做德行真实。

"修之于家，其德乃余"，意即：这种修养用于家庭，德行就会有余。换言之，如果一家人都走上正确的道路，那么家风向外推展，将会有良好的效果。《易经》中有家人卦，卦象是风火家人。下卦为火，代表一家人聚在一起充满温暖。上卦为风，代表风把火的热量向外推广出去。全家人都顺着道的安排，走在修德的路上，一家人清静无为，他们所获得的就会有余，可以向外推广，影响到周围的人。这也合乎孔子的想法。孔子说："做到孝与悌就是政治了，政治何必非要去管理别人呢？"①

"修之于乡，其德乃长"，意即：这种修养用于乡里，德行就会长久。"长"就是天长地久的意思。一个地方民风淳朴，绝非一朝一夕可以达成。一定要经过长期的积淀，才会形成当地的特色。

"修之于邦，其德乃丰"，意即：这种修养用于邦国，德行就会丰盛。"邦"就是"国"。为了避汉高祖刘邦的名讳，《老子》书里的"邦"字大都被改成了"国"字，但此处居然还保留了"邦"字。这句话代表全国人民都走在正确的路上，会产生一种循环互动的影响，德行将会非常丰盛，卓越的文化成果也将随之出现。

最后，"修之于天下，其德乃普"，意即：这种修养用于天下，德行就会普遍。"普"代表普遍，全天下都是如此。当然，古代中国人由于山海的阻隔，以为天下只有中国及其周边地区，不知道地球上还有很多其他的国家。

"故以身观身，以家观家，以乡观乡，以邦观邦，以天下观天

---

① 见《论语·为政》。原文：或谓孔子曰："子奚不为政？"子曰："《书》云：'孝乎惟孝，友于兄弟，施于有政。'是亦为政，奚其为为政？"

下"，意即：所以，要从我的自身去观察别人，从我的家庭去观察别的家庭，从我的乡里去观察别的乡里，从我的邦国去观察别的邦国，从我的天下去观察别的天下。

我怎样才能了解别人？要"以身观身"，从我的自身去观察别人。这话很有道理。你透过了解自己，就知道别人是什么情况。透过了解自己的家庭，就可以了解别的家庭。我们常说："家家有本难念的经。"你如果了解了自己家庭的状况，就会知道困难何在。别的家庭的困难虽然形态不同，但大体上是类似的。然后，从我的乡里去观察别的乡里，就知道每个乡里各具特色，各有利弊。从我的国家去观察别的国家也一样。譬如，我们国家有环境保护、气候变化等问题，别的国家也会有类似的问题。

最后，从我的天下去观察别的天下，这是怎么回事呢？你只能活在一个时代、一个社会里面，你所了解的天下是当时的天下。但是一方面，你可以想象古代或后代的天下如何；另一方面，也可以想象外国人的天下如何。事实上，人的世界基本上大同小异，绝对不要幻想在人间存在着一个乌托邦，因为人与人相处的模式是类似的。

这一切的关键在于你是否进行了修炼。你如果顺着道的方向去修炼，就会在感官与欲望方面稍做调节，由正确的知带来正确的欲。相反，如果你的认知有偏差，欲望就会越来越复杂，最后一定会出现问题。老子这样说并不代表天下人都一样，而是教人透过自己的生命，去了解别人的情况。这正是老子的智慧所在。如果你跑遍天下，最后发现哪里都差不多，那不是浪费时间和精力吗？所以你不必亲自去看，因为"人同此心，心同此理"。这与儒家的观点是一致的。

但是，儒家与道家还是有不同之处。简单来说，儒家强调的修养，是将焦点放在人与人之间的适当关系上；而道家强调的修养，重点在于保存及发展人的本性与禀赋。你要修养自己，遵照道的安排，顺其自然，建立正确的知与正确的欲；并且不能只靠加法，还要靠减法，让自己可以安身立命；然后再推到家、乡、邦、天下。这是道家的路线，与儒家并没有什么矛盾。

儒家要人行善，难道道家不要人行善吗？其实道家也要你行善，但它始终提醒你，善恶的标准是相对的，所以对于所谓的"不善者"要能够包容。儒家强调"以直报怨"，将是非善恶分得很清楚。而道家强调从"道"的角度来看，因而可以包容一切。

收获与启发

每个人都有他的"德"，亦即从"道"所获得的本性与禀赋，这个"德"也需要修炼。修炼可以从个人开始，逐渐向外推扩到家、乡、邦、天下，造成一种良好的效果。人的世界非常复杂，但每个人都可以从自己开始，开启良性的循环。

课后思考

老子强调要修炼自己，修炼的效果会不断向外推广。所以与其批判或抱怨这个社会，还不如从自己做起。今天是21世纪，我们可以先管理好自己，再将正面的效果不断推广出去。你对此有何看法？

第五十五章 向婴儿看齐

老子在这一章以婴儿作为示范,说它如何专注和谐、平安愉快,希望我们向婴儿学习。事实上,古今中外有很多人都对婴儿加以肯定。西方最有名的就是耶稣,他说:"让小孩子到我这里来,因为天国是他们的。"他肯定小孩子是纯洁的。近代西方哲学家尼采(F. W. Nietzsche,1844—1900)也说:"人的精神有三种变化:第一变变成骆驼,第二变变成狮子,第三变变成婴儿。"因为婴儿完全活在对当下的肯定之中。

> 含德之厚,比于赤子。
> 毒虫不螫(shì),猛兽不据,攫(jué)鸟不搏。
> 骨弱筋柔而握固,
> 未知牝(pìn)牡之合而脧(zuī)作,精之至也。
> 终日号而不嗄(shà),和之至也。
> 知和曰常,
> 知常曰明。
> 益生曰祥,
> 心使气曰强。
> 物壮则老,谓之不道,
> 不道早已。

[白话]保存禀赋若是深厚,就像初生婴儿一样。毒

虫不叮刺他，猛兽不抓咬他，凶禽不扑击他。他筋骨柔弱，可是拳头握得很紧；还不懂得男女交合，可是小生殖器自动挺起，这是专注到极点的缘故。他整天号哭，喉咙却不会沙哑，这是和谐到极点的缘故。懂得和谐，叫做恒久；懂得恒久，叫做启明。贪求生活享受，叫做灾殃；意念操纵体力，叫做逞强。事物壮大了，就会衰老，这称为不合乎"道"，不合乎"道"的很快就会结束。

老子在前文中三次谈到婴儿。在第十章谈到修养的时候说："随顺气息以追求柔和，能够像婴儿一样吗？"（专气致柔，能如婴儿乎？）第二十章提到圣人"如婴儿之未孩"，他好像还不懂得嬉笑的婴儿一样。第二十八章提到"复归于婴儿"，亦即回归婴儿的状态。

婴儿的身体白里透红，所以老子在这里把婴儿称作"赤子"。儒家的孟子曾说："大人者，不失其赤子之心者也。"①即德行完美的大人，不会失去他婴儿般纯真的心思，他的心是真诚无比的。但事实上，没有人可以回到婴儿状态，那是生命的初始阶段，是已经过去的事情。我们只能通过观察婴儿的状态，来想象自己小时候的样子。

"含德之厚，比于赤子"，意即：保存禀赋若是深厚，就像初生婴儿一样。初生婴儿身体柔软，偶尔摔一跤也无大碍，马上就能爬起来。老人家摔一跤则可能伤筋动骨。婴儿的身体白里透红，浑然一体，不容易受到伤害。老子特别举了三种可怕的动物来说明。

"毒虫不螫（shì），猛兽不据，攫（jué）鸟不搏"，即毒虫不叮刺他，猛兽不抓咬他，凶禽不扑击他。问题是，谁敢保证毒虫不会叮咬婴儿呢？这其实是一种比喻，老子的意思是说，婴儿没有超过

---

① 见《孟子·离娄下》。

本能的欲望，没有害人之心，所以不会跟外界产生紧张状态，让其他人或生物去防备他或对付他。婴儿本身圆满自足，没有清楚的人我之分，也没有因由区分造成的对抗。

老子接着描写婴儿的状态。首先，"骨弱筋柔而握固"，意即：婴儿筋骨非常柔弱，可是拳头握得很紧。人张开手代表要拿东西或给别人东西。一旦与他人开始互动，问题就变得复杂了。婴儿拳头握得很紧，代表它本身安分知足，对外界没有什么需求或欲望。

"未知牝（pìn）牡之合而朘（zuī）作，精之至也"，意即：婴儿还不懂得男女交合之事，可是他的小生殖器自动挺起，这是专注到极点的缘故。这里显然是以男婴为例，描写他的生命力集中而旺盛。

"终日号而不嗄（shà），和之至也"，意即：他整天号哭，喉咙却不会沙哑，这是和谐到极点的缘故。小孩子呼吸或号哭时，气息自然出于丹田，所以他的喉咙不会沙哑，这实在让人羡慕。《庄子·大宗师》里面说："真人之息以踵，众人之息以喉。"即真人的气息可以直达脚跟，而一般人只靠喉咙呼吸，所以讲不了几句话就沙哑了。

婴儿的专注与和谐是自然而然就出现的，成年人则需要努力修炼才能做到。因此，对于人来说，保存禀赋（德）就是一种修炼，保存与修炼是一回事。"专注"代表你的意念不受外界干扰，可以专注于自己的本性。本性就是德，亦即从"道"所获得的加持。能够专注于本性，代表你没有脱离根源。这样一来，可以很容易地与自己、与别人、与外物和谐相处，一切都很顺畅自然。

接着，老子展现出哲学家的特色，他连续给出四个简单的定义。"常"与"明"是正面的概念，"祥"与"强"是反面的概念。哲学家经常会觉得，一些常用概念已经变得混淆不清，需要重新澄清它们的含义，才能准确表达自己的思想。

第一，"知和曰常"，意即：懂得和谐，叫做恒久。如果经常出现对抗或动乱，一切都在动荡之中，怎么可能长久呢？

第二，"知常曰明"，意即：懂得恒久，叫做启明。只有学会从常理、常道来看，才能抵达启明的境界。亦即《庄子·秋水》所说的"以道观之，物无贵贱"。这八个字听起来很容易，但不容易做到。你悟道之后，从道的角度来看万物，会发现万物没有贵贱之分。

第三，"益生曰祥"，意即：贪求生活享受，叫做灾殃。"祥"字在古代有两种用法：一个是"吉祥"，另一个是"灾祥"或"妖祥"。这里译为"灾殃"。一个人好吃懒做，贪图享受，不是会导致灾殃的后果吗？

第四，"心使气曰强"，意即：意念操纵体力，叫做逞强。你明明到了极限，还要坚持下去，这不是逞强吗？"强"字有两个意思。"强行者有志"的"强"是指"坚持力行"。我小时候把它理解为"勉强"，不是很准确。不过，勉强与坚持力行也有一定的关联。"心使气曰强"的"强"是指"逞强"，用意念操纵体力当然是不好的。

最后的结论是："物壮则老，谓之不道，不道早已。"意即：事物壮大了，就会衰老，这称为不合乎"道"，不合乎"道"的很快就会结束。这与第三十章的说法几乎完全相同，第三十章说："物壮则老，是谓不道，不道早已。"可见，《老子》这本书应该不是一个人写的，而是将几位隐士的心得汇编而成。这些重复的地方就是证明。

"物壮则老"最直接的例子就是秦始皇吞并六国，一度壮大到了极点，但十五之年后就亡国了。他想让自己的皇位传承千秋万世，实在是一种幻想。壮大了就会衰老，这对于人或万物都是一样的。这称为不合乎道，不合乎道的很快就会消亡。

收获与启发

老子希望我们参考人类最初的状态，也就是婴儿的情况。婴儿专注到极点，和谐到极点，圆满自足。但是，婴儿一定会成长。我们小时候都很快乐，长大以后就要面对现实社会。老子说："含德之厚，比于赤子。""含"意为保存，代表保存就是一种修炼。人不可能不长大，不可能不接触外界，你要如何修炼，才能保存自己的禀赋呢？答案是要像婴儿一样专注与和谐。另外，"知和曰常，知常曰明"，这些话都很有启发性。

课后思考

我们可以借鉴圣人的修炼方法，将它用于管理自己的人生，让自己趋吉避凶，活得平安愉快。请问，你从婴儿身上学到了什么？

第五十六章　言者不知知者默

"言者不知知者默"这七个字，来自于唐朝诗人白居易的《读老子》这首诗，意即说话的人不知道，而知道的人保持沉默。白居易接着写道："若道老君是知者，缘何自著五千文。"这等于是在反问老子，你自己说言者不知，那你干吗说话呢？很多人都会用"知者不言"这句话来质疑老子，这实在是误会了老子的用意。

> 知者不言，言者不知。
> 塞其兑，闭其门，
> 挫其锐，解其纷，
> 和其光，同其尘，
> 是谓玄同。
> 故不可得而亲，不可得而疏；
> 不可得而利，不可得而害；
> 不可得而贵，不可得而贱。
> 故为天下贵。

［白话］了解的，不谈论；谈论的，不了解。塞住出口，关上门径，收敛锐气，排除纷杂，调和光芒，混同尘垢，这就是神奇的同化境界。所以人们无从与他亲近，也无从与他疏远；不能让他得利，也不能让他受害；无法使他高贵，也无法使他卑贱。因此，他受到天下人的重视。

这一章显然是在描写圣人。第四章出现过"挫其锐，解其纷，和其光，同其尘"这四句话，用它来描写"道"。本章用这四句话来描写圣人，说他不露锋芒，和光同尘，代表圣人的确是悟道的。

"知者不言，言者不知"，意即：了解的，不谈论；谈论的，不了解。我在大学期间选过《老子》这门课。第一天上课，开始十分钟老师不讲话，只是在讲台上来回踱方步。同学们都很好奇。老师发现大家都在看他，就说："各位同学，不是我不讲话，而是我们今天上的是《老子》。老子说过：'知者不言，言者不知。'所以我不知道该不该说话。我说话，就代表我不懂老子；我如果懂老子，就不能说话。"事实上，这只是从字面上去理解老子的意思。

若想真正了解《老子》，就要问：这里所谓的"知"是知道什么？所谓的"言"是谈论什么？老子的核心观念是"道"，所以老子在这里所说的绝不是一般意义的话。《老子》全书有百分之七八十都在讲一般的话。譬如，"知人者智，自知者明""甚爱必大费，多藏必厚亡"，这些话一般人很容易理解。但是，道是万物的来源与归宿，无法用言语表达清楚，所以老子才会说"道，可道，非常道"。

老子虽然说了"知者不言，言者不知"，但他仍然努力在说，代表他有深厚的爱心。这有点类似于释迦牟尼佛的心态。释迦牟尼出家修行六年，三十五岁在菩提树下悟道。他本来可以进入涅槃，但是他不忍心，于是出来宣扬佛教的道理，希望别人也能够觉悟。

接着，老子说："塞其兑，闭其门。"意即：塞住出口，关闭门户。这六个字在第五十二章出现过，内容完全一样。人的出口与门户就是人与外界接触的管道，这等于是让你收敛自己。老子并非让我们离群索居或言不由衷，他只是提醒我们：人有眼睛，自然会看；有脚，自然会出门，那么你能否稍微收敛一些呢？关键要知道自己为什么要看，为什么要出门。学会收敛自己的感官，在与外界接触时，就能保持一种自在、主动的心态。

"挫其锐，解其纷，和其光，同其尘，是谓玄同"，能够做到这四点，就是神奇的同化境界。圣人与万物同化（其实是与道同化），抵达"玄同"的境界，所以才有后面的精彩表现。

《庄子·知北游》提到，古之人"外化而内不化"，这六个字非常重要。学了道家之后，该如何处世呢？首先要做到外化，亦即在外在行为上能够与别人同化，既不要特立独行，也不用出类拔萃。别人怎么过日子，我也同样安安静静地过日子，这就是"外化"。然而，由于我觉悟了道，所以内心有无限广阔的空间，这就是"内不化"。

我不在乎别人对我的肯定或羡慕，因为功名利禄都是外在的，不用太在意；就算在意，也未必守得住。同时，我的内心不动如山，心中始终有一个主心骨可以稳住。具体的表现就是六个"不可得"，可以分为三组。

第一，"不可得而亲，不可得而疏"。与别人来往，感情一定有亲有疏。但是对于圣人，你无法与他亲近，也无法与他疏远，因为圣人悟道了，他了解一切状况背后最根本的道理。第五章提到："圣人不仁，以百姓为刍狗。"即圣人没有任何偏爱，让一切都顺着自然的趋势去发展。你如果想要操纵这个变化，随之就会有后遗症。所以，圣人在情感上超然独立，人们无从亲近或疏远他。

第二，"不可得而利，不可得而害"。圣人超越了利害，所以人们无法把利害加在他身上。一般人则很难超越利害的考虑。我还记得第一次在台湾大学做演讲时，学生送给我一个茶壶作为纪念品。我当时觉得很奇怪，怎么只送我一个茶壶呢？后来有个朋友跟我抱怨："你们台大的学生真不懂事，我上次去演讲的时候，他们只送了我四个茶杯。"我这才恍然大悟，原来学生请了三位老师来演讲，便把一组茶具分送三人。我得到了茶壶，我的朋友得到了茶杯，那么茶盘送给谁了呢？其实，我们不应该如此计较，给学生演讲本身就有教育的意义。不过，既然学生送我一个纪念品，我难免会去考虑怎样才有利。而圣人本身圆满自足，无欲无求，所以人们无法让他得利或受害。

第三，"不可得而贵，不可得而贱"。意即：无法使他高贵，也无法使他卑贱。无论给他崇高的地位，还是把他贬抑为普通百姓，圣人都毫不在乎，因为他不在意社会对他的评价。《庄子·让王》中提到，孔子有个学生名叫曾参，他的修养抵达很高的境界，根本不在乎外在的贵贱问题，以至于"天子不得臣，诸侯不得友"，亦即天子不能把他当大臣，诸侯不能把他当朋友。这就是内不化。

这种境界可以用《庄子·逍遥游》中的一句话来概括，即："举世而誉之而不加劝，举世而非之而不加沮。"当一个人修炼到很高水平的时候，全世界的人都称赞他，不会让他更振奋；全世界的人都批评他，也不会让他更沮丧。这句话真可谓豪气干云。可见，庄子充分地继承了老子的"道"。

《庄子·天下》也描述了庄子自己的境界。当然，《天下》未必是庄子的手笔，但至少是他的后学所作。它形容庄子"上与造物者游，而下与外死生无终始者为友"，代表庄子能够超脱死生，没有终始的观念；他对于人间的价值判断不置可否，只是冷眼旁观，因为他根本不在意这些问题；但是他的内心还是希望大家可以悟道。

可见，"不可得而亲，不可得而疏；不可得而利，不可得而害；不可得而贵，不可得而贱"就是标准的"外化而内不化"，圣人可以完全不受外界的影响。

学习道家要把这种境界当作最高的目标，但是绝不能因此减少对人间的关怀。我们今天学习老子的思想，不可能成为悟道的统治者，但我们至少要做自己生命的管理者。老子提出的标准我们未必能做得到，但是取法乎上，得乎其中。只要我们尽量去做，就能收到良好的效果。

收获与启发

本章提到"知者不言"。《老子》书中多次提到"不言""希言""贵言"，因为"道"是无法用言语说清楚的。

白居易《读老子》这首诗的全文是：

> 言者不知知者默，此语吾闻于老君。
> 若道老君是知者，缘何自著五千文？

意即："言者不知，知者不言"，这是我从《老子》书里看到的。如果老子是知者的话，为什么还要写五千字呢？很多人都喜欢拿这句话来质疑老子。老子也许会说，我是被迫的，因为出函谷关的时候，被守关的官员拦下来，希望我留下智慧财产。或者这本书来自几位隐士的心得，他们舍不得让自己的智慧完全消失，所以留下了一些话。书中没有提到任何时间、空间、人物或事件，这已经是超越到了极点。事实上，关于道的言论根本不可说，但是老子实在关心世人，他在八十一章里面，用了百分之二十的篇幅来专门描写道。我们应该由此体会到老子的良苦用心。

课后思考

老子为后代留下五千多字，成为中国文化的重要资产，你觉得老子的想法与做法合理吗？

第五十七章　治理的神奇效果

本章涉及天下大乱与圣人如何治理百姓这两方面，是标准的双面思考。

> 以正治国，以奇用兵，
> 以无事取天下。
> 吾何以知其然哉？以此。
> 天下多忌讳，而民弥贫；
> 民多利器，国家滋昏；
> 人多伎（jì）巧，奇物滋起；
> 法物滋彰，盗贼多有。
> 故圣人云：
> "我无为而民自化；
> 我好（hào）静而民自正；
> 我无事而民自富；
> 我无欲而民自朴。"

[白话] 用正规方法治国，用出奇谋略作战，但是用无所事事就可以安顿天下。我怎么知道是这样的？是根据以下的事实。天下的禁忌多了，人民就愈贫穷；民间的利器多了，国家就愈昏乱；人们的技巧多了，怪事就会增加；珍奇货物彰显了，盗贼反而变多。所以圣人说："我无所作为，

而人民自行发展；我爱好清净，而人民自己端正；我无所事事，而人民自然富足；我没有欲望，而人民自求真朴。"

老子开头先说"以正治国"，后面又说"以无事取天下"，这两者有什么关联呢？"取"不光有"治理"的意思，还有"治理好""获得民心支持"的意思。

"以正治国，以奇用兵"，意即：用正规方法治国，用出奇谋略作战。"正"与"奇"是相对的，下一章会出现"正复为奇"的说法。在治理国家方面，按时上朝、颁布政令、任命官员、定期考核、照顾百姓，这就是以正治国。但无论怎样正规，天下还是分久必合，合久必分。在用兵方面，当然要出奇制胜，正如《孙子兵法》所说："兵者，诡道也。"

"以无事取天下"，意即：但是用无所事事就可以安顿天下。这才是老子要强调的重点。"以正治国，以奇用兵"是传统观念。但如果想治理好天下，一定要无所事事，清静无为。

老子接着自问自答："吾何以知其然哉？以此。"意即：我怎么知道是这样的？是根据以下的事实。有四个问题会导致天下大乱。

第一，"天下多忌讳，而民弥贫"，意即：天下的禁忌越多，人民就越贫穷。"忌"就是害怕，"讳"就是隐讳，不准谈论。一个社会如果迷信盛行、禁忌很多，会给百姓造成莫大的困扰。百姓这不能做，那不能碰，甚至还得花钱消灾免祸，难免会沦于贫困。比如，认定某座山是圣山，不许百姓开采里面的矿物、植物，附近的百姓就会无以为生。

在战国时代的魏国，西门豹做过邺县的县令。当地有"河伯娶妇"的陋习，每年都要将一个少女丢到河里，送给河伯当媳妇。西门豹上任之后，将负责民俗的几个巫师找来，说："今年的媳妇太丑了，我们得让河伯等一等，你们几个下去通知他一声。"然后就将其中一人丢到河里，等一会儿看没人上来，就再丢一个下去。这个陋习自然就被破解了，原来这些巫师都是借这个名义来敛财的。[①]

第二，"民多利器，国家滋昏"，意即：民间的利器多了，国家就愈昏乱。"民多利器"可以指百姓的手段很多，也可以指百姓持有武器。人们为了摆脱贫穷，采用各种取巧的办法，弄出很多花样，就会使国家陷入昏乱。这是另一个极端。

第三，"人多伎（jì）巧，奇物滋起"，意即：人们的技巧多了，怪事就会增加。"奇物"就是怪事。孔子不语"怪、力、乱、神"，第一个就是"怪"。这个世界上总是有很多稀奇古怪的作为或装神弄鬼的事，有时是我们不了解原因，有时是一种误会。如果人们都喜欢卖弄技巧，怪事就会蔓延滋长，社会就容易走向昏乱。

第四，"法物滋彰，盗贼多有"，意即：珍贵货物彰显了，盗贼反而变多。王弼本《老子》写作"法令滋彰，盗贼多有"，意即：法令订得越细，盗贼反而变多。如果法令严苛，人们动辄得咎，犯法的人自然会变多，但这些人不见得会变成盗贼。

比王弼本更早的帛书本、竹简本以及河上公本《老子》，都用的是"法物"。"法"是指好东西，"物"是指财物。"法物滋彰，盗贼多有"意即：让珍贵的财货不断彰显出来，盗贼就会变多。这与第三章的"不贵难得之货，使民不为盗"的说法前后呼应。另外，第十九章说"绝巧弃利，盗贼无有"，意思也与之类似。可见，"法物滋章"的说法更为可取。

上述四个方面都是天下大乱的具体表现，接着就要谈圣人是如何治理的。事实上，圣人所做的，都是他没有做的。这体现

---

① 见《史记·滑稽列传》。

了圣人的特色。圣人说了四句话，都是"我"如何如何，代表"我""吾""圣人"的意思相同，都代表"悟道的统治者"。

第一，"我无为而民自化"，意即：我无所作为，而人民自行发展。这句话针对的是"民多利器，国家滋昏"。统治者无所作为，百姓就可以自行发展，不会出现"上有政策，下有对策"的局面。

第二，"我好静而民自正"，意即：我自己清静无为，而人民自己端正。政治领域经常会出现"上行下效"的情况。百姓看到上面的统治者清静无为，自然会去效法。这句话针对的是"人多伎巧，奇物滋起"。统治者爱好清静，民间就不会出现很多怪事。

第三，"我无事而民自富"，意即：我无所事事，而人民自然富足。这句话针对的是"天下多忌讳，而民弥贫"。统治者没有各种忌讳，百姓就可以休养生息，自己富足。譬如，汉朝初期的"黄老之治"就起到了厚植国力、与民休息的作用。

第四，"我无欲而民自朴"，意即：我没有欲望，而人民自求真朴。这句话针对的是"法物滋彰，盗贼多有"。统治者没有欲望，百姓保持朴素，也就不会有什么盗贼了。

圣人这四点表现其实很接近：一是无为，二是好静，三是无事，四是无欲。天下大乱有四种原因，圣人有四种表现可以让天下得到治理，前后基本一一对应，代表圣人可以从根本上化解天下大乱的局面。作为统治者，如果没有掌握到"以无事取天下"，只知道"以正治国""以奇用兵"，恐怕会陷于"分久必合，合久必分"的循环里面，永远也跳不出来。

收获与启发

"以正治国，以奇用兵"只是一般的情形，"以无事取天下"才是老子强调的重点。所谓"无事"，就是统治者不要扰攘多事。这与后面的"无为、好静"可以互相配合。

　　本书参照竹简本、帛书本以及河上公本《老子》，把王弼本的原文"法令滋彰，盗贼多有"修订为"法物滋彰，盗贼多有"。"法令滋彰，盗贼多有"基本上也讲得通，只是不太严谨。因为法令订得越细，很多人确实会因为小的过失而犯法，但他们未必就会变成盗贼。而第三章说："不见（xiàn）可欲，使民不为盗。"老子明确地把"可欲之物"与"盗贼"相关联。"法物"是指珍贵的货物，它如果彰显出来，盗贼就会变多。这与第三章的说法正好可以配合。并且，对于珍贵的货物（**法物**）而言，使用"彰"字也很恰当。

课后思考

　　你认为本章所说的天下大乱的四种原因是否有道理？

第五十八章　祸福相生相倚

本章谈到祸与福的关系，其中"祸兮，福之所倚，福兮，祸之所伏"是人人耳熟能详的警句。

> 其政闷（mèn）闷，其民淳（chún）淳；
> 其政察察，其民缺缺。
> 祸兮，福之所倚，
> 福兮，祸之所伏。
> 孰知其极？其无正也。
> 正复为奇，善复为妖。
> 人之迷，其日固久。
> 是以圣人方而不割，
> 廉而不刿（guì），
> 直而不肆，
> 光而不耀。

［白话］为政者粗疏，人民就淳厚；为政者苛细，人民就狡诈。灾祸啊，幸福紧靠在它旁边；幸福啊，灾祸潜藏在它里面。谁知道究竟是怎么回事？祸福是没有一定的。正常会再变为反常，善良会再变为邪恶。人们的迷惑，已经很久了。因此，圣人方正而不会生硬勉强，锐利而不会伤害别人，直率而不会无所顾忌，明亮而没有耀眼光芒。

本章一开头提到在上位者如何施政，底下的百姓就如何回应，描写了统治者与百姓之间的互动。

"其政闷（mèn）闷，其民淳（chún）淳"，意即：为政者粗疏，人民就淳厚。"闷闷"即粗枝大叶，不关注细节。"淳淳"就是看起来愚笨无知的样子。为政者没有特别的作为，百姓就会变得淳朴，因为他们不用花太多心思应付上面的政策。

反之，"其政察察，其民缺缺"，意即：为政者苛细，人民就狡诈。如果为政者锱铢必较，百姓就会变得狡诈，以隐瞒自己的实情。"缺"字形容百姓就像瓦罐破了个口一样。所以对照上一句，百姓可以有两种不同的表现：或显得天真淳朴，或显得机巧奸诈。

"祸兮，福之所倚，福兮，祸之所伏"，意即：灾祸啊，幸福紧靠在它旁边；幸福啊，灾祸潜藏在它里面。这代表幸福与灾祸紧密相连，密不可分。

关于"祸兮，福之所倚"，韩非子在《解老》中说："人有祸，则心畏恐；心畏恐，则行端直；行端直，则思虑熟；思虑熟，则得事理。"意思是：一个人有灾祸的话，内心就会恐惧害怕，行为就会端正、正直，思考就会比较透彻，从而明白事理，后面自然会有福报。换句话说，灾祸让人心生警惕，明白道理，后面的表现就会上轨道。

关于"福兮，祸之所伏"，韩非子说："人有福，则富贵至；富贵至，则衣食美。衣食美，则骄心生；骄心生，则行邪僻而动弃理。"意思是：一个人有福的话，就会享有富贵，锦衣玉食，然后心生骄傲，最后导致行为出现偏差，行动不合常理。

韩非子的解释确实符合一般人的心理发展。以王阳明为例，他平定了宸濠之乱，立了大功，在五十岁时被封为新建伯。此时恰逢他的父亲龙山公大寿，父亲对他说："我们父子二人都被封为伯，实在是难得的福气，但是不要忘记一句话：'盛者衰之始，福者祸之基。'"王阳明深有同感地说："大人之教，儿所日夜切心者也。"意即，父亲的教诲正是儿子我日夜都在担忧的事。王阳明父子二人都在有生之年加官进爵，享受各种荣耀，但他们特别警惕，知道福祸相生的道理。读书的意义就在于此。在人间越是富贵，就越要收敛、谦虚。

人的一生难免会有起落，我们可以参考《庄子·齐物论》里面"朝三暮四"的故事。有一个人养了很多猴子，后来发现钱不够了，就要调整猴子们的食物。他找猴子们来开会，对它们说："以后喂你们吃栗子，早上三升，晚上四升，你们觉得怎么样？"猴子们听了都很生气。这个人就改口说："那么我们调整一下，早上四升，晚上三升，怎么样？"猴子们听了都很高兴。[①]

我们肯定会嘲笑猴子的数学不太好，三家四等于七，四家三也等于七，明明是一样的，但猴子总希望先多拿一点儿。人生不就是如此吗？如果给你两个选择，一个是少年得志，一个是大器晚成，你会选哪一个？可能很多人都会选择少年得志。但是等你老的时候，发现别人大器晚成，心里恐怕又不是滋味。所以，人活在世界上，要有因果的观念，种什么因就会得什么果，这完全取决于你自己。

"孰知其极？其无正也。正复为奇，善复为妖。"谁知道究竟是怎么回事呢？祸福是没有一定的。正常会再变为反常，善良会再变为邪恶。换言之，老子对于人间的价值观提出了质疑。正常与反常，善良与邪恶，在不同的时代或社会，可能有完全相反的判断。这正是天下大乱的一种表现。每个人都认为自己是对的，别人是错的。

---

① 原文：狙（jū）公赋芧（xù），曰："朝三而暮四。"众狙皆怒。曰："然则朝四而暮三。"众狙皆悦。

但从别人的角度来看，善恶是非的判断又完全不同。

"人之迷，其日固久"，意即：人们的迷惑，已经很久了。老子很少说人们迷惑，这里却直接指出这一点，代表他希望人们尽早觉悟。很多人活在世界上，只是按照传统的方式去生活，却不知道为什么要这样。他偶尔也会感到困惑，为何是非善恶的判断变来变去？老子高瞻远瞩，早就知道人们的迷惑是难以避免的。那该怎么办呢？老子接着提到圣人要做到四点：方而不割，廉而不刿，直而不肆，光而不耀。

第一，"方而不割"，即圣人方正而不会生硬勉强。"割"字意味着要铲除不好的东西，那就太勉强了。圣人本身方正，但他不会批判表现不理想的人，不会勉强矫正别人。

第二，"廉而不刿"，即圣人锐利而不会伤害别人。"廉"代表锐利。你可以坚守正道，有锐利的表现，但是别人的情况你未必了解。有很多人做坏事并非他的本意，而是受到胁迫或一时失察，未必像表面所见的那么严重。

第三，"直而不肆"，即圣人直率而不会无所顾忌。"直"代表直率、正直，"肆"代表顾忌。譬如，在孔子的时代，鲁国执政的卿叫做季康子，他居然问孔子说："如杀无道，以就有道，何如？"即我把坏人都杀光，然后亲近有道的人，怎么样？孔子显然不认同这种观点。孔子提醒他上行下效。在上位的人像风，百姓像草，风往哪里吹，草就跟着往哪里倒。[1]这与老子的思想也可以配合。统治者不要老想着怎样对付底下的百姓，百姓是平凡人，他们只能根据传统的方式生活，需要被合理地引导。

---

[1] 出自《论语·颜渊》。原文：季康子问政于孔子曰："如杀无道，以就有道，何如？"孔子对曰："子为政，焉用杀？子欲善而民善矣。君子之德风，小人之德草。草上之风，必偃。"

第四，"光而不耀"，即圣人明亮而没有耀眼光芒。统治者高高在上，就像放在桌上的灯一样，可以照亮整个房间，但是不要让它太刺眼。这是"和光同尘"的另一种说法。

《庄子·天下》描写庄子"不谴是非，以与世俗处"，意即：不质问别人的是非，而能与世俗相处。你自己要做到"方、廉、直、光"，但不要给别人带来压力，对别人要"不割、不刿、不肆、不耀"，让别人可以慢慢地改善。比如，有人穿了一件衣服，太阳光很温暖，他就把衣服脱掉；而北风一吹，他就把衣服系得更紧。你要做太阳还是北风呢？你用太阳般的温暖，让他自己走上正确的路，不是很理想吗？

收获与启发

本章谈到祸与福的关系。当你遇到灾祸的时候，可以参考尼采所说的："杀不死我的，将使我更强壮。"如果能在灾祸中撑过去，后面会变得更强壮，可以面对更大的挑战。相反的，当你身处幸福的时候，则要加倍小心，常常想到幸福来之不易，要好好珍惜，并且要记得《易经》中"居安思危"的观念。

课后思考

从有关祸与福的说法中，你得到了哪些启发呢？

第五十九章 珍惜人的禀赋

本章主要描写了圣人是如何修炼的。

> 治人事天，莫若啬。
> 夫唯啬，是谓早服，
> 早服谓之重（chóng）积德。
> 重积德则无不克。
> 无不克则莫知其极；
> 莫知其极，可以有国；
> 有国之母，可以长久。
> 是谓深根固柢，长生久视之道。

［白话］治理人民，事奉上天，没有比省约更好的方法。正因为省约，可说是早有准备；早有准备，也就是不断累积禀赋；不断累积禀赋，就没有不能克服的事；没有不能克服的事，就无法知道他的极限；无法知道他的极限，他才可以统治国家；掌握了统治国家的根本，才可以长治久安；这就是深植与稳固根底，长生久存的原则。

老子一般用"天地万物"代表自然界。本章第一次出现"事天"这个词。"事天"是中国的传统观念，代表《老子》一书仍然保留了某些古代思想的背景。

《尚书》《诗经》更多地体现了古代思想的传统。比如,《诗经》说"天生烝民",亦即天生下众多百姓;又说"天作高山",代表天创作了高山,"山"可以代表整个自然界。在老子之前,中国已有两千多年的历史与文化。古人认为,天子是天的儿子,也是人间的帝王。帝王要做两个方面的工作:一是治理百姓,另一个是事奉上天。与老子所说的如出一辙。可见,老子的思想并非无中生有,而是有其特定的时代与思想背景。

在老子之前,中国在传统上一向把"天"当作万物的来源与归宿。西方学者旁观者清,他们提出了一种特别的观点,认为中国古代的三大学派——儒家、道家、墨家各具特色。其中墨家最保守,因为它提到天的意志,要人"兼相爱,交相利";墨子还专门写了《明鬼》这篇文章,说明善恶是靠鬼神来报应的。儒家相对比较稳重,可以承先启后。而道家最具有革命性。这是我在美国念书时看到的观点,至今记忆犹新。

谈到道家思想,一般都说它顺其自然、无为、不争,又怎么会有革命的观念呢?其实,革命是针对中国的传统思想来说的。道家认为传统所谓的"天"有问题,就用"道"来替代"天",以此凸显传统的"天"所具备的超越性与内存性。从这个角度来说,老子的思想确实具有明显的革命性。

只有悟道的统治者(圣人)才能够"治人事天"。他如果想尽好自己的责任,扮演好自己的角色,需要进行七个步骤的修炼。

第一步是"啬"。"啬"原指农夫去除杂草,以便让农作物茁壮生长。这里指简约、省约。亦即任何事情越简单越好,不要制造复杂的问题。比如,老子常说的"不言之教""无为之事",不都是很简单的吗?

第二步是"早服",即早有准备。圣人行事简约,所以能够保存实力,随时准备好各种资源。

第三步是"重积德"，即不断累积禀赋。第五十五章强调"含德"，即保存禀赋；本章强调"积德"，即累积禀赋。可见，保存禀赋与累积禀赋是一回事。人的生命为什么特别？因为人的"德"包括认知和欲望能力，人在保存这种德的同时，也要修炼这种德。所以，要将"含德"与"积德"合而观之。

第四步是"无不克"，即没有不能克服的事。统治者若能爱惜他的精神，精简他的知识，就不至于因为看太多、听太多、想太多而陷入困境。现代人如果能让自己的生活变得简单，也可以以静制动，具备更强的应变能力，从而没有不能克服的事。

第五步是"莫知其极"，即无法知道他的极限。这样的领导者可以轻松完成目标，看上去好像什么事都没做，但最后什么事都做成了。

第六步是"可以有国"。无法知道他的极限，才可以统治国家。

第七步是"长久"。统治者掌握了治国的根本道理，才能实现国家的长治久安。

"是谓深根固柢，长生久视之道"，意即：这就是深植与稳固根底，长生久存的原则。"深根固柢"是说，要像植物一样具有深厚的根柢，才有稳固的基础。"长生久视"一词是老子专用的说法，说明一个人活得很老，眼睛可以长期使用下去，代表他能够安其天年。

综上所述，圣人的修炼共有七步。第一步"啬"就是省约，说明他收敛自己，爱惜精神。第二步"早服"就是早有准备，说明他随时准备，以静制动。第三步"重积德"就是不断累积禀赋，说明他厚积薄发，源源不绝。第四步"无不克"是没有不能克服的事，说明他以逸待劳，游刃有余。第五步"莫知其极"就是没有人知道他的极限，代表他深不可测，若无其事。第六步"可以有国"就是可以统治国家，代表他无为而治，天下太平。最后一步"长久"就是长治久安，代表他平衡和谐，与道同游。圣人从啬开始，经过七

《老子》正文解读《德经》 | 355

个步骤的发展，最后可以实现"长生久视"的目标。圣人希望百姓能够同他配合，大家都做到这一步。

收获与启发

老子的思想虽然具有革命性和创新性，但是并没有脱离他的时代背景与社会传统。"事天"代表天需要人去事奉。"道"听起来很抽象，所以圣人作为悟道的统治者，仍然要去承担"治人事天"的传统职责。第五十四章提到"子孙以祭祀不辍"。祭祀、事天，都是中国古代的传统，代表人不可以妄自尊大，认为天下都在我手上，我是天下第一。事奉天最好的方法是，一方面保存自己的本性与禀赋，另一方面善尽统治者的责任，让国家长治久安。

"重积"有"不断累积"之义，"德"是指生来具备的本性与禀赋。"重积德"代表人的禀赋不是封闭自足的，而是要在生命的历程中按照"道"的启发，进行动态的开展，不断进行"深根固柢"的工作。

"重积德"三个字使道家思想有别于佛教思想。佛教认为人的内在具有佛性，圆满自足，所以人生不见得要向外扩展。而老子认为，人的禀赋不是封闭自足的，而是需要人去开展。人虽然天生就有禀赋（德），但人作为万物之灵，他的灵就体现在需要不断保存及开展自身的禀赋（德）。保存禀赋就是开展禀赋，这是道家的重要特色。又因为"反者道之动"，所以开展也就是回归。"保存即是开展，开展即是回归"，这两句话值得深入品味。

课后思考

我们今天要从"啬"字做起，从省约、节俭开始，让自己有充分的准备，从而对一切事情都能举重若轻，应对自如，以至于别人不知道我的极限何在。你认同这样的观念吗？

第六十章　治大国若烹小鲜

本章第一次出现了"鬼"字，再一次出现了"神"字。第六章曾提到"谷神不死"，第三十九章提到"神得一以灵"的观念。这一章后半段谈到圣人是如何治理国家的。

> 治大国，若烹小鲜。
> 以道莅天下，其鬼不神；
> 非其鬼不神，其神不伤人；
> 非其神不伤人，圣人亦不伤人。
> 夫两不相伤，故德交归焉。

［白话］治理大国，要像烹调小鱼。用"道"来领导天下人，鬼就失去神妙作用；不但鬼失去神妙作用，神也不会干扰人；不但神不会干扰人，圣人也不会干扰人。神与圣人都不干扰人，所有的禀赋都得以保存了。

本章第一句话很有名。我在美国念书期间，时任美国总统里根在1983年元旦的《国情咨文》中，就引用了"治大国，若烹小鲜"这句话，可见这句话具有普世效用。里根总统的意思是说，美国作为一个大国，要尽量减少政府的管制，以便让人民自由地发展。

河上公这样解释"若烹小鲜"：煮小鱼的时候不要去肠，不要去鳞，少去搅动，以免让它糜烂了。①换句话说，煎小鱼时最好少翻动，底下的一面熟了，上面也就基本熟了。

《诗经》毛传也提到："烹鱼烦则碎，治民烦则散，知烹鱼则知治民。"意即：煎鱼时搅动太多的话，鱼就碎裂了；治理百姓太繁琐的话，百姓就分散了。知道怎么煎鱼，就知道怎么治理百姓。

《韩非子·解老》进一步说："使唤大众做任何事，如果经常推动他们，则很少能够成功；收藏大的器具，如果经常搬动它，就会让它受到损伤；烹饪小鱼时，如果经常搅动，就会让它失去光泽；治理大国时，如果经常修改法律，百姓就会苦不堪言。所以，有道之君重视安静，不会轻易改变法度。②

可见，无论古今中外，"治大国，若烹小鲜"这句话总能给人们带来启发。治理国家如此，为人处事亦然。很多人喜欢用"大道至简"来形容道家思想，这四个字其实是后代道家的一种发挥。《老子》书中与"大道至简"意思最接近的，应该是第四十二章的"道生一，一生二，二生三，三生万物"这段话。从道开始，一、二、三不是很简单吗？但生出的万物则纷繁复杂。

"以道莅天下，其鬼不神"，意即：用"道"来领导天下人的话，鬼就失去神妙作用。道是万物的来源与归宿。圣人用"道"来领导天下人，一切都会步入正常的发展轨道。百姓没有复杂的欲望，身体自然健康，行为也不会违法乱纪，又何必相信有鬼呢？人只有在生病时才会重视医生，在面临灾难时才会害怕鬼怪，在天下大乱、生不如死时，才会向鬼神祈祷。如果天下太平，一切都合乎道理，

---

① 原文：烹小鱼不去肠、不去鳞、不敢挠，恐其糜也。

② 原文：故以理观之，事大众而数摇之，则少成功，藏大器而数徙之，则多败伤，烹小鲜而数挠之，则贼其泽，治大国而数变法，则民苦之。是以有道之君贵静，不重变法，故曰："治大国者若烹小鲜。"

鬼就显示不出它的神妙作用了。"鬼"的发音与"归"接近。人死之后回归到他本来的地方，就称为鬼。所以，我们的祖先都属于"鬼"这个范畴。

"非其鬼不神，其神不伤人"，意即：不但鬼失去神妙作用，神也不会干扰人。神在古代比较复杂，有的神来自于自然界，如天神、地祇等；也有的神来自于人类。古代的某些官员负责看护一座山或一条河，如果他在世时做得很好，没有出现任何自然界的灾难，他去世之后就被封为山神、河神或海神。这说明神与人的世界有密切的关系，所以神的层次比鬼略高。一般人都把神当作"明神"，代表有智慧、光明的神。

但是神也可能干扰人类。第三十九章说："神得一以灵。"神如果统合起来，就会很灵验。但是神如果一直灵验下去，最后它的法力也会耗尽。这是老子对当时社会的客观描述。《庄子·缮性》中说："阴阳和静，鬼神不扰。"意即：自然界或人间的各种条件配合得很好，既平和又安静，鬼神就不会来干扰人。"不扰"就是老子所谓的"不伤人"。

"非其神不伤人，圣人亦不伤人"，意即：不但神不会干扰人，圣人也不会干扰人。百姓不清楚神是怎样运作的，也不知道圣人是如何统治的，百姓都说"我们是自己如此的"。第十七章提到统治者有四个层次，最高的境界是：统治者没有做什么事，百姓感觉不到有人在管理他们，但是一切都上了轨道。如此一来，何必求神拜鬼呢？

换句话说，治理百姓最好的方法是"无心而为"。这就好比煎小鱼，动作越少，鱼煎得越好。如果你有心而为，费尽心机去治理，百姓会越来越疲累，到最后不堪其扰。

所以，鬼与神都可以理解为去世的祖先，他们力量很大，可以给人福佑或灾祸。在圣人的治理下，一切都会归于平静。百姓在人间好好过日子，不用去寻找超越人类之上的某种力量。如果百姓到处祷告，希望趋吉避凶，代表他们在人间有许多无法解决的困难。

本章的结论是："夫两不相伤，故德交归焉。"意即：神与圣人都不干扰人，所有的禀赋都得以保存了。最后还是回到"德"这个字。圣人希望百姓都能保存自己的本性与禀赋，真正活出人的生命，既能充分发挥生命的潜能，又能顺着正确的方向发展，最后顺利返回道的怀抱。

收获与启发

我们要学会管理自己的生活，在正大光明的情况下，让一切都按照合理的方式进展，在社会上过一种平静的生活。既没有偏差的认知，也没有复杂的欲望。与别人来往时，要按照规矩来处世；自处的时候，要对自己的遭遇有透彻的了解，知道什么是自然的趋势，什么是因果关系。这些都做到的话，就不用考虑鬼神方面的事。

对于鬼神是否存在，老子没有多做说明。他只是描述了当时一般人的观念：人们相信鬼神的存在，认为鬼神力量很大，可以给人福佑或伤害。人对于鬼神始终有一种比较复杂的感受，有时甚至产生不恰当的欲望，希望透过敬拜鬼神来求福免祸。

但是用"道"来领导天下人，会使所有人的禀赋都得以保存，整个社会就像一所大学校，人在里面认真学习，没有棘手的问题，也没有超越人类之上的层次所带来的困扰。一个人如果经常求神拜鬼，说明他有侥幸心理，希望从中得到好处或免除灾祸；长此以往，很可能变成大家都耍弄心机，情况就会日趋复杂。老子在这一章并没有对宗教采取特定的态度。第六十二章将会阐述老子有关宗教问题的基本观点，他对宗教的了解也非常透彻。

圣人用道莅临天下，让一切顺其自然，让人心保持纯正状态，善恶祸福皆由人自行决定。其他一切妖诞之说、阴邪之气都没有容身之处，所以说"其鬼不神"。

课后思考

我们要端正自己的心思，多使用理性。越是平常的道理，越能长期坚持。最后的目的还是要保存自己的本性与禀赋。沿着这个方向发展，人生的快乐将如影随形。请问，你对于鬼神持何种态度？

第六十一章　大国与小国如何相处？

　　本章谈到大国与小国如何相处的问题，与一般人的关系比较遥远，但是其中有很多观念仍然值得借鉴。

> 大国者下流，
> 天下之牝（pìn），天下之交也。
> 牝常以静胜牡，以静为下。
> 故大国以下小国，则取小国；
> 小国以下大国，则取大国。
> 故或下以取，或下而取。
> 大国不过欲兼畜（xù）人，
> 小国不过欲入事人。
> 夫两者各得所欲，
> 大者宜为下。

　　［白话］大国居于江河的下流，处于天下雌性的位置，为天下所归附。雌性总是以安静来胜过雄性，因为安静才可处于下位。所以，大国对小国谦下，就取得小国的信赖；小国对大国谦下，就取得大国的信任。所以，有的是靠谦下来取信，有的是因谦下而取信。大国不过是想聚养人，小国不过是想归附人。这样两者都可以满足愿望，而大国应该处于下位。

本章描写的是春秋末期、战国初期，大国与小国的关系比较复杂的历史阶段。经过战国时代，最后秦始皇统一了天下，也就没有大国、小国的问题了。

"大国者下流"，意即：大国居于江河的下流。"下流"这个词今天是骂人的话，而古代主要是指一条河的下流。下流处于低洼、安静的位置，可以让水在此汇聚。换言之，大国对于自身处境要有一种自觉，要主动居于卑下的位置，有海纳百川的胸怀。

《论语·子张》里面也出现过"下流"一词。孔子的学生子贡说："商纣王的恶行，不像现在传说的这么严重。"他的结论是："是以君子恶居下流，天下之恶皆归焉。"意即君子讨厌处在下游，以免天下所有的罪恶都算在他身上。换言之，子贡想说几句公道话。商纣王虽然饱受批评，但其实他没那么坏，是后代人添油加醋，将所有罪恶都加在他身上了。

"天下之牝（pìn），天下之交也"，意即：处于天下雌性的位置，为天下所归附。老子对于雌性与雄性，往往持一种比较简单的看法。雄性代表主动、浮躁，一心想要有所作为；而雌性代表被动、安静，显示出温暖的怀抱，等待着接受雄性的参与。

"牝常以静胜牡，以静为下"，意即：雌性总是以安静来胜过雄性，因为安静才可处于下位。古人的生物学观念主要来自于对自然界的观察。生物在寻求配偶时，大多是雄性主动，雌性被动。被动的比较安静，处于下位，反而可以掌握到更多优势。

接着，谈到大国与小国的关系。"故大国以下小国，则取小国；小国以下大国，则取大国。"意即：所以大国对小国谦下，就取得小国的信赖；小国对大国谦下，就取得大国的信任。"取"字有两种解释。一种意为"聚"，即大国可以聚集小国，小国要聚在大国之下，正面反面都能说得通。另一种是本书采用的解释，将"取"理解为"取信"。

由于大国和小国所处的地位不同，所以把"信"分别译为"信任"和"信赖"，意思更为贴切。换句话说，大国对小国谦下，小国就会信赖大国，相信大国可以给它提供适当的保护与各种资源，因为大国地大物博，各方面的条件都比较优越。而小国对大国谦下，可以取得大国的信任。如果大国骄横，总是摆出高高在上的姿态；抑或小国狂妄，完全没有分寸，那么最后一定会爆发冲突，又怎么能和平相处呢？

两句话都提到"下"，说明大国与小国相处，两者都要谦下。那么人与人要如何相处呢？《易经》的谦卦可以给我们很多启发。谦卦的结构是地山谦，卦象是一座山藏在地底下。山本来高耸入云、难以跨越，结果一座高山藏在地下，表面看过去一片平坦。等于是一个人将自己的优势深藏不露，表面上平易近人，与一般人没什么分别，这就叫做谦虚。谦卦是六十四卦中最好的一卦，因为它的六爻"非吉则利"（不是吉就是利），连一个"无咎"（没有灾难）都没有。如果一个人名声很大、权位很高、财富很多、能力很强，却深藏不露、平易近人，那么他一定会得到大家的敬重。这样的国家也会体现出大国的风范。

"故或下以取，或下而取"，意即：有的是靠谦下来取信，有的是因谦下而取信。大国以谦下为手段，藉此取得小国的信赖；小国本来就要谦下，由此取得大国的信任。所以，大国是"下以取"，小国是"下而取"。这两个词稍有差别，但是没有必要做进一步的区分。

老子接着谈到，大国与小国要互相配合。事实上，周朝封建之初有一千八百多国，各国之间的关系比较密切。后来慢慢兼并归附，到春秋时代只剩下几十个国家，到战国后期只剩下了战国七雄。这些兼并大多是靠武力或利益交换，而不是靠谦下合作。所以，老子所说的只是一种理想。

老子说："大国不过欲兼畜（xù）人，小国不过欲入事人。夫两者各得所欲，大者宜为下。"意即，大国不过是想聚养人，它希望与更多的国家结盟，取得更多支持，从而提升自身的影响力。小国不过是想归附人，因为小国只有设法跟大国结盟，才能获得安全的保障。这样两者都可以满足愿望，即大国能够聚养小国，小国能够归附大国，而大国应该处于下位。可见，"各得所欲"是一种正确的作为。

回顾《老子·第一章》，本书根据王弼本和帛书本，把文句断为"故常无欲""常有欲"。很多人对此提出质疑，认为老子一向主张"无欲"，怎么会说"有欲"呢？事实上，本章的"各得所欲"不就是一个很好的证据吗？人有认知能力和意愿能力，自然会去认知和表现欲望。关键在于他是否有正确的知与正确的欲，进而有正确的作为。

收获与启发

今日是商业社会，有各种规模的公司。相对于大公司而言，你的公司是小的；相对于更小的公司来说，你的公司又是大的。公司之间要怎样合作呢？谦下是一个大原则。大公司可以靠谦下赢得小公司的信赖，从而凝聚更大的力量；小公司可以靠谦下赢得大公司的信任，借助他人的力量来实现自己的生存与发展。

关于国与国之间该如何相处，孔子有一句话说得很精彩。孔子曾经反对鲁国去攻打它的附属小国，他说："远人不服，则修文德以来之。"（《论语·季氏》）意即：远方的人如果不顺服，就致力于礼乐教化，使他们自动来归。这是孔子的理想，同样值得参考。

中国在世界上无疑是一个大国，但中国也是由很多民族慢慢聚合而成的，所以我们始终要保持大国的风范。在与世界各国来往的时候，我们要处在江河的下游，用以静制动的姿态等待别人自动来归。别人归附之后，要让他们得到安全的保障与发展的机会。如果这个世界将来发展成地球村的话，中国一定会在其中扮演关键的角色。

要特别注意"下"这个字。与别人交往时，有时是靠谦下来取信，有时是因谦下而取信。谦下的目的是要让大家和谐相处，共同开创人类的美好未来。

课后思考

这一章的内容距离一般人的生活比较遥远，但圣人可以纵观全局，所以他的作为在今天仍有很大的参考价值。你对此有何看法？

第六十二章（上）不要舍弃道

本章内容丰富，既谈到了"道"，也谈到"善人"与"不善人"，最后还涉及宗教方面的关怀，所以要分两节来加以探讨。

> 道者，万物之奥。
> 善人之宝，不善人之所保。
> 美言可以市，尊行可以加人。
> 人之不善，何弃之有？
> 故立天子，置三公，
> 虽有拱璧以先驷马，
> 不如坐进此道。
> 古之所以贵此道者何？
> 不曰：求以得，有罪以免邪（yé）？
> 故为天下贵。

［白话］道，是万物的庇荫。它是善人的宝贝，不善人的依靠。美妙的言词可以用于社交，高贵的行为可以赢得尊敬。人就算有不善的，又怎能舍弃道呢？所以，天子即位，大臣就职时，虽然举行先奉上拱璧、后奉上驷马的礼仪，还不如就用"道"作为献礼。古代重视道的原因是什么呢？不正是说：有求的即能获得，有罪的可以免除吗？所以为天下人所重视。

"道者，万物之奥。"意即：道，是万物的庇荫。万物从道而来，最后又回归于道，所以道作为万物的庇荫，显然没有问题。

但是，人的世界很容易就分成"善人"与"不善人"这两类。老子认为，善与不善的区分是相对的，他对不善人的态度是温和的。第二十七章提到"善人是不善人的老师，不善人是善人的借镜"①。"善人"不小心失足犯错，就会变成"不善人"。所以，善人要以不善人作为借镜，经常警醒自己。

老子认为，"善"与"德"（人的本性与禀赋）有相同的发展方向。一个人顺着自己的本性（德）去发展，就会走上善的途径。日本一些学者提出一种有趣的说法：在中国古代的学说里面，真正主张人性本善的是老子的思想。老子强调不要教育，不想让百姓知道太多复杂的东西，这当然是相信人性本善，否则社会怎么会安定和谐呢？一般人都以为儒家讲人性本善，但是不要忘记，从孔子、孟子一路发展下来，儒家学者都非常重视教育，说明他们认为人性不是本善的。因为教育是要让人懂得正确的道理，然后再认真地加以实践。

老子认为，统治者不必费心去教育，这解决不了根本问题。这种想法的背后预设了人性本善。老子所谓的"德"，是指万物从道所获得的加持，人类的德就是道赋予人类的本性与禀赋。人的本性与禀赋当然是好的，但是人若想保存这种禀赋，就必须发展禀赋。所以，保存就是发展，发展就是回归，最终要回归于道。

分辨老子所讲的是人性本善还是人性向善，意义并不大，因为老子对于整个社会的看法是相当古老、单纯的，整个社会只分成统治者与被统治者两个阶级。他虚拟了圣人作为悟道的统治者，而被

---

① 原文：故善人者，不善人之师；不善人者，善人之资。

统治者就是一般百姓。在古代，让所有百姓都懂得正确的道理是难以实现的，所以老子强调让百姓"无知无欲"，以免由偏差的认知引发错误的欲望。老子为此饱受批评，说他是"愚民政策"。但是，我们不能要求一个人通过短短五千言，就将他对人性的看法以及"愚民是手段还是目的"等问题统统说清楚。所以老子才虚拟了一个圣人作为示范。

老子接着说："善人之宝，不善人之所保。"意即："道"是善人的宝贝，是不善人的依靠。"善人"如果要配合道的发展，会怎么做？老子说："美言可以市，尊行可以加人。"意即：美妙的言词可以用于社交，高贵的行为可以赢得尊敬。亦即善人在言行两方面都有杰出的表现。

接着再讲"不善人"。老子说："人之不善，何弃之有？"这句话可以有两种解释。第一种解释：一个人就算不善，又怎能抛弃他呢？但是，这样说没有突出重点，因为本章一开头就谈到"道"。所以更好的理解是：人就算有不善的，又怎能舍弃道呢？人无论如何都不能忽略自己的来源与归宿。就算是不善人，也不能舍弃"道"，只要以善人为师，就能慢慢走上正途。换言之，一个人永远不要对自己感到失望或绝望。

老子思想的重点何在？他要对付的是存在上的虚无主义。他看到在残酷的战争中，在人间的痛苦与灾难面前，人的生命脆弱易逝。但即便你走偏了，你还是不能舍弃道，因为道也不会舍弃你。道既然让你存在，一定有它的理由。这个理由究竟是什么，需要自己慢慢体会。老子希望通过"道"来化解存在上的虚无主义。换言之，我不是莫名其妙地来、糊里糊涂地走；我之所以存在，一定有它的理由。所以，一个人就算是不善，又怎能舍弃道呢？

接着，老子谈到古代政治的一项重要礼仪。"故立天子，置三公，虽有拱璧以先驷马，不如坐进此道。"意即：天子即位、大臣就职时，虽然举行先奉上拱璧、后奉上驷马的礼仪，还不如就用"道"作为献礼。

"三公"是指太师、太傅、太保，是古代地位最高的官员。古代在天子即位、三公就职的时候，会举行一个隆重的仪式，要先奉上"拱璧"，后奉上"驷马"，这些都是人间非常贵重的东西。古代奉献礼物的时候，会先奉上比较轻的，再奉上比较重的。"坐进此道"的"坐"意为"跪坐"，要双膝着地，坐于足上，代表要很恭敬地献上"道"。

老子认为，与其献上人间最珍贵的礼物，还不如用"道"作为献礼。换言之，身为统治者，首先应该把握的是"道"，要以"道"为取法的对象，要代替"道"来照顾百姓。这继承了中国的传统观念。《尚书·洪范篇》提到："天子作民父母，以为天下王。"意即天子是百姓的父母亲，他要代替天来照顾百姓，百姓就会归向他。对于老子来说，道是一切生命的来源，对人来说不也像父母一样吗？圣人是悟道的统治者，所以要代替"道"来照顾百姓。后文还会介绍老子的"三宝"，第一宝就是"慈"，也是把道比作母亲。圣人效法道的作为，所以会像母亲一样照顾所有人。

收获与启发

老子在本章前半段说明了道与人类的关系。人类社会总会有一些行为规范，所以经常要区分善人与不善人。老子强调，善人与不善人都不能忽略道。善人本来就走在正确的路上，他可以将美妙的言词用于社交，用高贵的行为赢得尊敬。不善人就算表现得不理想，也不能舍弃道。换言之，人永远都不能对自己失去信心。"天生我材必有用"，道既然让你存在，就一定有它的理由。道总是赋予人一种

"德"（本性与禀赋），你要充分发挥这种德，让自己走上正确的路，亦即要回归于道。

因此，人有本性与禀赋，保存禀赋就是发展禀赋，发展禀赋就是回归于道。简而言之，保存就是发展，发展就是回归。我们要把这两句话时常放在心上，反复琢磨透彻，就能把握老子思想的精髓。

在古代，教育尚未普及，百姓缺少自我觉醒的机会。今天每个人都受过良好的教育，都有高度的自觉，所以我们要问自己：如何透过学习《老子》成为自己生命的管理者？如何才能管理好自己的生命？古代悟道的圣人统治百姓，让百姓无论善恶都有路可走，最后共同归于正确的发展方向。我们也要让自己的生命走上"德"的正确途径，在保存和发展自身禀赋的过程中，朝着"道"这个目标努力前进。

前文强调，善人与不善人互为师资。本章进一步强调，善人与不善人都不能舍弃道。我们如果能掌握这些观念，就会对人生有更深刻的领悟，从而走上正确的途径，善度自己的一生。

第六十二章（下）　展示宗教维度

本章介绍《老子·第六十二章》的后半段，它非常清楚地显示了老子思想的宗教维度。

> 古之所以贵此道者何？
> 不曰：求以得，有罪以免邪（yé）？
> 故为天下贵。

[白话] 古代重视道的原因是什么呢？不正是说：有求的即能获得，有罪的可以免除吗？所以为天下人所重视。

这一章前半段说，在政治上举行"立天子、置三公"仪式的时候，与其献上各种珍贵的物品，还不如用"道"作为献礼。古代之所以重视道，主要有两个原因：求以得，有罪以免。亦即有求就让你得到，有罪就让你赦免。这两句话包含了深刻的宗教维度。

"维度"有时也称作"向度"。比如，空间有长、宽、高三个维度，有时会把时间称作第四个维度。另外，还有其他方面的维度。譬如，有人写了一篇优美的游记，可以让读者感受到审美的维度；或者他在文章中提出一些道德上的建议，希望人们彬彬有礼，大家礼尚往来，这就是道德的维度；或者他建议人们在旅程中多去思考人生的根本问题，这就是宗教的维度。所谓"宗教的维度"，就是让人萌生宗教上的想法、理想或愿望。

老子的"道"为何会有宗教维度呢？因为"道"是万物的来源与归宿，老子谈的不是人间相对的价值观，而是生命最根本的问题。这恰恰体现出老子思想的重要性。

人活在世界上，为何会有宗教的维度呢？首先，"宗教"是信仰的体现。一个人有某种信仰，再把它具体实现出来，就显示为宗教。宗教一定处于特定的时代与社会，所以宗教与某些社会组织有类似之处。但是，信仰才是宗教的核心。所谓信仰，是指人与超越界之间的关系。任何一种信仰，都会提出一个更高层次的境界或力量。人与它建立关系之后，人生的境界就可以不断往上提升。

我们可以用两句话来描述中国的传统思想：儒家显示出一种宗教的情操，而道家显示出一种宗教的维度。

为什么说儒家显示出宗教情操呢？你学了儒家就会发现，孔子、孟子都肯定"人性向善"，"向"代表力量由内而发。你只要真诚，内心就会产生一种力量，要求自己行善避恶、择善固执，最后的目标非常高，要止于至善。所以，学习儒家的思想，对于人的生命会产生一种由内而发的尊敬，使你不断提升超越。这就像一般的宗教徒，他们透过信仰与超越界建立关系，从而在德行或智慧方面不断提升。儒家思想有类似的效果，所以说它显示出宗教的情操。

道家则显示出宗教的维度。你一旦发现"道"就是万物的来源与归宿，心中的敬意就会油然而生。我的生命竟然来自于道，并且我从道那里获得了自己的本性与禀赋（德）。我的本性与禀赋难免会局限在特定的时空里面，但如果知道它来自于道，就可以打破所有限制，无限地往上提升超越。

在现实生活中，我们常常会觉得疲惫不堪，心想而事不成。有时遇到一件事，会纠结到底该不该做，真的做了就发现，好像可做可不做。当你通过奋斗，在社会上取得了名利权位，获得了鲜花和掌声，你会觉得快乐吗？不一定。你所追求的与你应该追求的未必吻合。那么人究竟应该追求什么呢？人生各种复杂的状况一再出现，总让你觉得内心彷徨不安，生命无法安顿。你一旦悟道的话，这一切都可以得到适当的回答。

宗教是信仰的体现，而信仰是人与超越界之间的关系，这种关系显示出来就是"求以得，有罪以免"这两句话。

关于"求以得"，禅宗有一个著名的公案。禅宗初祖是达摩祖师，他从印度来到中国，一个人在山洞里修行。禅宗二祖是慧可禅师，他在洞外等待祖师给他开示。慧可等了很久，最后祖师问他："你找我有什么事吗？"慧可说："求大师为我安心。"达摩祖师说："好，把心拿来，我替你安。"慧可说："我找我的心找不到。"达摩祖师说："我已经替你把心安好了。"

这就是禅宗第一个公案。所谓"公案"就是有问有答，你用一般的逻辑，无法找到其中的线索。这个公案想表达什么？慧可求大师为他安心，说明他的心很乱，茫茫然找不到归宿。他觉得心不安是一种抽象的、模糊的状态，而达摩祖师叫他把心拿来，故意把模糊的心具体化。慧可说找不到自己的心，大师说已经替他安好了，代表一切都是自寻烦恼。六祖慧能有一句名言："本来无一物，何处惹尘埃？"什么安不安心，根本是人自寻烦恼。心不是要安在什么地方、什么层次，而是要安于自己当下的处境；不要有任何执著，一放开就能得到安顿。这就是佛教禅宗的"求以得"，你只要求，就让你得到。

基督宗教的创始人耶稣也说："你们敲门就给你们开，你们求就给你们得到。"但是，有些人求的是考试顺利、升官发财，这些事找宗教就找错地方了。宗教可以给人带来终极的安宁与平静，这才是最根本的，可以一劳永逸。人间的价值都是相对之物，你不断在求，却永远得不到真正的解决。

第二句话"有罪以免"更深刻。作为统治者，看到社会上有许多罪恶跟自己的决定有关，就会自觉有罪。古代英明的君王会说："万方有罪，在予一人。予一人有罪，无以尔万方。"（《尚书·汤诰》）意即：各方百姓有罪的话，都由我一个人来负责。我一个人有罪的话，不要去牵连各方百姓。商汤、周文王、周武王这些明君，都有类似的心态。

人活在世界上，常常会觉得自己做错了。也许你不是故意的，但却造成了复杂的后果。西方中世纪哲学家奥古斯丁（Augustinus，354—430）有一本代表作叫做《忏悔录》。近代的卢梭（Jean-Jacques Rousseau，1712—1778）也写了一本《忏悔录》。他们为何都要忏悔？人只要回首往事就会发现，有许多事都做错了，许多人因为我而受到牵连或伤害，所以人难免需要忏悔。那么要找谁忏悔呢？宗教会对你说，只要你诚心悔改，一切罪恶都可以得到赦免。而学会老子的道之后，同样可以"有罪以免"。

人的罪恶感是相当普遍的，《圣经》里面有一个故事很直接地反映了人的这种感受。耶稣常常说要爱护别人、同情别人，犹太人想要试探他，就抓来一个正在通奸的妇女，问他该如何处置。这个问题其实很难回答。按照犹太人的律法，犯这种罪的妇女要用石头砸死。如果耶稣按照规矩说，别人就会说他口是心非，口口声声说爱人，其实是在骗大家；如果耶稣原谅她，又违背了犹太祖先的律法。

耶稣根本不碰这个问题，他直接说："你们中间谁没有罪的，就先拿石头砸她吧！"说完之后，就不再理这些群众了。结果，群众从老的到小的，一个一个都走了。最后除了耶稣和那个妇女，一个人都不剩。为什么人都走光了，而且是老的先走呢？因为人活得越老，犯的罪越多。不过，这些人至少还能够真诚地反省自己。一个人真诚反省的话，很少会觉得自己是完全无辜的。对于世间的灾难，我们总是有直接或间接的责任。最后，耶稣问这个妇女说："没有人定你的罪吗？"妇女说："没有。"耶稣说："你回去吧，以后不要再犯罪了。"这是一幅非常经典的画面，代表你不管犯了什么罪，只要真诚地悔改，就可以得到赦免。

回到老子的道。老子一再提醒我们，道就像母亲一样。一般的母亲能力有限，很多时候想帮助孩子却无能为力；而道是无所不能的母亲，可以让百姓"求以得，有罪以免"。这与宗教所说的上帝不是具有完全一样的能力吗？

所以，老子这两句话非常重要，它符合天下所有正派宗教的共法。天下的宗教归结起来，不都是要回应人们"求以得，有罪以免"的需求吗？老子思想在这里展示了宗教的维度。透过这一点，老子思想可以与佛教、基督宗教这些世界级的大宗教互相会通，大家可以在同一个立足点上进一步交换意见，提供各自的智慧。

课后思考

老子有这样的思想实在让人惊讶，让人羡慕，让人佩服。我们中国人要好好珍惜这种宗教的智慧。你对此有何看法？

第六十三章（上） 为何要以德报怨？

本章内容相当丰富，其中有两个重点：一是"报怨以德"，另一个是"轻诺必寡信"。

> 为无为，
> 事无事，
> 味无味。
> 大小多少，
> 报怨以德。
> 图难于其易，为大于其细；
> 天下难事，必作于易；
> 天下大事，必作于细。
> 是以圣人终不为大，故能成其大。
> 夫轻诺必寡信，多易必多难。
> 是以圣人犹难之，故终无难矣。

［白话］所作为的，是无所作为；所从事的，是无所事事；所品味的，是淡而无味。大小多少不必计较，以德行来回应怨恨。解决困难，要在它还容易的时候；成就伟大，要在它还微小的时候；天下的难事，一定开始于容易；天下的大事，一定开始于微小。因此，圣人从不自以为伟大，所以能够成就他的伟大。轻易就许诺的，一定很少能守信；看事

情太容易的，一定先遇上各种困难。因此，圣人总把事情看得困难，以致最后毫无困难。

"为无为，事无事，味无味。"意即：所作为的，是无所作为；所从事的，是无所事事；所品味的，是淡而无味。王弼的注解说："以无为为居，以不言为教，以恬淡为味。""以无为为居"就是"为无为"，亦即无心而为，不刻意做任何事。"以不言为教"就是"事无事"，亦即无所事事，不说话就是我的教化。无为与不言，兼顾了言行两个方面。对于"味无味"，第三十五章说："道之出口，淡乎其无味。"一般人都会被音乐与美食所吸引，而老子希望你品味那淡而无味的"道"，因为只有它是恒久的。

"大小多少，报怨以德"，意即：大小多少不用计较，要用德行来回应别人的怨恨。

关于"大小多少"，我们经常会说：这个势力大，那个势力小；这个很多，那个很少。我们总是在做这样的区分，但是人间哪有公平可言呢？每个人的出发点就不公平，有些人含着金汤匙出生，有些人生下来就背着债务。

关于"报怨以德"，在《论语·宪问》里面，有人问孔子说："以德报怨，何如？"孔子说："那何以报德呢？"孔子的问题非常合理。别人对我不好，我对他好；那么别人对我好，我该怎样报答呢？我还是只能对他好。这显然不太公平。

孔子于是提出"以直报怨，以德报德"八个字，可以代表儒家的立场。所谓"以德报德"，就是别人对我好，我也对他好。所谓"以直报怨"，就是别人做了对不起我的事，我就用正直、用法律来对待他。这样做合乎人之常情，可以体现社会正义，让大家明白善恶都有报应。

孔子代表儒家，儒家以人为中心，以社会的和谐稳定为目标。老子代表道家，道家主张一切都在"道"里面构成一个整体。别人对我不好，如果以怨报怨的话，根本算不上一种哲学立场；如果以直报怨的话，虽然符合社会的公平正义，但是对方也可能有他的苦衷，恐怕是不得已而为之，我只是恰好被他利用、被他伤害了。

从整体来看，前因后果关联交错，构成一个天罗地网，可谓"天网恢恢，疏而不失"。任何人做一件事，背后一定有某些理由，也有做成这件事的各种条件。因果之间并非简单的一一对应关系，一个原因可能造成很多后果，一个后果也可能是很多原因造成的。所以，从整体、从长远的角度来看，就能理解老子为何会主张"报怨以德"。在实际的人生中，这样做有可能产生奇妙的效果。

法国作家雨果（Victor Hugo，1802—1885）写过一本世界名著叫做《悲惨世界》。这本书讲到，在19世纪二三十年代，法国的社会状况非常不稳定。有一个人名叫冉·阿让，他本来是个诚实的农夫，后来因为偷了个面包救济妹妹，结果被判刑五年。他越狱之后，又被判了十九年。他出狱之后，到一座教堂去找一个主教，主教请他吃了顿饭。他走的时候，随手就把桌上的银器偷走了。后来被警察抓到，他骗警察说那是主教送他的，警察就把他带到主教面前对质。主教看到这种情况，就说："银器确实是我送他的，他还少拿了一个烛台呢。"冉·阿让为此深受感动，决心改邪归正，一辈子做好事。他改名为马德林先生，后来被选为市长，非常同情弱势群体。

可见，每个人在内心深处都希望得到别人的原谅。如果别人以德报怨，我会觉得如获新生，生命又充满了无限的可能性。一个人改过迁善之后，可以迸发出巨大的力量。这也是人性的奥秘之一。

所以，只有从老子道家的立场来看，才能对"以德报怨"做出合理的解释。否则很多人会提出质疑：别人对你不好，你对他好，那不是姑息养奸、助纣为虐吗？可能的确如此。但是，如果你了解道家的立场，就知道老子说这句话的初衷。老子往往把百姓当作比较淳朴的被统治者，而作为统治者，就要有"报怨以德"的胸怀与修养。

《老子·第七十九章》有一段话与"报怨以德"相呼应："和大怨，必有余怨；安可以为善？"意即：重大的仇怨经过调解，一定还有余留的怨恨，这样怎能算是妥善的办法呢？双方和解的时候，怨恨不见得会一笔勾销。你对我不好，原本以为我要报仇，至少要以直报怨；结果我以德报怨，反而对你很好。如此一来，你也许会把所有的仇怨全部放下，觉得自己有机会可以重新开始。这就是人性非常奥妙的地方。

老子经常用简单几句话就凸显出生命的特色。人间的事情往往都有因果关系。佛教说：菩萨重视原因，凡人只重视结果，以至于总在应付各种状况。如果将因果关系思考透彻，让那个原因根本不要产生，后面自然就不会有那样的结果。所以与别人来往时，得饶人处且饶人，做事要留点余地，以便将来好相见。人不可能一辈子顺风顺水。你以德报怨，种下善因，说不定将来会有好的结果。

当然，老子并非预计到有好的结果才以德报怨，那只是避难的层次。老子已经到了启明的境界，可以从道的角度来看。"大小多少"这四个字是关键。这个世界上总是有人力量大，有人力量小，有人得到多，有人得到少，有人少年得志，有人大器晚成，每个人都不一样。这其中难免会有恩怨情仇，你根本无从计较。若要化解这一切，就要用"报怨以德"的方法。别人得罪了你，你先不要怪他，而是要冷静地想一想：我是不是拥有更多的资源，而别人正好处于匮乏的状态？你用德行回应怨恨，正好可以表现出悟道的智慧。

收获与启发

"为无为，事无事，味无味"，这三个"无"很重要。它提醒你不要有刻意的想法和念头，不必非要分辨是非、扮演公正的审判者、使善恶有公正的报应，等等，你要超越那些问题。

老子的"报怨以德"只适用于道家的思想系统，未必适合儒家或其他学派。你在实际应用的时候，还是要有判断的智慧。你对一个人以德报怨，他能否因此改过迁善？如果这个人冥顽不灵，反而变本加厉，那么最后肯定无法取得理想的效果。

课后思考

老子的"报怨以德"说的是一般情况。如果你是统治者，可以对百姓采取以德报怨的态度。如果你还没到那个层次，以德报怨就要谨慎。我建议大家先采用儒家的"以直报怨，以德报德"的方法；等各种条件具备之后，再来学道家的方法，这样比较稳妥。你对此有何想法？

第六十三章（下） 轻诺必寡信

本章要介绍《老子·第六十三章》的后半段，里面谈到圣人会怎样做。

> 图难于其易，为大于其细；
> 天下难事，必作于易；
> 天下大事，必作于细。
> 是以圣人终不为大，故能成其大。
> 夫轻诺必寡信，多易必多难。
> 是以圣人犹难之，故终无难矣。

［白话］解决困难，要在它还容易的时候；成就伟大，要在它还微小的时候；天下的难事，一定开始于容易；天下的大事，一定开始于微小。因此，圣人从不自以为伟大，所以能够成就他的伟大。轻易就许诺的，一定很少能守信；看事情太容易的，一定先遇上各种困难。因此，圣人总是把事情看得困难，以致最后毫无困难。

这一段提到，要如何解决困难，怎样成就伟大，并且强调：难的事开始一定很容易，大的事开始一定很微小。这些都是生活经验的总结，并没有什么神秘的地方。你找一些年纪大的人，让他谈谈自己的生活经验和体会，通常也会有类似的结论。

首先，"天下难事，必作于易"，意即：天下的难事，一定开始于容易。我在念书过程中，觉得数学很难。事实上，数学一开始并不难，一加一等于二，九九乘法表，都很容易背。但如果不能循序渐进，最后就会出现难以应付的情况。

其次，"天下大事，必作于细"，意即：天下的大事，一定开始于微小。如果能把小事都做好，做大事就没有问题。所以，我们要养成习惯，把任何事都当作人生的修行，从小事做起，从现在做起，从自己做起。久而久之，就能打下一个稳固的基础，将来才能在上面盖起高楼大厦。

儒家的孔子也说过："人无远虑，必有近忧。"[1]你如果缺乏长远的考虑，眼下就会面临许多问题，让你措手不及。能够做到未雨绸缪，将来就不会遇到什么麻烦。

宋朝学者很喜欢说"在事上磨练"，亦即在具体的事情上磨练自己。假如我今天是一名基层的工作人员，我先把职责范围内的琐碎小事做好，将来才能承担重大的任务。

《孟子》书中提到，孔子年轻时曾经当过"委吏"与"乘田"，属于古代的基层公务员。"委吏"是在一个大夫之家负责管仓库，孔子把往来账目记录得很清楚，把仓库管理得井井有条。大夫觉得很满意，认为这个年轻人做事负责，就让他去管理一个比较大的牧场，也就是"乘田"，牧场里的牛羊都是用来祭祀的。孔子管理了一年之后，牛羊长得非常茁壮，繁殖得也特别快，因为孔子尽忠职守，不会变卖公物，谋取私利。

----

[1] 见《论语·卫灵公》。

可见，孔子在年轻时就能够实事求是，尽忠职守，这为他后期的发展奠定了坚实的基础。后来，孔子把五经六艺都学通了，他学问好，能力强，于是五十一岁正式出来做官。一开始担任中都宰，也就是县长。一年下来，他的县就成为全国模范县。随后升迁到中央，从小司空再升任司寇，成为正部级官员。这就是孔子的一段经历。

老子接着说："圣人终不为大，故能成其大。"意即：圣人从不自以为伟大，所以能够成就他的伟大。从"道"来看，一切构成一个整体，在整体中永远都不会有穷尽。在漫长的人生之路上，永远不可能达到圆满的结果。只要你还活着，就有更高的层次可以攀登。如果你觉得自己的事业或德行修养已经不错了，就会停下脚步。但宇宙万物继续发展，人类社会不断进步，你就会被抛到后面。

接下来的两句话可以当作座右铭，即"轻诺必寡信，多易必多难"。

先看"轻诺必寡信"，意即：轻易许诺的，一定很少能守信。我年轻时就犯过这样的错误。我父亲有一个朋友在一家杂志社里做翻译，接了很多翻译的工作。这位前辈知道我在念哲学硕士，就请我帮忙把《荀子》的几个章节译成英文。我当时不知轻重，觉得这件事难度不大，就轻易承诺了。我年轻时有个毛病，别人让我帮忙做任何事，我都一口答应，到最后很多事都做不完。后来眼看期限将至，我勉强赶工，匆忙交稿，翻译得不够理想。这位前辈看了之后非常失望，我为此深感惭愧，觉得自己连带也让父亲丢了脸。

如果事先多考虑一点，知道自己时间不多、能力有限，就不会轻易答应别人。如果很爽快地答应，后面可能就要花上半年、一年的时间去实践诺言。从那件事之后我就学乖了，以后别人要我帮忙，我都会说："让我先想一想，尽快给你答复。"如果轻易承诺，不但自己做不好，还耽误了别人。别人既然交给你做，就没有考虑找其他人。等到了期限，你没有做完，那别人该怎么办呢？

再看第二句"多易必多难"，意即：看事情太容易的，一定先遇上各种困难。有些事情看似容易，其实不然。比如，我经常到各地上课、演讲，我会特别留意主办方所花的心思，对于海报制作、现场布置、宣传推广等看似不起眼的小事，我都心存感恩，因为我知道天下的事情没有容易的。俗话说得好："事非经过不知难。"并且，做任何事都要有始有终。《老子·第六十四章》说："慎终如始，则无败事。"意即：在事情结束时，还能像开始时那么谨慎，那么做任何事情都不会失败。

最后的结论是："是以圣人犹难之，故终无难矣。"意即：圣人总是把事情看得困难，以至于最后毫无困难。我年轻时很喜欢"举重若轻"这个说法，只有经过充分的准备，积累了足够的实力，才能有这么从容的表现。

圣人不就是如此吗？他把所有事情都看得很难，总是以戒慎恐惧的心态去面对。事实上，天下没有真正容易的事。俗话说："机会总是留给有准备的人。"你准备得充分，机会一旦出现，就能牢牢把握住，产生正面的效果；相反的，如果你没有准备好，给你再多机会也没用。

关于重视细节，可以举《世说新语》中的一个故事为例。东晋时期，前秦的君主苻坚调集大军进攻东晋。东晋的中书侍郎郗超素来与谢玄不和，此时却推荐谢玄去北伐。郗超说："谢玄去的话一定可以成功。我曾经与他一起共事，见他用人时能做到人尽其才，即使是微末小事，人员安排也很妥当。由此推论，他一定可以建立功业。"后来谢玄大功告成，在淝水之战中大败苻坚，人们都称赞郗超有先见之明，也敬重他不因自己的爱恨而埋没人才。①

因此，我们要记住一个原则：事情不论大小，只要是由我来做，对我而言都是重要的事。如果挑三拣四，连小事都做不好，别人又怎么会委以大任呢？

课后思考

老子谈论道的部分都非常深刻，其他部分则与人生密切相关，老子的人生哲学同样能给我们带来很多启发。你对此有何看法？

---

① 出自《世说新语·识鉴第七》。原文：郗超与谢玄不善。苻坚将问晋鼎，既已狼噬梁、岐，又虎视淮阴矣。于时朝议遣玄北讨，朝间颇有异同之论。唯超曰："是必济事。吾昔尝与共在桓宣武府，见使才皆尽，虽履屦之间，亦得其任。以此推之，容必能立勋。"元功既举，时人咸叹超之先觉，又重其不以爱憎匿善。

第六十四章（上）千里之行，始于足下

本章介绍《老子·第六十四章》的上半段。

> 其安易持，其未兆易谋。
> 其脆易泮（pàn），其微易散。
> 为之于未有，治之于未乱。
> 合抱之木，生于毫末；
> 九层之台，起于累土；
> 千里之行，始于足下。
> 为者败之，执者失之。
> 是以圣人无为故无败，无执故无失。
> 民之从事，常于几成而败之。
> 慎终如始，则无败事。
> 是以圣人欲不欲，不贵难得之货；
> 学不学，复众人之所过，
> 以辅万物之自然而不敢为。

[白话]情况安定时容易把握，情况尚无迹象时容易图
谋。事物脆弱时容易化解，事物微细时容易消散。要在事情
尚未发生时就处理好，要在祸乱尚未出现时就控制住。合抱
的大树，是从小芽苗长成的；九层的高台，是从一筐土堆起
的；千里的行程，是从脚底跨出的。作为的将会失败，把持

的将会落空。因此，圣人无所作为，也就不会失败；无所把持，也就不会落空。人们做事，常在快要成功时反而失败。面对事情结束时，能像开始时那么谨慎，就不会招致失败了。因此，圣人想要的就是没有欲望，不重视稀有的商品；想学的就是没有知识，补救众人所犯的过错，以此助成万物自己如此的状态，而不敢有所作为。

本章一开头连讲了四个"易"。"其安易持，其未兆易谋。其脆易泮（pàn），其微易散"，意即：情况安定时容易把握，情况尚无迹象时容易图谋。事物脆弱时容易化解，事物微细时容易消散。"为之于未有，治之于未乱"，意即：要在事情尚未发生时就处理好，要在祸乱尚未出现时就控制住。这些说法都符合日常的生活经验，一般人听到都会觉得有道理。

从老子这些话里面，可以提炼出三个重点：第一，提早分辨；第二，付诸行动；第三，积少成多。

第一，提早分辨。要做到见微知著，一叶落而知秋。《易经》坤卦的六爻都是阴爻，初六的爻辞说："履霜，坚冰至。"即脚下踩到霜，坚冰将会到来。当你脚下踩到霜，就应该知道快要下雪结冰了。真的结冰之后再准备过冬，就来不及了。为什么坤卦初六会看到霜呢？因为坤卦六爻都是阴爻，初六一上场就感到一阵寒意。初六只是踩到霜，情况并不严重，但后面的发展令人担忧。

《易经》经常提醒我们要居安思危，因为"易"就是变化，人间的一切都在变化之中。所以，要有长远的、整体的看法，提早分辨，在变乱尚未出现之前，就要把它控制住。千万不要认为天下太平，可以高枕无忧。譬如，在春秋时代的两百多年中，有大臣杀国君的，有儿子杀父亲的。这种局面绝非一朝一夕就形成的，而是逐渐演变而成的。

《尚书·周官》也强调："制治于未乱，保邦于未危。"意即：在国家尚未出现动乱的时候，就要制定好正确的制度；在国家尚未出现危机的时候，就要好好保护它。

第二，付诸行动。老子连讲了三句话。第一句"合抱之木，生于毫末"，意即：合抱的大树，是从小芽苗长成的。这是自然界的情况。第二句"九层之台，起于累土"，意即：九层的高台，是从一筐土堆起的。这是人间的情况。第三句"千里之行，始于足下"，意即：千里的行程，是从脚底跨出的。这是每个人都可以去做的。"生于""起于""始于"代表不仅要提早分辨，还要付诸行动，否则怎么可能成就"合抱之木""九层之台"或"千里之行"呢？

《荀子·修身》也说："跬步而不休，跛鳖千里；累土而不辍，丘山崇成。""跬步"就是一小步。只要一小步一小步慢慢走而不停下来，一只跛脚的鳖也可以走千里。这类似于"千里之行，始于足下"的说法。只要一筐土一筐土慢慢积累而不停下来，一座普通的丘陵最后也会变成高山。这类似于"九层之台，起于累土"的说法。

这让我们联想到愚公移山的故事。愚公要把一座山移走，别人说："你一个人怎么做得到呢？"愚公说："没关系，我有儿子，儿子又有孙子，子子孙孙一代一代做下去，肯定能把山移走。"这个故事提醒我们：做事要有恒心，做出分辨之后，就要付诸行动。当然，我们不能把希望都寄托在子孙身上，还是要自己努力，对自己的生命负责。

第三，积少成多。天下之事都是由小而大，由少而多。孔子的学生子夏说："日知其所亡，月无忘其所能，可谓好学也已矣。"[①]意

---

① 见《论语·子张》。

即：每天学一点新东西，每个月再复习一下，不要忘记所学的，这样可以说是爱好学习了。

这句话启发了明朝末期的学者顾炎武，他有一本代表作叫做《日知录》，"日知"二字就来自于子夏的话。这本书包罗万象，你能想到的各种有趣的、深刻的、细微的事，几乎都包括在内。这种功夫不可能一蹴而就，而是需要日积月累，积少成多。

我有一位老师学识渊博，每一次跟他聊天，都觉得他好像无所不知。我在毕业时请教他：您如此博学，有什么秘诀呢？这位老师说，他从年轻时就养成了一个习惯，每晚临睡前都要问自己：我今天有没有学到新东西呢？如果没有，就从书架上随便拿一本书看二三十分钟，一定要学到新东西才去睡觉。这样数十年如一日，学问自然广博。这就是标准的积少成多。

收获与启发

我们常用"千里之行，始于足下"来互相勉励，这句话就出自《老子·第六十四章》。本章一开头先说了四个"易"。你要做一件事，什么时候最容易呢？在情况安定时、在刚有征兆时、在事物还没有稳定时、在它还微小时，你要去把握它、图谋它、化解它或消散它，都比较容易。一旦等它形成了气候，就很难处理了。

《易经》的姤卦很特别，六爻中只有底下的初六是阴爻，上面有五个阳爻。但是你千万不要小看这个初六，因为它会带着别的阴爻一路上来，而上面的阳爻会逐个退走。姤卦的卦辞特别强调，不要与这样的女子结婚。这让我们想到武则天的故事。唐太宗英明神武，武则天刚进宫时只是个小女孩，看起来没什么问题。谁知她后来竟然夺取了整个国家的权力，成为帝王。可见，如果在开始的阶段忽略了小地方、小人物，将来的后果可能不堪设想。

根据老子的话，可以归纳出三点心得。

第一，提早分辨，见微知著。对任何事都要看得长远，不能忽略它微小的时候，因为一切都在变动之中，此消则彼长，未来有各种可能性。我们要及早把握趋势，防患于未然，让事物朝着我们希望的方向去发展。

第二，付诸行动。坐而言不如起而行，付诸行动就会慢慢积累信心。人生很多时候都要且战且走，到最后才能做成大事。

第三，积少成多。我翻译过一本很厚的书，大约四十万字，开始做的时候心想："这本书五六百页，怎么能翻译完呢？"但是不要着急，要做好计划并付诸行动，只要有恒心，最后一定可以做成。每天翻译十页，五六十天不就翻译完了吗？时间对每个人都是公平的。你要选择重要的事、该做的事，认真去做。一段时间之后，自然水到渠成。不要一看到工作量大，就止步不前。不付诸行动的话，任何事都做不成。

课后思考

对于"千里之行，始于足下"，你有哪些个人的观察与经验？

第六十四章（下）慎终如始，则无败事

本章介绍《老子·第六十四章》的下半段。上半段谈到"千里之行，始于足下"，老子提醒我们，在开始的阶段需要谨慎。本节谈到"慎终如始"，亦即在结束的时候同样需要谨慎。

> 为者败之，执者失之。
> 是以圣人无为故无败，无执故无失。
> 民之从事，常于几成而败之。
> 慎终如始，则无败事。
> 是以圣人欲不欲，不贵难得之货；
> 学不学，复众人之所过，
> 以辅万物之自然而不敢为。

［白话］作为的将会失败，把持的将会落空。因此，圣人无所作为，也就不会失败；无所把持，也就不会落空。人们做事，常在快要成功时反而失败。面对事情结束时，能像开始时那么谨慎，就不会招致失败了。因此，圣人想要的就是没有欲望，不重视稀有的商品；想学的就是没有知识，补救众人所犯的过错，以此助成万物自己如此的状态，而不敢有所作为。

《老子·第十五章》说："孰能浊以静之徐清？孰能安以动之徐生？"意即：谁能在浑浊中安静下来，使它渐渐澄清？谁能在安定中活动起来，使它出现生机？德国哲学家海德格尔（Martin

Heidegger，1889—1976）很喜欢这两句话，特别请他的朋友用中文写成条幅，挂在他的书房里面。这句话说明，老子不是只有静的一面，他也有动的一面。人活在世界上，不可能不活动。一般人的活动，在开始阶段往往很谨慎，在结束的时候则容易松懈。圣人作为悟道的统治者，他有哪些与众不同的表现呢？

老子说："圣人无为故无败，无执故无失。"这两句话听起来很空洞。圣人无所作为，当然不会失败；无所把持，当然不会落空。圣人作为悟道的统治者，他治理的目的何在呢？他要让百姓过平常的生活。因此，圣人再怎么收敛，仍然有许多事情要做，有许多责任要承担。但是，圣人不会刻意作为、刻意把持，而是无心而为、无心而执，在慎始与慎终之间，让一切自然发展，没有勉强也没有压力，这样就不会产生什么问题。

"民之从事，常于几成而败之"，意即：人们做事，常在快要成功时反而失败。一般百姓做事，眼看就要大功告成，却忘了此时才是最危险的时刻。俗话说得好："行百里者半九十。"最后十里才是真正的挑战。这就好比参加马拉松比赛，开始跑在前面没什么用，能坚持到最后，冲过终点才是真正的成功。

"慎终如始，则无败事"，意即：面对事情结束时，能像开始时那么谨慎，就不会招致失败了。譬如，在篮球、足球比赛中，最后关头也可能翻盘。因为球是圆的，什么事情都有可能发生。打棒球也一样，双方平手的时候，最后一局两个人出局，然后是两好球，三坏球，这个球稳住的话，再来一个好球，不就赢了嘛。所以，最后一球才是决定胜负的关键。

提醒完一般百姓之后，老子的焦点又回到圣人身上，圣人有两种独特的表现。

第一，"圣人欲不欲，不贵难得之货"，意即：圣人想要的就是没有欲望，不重视稀有的商品。这代表没有欲望也是一种欲望。圣人不会区分什么比较贵重，什么比较难得，因为他一旦做出区分的话，百姓马上就会去追求难得之货。

第二，"学不学，复众人之所过"，意即：圣人想学的就是没有知识，补救众人所犯的过错。这代表学习没有知识也是一种学习。美国作家海明威（Ernest Miller Hemingway，1899—1961）说："我们要花两年的时间才能学会怎么说话，但是要花一辈子的时间才能学会怎么不说话。"可见，想学会不说话其实更难。

老子很喜欢用"复"这个字。"复众人之所过"就是补救众人所犯的过错，让大家可以重新开始。前文还有"复归于无物""复归于婴儿""复归于朴"等说法。

《易经》有一个复卦，结构很简单，只有底下的初九是阳爻，上面五个都是阴爻。复卦的前面是坤卦，六爻都是阴爻。现在复卦底下重新出现了阳爻，代表重新出现了生命力。复卦的《象传》说："复，其见天地之心乎！"意即：从复卦，大概可以看出天地的用意吧！代表天地不会让一切都停下来。

老子最后的结论是："以辅万物之自然而不敢为。"意即：以此助成万物自己如此的状态，而不敢有所作为。在《老子》全书中，"自然"一词总共出现了五次，本章是最后一次出现。

老子要助成万物自己如此的状态。但问题是：万物自己如此，还需要人的帮助吗？其实，古人把"天地人"称为"三才"，代表三个层次；人可以参赞天地的化育。天地的化育偶尔也会出现问题，比如森林火灾或地震会使许多动植物的生存受到威胁。人可以运用智慧进行一些修复工作，让万物回到自己如此的状态。

收获与启发

在《韩诗外传》中，有一段话谈到"慎终如始"的四种情况，亦即"官怠于有成，病加于小愈，祸生于懈惰，孝衰于妻子，察此四者，慎终如始"。你做官有了成绩，可能会心生懈怠，荒废了政务。你的病情稍有好转，又照旧胡吃海喝，不顾冷暖，就会使病情加重。你安于现状，懒惰懈怠，就会出现各种灾难。你娶妻生子，忙于照顾自己的小家庭，就会忽略对父母的孝顺。修德行善就像渡河一样，一定要渡过去才算成功。

庄子则发挥了老子"复众人之所过"的思想。《庄子·德充符》提到：鲁国有一个人受了刑罚，被砍了一只脚，他努力学习，想要弥补以前所犯的过错。[①]但他所学的不是儒家那种学问，而是道家的智慧。他认为自己的身体虽然有残缺，但是精神仍有可能保持完整。[②]这与老子的思想可以互相呼应。

老子关心一般的百姓，提醒他们要谨慎地开始，亦即"合抱之木，生于毫末；九层之台，起于累土；千里之行，始于足下"；也要谨慎地结束，亦即"慎终如始，则无败事"。圣人不同于一般的百姓，他"无为故无败，无执故无失"。亦即他无心而为，所以不会失败；他无所把持，所以不会落空。

最后又提到"圣人欲不欲""学不学"，可见老子认为天下大乱是其来有自的。圣人作为悟道的统治者，他本身必须超然，不刻意做任何事，也不刻意把持任何状况，让百姓可以过平常的生活。百姓则要分工合作，承担各自的责任，有的念书，有的工作，有的从事农业、商业活动，既要谨慎地开始，也要谨慎地结束。

课后思考

对于"慎终如始，则无败事"，你有哪些个人的观察或体验？

---

① 原文：夫无趾，兀者也，犹务学以复补前行之恶。
② 原文：今吾来也，犹有尊足者存，吾是以务全之也。

第六十五章　回归淳朴状态

这一章强调，治理百姓的主要原则是避免使用智巧。这是不是主张愚民政策呢？另外，本章再度提到"玄德"一词。

> 古之善为道者，非以明民，将以愚之。
> 民之难治，以其智多。
> 故以智治国，国之贼；
> 不以智治国，国之福。
> 知此两者亦稽式。
> 常知稽式，是谓玄德。
> 玄德深矣，远矣，与物反矣，
> 然后乃至大顺。

[白话] 从前善于推行"道"的人，不是用道来教人民聪明，而是用道来教人民愚昧。人民所以很难治理，是因为他们智巧太多。因此，以智巧来治理国家，是国家的灾祸；不以智巧来治理国家，是国家的福气。认识这两者就是明白了法则。总是处于明白法则的状态，就称为神奇的德。神奇的德深奥啊，遥远啊，与万物一起回归啊，然后抵达最大的顺应。

首先，老子回顾更早的情况，描写了古代"善为道者"的表现。他的表现其实与圣人的表现是一致的。

"古之善为道者，非以明民，将以愚之"，意即：从前善于推行"道"的人，不是用道来教人民聪明，而是用道来教人民愚昧。这里又提到用"愚"来治理百姓，难道老子真的要让百姓陷入愚昧吗？有些学者认为，"愚"与"娱"相通，所以老子不是要让百姓愚昧，而是要让百姓有所娱乐。这样解释未免太乐观了，因为它与后面对智巧的批判不能对应。所以，最好还是照字面来解释，"愚"就是让百姓愚昧。

《老子·第二十章》说："我愚人之心也哉。"意即：我真是愚人的一种心态啊。可见"愚"字在《老子》书中未必是坏的意思。圣人的心进入不做区分的状态，外表看起来很愚笨，但是他自己很受用，所以要把这种心态推到百姓身上。亦即第四十九章所说的："圣人在天下，歙歙焉，为天下浑其心。"圣人要让天下人的心都打成一片，不要区分彼此，也不要做事实上与价值上的区分。

"民之难治，以其智多"，意即：人们所以很难治理，是因为他们智巧太多。人有很多智巧，真的会比较顺利、比较快乐吗？

《庄子·庚桑楚》提到，庚桑楚让自己的学生去南方请教老聃。这位学生对老聃说："没有智巧吗？人们说我愚蠢。有智巧吗？反而使我自己愁苦。没有仁心就会害人，有仁心反而使我自己愁苦；没有义气就会伤人，有义气反而使我自己愁苦。我怎样才能避免这些呢？这三个问题是我所担心的，希望借着庚桑楚的关系来请教您。"[1]

他所说的"智巧、仁心、义气"这三点，正好是儒家所提倡的"智、仁、义"，但是真正做起来都会陷入两难。我如果没有智巧，与别人往来时不去计较，别人会说我愚蠢。我如果运用智巧，与别人勾

———————

[1] 原文：南荣趎曰："不知乎？人谓我朱愚。知乎？反愁我躯。不仁则害人，仁则反愁我身；不义则伤彼，义则反愁我己。我安逃此而可？此三言者，趎之所患也，愿因楚而问之。"

心斗角，最后即使得到某些利益，也可能给别人造成了伤害，这也会让我感到愁苦。这就是庄子对于智巧问题所做的发挥。

《庄子·天地》提到，孔子的学生子贡去楚国游历，回来时经过汉水南岸，看到一个老人在菜园里工作。他抱着瓮去装水，再去灌溉他的菜田，花了很多力气而效果不彰。子贡就建议他："现在有一种机器，每天可以灌溉一百块菜园，用力很少而效果很大，老先生不想要吗？"种菜老人抬起头问子贡："怎么做到的？"子贡说："削凿木头做成机器，后面重而前面轻，你一抽水，水就喷涌出来了。这种机器叫做桔槔。"

我小时候住在乡下，看到别人从井里面打水，用的就是类似的机械。这个种菜老人听了很生气，他说："我听我的老师说过：'使用机械的人，一定会进行机巧之事，进而生出机巧之心。机巧之心存在于胸中，就无法保持纯净状态，会使心神不安定；心神不安定的人，是无法体验大道的。'所以，我不是不懂得使用机械，而是因为觉得羞耻才不用的。"[1]

在道家看来，运用智巧固然可以得到某些利益，但如此一来，心思就会变得复杂，做任何事都要想：怎样用最少的力气达成最大的效果？如果人人如此的话，你怎么可能得到快乐呢？有一些理财广告看了真让人担心，广告说："跟我们好好学理财，保证让你四十岁退休。"如果四十岁就退休，那退休之后做什么呢？每天在海边晒太阳吗？这样的生活实在让人难以想象。

"故以智治国，国之贼；不以智治国，国之福"，意即：因此，

---

[1]　原文：为圃者忿然作色而笑曰："吾闻之吾师：'有机械者必有机事，有机事者必有机心。机心存于胸中，则纯白不备；纯白不备，则神生不定，神生不定者，道之所不载也。'吾非不知，羞而不为也。"

以智巧来治理国家，是国家的灾祸；不以智巧来治理国家，是国家的福气。"贼"在古代指"伤害"，而不是小偷。

现代人的情况不就是如此吗？有心理学专家指出：20世纪最大的问题是焦虑。经过两次世界大战，大家普遍担心要如何赶超别的国家、如何取得个人的成就。到21世纪，最大的问题变成了忧郁。"焦虑"至少表示还有目标需要达成，而忧郁则表明人们已经失去了奋斗的目标。人们现在可以获得海量的信息，却失去了判断的能力，似乎目标达成与否，最后都差不多。

现代人用智巧创造出许多便利条件，可以很快地完成每天的工作，那剩下的时间怎么办呢？西方人用了两个很生动的词汇来形容：第一个是"杀时间"（kill time），亦即要把时间消磨掉；第二个是"休闲"（recreation），亦即要重新产生创造力。正如俗话所说："休息是为了走更远的路。"

圣人作为统治者，早就有了这样的考虑。"知此两者亦稽式。常知稽式，是谓玄德"，意即：了解用智巧的害处和不用智巧的好处，就是明白了法则。总是处于这种明白法则的状态，就称为神奇的德。这里又出现了"玄德"一词。第十章与第五十一章都描写"玄德"是"生而不有，为而不恃，长而不宰"。本章的说法不太一样。

老子说："玄德深矣，远矣，与物反矣，然后乃至大顺。"意即：玄德非常深远，它与万物一起回归，然后抵达最大的顺应。万物本来就要回到它的根源，亦即回归于道，这不是最大的顺应吗？人有认知能力和欲望能力，如果这两方面都以"道"作为方向和目的，就可以称为"玄德"。

收获与启发

老子强调，不是用道来教百姓聪明，而是用道来教百姓愚昧。

这是否有愚民主义的嫌疑呢？其实老子的想法是：与其让百姓知道许多不必要的区分，由此造成偏差的欲望，还不如不让百姓知道这些。想让所有百姓都有正确的知，在古代谈何容易？还不如"为天下浑其心"，让大家不分彼此，也不要有各种复杂的区分。

听到愚民政策，我们很容易联想到秦始皇的"焚书坑儒以愚黔首"。秦始皇烧掉书籍，又坑杀了几百个儒生，想用这种方式让百姓变得愚昧。所谓"黔首"，是指黑头发的百姓，因为他们不像读书人那样戴着帽子。秦始皇的目的是防止百姓读书明理之后，起来反对他的暴政，结果事与愿违。后来刘邦和项羽推翻了秦朝，但他们两个都不是读书人，那焚书坑儒又有何用呢？唐代诗人章碣写了《焚书坑》这首诗，最后一句就是"刘项原来不读书"。

可见，"非以明民，将以愚之"只是一种手段，老子希望藉此返回古代的理想情况，让百姓都过上平安愉快的生活，进而把握人生的正确方向，亦即"反者道之动"。

今天是21世纪，我们不可能甘于愚昧。我们要了解人情世故，了解各种事实与价值的区分，但是也要记得庚桑楚学生的问题："没有智巧吗？别人说我愚蠢。有智巧吗？反而使我心里愁苦。"可见，使用智巧去谋利，难免会伤害别人。所以，为了公平正义，你能否稍微收敛一点？我们可以学习郑板桥的"难得糊涂"，为人处事偶尔糊涂一些，减少与别人的勾心斗角，这样就会活得轻松愉快。

课后思考

我们用老子的思想来管理自己，不可能走上愚昧自己的道路。我们要学会如何做判断，但是区分不要太过头，欲望也要适当收敛。你对此有何想法？

第六十六章　不争而成功

本章谈到圣人如何治理百姓。老子以江海为喻，因为它位置低下，所以能让百川归往。最后的结论是"不争，故天下莫能与之争"，与第二十二章的说法相同。

> 江海所以能为百谷王者，以其善下之，
> 故能为百谷王。
> 是以圣人欲上民，必以言下之；
> 欲先民，必以身后之。
> 是以圣人处上而民不重，处前而民不害。
> 是以天下乐推而不厌。
> 以其不争，故天下莫能与之争。

[白话] 江海所以能成为百川归往之处，是因为它善于处在低下的位置，这样才能让百川归往。因此，圣人想要居于人民之上，一定要言语谦下；想要居于人民之前，一定要退让于后。如此，圣人居于上位而人民不觉得有负担；站在前列，而人民不觉得有妨碍。于是天下人乐于拥戴他而不会嫌弃。因为他不与人争，所以天下没有人能够与他争。

本章开头使用了一个比喻，"江海所以能为百谷王者，以其善下之，故能为百谷王"。"王"代表"归往"，"百谷王"就是百川归往。

江海为什么能成为百川归往之处呢？因为水往低处流，而江海善于处在低下的位置，所以能让百川归往。这是自然界的客观现象。

那么圣人要怎么做呢？"是以圣人欲上民，必以言下之；欲先民，必以身后之。"老子提到圣人有两种"欲"：第一，"欲上民"，想要居于人民之上；第二，"欲先民"，想要居于人民之前。这两个"欲"字值得注意。

本书把《老子·第一章》的文句断为"故常无欲""常有欲"。很多学者认为，老子不可能说"有欲"，所以应该断为"故常无"与"常有"。事实上，《老子》全书谈到"欲"的地方有六七处，本章就提到"圣人欲上民""欲先民"。所以，老子并不反对人有欲望，但前提是要有正确的知，才会有正确的欲。"欲"是人类最自然的本能，人怎么可能完全没有欲望呢？但是，有正确的"知"很不容易。

圣人表现出他的欲望，给一般人做出了良好的示范。圣人的"欲"还是表现在"言"与"行"两个方面。

在言方面，想要居于人民之上，一定要言语谦下。老子在前文中说过两次，侯王一定要谦虚地称自己为"孤家、寡人、仆下"，才不会引起别人的反感。否则，你已经高高在上、大权在握了，还要强调"朕即天子、朕即法律、朕即国家"，别人怎么受得了呢？言语谦下会让别人愿意听你说，愿意照你的话去做。

在行动方面，想要居于人民之前，一定要退让于后。你让别人走在前面，就不会给人太大压力，整个社会也更容易安定和谐。

"是以圣人处上而民不重"，意即：圣人居于上位，而人民不觉得有什么负担。试问：天下为何会乱？一个重要的原因就是，在上位的君主贪图个人的生活享受，给人民造成了沉重的负担。比如，第五十三章说，人君"服文采，带利剑，厌饮食，财货有余"。这些君主穿着锦绣衣服，佩戴锋利宝剑，饮食精美，财货绰绰有余，这些都给百姓带来了沉重的负担。而圣人不会耽溺于物质享受，也没有特别的欲望需要满足，所以百姓税负很轻，劳役不多，更不会有战争，这样不就国泰民安了吗？

另一方面，圣人"处前而民不害"，意即：圣人站在前列，而人民不觉得有妨碍。《庄子·达生》提到，会养生的人就像在牧羊，要"视其后者而鞭之"[1]。亦即看哪些羊走得慢，就催它快一点，使整个羊群能够一起向前走。这是道家特别的观念。用在治理百姓方面，就是要让百姓一起走在正确的方向上，生活安和乐利，在有生之年努力去悟道，悟多少算多少。一般百姓能够这样生活就已经非常理想了。

最后的结论是："以其不争，故天下莫能与之争。"意即：因为他不与人争，所以天下没有人能够与他相争。圣人他把握了大的原则，他像江海一样处在最低下的位置，包容所有的河川。他言语谦下，行动退让。如此一来，谁能与他相争呢？

老子一再强调，在言语方面要"行不言之教"，要"希言""贵言"，尽量不要发号施令。在行动上要采用退让的方式，不要居先，而要处后。这样一来，就算别人要跟我相争，也无从下手。如果我主动与别人相争，就会显示我的欲望，暴露我的缺点或要害，即便赢了，也可能遍体鳞伤。圣人是悟道的统治者，他的表现可以用"有容乃大，无欲则刚"来描述，与一般的国君大不相同。

收获与启发

本章一开头就以江海作为比喻。第八章提到"上善若水"，水对万物有利，而不与万物相争；在人的世界，没有人喜欢处在低洼卑贱之

---

[1] 原文：善养生者，若牧羊然，视其后者而鞭之。

处，但是水处在最低卑的地方却毫不在乎，从而使百川都来归往。因此，作为领导者，就要像江海一样处在最卑下的地方，容纳天下的污垢与不祥。要包容所有问题，全面照顾百姓，让万物保持整体的均衡与和谐。不要多所造作，那样只会自寻烦恼。

本章两次提到"欲"，说明圣人也有欲望，他"欲上民""欲先民"，代表圣人要承担起领导整个国家的重任。否则，天下大乱怎么办？天下大乱会让很多人生不如死，并引发"存在上的虚无主义"的危机。老子虚拟一个圣人的目的，就是要化解这个问题。他希望人们知道：人活着可以有明确的意义，可以展现特有的价值。所以，应该看得长远而完整，让所有的一切都回归它的本源。

圣人的两种"欲"是一个领导者应该有的表现。我们今天如果在班上担任干部，或在公司担任领导，就要设法做到"处上而民不重，处前而民不害"。处在上位一定要言语谦下，站在前列一定要表现谦让，在言与行两方面，不给别人带来任何压力或负担，这样的领导谁不欢迎呢？大家心悦诚服，上下紧密配合，就能共同完成每个阶段的特定任务。

课后思考

老子并非让我们困陷在古代小国寡民的情况。我们学习《老子》的每一章、每一句话，都要想：我怎样才能从中得到启发？今天每个人都受过良好的教育，可以充分了解人生的各种复杂问题，但更重要的是了解自己的处境，以及自己与别人的关系。当我们被人领导或领导别人的时候，要如何表现出适当的教养？道家思想在这方面可以给我们深刻的启发。你对此有何心得？

第六十七章（上） 三宝以慈为首

　　这一章提到老子的三种法宝，非常值得参考。关键是，老子为什么肯定这三种法宝呢？本章内容丰富，要分两节来加以介绍。

　　　　天下皆谓我道大，似不肖。
　　　　夫唯大，故似不肖。
　　　　若肖，久矣其细也夫。
　　　　我有三宝，持而保之。
　　　　一曰慈，二曰俭，三曰不敢为天下先。
　　　　慈故能勇；
　　　　俭故能广；
　　　　不敢为天下先，故能成器长。
　　　　今舍（shě）慈且勇，舍俭且广，舍后且先，死矣。
　　　　夫慈，以战则胜，以守则固。
　　　　天将救之，以慈卫之。

　　［白话］天下人都认为我的"道"太大了，似乎什么都不像。正因为它太大，所以似乎什么都不像。如果像是什么东西，早就变得很渺小了。我有三种法宝，一直掌握及保存着。第一是慈爱，第二是俭约，第三是不敢居于天下人之先。因为慈爱，所以能够勇敢；因为俭约，所以能够推扩；因为不敢居于天下人之先，所以能够成为众人的领袖。现在如果舍弃慈爱而求取勇敢，舍弃俭约而力求推扩，舍弃退让而争

取领先，结果只有死亡了。以慈爱来说，用于战争就能获胜，用于守卫就能巩固。天要救助一个人，会用慈爱去保护他。

本章开头的三句话值得注意。老子说："天下皆谓我道大，似不肖。夫唯大，故似不肖。"意即：天下人都认为我的"道"太大了，似乎什么都不像。正因为它太大，所以似乎什么都不像。听到老子的道，大部分人都觉得难以想象。老子在第二十五章为"道"命名之后，立刻说也可以称之为"大"。可见，"道"与"大"是密不可分的。正因为它太大了，所以似乎什么都不像。

"若肖，久矣其细也夫"，意即：如果像是什么东西，早就变得很渺小了。如果你说"道"像喜马拉雅山一样，但是当你从飞机上俯瞰时，就觉得喜马拉雅山也不过如此。如果你说"道"像太平洋一样，但是你看看地球仪，就觉得太平洋也仅此而已。真正的大是"至大无外"。道包容一切，让你看不见，听不着，抓不到，甚至无从想象，如此才能体现它的大。

接着老子说："我有三宝，持而保之。"意即：我有三种法宝，一直掌握及保存着。老子先说"道"如此之大，接着又提出"三宝"，目的是要告诉我们，如何把对道的领悟体现在日常生活中，特别是体现在治理百姓上。

"三宝"的第一宝是"慈"。通常用"慈"来形容母亲的爱。道生了万物，它是万物的母亲，用"慈"来描写"道"非常贴切。母亲对孩子的爱是完全的包容。假如一位母亲有五个孩子，她会觉得五个孩子就像五根手指一样，每一个都不可或缺。换言之，世界上每一个人都很重要，每一样东西都有它存在的价值，因为是道让它存在的。《庄子·知北游》强调"道无所不在"，甚至连那些污秽不堪的东西，里面都有道。"慈"代表能够包容、欣赏及肯定一切。人悟道之后，心态就会变得像慈母一样。

"慈故能勇"，意即：因为慈爱，所以能够勇敢。西方有一句类似的话："女子虽弱，为母则强。"女孩做了母亲之后，就会变得非常坚强，可以撑起半边天。

《韩非子·解老》这样解释"慈故能勇"：慈母对于弱小的孩子，务必要保障他的幸福，因而要设法除去祸害；要除去这些祸害，就要思虑成熟；思虑成熟，就会明白事物的道理；懂得道理之后，必然可以成功；照顾孩子很成功，行动就不会有疑虑，这就叫做勇敢。圣人对于万事，就像慈母为弱小的孩子考虑一样。①

孔子曾提出"三达德"，即"知者不惑，仁者不忧，勇者不惧"（《论语·子罕篇》）。勇者没有任何疑虑，也就不会有什么恐惧。国君如果慈爱百姓，就会勇于照顾他们。孟子用"文王视民如伤"来描写周文王的表现，非常传神。亦即周文王看待百姓总像百姓受伤一样，文王随时准备去救助他们（《孟子·离娄下》）。这就是慈爱之心。事实上，人间苦难深重，从生老病死到天灾人祸，百姓靠一己之力很难平安度日。国君则可以整合各种力量，让大家守望相助，共克时艰。

圣人悟道之后，可以从道的角度看待万物，就像母亲对孩子一样，不对孩子做任何评价。一般人的评价都以自己作为标准，不但狭隘，而且不客观。从道的角度来看，就可以包容一切。

孔子说："仁者必有勇，勇者不必有仁。"②一个人有爱心、有仁德的话，遇到该做的事就会奋不顾身，表现出超人的勇气。有些人虽然表现得很勇敢，但他未必有爱心，可能只是为了外在的名声或利益而已。"仁者必有勇"与"慈故能勇"有异曲同工之妙。

---

① 原文：慈母之于弱子也，务致其福。务致其福则事除其祸，事除其祸则思虑熟，思虑熟则得事理，得事理则必成功，必成功则其行之也不疑，不疑之谓勇。圣人之于万事也，尽如慈母之为弱子虑也，故见必行之道，见必行之道则明，其从事亦不疑，不疑之谓勇。不疑生于慈，故曰："慈故能勇。"

② 见《论语·宪问》。

"勇"字值得进一步分辨。《老子·第七十三章》提到"勇于不敢"和"勇于敢"。两者都是勇，但"勇于敢"有问题，"勇于不敢"才符合老子的想法。譬如，一个母亲为了孩子着想，她"勇于不敢"，不敢做这个、不敢做那个，这才是真正的勇敢。

另外，要把"勇"与"强"连在一起来看。老子说："守柔曰强。"能够守住柔弱，才是真正的坚强。还有，"自胜者强"，能够胜过自己，才是真正的坚强。亦即要做自己的主宰，战胜自己偏差的认知和欲望。做任何事之前都要考虑，怎样做对别人比较合适；对于你要照顾的人，怎样做对他们最有利。能够战胜自己的欲望，守住柔弱的姿态，不去控制别人，不强人所难，这才是勇于不敢，才是真正的坚强。

收获与启发

老子第一个法宝是"慈"，每个人都可以从中得到启发。老子所谓的"慈"是站在"道"的角度上，以母亲对待子女的心态，关心爱护他人。我以慈爱之心待人，看到别人快乐，自己会觉得更快乐。相反的，如果我的行为给别人带来痛苦，那么自己也会感到很难过。这就是人性的微妙之处。

老子在本章后半段继续发挥，焦点就放在"慈"上面。老子说，如果你"舍慈且勇"，即舍弃慈爱而求取勇敢，这样的勇敢就成了无源之水。如果你缺乏慈爱之心，一味与别人竞争、斗争，最后的结局只有死亡一途。相反，如果你有慈爱之心，用于作战就会胜利，用于防守就会巩固。

课后思考

我们在面对他人，尤其是担任领导的时候，能否学习"慈"的心态，肯定每一个人存在的价值与意义？

第六十七章（下） 三宝还有俭与后

　　《老子·第六十七章》的后半段非常重要，因为里面提到"道"以及老子的三个法宝：第一是慈，第二是俭，第三是不敢为天下先。悟道之后，要像道生万物一样，以慈爱之心待人。同时，对待物质要节俭，要收敛自己的欲望，以便让更多的人分享资源。如果想要管理别人、成为众人的领导，就要懂得舍先取后。

　　老子的第二宝是俭。韩非子在《解老》中这样解释"俭故能广"。周公曰："冬日之闭冻也不固，则春夏之长草木也不茂。"天地不能常侈常费，而况于人乎？故万物必有盛衰，万事必有弛张，国家必有文武，官治必有赏罚。是以智士俭用其财则家富，圣人爱宝其神则精盛，人君重战其卒则民众，民众则国广。是以举之曰："俭故能广。"

　　韩非子先引用了周公的话："如果冬天冰冻的程度不够，到春夏的时候，草木就会长得不够茂盛。"换言之，冬天一定要收敛，到了春夏之际，万物才能繁荣滋长。天地再怎么伟大，也不能随意浪费它的能量，何况是人呢？因此，万物必有盛衰。如果只有生生不息，没有死死不息，万物怎么能持续发展呢？任何事必须有张有弛。一味张扬而不收敛就会后继无力。国家必须文武配合，平常需要文官，战时需要武将。治理百姓必须有赏与罚，赏相当于扩充，罚相当于收敛，代表一切都要适可而止。一个聪明人如果节俭地使用他的钱财，家庭就会富裕，亦即节俭兴家。而圣人总是无心而为，珍惜他的精神，不浪费太多脑筋，他的精力自然就会旺盛。人君如果珍惜他的军队，避免各种战争，百姓就会越来越多，国家的势力范围也会越来越大。韩非子把"俭故能广"应用于政治领域乃至整个社会的发展上。

对于今日世界而言，地球上的人口越来越多，而资源是有限的，节俭愈发凸显了它的价值。比如，你有一万块钱，你可以一个月花掉，也可以三个月花掉，或者再节俭一点，说不定可以用上半年。如果整个社会都有节俭的风气，那么人人都能过上安稳的日子。这就是"俭故能广"。节俭能让更多人分享资源，也能让资源用得更久。

老子的第三宝是"不敢为天下先"。老子一向主张舍先取后，因为居于前列，会对别人构成压力。所以，圣人做事从不居功，而是要发动大家一起来努力。"不敢为天下先，故能成器长"，意即：因为不敢居于天下人之先，所以能够成为众人的领袖。"器"就是众人，"长"就是领袖。亦即圣人要以服务代替领导。

《易经》中的谦卦，六爻非吉则利，这在六十四卦里面是绝无仅有的，但是"谦"很难做到。谦卦的结构是地山谦，地在上，山在下。山本来高耸入云，让人望而却步。这象征一个人拥有名利权位，令人羡慕。但他把山藏在地底下，表面看过去是一片平地，这就叫做谦虚。谦卦的《象传》说："谦尊而光，卑而不可逾。"意即：谦卑者处于尊贵的位置就展现光辉，处于低下的位置，则没有人可以超越他。这与老子所说的"不敢为天下先，故能成器长"可以对照来看。

老子接着从反面提醒人们："今舍慈且勇，舍俭且广，舍后且先，死矣。"意即：现在如果舍弃慈爱而求取勇敢，舍弃俭约而力求推扩，舍弃退让而争取领先，结果只有死亡了。换言之，老子的"三宝"是非有不可的觉悟。

接着，老子再度强调了第一宝——"慈"。他说："夫慈，以战则胜，以守则固。"意即：以慈爱来说，用于战争就能获胜，用于守卫就能巩固。这句话揭示了慈爱同战争胜负之间的关系。慈爱之心很容易引发共鸣,让大家产生一种深刻的互动,从而同仇敌忾,取得战争的胜利。第六十九章提出"哀兵必胜",那里的"哀"也是"慈"的意思。

最后,老子强调:"天将救之,以慈卫之。"意即:天要救助一个人,会用慈爱去保护他。这句话特别值得注意,因为它提到天要救助一个人,体现了中国的传统观念。

前文提到,西方学者旁观者清,认为老子思想在中国古代具有革命性。因为中国古代最核心的观念是"天",帝王称为"天子",亦即天的儿子。现在老子把万物的来源与归宿从"天"换成了"道",这不是很大的革命吗?老子认为,"天"本来应该具有超越性,但自从有了"天子"之后,"天"与人间的政治权力结合在一起,变得混淆不清。老子于是把"天"当作自然界的天地,把它降格为相对之物。真正具有超越性、有资格作为万物的来源与归宿的,应该另取一个更好的名字,叫做"道"。

但是本章居然出现了"天将救之,以慈卫之"的说法。"天将救之"好像天要有所行动,要去帮助一个人。对照孔子所说的"五十而知天命"(《论语·为政篇》)、孟子所说的"天将降大任于是人也"(《孟子·告子下》),老子所谓的"天"不是与孔孟所说的类似吗?

由此可见,无论老子的思想多么具有革命性、多么抽象,也不能脱离他的时代。当时,传统的观念依然根深蒂固,大家都知道"天"是一个超级主宰,都相信"天生烝民",并为百姓选定了天子和老师。《老子》书中偶尔会沿用"天"的某些传统说法,说明这本书未必是一个人所作,可能是由好几个隐士的心得汇编而成的,反映出春秋末期的时代特色。

孔子说："我能欺骗谁呢？能欺骗天吗？"[1]代表天不会被人类欺骗。而老子直接说"天要救一个人"，语气甚至比孔子还要坚定。天要救一个人，不是用某种超能力来拯救他，而是"以慈卫之"，亦即让人有一颗慈爱之心来保卫自己。这类似于"天助自助者"的说法。换言之，你爱惜自己的生命，不断磨练自己，最后就会取得成功，这就是天对你最好的帮助。

收获与启发

学习道家一定要牢牢记得老子的"三宝"："一曰慈，二曰俭，三曰不敢为天下先。"

第一宝是"慈"。一个人悟道之后，可以从道的角度，像母亲对待孩子一样，用慈爱之心对待别人。

第二宝是"俭"。要收敛自己的欲望，厉行节俭，不浪费各种物质或资产。这样才能更合理地使用地球上的资源，让更多人受惠。

第三宝是"不敢为天下先"。作为任何一个团队的领导，都要做到"退让、居后、不争、以服务代替领导"。你不给大家任何压力，又能给他们提供必要的支持，大家就会心甘情愿地被你领导，管理自然会收到良好的成效。

课后思考

学过老子的三宝之后，你会从哪里着手去实践呢？

---

[1] 出自《论语·子罕》。原文：子疾病，子路使门人为臣。病间，曰："久矣哉，由之行诈也！无臣而为有臣。吾谁欺？欺天乎？且予与其死于臣之手也，无宁死于二三子之手乎！且予纵不得大葬，予死于道路乎？"

第六十八章　以不争心态处世

本章一开头连续讲了四种善，包括"善为士者、善战者、善胜敌者、善用人者"，听起来似乎都与作战有关。后半段再次提到了"不争"。

> 善为士者，不武；
> 善战者，不怒；
> 善胜敌者，不与；
> 善用人者，为之下。
> 是谓不争之德，
> 是谓用人之力，
> 是谓配天，古之极也。

[白话] 善于担任将帅的人，不崇尚武力；善于作战的人，不轻易发怒；善于克敌制胜的人，不直接交战；善于用人的人，对人态度谦下。这叫做不与人争的操守，这叫做运用别人的力量，这叫做符合天道的规则，这是自古已有的最高理想。

本章一开头提到四种善，目的都是要避免战争。在《老子》书里面，第三十章与第三十一章直接谈到战争，老子持有明显的反战立场。本章进一步发挥了"不争之德"，这种"德"可以与人的天生禀赋相配合。人的争夺往往来自于偏差的认知和复杂的欲望，最后的结果就是战争乃至天下大乱。

第一，"善为士者，不武"，意即：善于担任将帅的人，不崇尚武力。这里的"士"并非指一般的士兵。一个普通士兵是否崇尚武力无关大局，因为他没有决定的权力。王弼的注解说："士，卒之帅也。"可见，"士"是指兵卒的统帅。把"善为士者"翻译为"善于担任将帅的人"，前后文的意思比较连贯。也有一些学者把"善为士者"解释为国君或古代修道之士，这样讲略显突兀。

为什么善于担任将帅的人不崇尚武力呢？因为他们深知兵凶战危。双方交战之后，没有人是真正的赢家。即便打了胜仗，己方也会有很大损伤。《孙子兵法》说："上兵伐谋，其次伐交，其次伐兵，其下攻城。"用武力攻城略地，实属下策。用谋略或外交手段来避免战争，才是上策。

第二，"善战者，不怒"，即善于作战的人，不随便发怒。《孙子兵法》说："主不可以怒而兴师，将不可以愠而致战；合于利而动，不合于利而止。怒可以复喜，愠可以复悦，亡国不可以复存，死者不可以复生。故明君慎之，良将警之，此安国全军之道也。"

意即，国君不应在发怒时动用军队，将帅不应在生气时与人交战。人在发怒的时候，情绪剧烈波动，头脑缺乏冷静，很容易上当中计而陷入困境。一切都要以是否有利来衡量，有利益就行动，没有利益就停止。发怒可以重新喜悦，生气可以再度高兴，但是亡国不可以复存，死者不可以复生。战争最可怕的后果不就是如此吗？人好不容易才有了宝贵的生命，上了战场一下子就牺牲了。所以，国君和将领对待战争一定要谨慎。

儒家的孔子也有同样的立场。在《论语》中提到，孔子对于三件事最谨慎：第一是斋戒，与宗教信仰有关；第二是战争，与国防武力有关；第三是疾病，与个人身体有关。①从这个顺序，就知道孔子根本的关怀何在。

第三，"善胜敌者，不与"，意即：善于克敌制胜的人，不直接交战。"与"意为"交战"。善于作战的人，会用谋略或外交手段来避免直接交战。《孙子兵法》介绍了出奇制胜、间谍战等计谋，都是希望避免直接交战。

第四，"善用人者，为之下"，意即：善于用人的人，对人态度谦下。前三点都与作战有关，第四点则强调谦下，因为你不可能一个人去打仗。作为将帅，要给下级军官分配任务，让他们去带兵作战。只有态度谦下，别人才愿意服从命令，冲锋陷阵；否则，你总是摆出高高在上的姿态，底下的士兵为什么要替你拼命呢？

前三个"善于"都是"不"如何，即不崇尚武力，不轻易发怒，不直接交战；最后一个使用了"下"字，即对人态度谦下。可见，打仗并不是一件容易的事，它需要将领具备高度的修养，表现出超然的心态。只有综观全局，指挥若定，才能取得最后的胜利。老子把这四点称为"不争之德"。老子多次提到"不争"，他的"不争"并非完全弃权，而是掌握了自然的规律，顺着万物的本性去发展，结果天下莫能与之争，因为别人根本不知道他要如何出手。

"是谓用人之力"，这叫做运用别人的力量。可见，道家要让每一个人发挥他的天赋，人尽其才，从而使一支军队形成强大的战斗力，或者使一个社会形成整体的和谐。

"是谓配天，古之极也"，意即：这叫做符合天道的规则，这是自古已有的最高理想。关于这句话有很多争论，老子提到"配天"让人感到有些诧异，因为"配天"是中国古代的传统思想。

①　出自《论语·述而》。原文：子之所慎：齐（zhāi），战，疾。

儒家对"配天"的观念非常重视,《孝经》里面提到:"周公郊祀后稷以配天,宗祀文王于明堂,以配上帝。"意即:周公祭祀周朝的祖先后稷以配天,祭祀周文王以配上帝。这是配天的传统做法,即在祭祀天和上帝的时候,把祖先一起搭配来祭祀。代表祖先的德行符合天的要求,有资格与天一起接受子孙的祭祀。

有些学者认为,老子这里所谓的"天"其实是指"道",因为第十六章说"全乃天,天乃道",第二十五章说"人法地,地法天,天法道",都是直接将"天"与"道"连在一起。但问题是,如果老子要讲"道",他可以直接说"配道",为何还要用"配天"这种传统说法呢?事实上,说"配天"正好反映了老子所处的时代背景。当时的人们都知道"配天"是很好的传统观念,它要求人们顺从上天的意志,这正是自古已有的最高理想。

可见,对于老子所谓的"天",我们要特别用心。最常见的用法是将"天地"合称,代表自然界。比如,第八十一章的"天之道"可以理解为"自然界的规律"。但是,《老子》书中仍然部分保留了古代的用法,如"天将救之,以慈卫之"或"配天"等说法,都反映了春秋末期的时代背景。

也有些学者建议把这句话中的"古"字去掉,改为"是谓配天之极也"。但是,帛书甲本乙本都有"古之极"三个字,所以"古"字不能去掉。"古"字与"配天",恰恰反映了老子思想具有古代的背景。换句话说,真正悟道的人能够与天合德,可以称为"配天"。

收获与启发

本章提到了四种善。老子很喜欢用"善"这个字,但很少把"善"当作一般所谓的善恶。即使提到善人与不善人,也要两者互为师资。老子常用"善"字描述一种非常卓越的状况,如"上善若水"。本章所说的"善"就与智慧有关。

一位将军如果有智慧的觉悟，他在用兵时就会有四种杰出的表现。他了解道是一个整体，所以可以从长远而完整的视角，审视事情的前因后果，进而表现出"不争之德"。"不争"并非消极地放弃竞争，而是要以不争作为手段，达成克敌制胜的目的。所谓"不争"，就是采取四种特定的态度，即"不武、不怒、不与、为之下"。"为之下"是采取谦下的态度，让别人充分发挥他的能力和专长，这叫做"用人之力"。这正是悟道者的特别之处。老子最后连说三个"是谓"，引发人们深入的思考。

我们在社会上经常会面对竞争的局面。如果什么都不争，那怎么活下去呢？事实上，如果真要竞争的话，只要保证公平的环境，大家各凭真才实学，就不会有太大问题。

课后思考

本章一再谈到战争，反映出天下大乱的时代背景。今天天下太平，我们可以将《老子》用于个人的修养，你对此有何心得？

第六十九章　哀兵必胜

本章也谈到用兵的问题。一开头说"用兵有言",代表古代指挥军队的人说过这些话。最后提到"哀兵必胜",这里的"哀"意为"慈悲"。与之相对的是"骄兵必败"。可见,作战时一定要提高警惕,步步为营。

用兵有言:
"吾不敢为主,而为客;
不敢进寸,而退尺。"
是谓行无行,攘无臂,
扔无敌,执无兵。
祸莫大于轻敌,
轻敌几丧吾宝。
故抗兵相若,哀者胜矣。

[白话]指挥军队的人说过:"我不敢采取攻势,而要采取守势;不敢前进一寸,而要后退一尺。"这就是说,陈列而没有阵势,奋举而没有臂膀,对抗而没有敌人,持握而没有兵器。祸患没有比轻敌更大的,轻敌将会丧失我的法宝。所以,两军对抗而兵力相当时,慈悲的一方可以获胜。

用兵有言:"吾不敢为主,而为客。"意即,指挥军队的人说过:

"我不敢采取攻势，而要采取守势。"在用兵作战时，只有先做好防守，才能立于不败之地。如果一上来就贸然进攻，至少需要比对方多好几倍的兵力。尤其是攻城战，还需要各种装备的配合，人员伤亡会更大。相对的，采取守势则比较容易，先天就占据了优势。可见，你不要主动去发动战争。如果要保家卫国，进行防御性战争，就比较容易取得胜利。

"不敢进寸，而退尺"，意即：不敢前进一寸，而要后退一尺。作战这种事易退难进，经常要以空间换取时间。换言之，你要先为客，让自己以逸待劳；再退尺，让自己有更大的转圜空间。

后面连讲了四个"无"，目的是让别人莫测高深。老子经常用"无""不"之类的否定语句，引导人们进行深入的思考。

第一，"行无行"，我排兵布阵虽然有行列，但是看起来就像没有行列一样，让对手摸不清底细。一般而言，"行"是直排，"列"是横排。正规的行列布阵，一行有二十五个人，百人就称为"卒"。

第二，"攘无臂"，我虽然举起手臂，却好像没有臂膀。换言之，别人看不懂我的指挥方法，到底是命令部队前进还是后退，往左还是往右。

第三，"扔无敌"，我在与敌方对抗的时候，好像没有敌对的一方。"扔"代表对抗。

第四，"执无兵"，我手上虽然拿着兵器，但是别人看不清楚我拿着什么兵器，甚至好像没拿兵器一样。

这些都属于"实则虚之，虚则实之"，让别人摸不着头绪，不清楚你怎么布阵、怎么下达命令、何时与别人接战、用什么武器来对付他，从而以静制动，占据先机。

《庄子·达生》里面讲了一个"呆若木鸡"的故事。有一个人叫做纪渻子，他专门为齐王培养斗鸡。他培养了十天，齐王问："鸡可以上场了吗？"纪渻子说："还不行，它现在只是姿态虚骄，全靠意气。"换言之，它摆出虚骄的姿态，很容易被别的鸡激怒。过了十天，齐王又来问，纪渻子说："还不行，它对外来的声音和影像还会有所回应。"再过十天，齐王又来问，纪渻子说："还不行，它还是目光锐利，盛气不减。"说明这只鸡还有一种清楚的自我觉察，对周围的动静非常敏感。再过十天，齐王又来问，纪渻子说："差不多了。别的鸡虽然鸣叫，它已经不为所动了，看起来像一只木头鸡了，它的天赋保持完整了。别的鸡没有敢来应战的，一见到它就回头跑走了。"[1]

经过四十天的训练，这只鸡居然变成了所向无敌。别的鸡完全不知道它是怎么回事，连它是不是鸡都搞不清楚。这显然是一个寓言，描写了有些人修炼到最后可以不露声色，完全不受外界干扰，让别人觉得莫测高深。武侠小说里常用类似的手法描写武林高手，他们身怀绝技，但外表看起来很普通，别人都搞不清楚他到底有什么本事，那才是真正的高手。

"祸莫大于轻敌，轻敌几丧吾宝"，意即：祸患没有比轻敌更大的，轻敌将会丧失我的法宝。老子在第六十七章说自己有三个法宝，第一个就是慈，并且用慈爱来作战就会获胜，以慈爱来守卫就能巩固。轻敌就会丧失慈悲之心，也就丧失了老子的第一个法宝。

"故抗兵相若，哀者胜矣"，意即：两军对抗而兵力相当时，慈悲的一方可以获胜。这就是所谓的"哀兵必胜"。这里的"哀"意为有慈悲怜悯之心。"哀兵"不想侵犯别人，不忍心伤害别人，他们为

---

[1] 出自《庄子·达生》。原文：纪渻（shěng）子为王养斗鸡。十日而问："鸡已乎？"曰："未也，方虚憍（jiāo）而恃气。"十日又问，曰："未也，犹应向景（yǐng）。"十日又问，曰："未也，犹疾视而盛气。"十日又问，曰："几矣。鸡虽有鸣者，已无变矣，望之似木鸡矣，其德全矣。异鸡无敢应者，反走矣。"

了保护家园、护卫祖先、保障子孙，不得已而交战。这样的战争有正当的理由，可以激发人的所有潜能，所以最后总是可以取得胜利。

譬如，《斯巴达300勇士》这部电影描写了西方历史上的一次经典战役。公元前490年前后，波斯王率领百万大军入侵希腊地区，一路打到斯巴达。斯巴达的国王里奥尼达斯率领自己的卫队三百人，在温泉关奋勇抵抗波斯大军，最后全部壮烈成仁。这些斯巴达将士为什么愿意牺牲呢？因为他们要保家卫国，不愿意作波斯国的臣民。斯巴达的勇士们以区区三百人，挡住了波斯的百万大军，并让他们损失上万人，付出了惨重的代价。后来，希腊盟邦联合起来，成功击退了波斯的两次入侵。希腊人作战时口中高喊着："为我们祖先的坟墓而战，为我们的子孙而战，为我们的自由而战。"这是标准的"哀兵必胜"。

中国古代的战争在开战前往往要发布一道檄文，说明我们不是故意侵犯别人，而是为了正义而战，以此鼓舞士气。战国时代有著名的"田单复国"的故事。燕国大举进攻齐国，齐国的田单最后守住即墨城，并对城内的百姓说："燕人在外面挖我们祖先的坟墓。"城里的百姓十分悲愤，士气大振，发誓要为祖先的坟墓而战，最终取得了胜利。①

收获与启发

本章开头说"用兵有言"，代表这些话是古代作战经验的总结。《孙子兵法》也多次提到类似的观念。中国古代从夏商周一路

---

① 出自《史记·田单列传》。原文：单又纵反间曰："吾惧燕人掘吾城外冢墓，僇先人，可为寒心。"燕军尽掘垄墓，烧死人。即墨人从城上望见，皆涕泣，俱欲出战，怒自十倍。……燕军扰乱奔走，齐人追亡逐北，所过城邑皆畔燕而归田单，兵日益多，乘胜，燕日败亡，卒至河上，而齐七十余城皆复为齐。

到春秋战国，战争非常频繁，人们由此积累了丰富的战争经验。

"行无行，攘无臂，扔无敌，执无兵"这四点，目的都是让别人莫测高深。重要的是不能骄傲轻敌，否则就会疏于防备，埋下失败的种子；并且，如果主帅轻敌、觉得胜券在握的话，士兵就会想：我为什么要牺牲呢？打仗都要置之死地而后生，只有破釜沉舟，没有退路，士兵才会勇往直前。

胜负的关键在于"哀者胜矣"四个字，但前提是"抗兵相若"。在两军兵力相当的情况下，有慈悲之心的一方更容易取胜。如果两军兵力相差悬殊，就不能简单地说"哀兵必胜"。

课后思考

今天虽然没有战争，我们也要有"哀兵"的心态，怀着慈悲之心与别人来往。看到别人有好的表现，就去祝福他；看到别人的表现不够理想，就设法帮助他。你能够向"道"学习，就会展现出慈悲的心态。你对此有何看法？

第七十章　没有人了解我

本章要介绍《老子·第七十章》。事实上，古代有很多圣贤都发出过"没有人了解我"的感叹。那么老子是怎么说的呢？

> 吾言甚易知，甚易行。
>
> 天下莫能知，莫能行。
>
> 言有宗，事有君。
>
> 夫唯无知，是以不我知。
>
> 知我者希，则我者贵。
>
> 是以圣人被（pī）褐怀玉。

［白话］我的言论很容易了解，也很容易实践。天下人却没办法了解，也没办法实践。言论有宗旨，行事有根据。正是因为无知，所以不了解我。能了解我的很少见，能效法我的很可贵。因此，圣人外面穿着粗衣，怀内揣着美玉。

老子非常有自信，他认为自己的言论很容易了解，也很容易实践。这涵盖了"知"与"行"两个方面。老子所说的只是让一切回归自然，回归它本来的样子；所做的只是无心而为与无所作为。他没有刻意的目的，只是让一切顺着本性去发展，由此延伸出柔弱、顺从、不争等观念，确实易知易行。

但为何"天下莫能知，莫能行"呢？因为一般人对于"道"太陌生了，根本不去想万物的来源与归宿的问题；只是在人间相对的价值观里面做无谓的挣扎，最后空留各种遗憾。人们不但遗忘了"道"，连"德"（人的本性与禀赋）也迷失了，只是把德当作一种工具，去换取外在的利益，最后发现得不偿失。所以，老子才会有如此深的感慨。

有趣的是，对于自己不被别人了解，许多古代圣贤都有类似的感叹。比如，孔子曾说："莫我知也夫。"意即：没有人了解我呀。他的学生子贡正好在旁边，就请教老师："为什么没有人了解老师呢？"孔子说："不怨天，不尤人。下学而上达，知我者其天乎！"意即：我不抱怨天，也不责怪人。广泛学习世间的学问，再推到这一切的根源，了解我的，大概只有天吧！ ①

儒家的孟子也一样。孟子的学生到处打听别人对老师的评价，结果令人大失所望，学生说："外人皆称夫子好辩。"② 一般人理解不了孟子崇高的理想与深刻的见解，只是说他口才好，别人辩不过他，但他说的不一定是对的。这对孟子来说显然是很大的误解。

道家庄子的遭遇也差不多。《庄子·天下》描写庄子的智慧与才华都是第一流的，但庄子认为天下太浑浊了，无法跟人们讲正经的话，所以他在文章中经常使用寓言的笔法，或者借重古人的话来表达自己的想法。③ 庄子笔下借重古人最多的居然是孔子，道家的老子只能排第二名，因为孔子的学生大部分都当了老师，两三代下来，孔子被奉为儒家的开山祖师，代表名门正派的大人物。就连庄子也要借重

---

① 出自《论语·宪问》。原文：子曰："莫我知也夫！"子贡曰："何为其莫知子也？"子曰："不怨天，不尤人，下学而上达。知我者其天乎！"

② 见《孟子·滕文公下》。

③ 原文：古之道术有在于是者，庄周闻其风而悦之。以谬悠之说，荒唐之言，无端崖之辞，时恣纵而不傥（tǎng），不以觭（jī）见之也。以天下为沉浊，不可与庄语。以卮言为曼衍，以重言为真，以寓言为广。

孔子来表达自己的想法，这难道还不委屈吗？

古代的圣贤之所以不易被人们了解，因为他们所谈的不是表面可见的东西，不是教你怎样在现实世界中享受快乐、升官发财，或满足各种欲望。

西方也有类似的情况。古希腊的柏拉图创办了一所学院，有一次学院贴出布告，说柏拉图要举办一场公开演讲，主题是"什么是真正的善"。人们听说之后都很兴奋，心想：善代表对人有好处，柏拉图大概是要谈一谈成功人生或幸福人生吧。于是很多人去听讲，结果根本听不懂，因为柏拉图从头到尾都在谈数学。柏拉图认为，如果你不懂数学这种抽象的学问，怎么会知道人生真正的幸福是爱好智慧呢？哲学就是爱好智慧，那可是比数学更抽象的学问。

老子则立足于人间，他认为自己所说的应该很容易了解。比如，老子教人们清静无为，而不是争强好胜；教人们少私寡欲、收敛自己，而不是在人间竞逐。

老子接着说："言有宗，事有君。"意即：言论有宗旨，行事有根据。还是关注"言"与"行"两个方面。老子言论的宗旨是要把"道"说清楚，所以《老子》全书有百分之二十的篇幅都在描写道。不管别人能否听懂，老子都要努力阐明他的宗旨，向人们展示万物的来源与归宿。同时，老子的行事也是有根据的，他要通过修炼来保存"道"所赋予的"德"。这是人生最大的目标。

接着，老子对某些无知的人提出严肃的批评，他说："夫唯无知，是以不我知。"意即：那些人正是因为无知，所以不了解我。

事实上，"无知"在古代也有正面的意思。比如，有人告诉苏格拉底，神明认为他是雅典最聪明的人，苏格拉底说："神说我最聪明，是因为整个雅典只有我知道自己是无知的。"这里的"无知"是好的意思。苏格拉底知道自己是"无知"的，所以能够敞开心胸，不断探求真知，最后得到智慧的启发。

孔子也说过："吾有知乎哉？无知也。"假如有乡下的百姓向孔子请教，他会"叩其两端而竭焉"，亦即就问题的正反两方面，详细推敲到极点，提问的人就会自己找到答案。①这里的"无知"也是一种正面的态度，可以让自己保持开放的心态。

老子接着说："知我者希，则我者贵。"意即：能了解我的很少见，能效法我的很可贵。可见，我们学习《老子》，一开始不要抱太高的期望，不要想立刻就能听懂和实践。首先要了解老子在说什么。老子试图解决由天下大乱所引发的"存在上的虚无主义"，很多人找不到活着的意义，不知道人生该何去何从。老子指出，活着只有一个目标，就是要设法悟道，而悟道的能力就在你天生的"德"里面。你要透过自己的认知能力，将"知"从"区分"提升到"避难"，再提升到"启明"，能够从道来看一切，就会豁然开朗。

本章最后又提到"圣人"，代表"吾"与"圣人"在老子笔下是同义词，都是指"悟道的统治者"。圣人对自己有清楚的体认，所以能够做到"被褐怀玉"。意即：圣人外面穿着粗布衣，怀里面揣着美玉。"玉"代表"智慧"。圣人为何要把智慧隐藏起来呢？因为老子的学说如果公开宣扬的话，会招来很多误解。别人就会质疑，你是不是要搞愚民政策？是不是以此作为避难的手段？事实上，后代的兵家、法家，都误解了老子的思想。

到了魏晋时代，对老子的误解就更严重。魏晋时代又是天下大乱的局面，史书用"名士少有全者"来描写当时读书人的危险处境，即有名的读书人很少能够保全生命。各种政治势力都让你选边站，

---

① 出自《论语·子罕》。原文：子曰："吾有知乎哉？无知也。有鄙夫问于我，空空如也，我叩其两端而竭焉。"

如果站错队，立刻就会丢掉性命。所以，当时的人们热衷于"清谈"，最喜欢谈论的就是《老子》《庄子》《易经》这三本书，号称"三玄"。《老子·第一章》不是说"玄之又玄，众妙之门"吗？我们就来谈一谈宇宙万物有没有开始，开始是有还是无。当时的读书人基本不谈实际的政治、教育方面的问题，只求在乱世里面能够自保。

后代有些学者认为，魏晋时代之所以那么乱，读书人要负主要责任，因为他们务于清谈，不切实际。读书人的罪过很大，甚至比夏桀、商纣还要坏。这种批评只看到问题的表面，显然不太公平。其实，魏晋时代的道家已经有所扭曲，与老子、庄子原始的思想有了一段距离。后代学者既没有了解老子、庄子的原始思想，也没有认识到魏晋时代的社会状况，所以这一类的批评都很浮泛，不能够鞭辟入里。

另外，"被褐怀玉"一词在《孔子家语》中也出现过。当然，《孔子家语》是在魏朝编成的，有些资料不一定真实可靠。子路请教孔子说："有人在这里被褐而怀玉，老师认为如何？"孔子回答说：国家不上轨道的话，你可以被褐怀玉，隐居起来。但国家上轨道的话，"则衮冕而执玉"，亦即穿着礼服，戴上礼帽，手上拿着玉，代表你担任了重要的职务，可以代表国家出使国外。[①]这里也用到"被褐怀玉"的说法，显然是受到了《老子》的启发。

课后思考

老子感叹，他的观点很容易了解，也很容易实践。的确，让你去争取某些东西恐怕不容易，但是让你放下某些东西，去掉不必要的欲望与念头，显然比较容易。但是"天下莫能知，莫能行"。这两个"莫"字让人觉得老子很悲观。你对此有何看法？

---

① 原文：子路问于孔子曰："有人于此，披褐而怀玉，何如？"子曰："国无道，隐之可也；国有道，则衮冕而执玉。"

第七十一章　圣人把缺点当缺点

《老子·第七十一章》内容很短，但含义相当深刻。

> 知不知，尚矣；
> 不知知，病也。
> 圣人不病，以其病病。
> 夫唯病病，是以不病。

［白话］知道而不自以为知道，最好；不知道而自以为知道，就是缺点。圣人没有缺点，因为他把缺点当作缺点。正因为他把缺点当作缺点，所以他没有缺点。

这一章只有短短二十六个字，居然出现了七个"病"字。这里的"病"代表"缺点、偏差、错误、困难"等。今天如果有人问：你知道某某事情吗？我们随口就会回答"我知道"。但是对道家来说，"道"哪有那么容易"知"呢？

第一句话"知不知，尚矣"有两种翻译：第一种译为"知道自己不知道，最好"，听起来很不错，这不就是古希腊苏格拉底的说法吗？苏格拉底"知道自己不知道"，所以能够敞开心胸，追求真知；第二种译为："知道而不自以为知道，最好。"

我们先回顾一下苏格拉底的故事。苏格拉底年轻时，曾参加过伯罗奔尼撒战争（希腊联邦间的内战），表现得非常勇敢。当他登上历史舞台的时候，已经到了中年。他是雅典公民，家境小康，又可以领取固定的生活津贴，所以他每天上街与别人聊天，结果搞得雅典人心惶惶。许多人原以为自己见多识广，但经过苏格拉底的"反诘法"，最后发现自己根本一无所知。所谓反诘法，就是在谈话中让你清楚地界定每一个概念。

苏格拉底有一个学生很调皮，他跑到德尔菲神殿去求签。当时的雅典人都相信，神殿的女祭司可以为人答疑解惑。这个学生问：在雅典有没有人比苏格拉底更聪明？答案是没有。苏格拉底听说之后，认为神一定是搞错了，自己绝不可能是雅典最聪明的人。为了证明这一点，他带着一群年轻人去拜访了当时人们公认的三种聪明人，包括政治家、著名作家，以及建筑或工程专家。最后发现，这些人都有一个毛病：当他们精通了某个领域之后，就以为自己在任何领域都可以发表意见。

苏格拉底由此得出结论，他说："神为什么认为我最聪明呢？因为在雅典公民中，只有我知道自己是无知的。"苏格拉底这样说有他特定的背景。他了解自己的无知，所以可以敞开心胸，探讨真理，最终成为古希腊重要的哲学家。

但老子所说的"知不知，尚矣"要译为"知道而不自以为知道，最好"，有三个理由：

第一，"知道自己不知道"只是一个出发点，而不能说"尚矣"。"尚"代表"最高的水准"；

第二，圣人的表现当然可以用"尚"来描写，请问：圣人只是单纯地"知道自己不知道"，还是"知道而不自以为知道"呢？显然是后者；

第三，配合第二句话"不知知，病也"来看。专家们一般都把"不知知，病也"译为"不知道而自以为知道，这是缺点"，那么相应的，第一句"知不知"就要译为"知道而不自以为知道"。

可见，你"自以为"知道就麻烦了，因为你恐怕是搞错了。你所知道的只是人类相对的价值观，只知道追求感官的愉悦、生活的享受、荣华富贵等有利条件。这难道不是缺点吗？

"圣人不病，以其病病。夫唯病病，是以不病"，意即：圣人没有缺点，因为他把缺点当作缺点，正因为他把缺点当作缺点，所以他没有缺点。换言之，只要把缺点当作缺点，就可以小心地避开它们。老子提醒我们，不要"强不知以为知"，而要练习"知道却不自以为知道"。如果你想了解"道"的话，确实是永无止境的。

《韩非子·喻老》用两个历史故事来解释本章。第一个是勾践复国的故事。越王勾践被吴王夫差打败后，"身执干戈为吴王洗（xiǎn）马"。"洗"意为"先"，即勾践替夫差牵马，鞍前马后地服侍他。勾践忍辱负重，"十年生聚，十年教训"，最终击败了夫差。第二个故事提到"周文王见詈于王门"。"詈"就是被人咒骂。周文王在商纣王的王宫前被人咒骂，但他颜色不变，忍气吞声，最后他的儿子周武王在牧野打败了商纣。韩非子认为，这就叫做"守柔曰强"[1]。

韩非子的结论是："越王之霸也不病宦，武王之王也不病詈。故曰：'圣人之不病也，以其不病，是以无病也。'"意即：越王不以作别人的属下为耻，所以可以称霸；周武王不以被人咒骂为耻，所以可以称王。所以说："圣人没有缺点，因为他们不把缺点当缺点，所以他们没有缺点。"换言之，这些国君不怕耻辱，所以最后才能没有耻辱。

---

[1] 原文：句践入宦于吴，身执干戈为吴王洗马，故能杀夫差于姑苏。文王见詈于王门，颜色不变，而武王擒纣于牧野。故曰："守柔曰强。"越王之霸也不病宦，武王之王也不病詈。故曰："圣人之不病也，以其不病，是以无病也。"

周文王、周武王还可以算得上圣人，但越王勾践怎么能算圣人呢？韩非子举的这些例子基本上是一种避难的方式，还到不了启明的程度。他更多的是在阐述自己法家的思想。

收获与启发

老子认为，最理想的情况是"知不知"，即知道而不自以为知道。你知道前面永远都有更高的山峰，就会不断保持准备悟道的心态。道除了体悟之外，还需要实践。实践得越多，体验就会越深。

老子后面连讲了七个"病"字。"不知知，病也"，你不知道而自以为知道，就是缺点。如果你自以为知道，就会认为："道家也没什么了不起，老子所说的翻来覆去都差不多。"请问：你知道什么？你知道的是一些话头，还是根本的原理？你知道之后，会把它当作谈资，还是用实践去验证呢？如果自以为知道而不去实践，就会造成知与行的分离。只有知与行完全配合，才能真正体会老子的智慧。

圣人能够把缺点当作缺点，所以他没有缺点。孔子也说过："见贤思齐焉，见不贤而内自省也。"[①]意即：看到别人有优点，就向他看齐；看到别人有缺点，就要反省自己是否有同样的缺点。这与老子的说法类似。可见，儒家与道家的系统虽然大不相同，但在人生的实际修炼上，某些心得却是类似的。

课后思考

把缺点当作缺点，就可以谨慎避开这些缺点，将来就会没有缺点。你对此有哪些心得或观察？

---

① 见《论语·里仁》。

第七十二章　自爱而不自贵

这一章谈到统治者应该如何对待百姓，后面又以圣人作为示范。

> 民不畏威，则大威至。
>
> 无狎（xiá）其所居，无厌（yā）其所生。
>
> 夫唯不厌（yā），是以不厌（yàn）。
>
> 是以圣人自知不自见；
>
> 自爱不自贵。
>
> 故去彼取此。

[白话] 人民不害怕威迫的时候，大的祸乱就来到了。不要打断人民的日常生活，不要压制人民的谋生之路。只有不压制人民，才不会被人民讨厌。因此，圣人了解自己而不显扬自己；爱惜自己而不抬高自己。所以，舍去后者而采取前者。

"民不畏威，则大威至"，意即：人民不害怕威迫的时候，大的祸乱就来到了。第一个"威"代表威迫，第二个"威"代表祸乱。

关于这句话的原文，学术界存在着一些争议。有些学者认为，"民"字应写作"人"。唐朝时为了避唐太宗李世民的名讳，就把《老子》里面的"民"都改作"人"；后代又把"人"都改成"民"。但是，有些地方原本就写作"人"，经过来回一改，反而被改成了

"民"。"民"是指一般百姓，属于被统治阶级。而"人"可以指"人君"，属于统治阶级。

不过，这里写作"民"也可以说得通，因为第七十四章说"民不畏死，奈何以死惧之？"与"民不畏威，则大威至"的意思接近，都是说百姓没有畏惧的对象。

也有人主张，把"大威至"的"至"理解为"停止"，亦即人民不害怕威迫的时候，君主的威权就停止了。其实，把"大威至"理解为"大的祸乱就会出现"，上下文衔接得更紧密。换言之，当人民忍无可忍时，就不再服从君主的统治，甚至想跟他同归于尽。

譬如，夏朝的亡国之君夏桀曾经把自己比作太阳，他说："天上有太阳，正像我拥有天下一样。太阳会灭亡吗？太阳灭亡，我才会灭亡。"[①]百姓恨透了他，就诅咒说："时日曷（hé）丧，予及汝偕亡。"意即：这个太阳什么时候灭亡？我要跟它同归于尽！孟子曾引述过这句话。可见，统治者让百姓生不如死，百姓就想与统治者一起灭亡。当人民不再害怕威迫的时候，天下就要大乱了。这样的解释是合理的。

老子接着提醒统治者"无狎（xiá）其所居，无厌（yā）其所生"，意即：不要打断人民的日常生活，不要压制人民的谋生之路。"狎"通"闸"，为截断、关闭之意。古代兵出于农，一旦发生战争，农夫就要上前线打仗，百姓的日常生活就会被打断；或者统治者大兴土木，让百姓服劳役，也会让百姓走投无路。"厌"字下面加个"土"，就是压迫的"压"，这两个字在古代可以通用。如果国家垄断了矿产之类的重要资源，百姓无法谋生，就会像陈胜、吴广那样揭竿而起。

"夫唯不厌（yā），是以不厌（yàn）"，意即：只有不压制人民，

---

① 出自《韩诗外传》。原文：吾有天下，犹天之有日也。日有亡乎？日亡，吾亦亡也。

才不会被人民讨厌。古代的社会结构比较单纯，只有统治者与被统治者两个阶级。如果国君实行高压统治，用严刑峻法来控制人民的话，人民当然会讨厌他。

圣人从历史中学到了教训。"是以圣人自知不自见，自爱不自贵"，意即：圣人了解自己而不显扬自己，爱惜自己却不抬高自己。

古希腊德尔菲神殿上刻有两句话：第一句是"认识你自己"，第二句是"凡事勿过度"。"认识你自己"类似于老子所说的"自知不自见"，老子也说过"自知者明"，代表你不要总想着去了解别人、炫耀智巧，而要先了解自己。如果你真的了解自己，就会发现地球离了谁都转，宇宙里面多一个我、少一个我，其实没什么差别。不过，也不能妄自菲薄，最好做到名实相符。有些人名声很大，但真的见面之后就会发现，见面不如闻名。要知道，你的所有成就都需要天时、地利、人和的配合，所以没有必要去显扬自己。

第二句"凡事勿过度"类似于老子所说的"自爱不自贵"，亦即要爱惜自己，知道人生是难得的机缘，但不要过度抬高自己。如果你觉得自己在任何方面都所向无敌，那就太天真了。一个人要有自尊心，但做事要适可而止，与别人来往要互相尊重，这才是"自爱不自贵"的表现。

最后的结论是"去彼取此"。《老子》第十二章、第三十八章以及本章，都以"去彼取此"四个字作为结论，提醒人们要做出取舍。老子经常列出一种作为的正反两面，让你透过思考与反省，自己决定应该何去何从。人生是由不断的选择所构成的，选择的时候要有一套比较完整的价值观。道家的特色是能够从整体来看、从长远来看，追求大局的稳定与平衡。

对于本章第一句话"民不畏威"，不管"民"是指百姓还是人君，其实都一样。如果统治者心存侥幸，为所欲为，等到国家土崩瓦解之时，就来不及补救了。所以没有必要把"民"改成"人"（代表人君），"民不畏威"就能讲得通。当人民不害怕威迫的时候，大的祸患就来到了，代表百姓被逼到走投无路的境地。这正好可以与后文相衔接，即不要打断人民的日常生活，不要压制人民的谋生之路，而要让他们活得平安、快乐。

课后思考

"圣人自知不自见，自爱不自贵"这句话值得参考。你要了解自己，但不要显扬自己；要珍惜自己，但不要抬高自己。儒家要求人们不断进德修业，但道家认为，人天生的本性与禀赋里面就有丰富的资源，你要顺着正确的方向前进，最后的目标是能够悟道，回归到"道"这个根源里面去。你对此有何看法？

第七十三章　勇于不敢则活

本章的重点是"天之道"三个字。另外，结论中提到了"天网恢恢，疏而不失"这个成语。

> 勇于敢则杀，
> 勇于不敢则活。
> 此两者，或利或害。
> 天之所恶，孰知其故？
> 天之道，
> 不争而善胜，
> 不言而善应，
> 不召而自来，
> 繟（chǎn）然而善谋。
> 天网恢恢，疏而不失。

[白话] 勇于敢做敢为，就会丧命；勇于不敢作为，就会活命。这两种勇的结果，一获利一受害。上天所厌恶的，谁知道其中的缘故？自然法则的运作是：不争斗而善于获胜，不说话而善于回应，不召唤而自动到来，虽迟缓而善于谋划。自然的罗网广大无边，虽然疏松却没有任何漏失。

本章开头两句话就让人震撼。我们一般把"勇敢"当作一个词来使用，但老子把它分成"勇于敢"和"勇于不敢"两种情况。

"勇于敢则杀"，意即：勇于敢做敢为，就会丧命。譬如，有些人争强好胜，受不了一点儿委屈，"恶声至，必反之"。别人骂我，我一定要反骂回去；别人打我一拳，我一定要踢他一脚。这就是典型的"勇于敢"，有勇无谋，能进不能退。

"勇于不敢则活"，意即：勇于不敢作为，就可以活下去。"勇于不敢"看起来很柔弱，但其实也是一种"勇"。在关键时刻要敢于说"不"，特别是敢于对自己说"不"。

"勇于敢"代表坚强，"勇于不敢"代表柔弱。《老子·第七十六章》说："坚强者死之徒，柔弱者生之徒。"意即：坚强的东西属于死亡这一类，柔弱的东西属于生存这一类。这句话与"勇于敢则杀，勇于不敢则活"可以互相呼应。

老子非常忌讳"坚强"。第四十二章提到："强梁者不得其死，吾将以为教父。"意即：强悍的人没有办法得到善终，我将以此作为施教的开始。换言之，老子的教化就是要让大家知道，过于强悍的人很难得到善终。

我年轻时也经历过青春期的叛逆阶段，但受到老子的启发，我常常"勇于不敢"。别人问我：你敢不敢打架？不敢。敢不敢下海游泳？不敢。敢不敢爬上高山？也不敢。别人眼中的我可能显得少年老成，缺乏冒险精神，但这种心态才符合老子的教训。

"此两者，或利或害"，意即：这两种勇的结果，一个有利，一个有害。当你准备做一件事的时候，就要问：冒险的成分有多大？有多大把握可以成功？如果一味地"勇于敢"，一旦出现意外，后果将不堪设想。所以，要知道自己的限制，尽量收敛自己，练习"勇于不敢"，这同样需要"勇"。

"天之所恶，孰知其故？"意即：上天所厌恶的，谁知道其中的缘故？这句话实在让人惊讶。《老子》书里面谈到"天"，一开始都是以"天地"代表自然界。但《老子》后面四分之一的章节中，多次提到传统意义上的"天"。譬如，第五十九章提到"治人事天，莫若啬"，第六十七章提到"天将救之，以慈卫之"。这说明老子的思想有古代的背景，可以与中国的传统连上线。

本章的"天之所恶"更明显地体现了这一点。《论语》中有一段话与之类似。孔子在卫国时受到邀请，拜见了卫灵公的夫人南子。子路很不高兴，孔子发誓说："我哪里做错的话，就让天来厌弃我吧！"①老子说"天之所恶"，孔子说"天厌之"，可见二人的时代背景相当接近。

"天之所恶"代表"天"具备某种位格，像人一样具有理性或意志。老子知道这是中国古代的传统观念，他只是客观地表达了一种认识：在社会上，有的人勇于敢，有的人勇于不敢，结果有的死、有的活，有的害、有的利。那么到底上天的态度如何呢？"天"似乎有他的好恶，但是没有人知道到底是怎么回事。

接着，老子转而介绍"天之道"。在《老子》书里面，"天之道"三个字只出现过少数几次。除了本章之外，第八十一章也出现了这个词。我们可以把"天之道"理解为"自然界的规律"，就像把"人之道"理解为"人间的作风"一样。

自然界的规律有什么特色呢？老子连说了四句话。

第一，"不争而善胜"，"天之道"不争斗而善于获胜。比如，一年有春夏秋冬四季的变化，夏天太热了，秋天就开始变凉；冬天太冷了，春天就开始回暖。整个过程没有争斗，而是遵循巧妙的规律，

---

① 出自《论语·雍也》。原文：子见南子，子路不说（yuè）。夫子矢之曰："予所否者，天厌之！天厌之！"

自然而然就形成理想的结果。

第二，"不言而善应"，"天之道"不说话但善于回应。老子经常强调"不言之教"。孔子也说过："天何言哉？四时行焉，百物生焉，天何言哉？"①天不说话，但它可以让四季运行，万物化生，这不就是"不言而善应"吗？

第三，"不召而自来"，"天之道"不召唤而自动到来。其实，不仅在自然界如此，在人间也有"不召自来"的情况。孟子曾提到，周文王要建造一座园林，百姓像是子女替父母做事一样，不用召唤就主动来帮忙，很快就把园林建成了。②因为周文王建造的园林对百姓是开放的，等于是国家公园，每个人都可以进来游玩。可见，统治者若能顺应百姓的需求，自然会获得百姓的支持。

第四，"繟然而善谋"，"天之道"虽然迟缓但善于谋划。"繟然"可以理解为"迟缓"或"无心"，亦即一切都缓慢进行，没有刻意的设计，但看起来就像谋划得很好，设计得恰到好处。王弼的注解说：上天通过各种现象来显示吉凶，让你事先怀有一种戒心，在安全中不忘记危险，好像没有什么预兆，事实上一切都策划得很好。③"安而不忘危"就是"居安思危"，这是《易经》的核心观念。王弼注解过《易经》，所以直接用《易经》的观念来说明老子的"繟然而善谋"。

这四句话主要针对的是自然界。自然界不会忽然发生任何事情，地震、山崩、海啸，或者天上出现一朵云彩，都有它的前因后果。一切都按照适当的条件，自然而然地发生，该来就来了。人间不也如此吗？俗话说"天道酬勤"，你只要勤奋努力，连上天都会帮助

---

① 见《论语·阳货》。

② 见《孟子·梁惠王上》。原文：孟子对曰："贤者而后乐此，不贤者虽有此不乐也。《诗》云：'经始灵台，经之营之；庶民攻之，不日成之；经始勿亟，庶民子来。'"

③ 原文：垂象而见吉凶，先事而设诫，安而不忘危，未兆而谋之。

你。事实上，是你自己在帮助自己。所以，"天之道"的"天"，不仅包括自然界，也包括人类在内。

最后的结论是："天网恢恢，疏而不失。""恢恢"代表宽大的样子。自然的罗网看起来疏松，但是它没有任何漏失，赏善罚恶不失分毫，仿佛有一种严格的因果关系一样。换言之，统治者顺从自然之道就是吉，违逆就会凶，这一切都是统治者自己造成的。

在《孟子·公孙丑上》中说："天作孽，犹可违；自作孽，不可活。"人无法规避自己制造的灾祸，因为原因就在你自己身上。自然界的一切现象都遵循客观的规律，所以我们要避免"勇于敢"，不要争强好胜或勉为其难。《易经》的基本原则是"观察天之道，以安排人之道"，即通过观察天地的变化趋势，来妥善安排人的生活模式。

课后思考

我们可以把"天之道"理解为"自然的规律"，但是"天之所恶""天将救之"这些说法明显有古代思想的痕迹，与儒家思想比较接近。可见，任何一种思想都不能脱离它的时代。你对此有何想法？另外，对于"勇于敢"与"勇于不敢"这两种态度，你有哪些体会？

第七十四章　用心善待百姓

这一章的特别之处是，"死"字出现了三次，"杀"字出现了五次。

> 民不畏死，奈何以死惧之？
> 若使民常畏死，
> 而为奇者，吾将得而杀之，孰敢？
> 常有司杀者杀。
> 夫代司杀者杀，是谓代大匠斲（zhuó）。
> 夫代大匠斲者，希有不伤其手矣。

［白话］人民不害怕死亡时，怎么能用死亡来恐吓他们？如果让人民真的害怕死亡，对那些捣乱的人，我就可以抓来杀掉，那么谁还敢再捣乱？总是有行刑官去执行杀人。代替行刑官去执行杀人的，就像代替大木匠去砍木头一样。代替大木匠去砍木头，很少有不砍伤自己手的。

本章的第一句话是《老子》全书里面读起来最令人伤感的。老子说："民不畏死，奈何以死惧之？"意即：人民不害怕死亡时，怎么能用死亡来恐吓他们？百姓为什么不怕死呢？蝼蚁尚且贪生，何况是人呢？但是，百姓活着痛苦不堪，就会想一死了之。换言之，此时天下大乱，政治黑暗，百姓生活在水深火热之中，随时受到痛苦的折磨与死亡的威胁，所以统治者不能再用死亡来恐吓他们了。

第十七章谈到四种层次的统治者。最好的统治者,百姓只知道有他存在,却不知道他做了什么,百姓都认为"我们是自己如此的"。第二等统治者,百姓亲近他、称赞他。第三等统治者,百姓害怕他。第四等统治者,百姓轻侮他。其实还有更次一等的统治者,他受不了百姓的侮辱,就用严刑峻法来镇压,让百姓走投无路,甚至想与统治者同归于尽。

老子接着谈到一般的情况。"若使民常畏死,而为奇者,吾将得而杀之,孰敢?"意即:如果让人民真的害怕死亡,对那些捣乱的人,我就可以抓来杀掉,那么谁还敢再捣乱?一般情况下,百姓都会珍惜生命、害怕死亡,谁也不会无端地寻死觅活。

这里出现了"吾"字。在《老子》书中,"我""吾""圣人"可以互换,都是指"悟道的统治者"。"吾将得而杀之",难道统治者要去杀人吗?其实这句话的重点在于,如果百姓都怕死,统治者就可以把捣乱的人抓来杀掉,这样就没有人敢捣乱了。

老子当然不会想去杀人,所以他接着说"常有司杀者杀"。"司杀者"代表存在着某种决定生死的自然法则,可译为"自然的行刑官"。换言之,人的正常死亡是由自然法则所决定的。庄子经常提到"天年",意为"自然的寿命",代表一个人按照自然的情况可以活多久。正如上一章所说的"天网恢恢,疏而不失",每个人都在自然的天罗地网里面。这并不是一种宿命论,而是说违背自然法则等于自寻死路。老子提醒我们:要好好活在世界上,珍惜自己的生命;等到你该离开人世的时候,想拖延也没有办法。

老子最后警告那些统治者:"夫代司杀者杀,是谓代大匠斫(zhuó)。夫代大匠斫者,希有不伤其手矣。"意即:代替行刑官去执行杀人的,就像代替大木匠去砍木头一样。如果你自以为了不起,代替大木匠去砍木头的话,很少有不砍伤自己手的,亦即灾难反而会落在自己身上。

《孟子·梁惠王下》也有一段话谈到大木匠。孟子对齐宣王说："建造大房子，一定要找大木匠去找大木材。大木匠找到大木材，把木头修整得恰到好处，大王就会高兴，认为他能够胜任。如果他把大木头削成一段一段的小木头，大王就会生气，认为他不称职。"①孟子透过这个比喻，表明各种事情都需要专家，治理国家亦然。帝王不能因为手握大权，就觉得自己无所不能。想要治理好国家，必须虚心向专家求教，因为他们既懂得人性的奥秘，也了解人情世故。

孟子还有一句话反映了春秋战国时代的乱象。孟子有一次去拜见年轻的梁襄王。梁襄王见到孟子，突然发问："天下怎样才会安定？"孟子说："统一了就会安定。"梁襄王问："谁能统一天下？"孟子说："不喜欢杀人的国君，就能统一天下。"②可见，战国时代的国君都是动不动就杀人，所以孟子才把标准定得这么低，不喜欢杀人的国君就可以统一天下。

老子描绘的就是这样的乱世。国君代替自然的行刑官，提前结束百姓的生命，不就像代替大木匠去砍木头吗？每个人都有他自然的寿命，统治者不要自作聪明，妄杀百姓，那样会有很大的后遗症。

河上公的注解比较有趣，他把本章与第七十三章连起来，说："司杀者，谓天居高临下，司察人过。天网恢恢，疏而不失也。"意即："司杀者就是天，它居高临下，专门监察人的过失。天网恢恢，疏而不失。"这听上去有一点宗教的气氛，好像有一个神无所不在，无所不知，对

---

① 原文：为巨室，则必使工师求大木。工师得大木，则王喜，以为能胜其任也。匠人斫而小之，则王怒，以为不胜其任矣。

② 出自《孟子·梁惠王上》。原文：孟子见梁襄王。出语人曰："望之不似人君，就之而不见所畏焉。卒然问曰：'天下恶乎定？'吾对曰：'定于一。''孰能一之？'对曰：'不嗜杀人者能一之。'"

每个人的过错都记得清清楚楚，使善恶皆有报应。一个人多行不义，生命就会提早结束；一个人多行善事，就能活得久一点。这是河上公的理解。但是，这种说法在《老子》书中很难得到充分的印证。

收获与启发

本章所谈的也是天下大乱。《老子》书中有大约百分之二十的篇幅是在描写天下大乱。人有认知能力，会对事物进行区分，发展到后来，最可怕的结果就是战争。本章第一句话实在令人感伤："民不畏死，奈何以死惧之？"这十个字是对乱世最真实的写照。我们今天生活在太平盛世，应该感到非常幸运。老子坚决反对战争。但是，战争是一个相当复杂的问题，没有人能说清楚它的来龙去脉，恩恩怨怨总是纠缠在一起。

自然界有一种负责杀生的力量，叫做"司杀者"。每个人都有他天然的寿命，称作天年。老子提醒统治者，千万不要"代司杀者杀"，不要以为自己拥有百姓的生杀大权，甚至还认为杀掉坏人是替天行道，那样做只会让灾难返回到自己身上；甚至像夏桀、商纣一样，落得国破家亡的下场。所以，统治者最好清静无为。

课后思考

人活在世界上，除了活着以外，还要设法了解活着的意义何在。老子认为，你如果知道万物从道而来，又回归于道，那么活着的唯一目标，就是要设法接近悟道的境界。心中充满感恩之心，对于接触到的一切都要珍惜，希望透过它们来启发自己，能够从区分到避难到启明的境界，最后发现宇宙万物都在道里面，道也在宇宙万物里面。如此一来，你会对自己的生命了解得比较完整，比较透彻。你对此有何看法？

第七十五章　治国者的责任

这一章讲的是天下大乱的症结，老子将乱的责任都推给在上位的统治者。

> 民之饥，以其上食税之多，是以饥。
> 民之难治，以其上之有为，是以难治。
> 民之轻死，以其上求生之厚，是以轻死。
> 夫唯无以生为者，是贤于贵生。

［白话］人民陷于饥饿，是由于统治者吃掉太多税赋，因此陷于饥饿。人民难以治理，是由于统治者喜欢有所作为，因此难以治理。人民轻易赴死，是由于统治者生活奉养丰厚，因此轻易赴死。只有不刻意求生的人，要比重视生命的人更高明。

本章一开头提到百姓的三种状况：第一是"饥饿"，第二是"难治"，第三是"轻死"。三个问题一层比一层严重。

第一，"民之饥，以其上食税之多，是以饥"，意即：人民陷于饥饿，是由于统治者吃掉太多税赋，因此陷于饥饿。百姓缺乏食物，可能出于天灾，也可能出于人祸。老子将责任推到税收太重，显然是统治者有问题。

第二，"民之难治，以其上之有为，是以难治"，意即：人民难以治理，是由于统治者喜欢有所作为，因此难以治理。统治者动辄发动战争、征用劳役，会让百姓不堪其扰。百姓从消极抵抗到积极反抗，当然会难以治理。

第三，"民之轻死，以其上求生之厚，是以轻死"，意即：人民轻易赴死，是由于统治者生活奉养丰厚，因此轻易赴死。统治者穷奢极欲，把百姓当作役使的工具，让百姓生不如死。如果活着只是受苦，为何还要珍惜生命呢？于是百姓纷纷自杀，轻易赴死。

明末清初有一位重要的儒家学者黄宗羲（1610—1695），他写了一本《明夷待访录》，里面也谈到相关的问题。"明夷"来自于《易经》的明夷卦，意为光明受到伤害。它的卦象是地在上，火在下，代表光明藏在地底下，大地一片漆黑，反映了明朝末年的时代状况。"待访录"三个字说明黄宗羲在耐心等待，希望有人能了解他的想法。

《明夷待访录》第一篇叫做《原君》。所谓"原君"，就是要把"君"的道理说清楚，掌握住"君"这个称谓的本来面貌。在中国历史上较早的阶段，国君就像百姓的父母一样，负责领导、教化、照顾百姓。但自从秦始皇之后，中国进入了帝王专制的时代，国君作威作福，锦衣玉食，反而成了国家最大的问题。国君为了自己一家人的享受，不顾国家的安危，对百姓抽取重税，所以才有朝代的不断更迭。

黄宗羲强调，天下大乱有三个原因：第一是租税太重，第二是政令太多，第三是聚敛无度；与老子所说的如出一辙。"租税太重"对应于"食税之多"，"政令太多"对应于"上之有为"，"聚敛无度"是因为"求生之厚"。由此可见，很多儒家学者也深受老子的启发，无论是儒家还是道家，都认为统治者要对社会动乱负最大的责任，老子甚至认为统治者要负全部的责任。这就是老子对天下大乱所做的观察。

这三点中最让人痛心的是"民之轻死",也就是轻易赴死。《庄子·人间世》一开头就讲了一个虚拟的故事。孔子的学生颜回看到卫国的情况很不妙,就想去卫国帮忙。颜回这样描写当时的情况:"卫国的国君正当壮年,行事独断。治理国家十分轻率,却不知道自己的过错。轻易就让百姓送死,为国事而死的人满山遍野犹如乱麻,人民都走投无路了。"[1]这段话反映了战国时代的黑暗,国君轻易就让百姓送命,百姓都活不下去了。

百姓的"轻死"也包括自杀,在《庄子》书中有不少相关的材料。下面举三个例子,说明古人自杀的具体情形。

首先,《庄子·让王》提到,尧和舜得到王位之后,想把王位让给比他们更优秀的人。但是,这些人不愿意接受王位,认为国君不了解他们,甚至还以此为耻。他们避地隐居,最严重的还有人投河自尽。这些人竟然如此爱惜羽毛,令人难以置信。这种自杀当然让人感慨。

第二,《庄子·说剑》提到,赵文王喜欢斗剑,门下养了几千个剑客,他们日夜在赵王面前比武,每年死伤一两百人,导致国势逐渐衰落。庄子见到赵文王,对他说:"臣有三把剑,任凭大王选用:第一种是天子之剑,第二种是诸侯之剑,第三种是大王现在喜欢的平民之剑,那与斗鸡没什么不同。"赵文王听了之后非常激动,三个月不出宫门,对于门下的剑客毫不理睬,于是这些剑客纷纷自杀而死。这些剑客从小到大,除了斗剑什么都不会,一辈子就只有这一个目标。如今目标落空,统治者不再需要他,于是他的生命发

---

① 原文:颜回见仲尼,请行。曰:"奚之?"曰:"将之卫。"曰:"奚为(wèi)焉?"曰:"回闻卫君,其年壮,其行独。轻用其国,而不见其过。轻用民死,死者以国量(liàng)乎泽若蕉,民其无如矣。"

生了断裂，希望彻底破灭，最后干脆自杀了。

第三，《庄子·列御寇》提到，郑国有个人学了儒家之后，把百姓照顾得很好，他又让弟弟去学习墨家。后来，兄弟俩有分歧的时候，父亲赞成弟弟的说法。这个人非常难过，就选择了自杀。[①]因为他觉得，弟弟学墨家是自己的功劳，但弟弟学成之后居然反对他这个哥哥，而且父亲还赞成弟弟。家人之间不能互相了解，于是产生很深的误会。

可见，庄子笔下从文人到武士，都有轻生的可能。人活在世界上，想要自己闯出一条路很不容易，往往需要听从领导者的安排。如果领导者只顾一己之享受，不顾百姓的死活，那么百姓活着只是受苦而已。另外，百姓有自己一贯的生活模式，比如修养自己、洁身自爱，或者当剑客，或者念书做官，到最后发现，实际情况与自己所想的大相径庭，就采取自杀等极端做法。自杀并不能真正解决问题，但由此折射出治国者的重大责任。

治国者怎样才能尽好自己的责任？老子在结论中说："夫唯无以生为者，是贤于贵生。"意即：只有不刻意求生的人，要比重视生命的人更高明。道家一向看重生命，所以"贵生"并没有错。但是，还有比"贵生"更高的境界，那就是"无以生为"，亦即不把求生当一回事，完全顺其自然。

这句话非常重要。今天很多人学习道家，都以为老子、庄子与后来的道教密切相关。道教中确实有一派强调养生术、神仙术，希望长生不老、羽化登仙，但是这跟老庄的思想没有直接的关系。

---

① 原文：郑人缓也，呻吟裘氏之地。祗三年而缓为儒，润河九里，泽及三族，使其弟墨。儒墨相与辩，其父助翟。十年而缓自杀。其父梦之曰："使而子为墨者，予也。阖胡尝视其良，既为秋柏之实矣？"

关于百姓为什么"轻死"，还有另一种解释。统治者生活奉养丰厚，照顾自己的身体非常周到，希望能够活得久一点。于是上行下效，百姓也纷纷追求各种利益来保护自己，大家都把求生当作最大的好处。结果，"人为财死，鸟为食亡"。百姓一味赚钱，以为钱可以让自己活得更久、享受更多，结果反而提早报销，那不是因为统治者做出了错误的示范吗？

收获与启发

我们要学会逆向思考。

首先，老子说统治者收税太多，会让百姓陷于饥饿。那么作为统治者，一有机会就要减轻赋税，让百姓吃饱喝足。譬如，齐宣王喜欢财货，孟子就对他说：大王如果让百姓都有钱，还担心什么？你不用储存财货，税收自然就会增加。

第二，老子说统治者喜欢有所作为，百姓就很难治理，可谓"上有政策，下有对策"。那么，统治者就要设法减少政令，不要刻意做任何事，尽量清静无为。

第三，统治者如果想让百姓珍惜生命，就不要"求生之厚"，而要顺其自然。

课后思考

老子既然指出了问题的症结，我们就可以设法改变这一切，重新找到出路。当然，我们学习《老子》的目的不是想统治别人，而是想管理好自己，所以本章也可以用于自我反省。你觉得怎样才能对自己的生活做出更好的规划和安排？

第七十六章　柔弱是生存之道

本章介绍《老子·第七十六章》。

> 人之生也柔弱，其死也坚强。
> 草木之生也柔脆，其死也枯槁（gǎo）。
> 故坚强者死之徒，
> 柔弱者生之徒。
> 是以兵强则灭，木强则折。
> 强大处下，柔弱处上。

［白话］人活着时身体是柔软的，死了以后就变得僵硬了。草木活着时枝叶是柔脆的，死了以后就变得枯槁了。所以，坚强的东西属于死亡的一类，柔弱的东西属于生存的一类。因此，兵力强盛了会被灭亡，树木强壮了会被摧折。强大的居于劣势，柔弱的处于优势。

前文介绍过"柔弱胜刚强"的观念。本章所谓的"坚强"，与"刚强"的意思类似。《老子》全书接近尾声，很多观念都已经谈过了，最后再做一些总结性的说明。

我们在本章再度看到了老子的思维模式，他总是把人类与自然界的相关例子放在一起，由此归纳出结论，将归纳法运用得炉火纯青。老子先说："人之生也柔弱，其死也坚强。"意即：人活着时身体是柔软的，死了以后就变得僵硬了。这是关于人类的客观事实。接着又以自然界的草木为例："草木之生也柔脆，其死也枯槁。"意即：草木活着时枝叶是柔脆的，死了以后就变得枯槁，完全失去了弹性，一碰就碎裂了。

老子从人类与自然界两方面的事实，归纳出结论："故坚强者死之徒，柔弱者生之徒。"意即：坚强的东西属于死亡的这一类，柔弱的东西属于生存的这一类。

《论语》中有一段话表达了类似的观念。有一次，闵子骞、子路、冉有、子贡这四位学生在孔子身边侍候，神态各不相同。闵子骞为人刚正不阿，表现出正直的样子。冉有与子贡表现出和悦的样子，两人心情放松，自得其乐。子路则是"行（hàng）行如也"，看起来一副刚强的样子，好像随时准备明辨是非，打抱不平。

孔子看到这四位学生的表情，觉得很开心。这些学生经过他的教育，都发挥了各自禀赋上的特色。但是孔子很担心子路，他说："若由也，不得其死然。"意即：像子路这样刚强的样子，恐怕将来不得善终。[1]可见，孔子对于"坚强者死之徒"的观念颇有体会。

后来，事态的发展果然印证了孔子的担忧。当时孔子有几个学生在卫国从政，正好赶上卫国发生了内乱。卫灵公的夫人南子是有名的美女，她跟太子的关系处得不好。太子想要除掉南子，但事迹败露，于是逃亡到国外。后来卫灵公过世，南子就安排卫灵公的孙子接位，经过了十二年，朝政也相当稳定。但是，原来的太子并不甘心，他自己没有当成国君，他的儿子反而接了班，怎么能咽下这口气呢？他就向晋国借兵打回卫国，要跟自己的儿子争抢国君之

---

[1]　出自《论语·先进》。原文：闵子侍侧，訚（yín）訚如也；子路，行行如也；冉有、子贡，侃侃如也。子乐。"若由也，不得其死然。"

位，等于是从家庭的乱局演变为国家的乱世了。

子路当时在卫国做官，听说此事之后，他不顾同学高柴的劝阻，立刻赶回城内去保护原来的卫君。孔子听说卫国发生内乱，就说："高柴会逃回来，子路恐怕会死于非命。"结果孔子一语成谶。[1]子路很讲道义，认为受人之托，忠人之事，绝不能在危急时刻逃跑，最后他壮烈牺牲，让人不胜唏嘘。这正好印证了"柔弱者生之徒，坚强者死之徒"。

孔子曾劝过子路："暴虎冯河，死而无悔者，吾不与也。"[2]意思是，你带兵打仗就像空手打老虎，徒步就过河，死了也不后悔，我不会跟你一起带兵打仗。孔子已经这么明白地提醒过子路，无奈子路个性刚强、坚持原则，遇到事情很难转圜，结果因为过于坚强而死于非命。子路作为鲁国人，对于卫国的父子相争，本来可以从容地退避。子路当时六十三岁，已经到了退休的年龄，却依然挺身而出，一个人对付十几个年轻的士兵，最后的结局当然很悲惨。

许多人对武侠小说很感兴趣。据说，武当派创始人张三丰，曾在野外见到鹰与蛇在搏斗。老鹰非常凶猛，不断扑击这条蛇；蛇不断闪避，看起来很柔软，最后居然获胜。张三丰由此悟出了太极拳，其精髓就是柔弱胜刚强。太极拳的打法基本上是一种圆形的循环，总是要回到原点。它看起来很徐缓，但内力层出不穷，不但能保护自己，还能克敌制胜。

但是，老鹰与蛇搏斗，蛇一定会赢吗？不见得。动物之间争斗时，通常体型较大的一方占有优势，与是否柔弱的关系不是很大。张三丰

---

① 出自《孔子家语》。原文：子路与子羔仕于卫，卫有蒯聩之难。孔子在鲁，闻之，曰："柴也其来，由也死矣。"既而卫使至，曰："子路死焉。"

② 见《论语·述而》。

的例子说明，很多时候你柔弱退让，最终不一定会输。如果看到情势不对，仍然不知变通，坚持强硬的作风，后果恐怕不堪设想。譬如，柳枝和小草很柔软，狂风吹来，它们随风摆荡，很容易存活。如果像高大的树木那样硬碰硬的话，恐怕会被连根拔起，彻底失去生机。

老子的结论是："是以兵强则灭，木强则折。"意即：兵力强盛了会被灭亡，树木强壮了会被摧折。这显然需要考虑时间的因素。兵力强盛了为何会灭亡？因为兵强马壮之后，人们往往会恃强凌弱，到处攻城略地，夺取资源。但是，连年征战也会让己方损兵折将，经济上不堪重负。历史上有很多帝国明明很强盛，但穷兵黩武，最后反而提早灭亡。

对于"兵强则灭"，河上公的版本写作"兵强则不胜"，他这样解释："拥有强大的兵力会经常侵略别人，乐于杀人，以致到处结怨，四面树敌，这些弱国会联合起来变得强大，让你无法战胜。"对于"木强则折"，河上公写作"木强则共"，即如果树木壮大，枝叶就会共生其上。对于"强大处下，柔弱处上"，河上公说："如果要建造大的建筑物，大木要处下，小物要处上，因为天道抑强扶弱，这是自然的效果。"①河上公是一位养生专家，他的解释也有一定的道理。

老子一再强调"物壮则老"，亦即事物壮大了就会趋于衰老，这是一种自然现象。人不可能一路壮大下去，最后变成天下第一。随着年龄增长，壮大了之后就会慢慢衰老。那你为什么不能保持一种相对稳定的状态呢？千万不要自以为强壮，因为强中更有强中手。

老子对于"强"字很敏感。比如"坚强者死之徒""强梁者不得

---

① 原文：是以兵强则不胜，强大之兵轻战乐杀，毒流怨结，众弱为一强，故不胜。木强则共，本强大则枝叶共生其上。强大处下，柔弱处上。兴物造功，大木处下，小物处上。天道抑强扶弱，自然之效。

其死"，这些"强"都有"逞强"的意思。第五十五章说"心使气曰强"，用意念来操纵体力叫做逞强。《庄子·达生》提到，有个人驾驶马车的技术天下第一，一个大王让他架着马车转一百圈再回来。有个明眼人看到这种情景，就说："再跑下去，马就要失足了。"大王说："你怎么知道的？"他说："马的力气已经耗尽，可是还要强求，最后非失足不可。"①这提醒我们，要衡量自己的力量，量力而为。

另外，老子说过"守柔曰强"，只有守住柔弱，才能支撑到最后；也说过"自胜者强"。这些"强"都是好的意思。本章将柔弱与坚强进行对照，属于"以认知为避难"的层次。可见，读《老子》一定要有一个整体的架构；否则，一个字有多种意思，甚至意思完全相反，究竟要如何理解呢？

老子最后说："强大处下，柔弱处上。"意即：强大的居于劣势，柔弱的处于优势。这与第七十三章所说的"勇于敢则杀，勇于不敢则活"互相呼应。"勇于敢"就是坚强，"勇于不敢"就是柔弱。可见，要以退为进，用柔弱的方式取得更好的条件，等待时机成熟后，再来做自己能做的事。

课后思考

我们与某些人正好处在同一个时代、同一个社会、同一个行业，彼此之间存在一些竞争的关系。但如果从道的角度来看，就会看得比较完整而透彻，知道人最后都要为自己的生命负责，要设法让自己安其天年，这才是老子真正的关怀。你对此有何看法？

---

① 原文：东野稷以御见庄公，进退中绳，左右旋中规。庄公以为造父弗过也，使之钩百而反。颜阖遇之，入见曰："稷之马将败。"公密而不应。少焉，果败而反。公曰："子何以知之？"曰："其马力竭矣，而犹求焉，故曰败。"

第七十七章　保持动态的平衡

本章的特色在于，提出"天之道"与"人之道"的对立。

> 天之道，其犹张弓与？
> 高者抑之，下者举之；
> 有余者损之，不足者补之。
> 天之道，损有余而补不足。
> 人之道则不然：
> 损不足以奉有余。
> 孰能有余以奉天下？唯有道者。
> 是以圣人为而不恃，
> 功成而不处，
> 其不欲见（xiàn）贤。

[白话] 自然的法则，不是像拉开弓弦一样吗？高了就把它压低，低了就把它抬高；过满了就减少一些，不够满就补足一些。自然的法则，是减去有余的并且补上不足的。人世的作风就不是如此，是减损不足的，用来供给有余的。谁能把有余的拿来供给天下人？只有悟道的人能够如此。因此，圣人有所作为而不仗恃己力，有所成就而不自居有功，他不愿意表现自己的过人之处。

所谓"天之道"，可以理解为"自然的法则"；"人之道"可以理解为"人世的作风"。第七十三章说："天之道，不争而善胜。"即自然法则的运作，是不争斗而善于获胜。第八十一章说："天之道，利而不害。"即自然的法则，是有利万物而不加以损害。可见，"天之道"里面的"天"，可以理解为整个自然界。

"天之道，其犹张弓与？"意即：自然的法则，不是像拉开弓弦一样吗？老子以射箭作为比喻。射箭时要按照目标的位置来调整弓弦。"高者抑之，下者举之；有余者损之，不足者补之"，意即：高了就把它压低，低了就把它抬高；过满了就减少一些，不够满就补足一些。如此才能射中目标。今天射箭比赛中使用的弓和箭都是经过特殊设计的，古代显然没有那么复杂。

这里可以参考西汉学者严遵的《老子指归》一书，这是目前所知对《老子》最早的注解。严遵又名严君平，他每天靠上街占卦来维持生计，从不在乎财富。有人问他："你为什么不做官呢？"他说："益我货者损我神，生我名者杀我身，故不仕也。"意即：凡是让我增加财货的事情，都会损伤我的精神；让我得到名声的事情，最后会让我牺牲生命，所以我不去做官。他有一个学生很有名，叫做扬雄。扬雄的代表作是《法言》。

本书很少参考严遵的《老子指归》，因为严遵名义上是在介绍《老子》，实际上是在发挥他个人的思想，表达自己的宇宙观、人生观、价值观。他并没有对老子思想做逐字逐句的阐释与发挥。比如，他如何注解这一章呢？他说："弦高急者，宽而缓之。"如果弓弦又高又急，就把它放宽些，让它柔缓。"弦驰下者，摄而上之。"如果弓弦松垂，就把它收紧些，让它抬高。"其有余者，削而损之。"如果弓弦太长，就把它削短些。"其不足者，补而益之。"如果弓弦不够长，就把它接长些。严遵这四句话说了等于没说，老子的原文不就是这个意思吗？老子这里以射箭为例，说明弓与弦要配合得恰到好处，保持动态的平衡，才能射中目标。

重点是下面一句话："天之道，损有余而补不足。"意即：自然的法则，是减去有余的并且补上不足的。比如，春夏秋冬四季递嬗，夏天太热了，就会进入秋天，秋高气爽；冬天太冷了，又会返回春天，春暖花开。可见，天之道总保持着一种规律的运作。

人间也能做到"损有余而补不足"。《孟子·梁惠王下》提到："夏朝的谚语说：'我王不出来巡游，我们哪会得到休息？我王不出来走动，我们哪会得到补助？他的巡游与走动，都是诸侯的榜样。'"①换言之，好的天子会在春天视察耕种情况，帮助不足的人；在秋天视察收成情况，周济缺粮的人。他效法天之道，损有余而补不足，让大家都生活得平安愉快。

"人之道则不然：损不足以奉有余"，意即：人世的作风就不是如此，是减损不足的，用来供给有余的。统治者的财富已经够多了，还要向百姓征收苛捐杂税，使百姓越来越穷，可谓"朱门酒肉臭，路有冻死骨"。这是人间的真实写照，与"天之道"恰恰相反。

为什么"人之道"与"天之道"会形成如此强烈的反差呢？因为人有认知能力，由认知造成区分，并引发欲望。欲望一步步发展，让人往而不返。人的世界就是损不足以奉有余，实在是不公平之至。

所以，老子感慨地说："孰能有余以奉天下？唯有道者。"意即：谁能把有余的拿来供给天下人？只有悟道的人能够如此。一个社会

_____

① 原文：夏谚曰："吾王不游，吾何以休？吾王不豫，吾何以助？一游一豫，为诸侯度。"

的问题往往不在于资源不足，而在于贫富差距过大。如果用外力强加干预，可能会引起更大的后遗症。老子希望富人能够节俭，以便能让更多人分享资源。

"有余以奉天下"是非常好的理想，所以老子一再肯定"天之道"的动态均衡现象，在人间唯独"有道者"可以做到。老子接着就说"圣人"如何如何，代表"圣人"就等于"悟道的统治者"。圣人首先是统治者，这个世界上从来不缺少统治者，但是能够悟道的又有几人呢？所以"悟道"和"统治者"两个条件并存，才能成为老子心目中的圣人，这是老子最高的理想。

圣人可以做到以下三点：

第一，"为而不恃"，圣人把天下治好了，但他不会仗恃自己的力量。前文提到，所谓"玄德"，就是"生而不有，为而不恃，长而不宰"，因为任何事情的成功都要靠天时、地利、人和的配合，而不是某一个人的功劳；

第二，"功成而不处"，圣人把百姓治理得很好，但不会自居有功。圣人劳苦功高，但是他非常谦虚，不会觉得自己有什么特别的本事；

第三，"其不欲见贤"，圣人不愿表现自己的过人之处。有些专家引用《说文解字》的说法，认为"贤"字的本义是多财，所以这句话意为"圣人不想显示出自己有很多钱财"。事实上，《老子》书里经常直接谈到"财"，所以这里的"贤"应该是指"贤才"。圣人有能力做到这些事，可见他确实很有才华，但是他要用这些才华来帮助别人，而不会向人炫耀。古代的"贤"字有三种常见的用法：德行过人称作贤良，能力过人称作贤能，聪明过人称作贤明。汉代有"举贤良"的制度，会推举贤良之人出来做官。

收获与启发

天之道与人之道是对立的，天之道"损有余而补不足"，总是保持一种动态的平衡。这里的"天"代表整个自然界。而人之道往往是"损不足以奉有余"，以至于富者愈富，贫者愈贫，最后必然导致天下大乱的局面。只有悟道的人才懂得效法天之道。

课后思考

在你力所能及的范围内，你会在哪些方面效法天之道，以保持动态的均衡？这样做能够改善人际关系吗？

第七十八章　以服务代替领导

《老子·第七十八章》再度以水做比喻，强调柔弱胜刚强的观念。所以作为领导，必须能够承受各种污垢及灾祸的压力。

> 天下莫柔弱于水，而攻坚强者莫之能胜，
> 以其无以易之。
> 弱之胜强，柔之胜刚；
> 天下莫不知，莫能行。
> 是以圣人云：
> "受国之垢，是谓社稷（jì）主；
> 受国不祥，是为天下王。"
> 正言若反。

［白话］天下没有比水更柔弱的，但是攻打坚强之物时，也没有能胜过水的，因为它是无法被替代的。弱可以胜强，柔可以克刚；天下没有人不知道，却没有人做得到。因此，圣人说："承担一国的屈辱，才可称为国家的君主；承担一国的灾祸，才可称为天下的君王。"正面的言论，听起来像是反面的。

从第八章"上善若水"一路下来，水以各种方式反复出现。"天下莫柔弱于水，而攻坚强者莫之能胜，以其无以易之"，意即：天下

没有比水更柔弱的，但是攻打坚强之物时，也没有能胜过水的，因为它是无法被替代的。水很柔弱，总是顺势而行，往下流动。但是攻打坚强之物时，却没有能胜过水的。这当然需要有足够的量，如果水量不够大，凭什么能攻打坚强之物呢？

河上公的注解说："水能怀山襄陵，磨铁消铜，莫能胜水而成功也。"所谓"怀山襄陵"，是说当大水泛滥的时候，可以把山包围起来，甚至淹没丘陵。"磨铁消铜"是说，铁与铜都是坚硬的金属，但是由铜铁做成的器具遇到水会生锈、磨损。水看起来很柔弱，但水量如果足够大，它又能摧毁一切东西。水表现出柔弱胜坚强的效果，这是没有东西可以取代的。

儒家对于水也非常推崇。谈到古代政治，我们经常听到"水能载舟，亦能覆舟"的说法。儒家的孔子曾站在河边说："逝者如斯夫，不舍昼夜。"①河水不分白天黑夜一直在流动，孔子由此体验到时间的可贵。如果不紧紧把握，生命就被浪费了。

此外，孔子还说过："知者乐水，仁者乐山。"②即明智的人欣赏流水，行仁的人欣赏高山。有仁德的人就像高山一样，无不包容。明智的人就像流水一样，遇到阻碍就转弯，遇到坑洞就填满，能够随着环境改变自己的形态。

孟子认为，水可以把坑洞填满之后继续前进，关键在于它有源头，形成源头活水。③可见，水对于儒家、道家以及古代很多学者，都有深刻的启发。

老子接着说："弱之胜强，柔之胜刚；天下莫不知，莫能行。"

---

① 见《论语·子罕》。

② 见《论语·雍也》。

③ 出自《孟子·离娄下》。原文：源泉混混，不舍昼夜，盈科而后进，放乎四海。

意即：弱可以胜强，柔可以克刚；天下没有人不知道，却没有人做得到。

这段话启发了清朝的一位重要人物——曾国藩。曾国藩从小信奉孔孟之道，同时采用法家的手段，号称"用霹雳手段，显菩萨心肠"。他希望朝廷封他为钦差大臣，让他带兵全面镇压太平天国。但当时咸丰皇帝在位，他防备汉臣，认为曾国藩会居功自傲，甚至功高震主。结果，曾国藩手下的满洲将领一个个升官，他自己反而仕途受阻。

后来，曾国藩的父亲过世，皇帝就批准他回家丁忧，守孝三年。曾国藩利用这段时间认真读书，深受老子的启发。比如，"天下之至柔，驰骋天下之至坚""江海所以能为百谷王者，以其善下之""人之生也柔弱，其死也坚强"，等等。他看到这些话，立刻就觉悟了，原来法家硬碰硬的手段是行不通的，应该以柔克刚，以退为进。于是，他写下"大柔非柔，至刚无刚"八个字，作为自己的座右铭，从此仕途发展一帆风顺。

柔弱可以胜过坚强，天下人没有不知道，却没有人做得到。这涉及到知与行的配合问题。人们很容易了解水的流动方式，但是你做得到吗？水之道可谓"知易行难"。但是，圣人之道可谓"知难行更难"，因为道是万物的来源与归宿，一般人很难领悟；即便对道有了模糊的认识，想要做到清静自在、无心而为，更是难上加难。

"是以圣人云：'受国之垢，是谓社稷（jì）主；受国不祥，是为天下王。'"意即：因此，圣人说："承担一国的屈辱，才可以称为国家的君主；承担一国的灾祸，才可以称为天下的君王。"

我们洗过衣服就知道，最脏的地方是领子和袖子，所以才把领导称为领袖。担任领袖的人必须承担整个国家的屈辱，才能为大家所信任。如果不愿意承受屈辱，只希望获得荣耀，怎么可能成为一国之君呢？

老子说过，古代的侯王要自称孤家、寡人、仆下，听起来很委屈，但唯有如此，才能保持一种平衡，让别人愿意听命于你。当国家遇到天灾人祸时，君王还要下诏罪己，承担所有的罪责，这样才能受人拥戴。比如，《尚书·汤诰》说："万方有罪，在予一人；予一人有罪，无以尔万方。"各方百姓有什么过错，都由我一个人负责，因为我作为国君，没有教导好百姓。这不是受国之垢吗？

另外，承担一国的灾祸，才能成为天下王。"王"就是"归往"。君王如果想让天下人都来归附，必须承担起所有灾祸的责任。《左传·宣公十五年》提到："川泽纳污，山薮藏疾，瑾瑜匿瑕，国君含垢，天之道也。"意即：河川与沼泽藏污纳垢，山林中藏着疾病或害虫，美玉里面藏着瑕疵，国君含藏污垢，这就是自然的规律。这与老子的话如出一辙。

最后的结论特别重要。"正言若反"，即正面的言论，听起来像是反面的。老子有很多话听起来像是反话，一般人很难了解。学者高延第（1823—1886）在《老子证义》里面说，"正言若反"四个字发明了《道经》与《德经》立言的宗旨。他举例说："凡篇中所谓致虚守静；曲则全，枉则直；洼则盈，敝则新；柔弱胜刚强；不益生，则久生；无为则有为；不争莫与争；知不言，言不知；损而益，益而损；言相反而理相成，皆正言也。"其实，这些反面的言论讲的都是正面的意思，即正言若反，反言若正。

事物发展的结果往往与人的预期相反，因为人的聪明才智有限，很难领悟相反相成的常态现象。如果把时间拉长来看，一样东西很容易发展到它的反面，正所谓物极必反。比如，以前是小孩子，后来会长成青壮年，最后会变成老年。同时，一样东西要跟它的反面相对照，才能了解它的价值何在。

西方15世纪有一位学者伊拉斯谟（Desiderius Erasmus，约1466—1536），他在《愚人礼赞》这本书里面，特别推崇愚笨的人，与老子的"正言若反"有异曲同工之妙。他说："一个人有智慧就会鄙视金钱，不会为了赚钱而做出可耻之事。这种智慧在一般人看来就是愚昧。一个人信仰宗教之后就完全不关心金钱，为了自己的信仰而任劳任怨，抛弃世俗的欢乐，这不是很笨吗？"他希望藉此肯定精神上的价值与快乐，所以"人弃我取，人取我弃"。

收获与启发

在任何团体中担任领导人，都要以服务代替领导。作为领导人，团体中有什么问题你来负责，有什么责任你来承担，这样才能让别人心服口服。

"正言若反"是老子思想的特色，他在很多场合都充分运用了辩证法。任何事情都要从正反两方面来看，才能把握它的完整样貌，并进一步提升到"合"的高度。要想全面把握一个动态发展的过程，相反相成的观念必不可少。

课后思考

以服务代替领导，愿意承担责任，任劳任怨，这是老子对于领导者很好的建议。你对此有何经验或观察？

第七十九章　善人合乎天道

本章谈到"天道无亲，常与善人"，也提到"和大怨，必有余怨"。在第六十三章解释"报怨以德"的时候，曾引用过这一段。

和大怨，必有余怨；安可以为善？
是以圣人执左契，而不责于人。
有德司契，无德司彻。
天道无亲，常与善人。

［白话］重大的仇怨经过调解，一定还有余留的怨恨；这样怎能算是妥善的办法？因此，圣人好像保存着借据的存根，而不向人索取偿还。有德行的人像掌管借据那样宽裕；无德行的人像掌管税收那样计较。自然的规律没有任何偏爱，总是与善人同行。

《老子》最后几章提出了一些总结性的观点。"和大怨，必有余怨；安可以为善？"意即：重大的仇怨经过调解，会有余留的怨恨；这样怎能算是妥善的办法？那么怎样才是妥善的办法？这就要回到第六十三章所说的"报怨以德"。正所谓"矫枉必须过正"，你对我不好，我还是对你好。如此一来，就能消解余留的怨恨。

我们与别人来往时，对别人更好些总归没有错，有些事情就要做得比平常过度一些。《易经》中的小过卦，卦象是雷山小过（☳），只有中间两个是阳爻，被上下各两个阴爻所包围，等于是阴爻超过了阳爻，阴爻为小，所以称为小过卦。

小过卦的《大象传》提到，可以在三方面超过一些：第一，行为要超过一般的恭敬；第二，丧事要超过一般的哀伤；第三，用费要超过一般的节俭。与别人来往时，可以更恭敬一点，因为礼多人不怪；办丧事的时候，可以超过一般的哀伤，别人会说你是真情流露；花钱的时候，可以超过一般的节俭，因为节俭是一种美德。这三个方面都超过一些，就能化解很多不必要的困扰。

老子接着说："是以圣人执左契，而不责于人。"意即：圣人好像拿着左契，但不会主动向别人要债。在古代，两人之间有金钱往来时，就把契约刻在一片木头上，然后把它劈成两半，分成左契、右契，债权人拿左契，负债人拿右契。比如，我借给你钱，我就拿左契；你向我借钱，你就拿右契。我将来可以凭左契向你要债。

人与人相处，经常会出现契约关系，很容易引发诉讼等问题，《易经》清楚地显示了这一点。《易经》始于乾卦、坤卦，乾卦代表天，坤卦代表地；接着，屯卦代表万物出生，蒙卦代表启蒙阶段，需卦代表有饮食等各种需求；然后，第六卦就是讼卦。由此可见，人与人相处只要涉及到利益，就有分配是否公平的问题，很容易出现诉讼，使彼此的关系变得复杂。

圣人把钱借给别人后，只是拿着借据，而不向别人要债。这显然是一种非常宽容的态度，别人又怎么会怨恨他呢？圣人根本不会让怨恨发生，因此也谈不上和解的问题。要债这种事很容易结怨。别人没钱才向你借，借了之后除非他另有办法赚到钱，否则怎么会忽然之间有钱还你呢？我年轻时就有这样的教训，我把钱借给朋友，结果钱没要回来，朋友也交不成了。如果当时懂《老子》的话，就会学习圣人，手上拿着借据，但不向别人要债，这样也就不会有什么恩怨了。

接着，"有德司契，无德司彻"，意即：有德行的人像掌管借据那样宽裕，无德行的人像掌管税收那样计较。这里的"有德"，是指能够行善的人，他手上拿着左契，而不向别人要债。"彻"是一种古代税收的方法，抽取十分之一的税叫做"彻"。没德行的人，就像管理税收的人那样毫不客气，公事公办，该收就收。

此处的"德"不是指"人从道所获得的本性与禀赋"，而是反映了人类社会对于"德"的一般判断。"有德"是说一个人善良、德行好；"无德"是说一个人没有什么德行，认钱不认人。有德之人能够合乎人心的要求，不会在别人困难时向他要债；无德之人就像负责税收的官吏一样，一切公事公办，不讲情面，这样难免会招致怨恨。人生下来都有本性与禀赋，但后面可能会受到人间价值观的影响，变得比较狭隘了。

事实上，道是一个整体，一切都在道里面。老子主张"报怨以德"以及"和大怨，必有余怨"，都是从道的角度来看的。所有的资源都来自于道，有的人获得多，有的人获得少，难免会出现各种恩恩怨怨。我们应该在自己力所能及的范围内，效法天之道，"损有余而补不足"。这正是有德之人的修养目标。

最后的结论是："天道无亲，常与善人。"意即：自然的规律没有任何偏爱，总是与善人同行。老子也说过："天将救之，以慈卫之。"天要救助一个人，就让这个人拥有像母亲一样慈悲的心，从而使他得到保存与发展。"慈"与"善人"都合乎自然的规律，也合乎道的安排。道虽然赋予每个人各自的本性与禀赋，但道是无所不在的，一切都在道里面，人间所有资源都应该被大家所共享。

收获与启发

值得注意的是，老子笔下的善人不能脱离对道的觉悟。善人富有智慧，他知道人类从道而来，最后要回归于道。所以，善人的所作所为符合道所安排的"德"（本性与禀赋）。每个人生下来都有天赋的德，要保存天赋的德就要发展它，而发展它就要回归到道里面去。

《国语》这本书提到："天道盈而不溢，盛而不骄，劳而不矜其功。"意即：天道盈满却不会溢出来；它有丰盛的资源，但是不会骄傲；虽然有伟大的功劳，但是不会夸耀自己的能力。另外，还强调"天道无亲，唯德是授"，意即：天道没有特别的偏爱，但是它特别支持有德行的人，这更接近老子所说的。换句话说，一个人有德行的话，他的行为就会与天道的发展相配合。《国语》最后也说："天道赏善而罚淫。"这就是一般所谓的赏善罚恶。

课后思考

说到"天道赏善罚恶"，你不用把它想成"天具有某种人格性"。你如果顺从天道，心地善良，多行善事，就会觉得心中坦坦荡荡，这就是最大的福报。就好像手上拿着借据，但不向别人要债，你会觉得自己很宽裕，心里充满感恩，对自己的生命有一种深刻的欣赏，并愿意实践从道所获得的觉悟。人的行为与天道配合，不是很理想吗？你对此有何观察或体验？

第八十章　小国寡民之乐

　　《老子·第八十章》描述了老子心目中的桃花源，也就是所谓的乌托邦。

> 小国寡民。
> 使有什伯之器而不用；
> 使民重死而不远徙。
> 虽有舟舆，无所乘之；
> 虽有甲兵，无所陈之。
> 使民复结绳而用之。
> 甘其食，美其服，
> 安其居，乐其俗。
> 邻国相望，
> 鸡犬之声相闻，
> 民至老死不相往来。

　　[白话]国土要小，人口要少。即使有各种器具也不使用；使人民爱惜生命而不远走他乡。虽然有船只车辆，却没有必要去乘坐；虽然有武器装备，却没有机会去陈列。使人民再用古代结绳记事的办法。饮食香甜，服饰美好，居处安适，习俗欢乐。邻国彼此相望，鸡鸣狗叫的声音相互听得到，而人民活到老死却不互相往来。

"小国寡民"，意即：国土要小，人口要少。少到什么程度呢？老子没有说。我们可以对照古希腊柏拉图所写的《理想国》(又译为《共和国》)。柏拉图所谓的"国"是指城邦，城邦最理想的人数是五千零四十人，比一个乡村还要小。为什么是五千零四十人？因为柏拉图把城邦的公民分为三种：第一种是统治者，第二种是武士，第三种是一般百姓。五千零四十刚好可以被三整除。

　　老子接着说："使有什伯之器而不用。"所谓"什伯之器"，是指某些工具可以替代十人、百人的力气。人类发明了各种机械，确实能节省很多力气。《庄子·天地》提到"汉阴丈人"，即汉水南岸一个种菜的老人家。子贡向他介绍桔槔这种抽水机器，他听了之后很不高兴，说："进行机巧之事的人，一定会生出机巧之心。机巧之心存在于胸中，就无法保持纯净状态，心神无法安定下来，就不可能悟道了。"①老子的想法就是如此。

　　"使民重死而不远徙"，意即：使人民爱惜生命而不远走他乡。事实上，农业社会的百姓安土重迁，为何要远走他乡呢？因为各种生存条件改变了，为了更好的生活，只好背井离乡。比如，清朝末期有很多中国人到美国打工，被当地人称作猪仔，他们在美国西岸修筑铁路，很多人客死异乡，无法落叶归根。

　　"虽有舟舆，无所乘之；虽有甲兵，无所陈之"，意即：虽然有船只车辆，却没有必要去乘坐；虽然有武器装备，却没有机会去陈列。因为百姓不会到处乱跑，也根本没有国与国之间的战争。百姓过着平淡的生活，没有什么特别的欲求。

---

　　①　原文：为圃者忿然作色而笑曰："吾闻之吾师：'有机械者必有机事，有机事者必有机心。机心存于胸中，则纯白不备；纯白不备，则神生不定，神生不定者，道之所不载也。'吾非不知，羞而不为也。"

"使民复结绳而用之"，意即：让百姓再用古代结绳记事的办法。换言之，即便发明了文字，也不要使用，因为结绳记事比较直接。一般认为，伏羲氏画八卦，八卦最早的来源就与结绳记事有关。早期的绳子也包括树藤在内。在伏羲氏时代，人们主要以狩猎为生。某人出去打猎，在一个地方收获颇丰，到另一个地方则遇到危险。为了提醒同族人，他就用结绳记事的办法，在树藤上打个结，做上记号，这大概是古代八卦的起源。可见，当时人们考虑的只有利害。所以，《易经》本身基本不谈道义，只谈如何趋吉避凶，趋利避害。换句话说，百姓只希望过安稳的日子，不要叫他们为了什么价值而牺牲奉献。在自然的状态下，没有那些复杂的问题。

接下来的十二个字是《老子》全书最美的文字，"甘其食，美其服，安其居，乐其俗"，意即：饮食香甜，服饰美好，居处安适，习俗欢乐。我们今天还能看到，有一些原始部落或少数民族，仍然过着自己传统的生活。他们在饮食方面就地取材，烹饪出特色美食。他们的服饰淳朴典雅，色彩缤纷。他们安土重迁，与当地的环境融为一体。他们的习俗背后是传统的神话与信仰，再配合季节表现出来。他们的生活很舒适，精神很欢愉，完全没有现代社会的紧张与压力。

老子最后说："邻国相望，鸡犬之声相闻，民至老死不相往来。"意即：邻国彼此相望，鸡鸣狗叫的声音相互听得到，而人民活到老死却不互相往来。这实在让人感慨。现代人住在同一个小区，有时也能听到隔壁邻居电视机的声音，彼此也很少来往。人与人交往沟通之后，会知道很多稀奇古怪的东西，观念会变得越来越复杂。别人有的我没有，于是出现各种欲望，接着就是互相比较与竞争。

老子这一章想要表达什么呢？老子对于人类文明，可谓"是不为也，非不能也"。文明并非不能创新，科技并非不能进步，但是老子不愿意这样做，因为他特别强调一种精神的境界。我们不可能再回到原始社会茹毛饮血的阶段。既然老子说"小国寡民""舟舆""甲兵"，代表文明已经进展到一定的程度，但是人们照样可以"甘其食，美其服，安其居，乐其俗"。老子接受社会的现实状况，但希望人们能转而追求精神的境界。

老子描述的社会情况是一种理想化的小农经济，有点像古代公社的形式。可见，《老子》这本书应该是几位隐居的老人经过长期的人生积淀，各自积累了好的心得，再汇编成书的。第八十章描述了他们共同的理想世界，近似晋朝陶渊明写的《桃花源记》。

《桃花源记》中说："不知有汉，无论魏晋。"为了躲避秦朝的战乱，人们逃到桃花源里面，连汉朝都不知道，更不要说后面的魏晋了。代表在时间上好像停格了，不再有绵延复杂的发展历程。另外，"鸡犬相闻，怡然自乐"。"鸡犬相闻"来自于本章的"鸡犬之声相闻"。"怡然自乐"代表他们世代住在桃花源里，形成了一个小的生活团体，甘其食，美其服，自得其乐。

《击壤歌》是上古时代流传的一首歌谣，它说："日出而作，日入而息，凿井而饮，耕田而食，帝力于我何有哉？"亦即帝王的权力、政治的作为，跟我有什么关系呢？老子的想法与之类似。当然，这种想法可能导致整个社会一盘散沙，所以后代不可能真的去落实这种理想国。

事实上，老子展现的是一种精神的境界，我们"虽不能至，心向往之"。今天可以有各种文化上、科技上的产品，但是要让这些产品为人所用，而不能倒过来束缚人们。人本来是主人，结果反而变成了客人。离开了这些科技，我们还知道该如何生活吗？我们在心灵上能否自得其乐呢？老子早就发现了这种趋势，所以他要问：人活在世界上，到底要追求什么样的生活？"甘其食，美其服，安其居，乐其俗"，这是老子给出的最美的答案。

我曾在荷兰的莱顿大学教书。莱顿大学校区有一条运河流过，每逢周末，河边的市场就会人潮涌动，人们把农产品、手工艺品、生活用品都拿到市集来卖。我每个周六都会逛市集，买一些食品和生活用品。这里的街道保留了历史的风貌，街边有各式各样的传统娱乐项目，让人很容易回忆起童年的欢乐时光。比如，有按一下就跳出小人唱歌的玩具，还有棉花糖、糖葫芦等特色小吃。这种场景让我想到老子说的"甘其食，美其服，安其居，乐其俗"。

人活在世界上，想要过得平安愉快，其实需要的并不多，但是一定要掌握到正确的方向。有正确的知，才会有正确的欲。悟道之后，人生的快乐如影随形。你会觉得，作为一个人，这一生是非常值得的。

课后思考

学习老子之后，你不会觉得生命是无谓的浪费，反而会更加珍惜自己的人生。你对此有何体会？

第八十一章　悟道与行道

本章介绍《老子·第八十一章》。这是《老子》全书的最后一章。

> 信言不美，美言不信。
> 善者不辩，辩者不善。
> 知者不博，博者不知。
> 圣人不积，
> 既以为人己愈有，既以与人己愈多。
> 天之道，利而不害；
> 圣人之道，为而不争。

［白话］实在的话不动听，动听的话不实在。善良的人不巧辩，巧辩的人不善良。了解的人不卖弄广博，卖弄广博的人不了解。圣人没有任何保留：尽量帮助别人，自己反而更充足；尽量给予别人，自己反而更丰富。自然的法则，是有利万物而不加以损害；圣人的作风，是完成任务而不与人竞争。

本章第一句"信言不美"提到了"美"，第二句"善者不辩"提到了"善"，第三句"知者不博"提到了"知"（即求"真"），所以"真""善""美"全都出现了。我们千万不要以为道家是出世或避世的，道家其实是要鼓励人们在人间勇敢地活下去。但是，对于人间的价值观，如一般人追求的真、善、美，道家会有自己的态度。

对于真、善、美，人的内心都会有一种向往，但是表达出来则要兼顾知与行两个方面。

第一句，"信言不美，美言不信"，意即：实在的话不动听，动听的话不实在。写文章也一样，有些人文笔优美，但是他的文章会给人一种无病呻吟的感觉。真实的话不一定动听，但是说出来会诚挚感人。《老子》全书没有特定的人物或故事，不谈个人的心情或感受，说的都是实实在在的话。

第二句，"善者不辩，辩者不善"，意即：善良的人不巧辩，巧辩的人不善良。如果要追求善，直接去实践就好了，何必喋喋不休呢？与其勉强说服别人，不如亲自实践。行动是最有力量的。一个人如果拼命辩论的话，恐怕是别有用心，未必会实践自己的话。

第三句，"知者不博，博者不知"，意即：真正了解的人不会卖弄广博，卖弄广博的人不见得了解。人最大的"德"（**本性与禀赋**）是认知能力。认知具有"区分、避难、启明"三个层次。老子所谓的"知者"显然是指悟道的人。他不会卖弄广博，因为道无所不在，何必去卖弄呢？

所以，你要追求真、善、美吗？那一定要达到老子所说的标准。追求"美"，不如实实在在；追求"善"，不如起而实践，正所谓"上士闻道，勤而行之"；追求"真"，关键是去悟道。悟道之后，无需多言，更不用卖弄广博。

"圣人不积"，意即：圣人没有任何保留。他对于世间的一切，没有任何积极的欲望，不想保存任何东西。俗话说"生不带来，死不带去"，这八个字谁不会说，但是有谁真正做得到呢？我们可以用一句话来形容圣人：他什么都不积，只积德；什么都不求，只求道。

所谓"积德"是说，要保存自己的德就要发展它，而发展它就要回归到道里面去。道家并不反对行善，因为"天道无亲，常与善人"。行善符合人性的自然需求，有利于同他人和谐相处。换言之，圣人与别人来往，一定属于善人这个范畴。"圣人执左契，而不责于人"，所以圣人不会与别人形成竞争关系。

《庄子·天下》描写老聃"以有积为不足""无藏也故有余"。老子认为，想要留存什么东西，代表你有所不足。老子什么都不储藏，所以会有余。人从道所获得的德（**本性与禀赋**）已经足够了，不用再汲汲营营地向外追求。

接下来的两句话非常重要，它们界定了老子思想的性质。老子说："既以为人己愈有，既以与人己愈多。"意即：尽量帮助别人，自己反而更充足；尽量给予别人，自己反而更丰富。老子所说的不是物质方面，而是精神的境界。否则，怎么可能我给别人越多，自己反而更多呢？比如，我有一百元，给你三十，我还剩七十；给你六十，我就只剩四十了。任何物质都一样，我给你越多，自己剩下的越少。那么，有什么东西是我给别人越多，自己反而变得更多呢？当然是精神方面的资源。

我在这个方面有切身的体验。2008年5月12日发生了汶川地震，当时有几位同学正好在四川做生意，他们邀请我在地震之后两周（5月26日）到四川绵阳的北川中学做一场演讲。北川中学在这次地震中受到重创，初中部的学生大都罹难，高中部的学生约一千人撤到绵阳，借用一家工厂的总部作为临时校舍。学生们的心情异常悲痛，不知该如何面对这场突如其来的灾难。我到绵阳一住进旅馆，就发现停水停电；随后见到参与救灾的几位企业家，他们各个蓬首垢面，面色黧黑。我问他们累不累，他们都说不累。我当时立刻想到老子的这句话："既以为人己愈有，既以与人己愈多。"他们是前来救灾的，给别人的帮助越多，自己获得的精神能量就越多。

对于老子整个思想的界定，关键就是这句话。老子想要强调，人的生命除了身体、除了物质的层次以外，更重要的是精神的层次。人类的精神世界有充沛的能量。我们绝不能说老子是重视物质的，因为老子说过"金玉满堂，莫之能守"。一切物质都是外在的，可以从外面得来，就可以从外面失去，但是精神方面完全由你自己做主。

近代西方哲学家柏格森（Henri Bergson，1859—1941）主张生命哲学，认为宇宙是一个大的生命，遍在各地。他强调："物质有时而穷，精神愈用愈出。"物质再怎么丰盛，最后都会用完，但是人的精神能量却没有什么限制。这与老子所说的大同小异。大的灾难面前，有多少人陷入困境；救灾明明很累，但你毫无感觉，因为你在帮助别人的时候，会觉得自己生命的能量源源而出。所以，人与人之间应该如何相处，答案十分清楚。

最后的结论是："天之道，利而不害；圣人之道，为而不争。"第七十七章说过"人之道，损不足以奉有余"，所描述的是一般人的表现。本章则把"一般人"换成了"圣人"，因为《老子》全书的目的是要彰显老子所虚拟的圣人。圣人作为悟道的统治者，能够彻底改变人间的境况。

首先，"天之道，利而不害"，意即：自然的法则，是有利万物而不加以损害。自然界虽然也有生老病死、成住坏空，但它总是生生不息，让生命不断繁衍发展。正如《易经》复卦的《象传》所说："复，其见天地之心乎！"复卦让一个阳爻（代表生命力）从底下重新开始，让生命连绵不绝地发展，那应该是天地的用意吧！

"天之道"有利万物而不加以损害。虽然偶尔也会有狂风暴雨等极端天气，但老子说过"飘风不终朝，骤雨不终日"，自然界基本上保持着一种平衡的和谐。如果追究各种自然灾害的原因，往往是人类自取其咎。人类由于偏差的认知，导致复杂的欲望，对自然界为所欲为，一代代累积下来，最后造成自然界的疯狂反扑。天灾的频繁出现，对人的生命也构成了极大威胁。

接着，"圣人之道，为而不争"，意即：圣人的作风，是完成任务而不与人竞争。"为而不争"四个字说明：为还是要为，老子的"无为"是"无心而为"。每一个人都要尽好他的责任，扮演好他的角色，做他该做的事。圣人的"为"是要好好统治百姓，不仅要身先士卒，做好表率，更重要的是用好"三宝"——"慈""俭""不敢为天下先"，以服务代替领导。但是，圣人不与别人竞争，因为一旦竞争，就会陷入一团混战，到最后什么道理都说不清楚了。

由此，我们可以了解老子一贯的思想是什么。从第一章的"道，可道，非常道"到"知者不言，言者不知"，再到最后一章的"信言不美，美言不信"，老子可谓苦口婆心。他虽然说"知者不言，言者不知"，但并非什么都不说了。他希望我们了解，所谓"知者""言者"，都是针对"道"来说的。你对"道"知道得越多，就越不想多言，因为老子的话"甚易知，甚易行"，但天下人不容易了解。大家比较熟悉的是"为学日益"，殊不知为道要"日损"，才能最终达到"无心而为"的境界。

自然界可以保持自身的均衡和谐，但人类社会显然不容易做到这一点，因为能够悟道的人永远是少数。老子笔下的圣人是悟道的统治者，我们则要从自己做起，管理好自己的生活，从道的角度来看各种问题，选择适合自己的生活方式。学过老子的思想之后，再进一步学习庄子的思想，就有了很好的出发点。

我们始终要记得："道"是万物的来源与归宿，"德"是"道"赋予每一个人的本性与禀赋。我们要把握好方向，由正确的知引发正确的欲，让自己的生命走上正确的道路，活得充实而有意义。

总　结

总结一　老子与孔子的对照比较

　　总结的部分一共有八个主题，包括老子与孔子、庄子、韩非子以及与西方哲学的对照比较，并介绍老子的宇宙观、人生观、价值观以及老子思想的现代意义。

　　为了避免太过于学术性，这里用一则古代寓言来进行说明。这个寓言谈到人生的三种层次：第一种是一般人的，第二种是孔子的，第三种是老子的。

　　话说楚王喜欢打猎，他打猎时一定会带一把名贵的宝弓。有一次打完猎后，楚王把弓交给部下看管。走着走着，弓不见了，怎么找都找不到。最后楚王就说："别找了，楚王失弓，楚人得之。"既然一直在楚国境内，捡到弓的应该是楚国人，所以就不要计较了。一般的国君都会有这种反应：我的利益被本国人分去了，自己损失一点，可以不计较，但是绝不能给外国人。国君会清楚地界定国与国之间的利益边界。

　　第二层是孔子的境界。孔子听到这个故事就说："何必曰楚？最好改成'王失弓，人得之'。"楚王把弓弄丢了，只要是人捡到就好了。孔子超越了种族、国家、宗教信仰的限制，认为每个人都是平等的，彼此要互相尊重。孔子说："己所不欲，勿施于人。"这是一种普遍平等的心态，十分难能可贵。

　　不过还有更高的层次。老子听了之后就说："何必曰人？最好改成'失弓，得之'。"为什么非要人捡到弓呢？弓被猴子拿去玩、被蚂蚁搬回去都无所谓，弓只要继续存在就好。①

由此可见，孔子是典型的人文主义，以人为中心，考虑人类社会的价值；而老子不以人为中心，他要超越人类中心的思想。儒家与道家形成了鲜明的对照。

本节将从以下三个方面来对照孔子与老子：

第一，老子与孔子共同的背景；

第二，老子与孔子在系统上的对照；

第三，老子与孔子在见解上的对比。

1. 老子与孔子共同的背景

孔子与老子共同的背景就是天下大乱，由此会演变成两种虚无主义：一种是价值上的虚无主义，一种是存在上的虚无主义。

所谓"价值上的虚无主义"，是说人们无法分辨善恶是非，而且分辨了也没有用，因为善恶没有报应。在乱世里，价值被混淆、瓦解，人们不知道为何要行善避恶。儒家的孔子面对挑战，建构了一套"人性向善论"。他把"善"界定为"人与人之间适当关系的实现"，体现了人的社会性。孔子一生的目标，是要重新找到人类行善避恶的基础。原来它在内不在外，它在人性之内，而不在人所构成的社会上。一个人只要真诚，对于他人的不幸遭遇都会觉得不安或不忍，一种行善避恶的力量就会由内而发，从而使人的社会重新得以稳定。

所谓"存在上的虚无主义"，是说天下到处都是战乱，很多人死

---

① 出自《吕氏春秋》。原文：荆人有遗弓者，而不肯索，曰："荆人遗之，荆人得之，又何索焉？"孔子闻之曰："去其'荆'而可矣。"老聃闻之曰："去其"人"而可矣。"故老聃则至公矣。

于非命，活着的人也会遇到各种天灾人祸。既然活着受苦受难，为什么还要活下去呢？面对这个挑战，老子告诉人们，人的生命来自于道的安排，你其实不用为他人、为社会负什么特别的责任。你只要悟道，就能肯定自己的生命有特殊的价值，因为它来自于道并回归于道。

2. 老子与孔子在系统上的对照

儒家与道家在系统上有三点不同。第一，儒家以人为中心，道家不以人为中心。本节开头的寓言故事已经说明了这一点。第二，儒家认为最高的层次可以推之于天，这是传统的观念，来自于《诗经》《书经》的启发。老子则具有革命性，他把天换成了道，认为道才是最高的层次，它是万物的来源与归宿。第三，儒家认为人生的最高境界是天人合德或止于至善，而道家认为人生的最高境界是悟道。

（1）儒家以人为中心，道家不以人为中心

儒家以人为中心，最好的例子是《论语·乡党》中的十二个字。孔子在鲁国做过五年官，有一天下朝回家，家人报告说马厩失火了，孔子听到之后只问了一句话："有人受伤吗？"他没有问马的损失。[①]可见，对于孔子来说，马再怎么贵重，也不能与人相提并论。而且，人与人之间是平等的。马厩失火，谁最有可能受伤？当然是马车夫、工人、佣人。但对孔子来说，人都是平等的。所谓"己所不欲，勿施于人"，这个"人"是指普遍的每一个人。所以，儒家思想是以人为中心、以人的价值为核心而建构起来的思想系统。

老子的思想不以人为中心，而是以道为中心。从道的视角来看，包括人在内的万物都是平等的，因为它们都来自于道。这使得道家

---

① 原文：厩焚，子退朝，曰："伤人乎？"不问马。

更重视人的自然性。那么，人的生命要如何安顿呢？道家思考的角度就与儒家完全不同了。

（2）儒家认为最高的层次是天，道家认为最高的层次是道

儒家认为天是最高层次的存在，所以儒家一向重视人的历史性。比如，帝王称为天子，天子如果有问题，就要彻底改革政治，好好教育百姓，让他们重新找到人生的正途。所以，孔子"五十而知天命"，并且终身实践他的天命，目标是希望达成他的志向——"老者安之，朋友信之，少者怀之。"

老子认为道是最高的层次的存在。"道"摆脱了天或天子所带来的历史包袱与社会负担，让人重新回到根源，把自己的生命安顿在自然的状态里面。

（3）儒家的最高境界是天人合德，道家的最高境界是与道合一

儒家认为，人天生具有向善的本性，经过修养就成为德行，修德所能达到的最高境界是天人合德。儒家只说"天人合德"，因为"天人合一"的说法最早来自于道家的庄子。庄子说："人与天一也。"①亦即人与天是一个整体。道家认为，道无所不在，天代表自然界，人代表人类，自然界与人类可以在道里面合而为一。所以，道家的最高境界就是悟道，进而实现与道合一。

通过以上三个方面的对照，可以发现老子与孔子的系统是大不相同的。

3. 老子与孔子在见解上的对比

在具体的见解方面，我们可以从《老子》和《论语》里面找四段话来加以对照。

---

① 见《庄子·山木》。

第一，老子曾说过"报怨以德"。而在《论语·宪问》里面，有人问孔子："以德报怨，何如？"孔子对此无法接受。如果以德报怨的话，如何报德呢？别人对你不好，你对他好；别人对你好，你还是只能对他好，这显然不合乎社会正义。所以孔子说，最好"以直报怨，以德报德"。①

第二，关于政治上的作为，孔子一向强调上行下效。在《论语·颜渊》里面，季康子问孔子怎样才能办好政治，孔子说："你要是行善的话，百姓就会跟着行善，这叫做风动草偃。"②所以，领导要身先士卒，做出表率。而老子不一样，他在第六十七章谈到"三宝"的时候，强调"不敢为天下先，故能成器长"，等于以服务代替领导。我走在后面，表现谦下，不给别人带来压力，这样才能与百姓共同走向人生最自然的快乐。

第三，关于战争，老子与孔子都很谨慎。《老子》第三十章和第三十一章有明显的反战思想。《论语·述而》也提到，孔子对于三件事最谨慎：第一是斋戒，第二是战争，第三是疾病。③斋戒是为了祭祀祖先，人一路下来不能忘本；同时对于战争一定要谨慎，孔子之所以称赞管仲，就是因为他用外交手段避免了战争；疾病则是个人要注意的事情。老子反对战争，除非是为了保家卫国而进行的防御性战争；并且，战争只要达到目的就好，绝不能好战乐杀。

第四，老子在第六十一章提到"大国者下流"，作为领导，必须能够承受各种污垢与灾难，包容所有的一切。而在《论语·子张》中，孔子的学生子贡替商纣王说了一句话：商纣王虽然坏，但其实

---

① 原文：或曰："以德报怨，何如？"子曰："何以报德？以直报怨，以德报德。"

② 原文：季康子问政于孔子曰："如杀无道，以就有道，何如？"孔子对曰："子为政，焉用杀？子欲善而民善矣。君子之德风，小人之德草。草上之风，必偃。"

③ 原文：子之所慎：齐，战，疾。

并没有那么坏，是人们把很多坏事都加到他身上去了。所以"君子恶居下流"①，即君子讨厌待在河流的下方，因为天下的恶都会归到他身上。可见，儒家认为领导者应该作为表率，不能处在下流的地方；而老子认为，作为领袖，自然就会如此，必须包容一切。

综上所述，老子与孔子有共同的时代背景，但他们面对的挑战不一样。儒家面对的是价值上的虚无主义，道家面对的是存在上的虚无主义。老子的心胸更为开阔，理想更为高远。在系统上，儒家是人文主义，老子则超越了这个层次。如果说儒家是入世的话，不必说道家是出世的。老子其实更倾向于"超世"，他希望超越这个世界。

最有趣的是"圣人"一词。孔子谈到圣人，通常是指古代的圣王；老子笔下的圣人则是指悟道的统治者。孔子在《论语》中提到圣王不过四五次而已，而《老子》有将近一半的篇章都提到圣人及其同义词，所以用这个词更多的是老子。

今天是21世纪，怎样把儒家和道家思想用于实际生活呢？简单来说，可以用儒家来处世，用道家来自处。当你与别人来往的时候，不能要求别人都有道家的水平，所以你可以按照儒家的标准与别人互动。当你自处的时候，可以提高标准，以老子的智慧作为参考，就会活出深刻而有意义的人生。

课后思考

儒家与道家这两大学派都有自己完整的立场。我们要知道它们相似及相异的部分，才会有更好的学习心得。你对此有何想法？

---

① 原文：子贡曰："纣之不善，不如是之甚也。是以君子恶居下流，天下之恶皆归焉。"

总结二　老子与庄子的对照比较

　　老子与庄子合称"老庄"。庄子比老子晚了大约两百年，他欣赏及推崇老子的思想，并做了很好的引申和发挥，所以一般都以"老庄"作为道家思想的代表。

　　庄子经常采用"重言"的笔法，亦即借重古人的话来表达自己的思想。令人惊讶的是，庄子借重古人最多的居然是儒家的孔子，大概是因为当时孔子已经名满天下了。道家的老子只排在第二位，在《庄子》书里面一般称其为"老聃"。

　　《庄子·养生主》里面首次提到老聃。一上来就说老聃死了，他的朋友秦失（yì）前来吊唁，哭了几声就出来了。老聃的学生不太满意，就问他："你不是我们老师的朋友吗？就这样吊唁他，可以吗？"秦失就说："我原来以为老聃悟道了，结果发现并非如此。在灵堂里面，有的老年人哭得很伤心，好像死了儿女一样；有的年轻人哭得很伤心，好像死了父母一样。这些人如此伤心，一定是老聃生前对他们非常照顾。"[①]代表老聃入世太深，落了许多形迹，无法摆脱人间的束缚。这段故事也许是庄子虚拟的，表明庄子对于道家思想有一种非常纯粹的要求。另外，《庄子·天下》提到老聃与关尹都

---

　　① 原文：老聃死，秦失吊之，三号（háo）而出。弟子曰："非夫子之友邪？"曰："然。""然则吊焉若此，可乎？"曰："然。始也吾以为其人也，而今非也。向吾入而吊焉，有老者哭之，如哭其子；少者哭之，如哭其母。彼其所以会之，必有不蕲言而言，不蕲哭而哭者。是遁天倍情，忘其所受，古者谓之遁天之刑。适来，夫子时也；适去，夫子顺也。安时而处顺，哀乐不能入也，古者谓是帝之县（xuán）解。"指穷于为薪，火传也，不知其尽也。

欣赏古代的某种道术，并称赞二人为古代的"博大真人"，对老子可谓推崇备至。

下面将从三个方面对照老子与庄子的思想：

第一，庄子的立场；

第二，庄子如何应用老子的思想；

第三，庄子的创见。

1. 庄子的立场

《老子·第二十五章》描写"道"是"先天地生"，说明它是最早存在的；而且它"独立而不改，周行而不殆"，说明道是永恒的，它同时具有超越性与内存性。

庄子的立场很清楚地属于道家。比如，《庄子·大宗师》形容道"自本自根"，即自己为本，自己为根，由此肯定了道的超越性。《庄子·知北游》认为道"无所不在"，由此肯定了道的内存性；并且，庄子明确地界定，"德"是万物得之于"道"者，即万物从道所获得的本性。可见，庄子非常精准地继承了老子的思想，并做了进一步的引申发挥。

2. 庄子如何应用老子的思想?

庄子对于老子思想的应用，可以概括为以下四句话。

第一，与自己要安。

任何事情发生在自己身上，都要安心接受。庄子不止一次说过："知其不可奈何而安之若命。"你看到很多事情发生了，无可奈何，就安心接受它作为自己的命运。

《老子·第二十章》提到"我"与他人的比较。老子用了七个"我"字，与"我"相对的是"人、众人、俗人"，也就是一般人。老子强调，我与别人都不一样。"俗人昭昭，我独昏昏"，世人都炫耀光彩，唯独我暗暗昧昧；"俗人察察，我独闷闷"，世人都精明灵巧，对各种事都看得很清楚，唯独我好像什么都不懂，看起来有点笨笨的。老子说自己是愚笨的人。可见，他安于自己的生命，不太在意别人的情况。这就是"与自己要安"。

第二，与别人要化。

庄子强调"外化而内不化"。所谓"外化"，是说我与别人相处时不露锋芒，不表现出差异。老子说过两次"挫其锐，解其纷，和其光，同其尘"。"和光同尘"如今演变为一个成语，体现出道家"外化"的特色。

另外，《老子·第五十六章》说"不可得而亲，不可得而疏"。人们想跟他亲近或疏远，想给他利或害，想让他贵或贱，通通不得其门而入。这代表"内不化"。亦即不管外面有什么遭遇，内心完全不受干扰，因为我的内心悟道了，对于外界还有什么需求呢？

由此可见，"外化而内不化"是庄子对老子思想的精彩发挥。

第三，与自然要乐。

老子笔下的"自然"都是指"自己如此的样子"，而庄子笔下的"自然"已经是指大自然或自然界了。

《老子》书中多次谈到自然界，最为人津津乐道的是第八章的"上善若水"。为什么最高的善就像水一样？因为水善于帮助万物而不与万物相争，停留在众人所厌恶的地方。另外，《老子》全书最后一句话提到："天之道，利而不害。"即自然的法则，是有利万物而不加以损害。自然界的一切都在不断发展，最后"各复归其根"（第十六章）。此外，还有"天长地久"，因为天地不替自己考虑（第七章）。

庄子对自然界多所发挥，在《知北游》中甚至肯定"天地有大美而不言"。天地之间充满无限的美妙，但它不需要说话。自然界的一切都可以让人得到快乐。

第四，与大道要游。

庄子的《逍遥游》脍炙人口，但是真正可以遨游的并非身体或心智，而是精神，因为道是无所不在的。《老子·第三十四章》提到："大道氾兮，其可左右。"即大道就像泛滥的河水，分不清哪边是左哪边是右，代表道无所不在。但是，道又是平平淡淡的。《老子·第三十五章》就说："道之出口，淡乎其无味。"

"与自己要安，与别人要化，与自然要乐，与大道要游"，这四句话是对于太重视人间规范的一种反动，体现了"为道日损"的心态。减损之后再去减损，最后才有智慧的觉悟。可见，庄子从老子那里获得了深刻的启发。

3. 庄子的创见

第一，《庄子·齐物论》提到，古人最高的智慧是觉悟了"未始有物"，亦即从来就没有任何东西存在过。万物生生灭灭，怎么能算是真正的存在呢？真正存在的永远只有道。所以，古人悟道之后，智慧抵达了最高的境界，觉悟了万物都是可有可无、偶然存在的。这是最根本的一种见解。

第二，在修养方面，《庄子》书中多次提到"形如槁木，心如死灰"①之类的说法。"形如槁木"就是身体修炼得像枯槁的木头，不再有任何本能、冲动、欲望；"心如死灰"就是不再起心动念。一个人的身心经过修炼之后，把整个生命放空了，从而使精神的境界得以展现，而精神主要来自于对道的觉悟。正如《老子·第十六章》所

---

① 出自《齐物论》《知北游》《庚桑楚》《徐无鬼》等篇章。

说的"致虚极，守静笃"，即追求"虚"，要达到极点；守住"静"，要完全确实。庄子把这种由虚静造成的精神状态称为"真君、灵台、灵府"，这些都是非常精彩的创见。

第三，《老子》书中"圣人"一词出现的比例极高，所指的是悟道的统治者。《庄子》则强调悟道的个人。你不用总想着如何统治别人，但是你个人可以达到精神上逍遥自在的境界。庄子用"真人、神人、至人、天人"四个词来描写悟道的个人。"真人"代表他是真实的，他的生活完全符合道的规律；"神人"代表他的表现神妙无比；"至人"的"至"代表最高的境界；"天人"的"天"代表符合自然界的规律，可以与自然界的发展合而为一。其实，这四个名称是相通的，都是指悟道的个人。

庄子也提到过"圣人"，但是他笔下的"圣人"有两种意思。如果这个"圣人"与儒家或其他学派有关，就代表有问题。如果与老子的"圣人"有关，就代表好的意思。庄子想要强调，今天需要的是悟道的个人，个人要透过道的启发，好好管理自己的生命。在老子的时代，社会只是简单地分成统治者与被统治者两个阶级，统治者要对政治成败负全部的责任。而庄子的年代已经进入战国时代中叶，天下更乱了。此时要求统治者做出改变，无疑是"缘木求鱼"，所以只有个人努力去悟道，设法让心灵抵达最高的境界。

总之，庄子是继承老子思想最精准的一位学者，他充分理解老子的道，并进行了合理的推广。所以，一般会把"老庄"并称，以之代表道家的思想，这是非常恰当的。

事实上，《庄子》这本书对后代的影响远远超过了《老子》，因为《庄子》书里面有各种寓言、重言以及随机应变的卮言，内容精彩纷呈。学习《老子》可以为欣赏庄子的著作打下扎实的基础。

收获与启发

庄子推崇老子为古代的"博大真人",这是对古代学派最高的称赞;并且,庄子描写自己"上与造物者游,而下与外死生无终始者为友"①。"造物者"就是道。庄子经常能回到与道冥合的境界,让精神与道同游;并且可以跟那些超脱死生、没有终始念头的人做朋友。可见,他突破了人类世界的狭小范围,摆脱了人类价值观的束缚。所以,每次读到《庄子》的时候,都会觉得心胸豁然开朗,感受到大自然生动活泼的力量,并引发丰富的审美感受。

课后思考

对于老子与庄子思想的对照比较,你有哪些个人的体会?

---

① 见《庄子·天下》。

总结三　老子与韩非子的对照比较

司马迁在《史记》里面写了一篇《老子韩非列传》，所以人们常把老子、韩非子连在一起。这篇文章的中间还介绍了庄子与申不害，但是篇幅都很短，只有两三百字；而介绍韩非子的篇幅则很长。韩非子是法家的代表人物，有很大的影响力。他写过《解老》和《喻老》这两篇文章。《解老》就是直接解释《老子》原文的含义，《喻老》就是用历史故事来说明老子思想的合理性。这两篇文章使韩非子的作品变得相当重要，并与《老子》紧密连在一起。

如果把老子的思想本身当作"道"，老子思想的应用当作"术"，那么可以说，庄子所掌握及发挥的是老子的"道"的部分，而韩非子掌握及发挥的是老子的"术"的部分，他把老子的思想应用在了实际生活中。本节要介绍以下三点：

第一，为什么要对照老子与韩非子？

第二，韩非子把"道"与"理"连在一起；

第三，韩非子把"道"与"法"连在一起。

1. 为什么要对照老子与韩非子？

韩非子的学术背景比较复杂，他和李斯原来都是儒家荀子的学生。荀子（约313—238 B.C.）的年代比孟子（372—289 B.C.）晚了五十年左右，他的思想相对于孔子、孟子来说，有两点明显的差异。

第一，关于"天"的观念。孔子"五十而知天命"，所以强调君子要敬畏天命。孟子认为，天会给人重大的任务或某种使命。孔孟的立场比较接近。但是，荀子写过一篇《天论》，直接说天就是自然界，天只是遵循客观的规律，不可能给人任务或使命。这与孔孟的思想完全不同。

第二，关于人性方面。孔孟对人性的看法是类似的：一个人只要真诚，力量就会由内而发，让他主动去行善。荀子则认为人性是恶的，他专门写了一篇《性恶》来反驳孟子的思想，对孟子进行点名批判。荀子认为，人性只有本能的表现，如果没有教育、礼仪、法律的话，人性发展的结果是恶的。

韩非子从荀子这里学到儒家思想，他要积极入世，关怀人间，设法在人间建构合理的秩序。他也学到人性是恶的，所以人一定需要教育、礼仪，特别是法律的约束。

此外，韩非子还学习了老子的思想。他希望为自己的思想系统找到背后的根据，就把老子的思想搬了过来，并在两个方面加以改造。

第一，老子认为，"道"是万物的来源与归宿，具有超越性与内存性，其内存性就表现在"德"上面，"德"是万物从道所获得的各自的本性。韩非子刻意忽略道的超越性，因为他无法理解超越性究竟有什么意义；他只掌握到道的内存性，掌握到"德"，再把"德"改造为"理"，最后转变成"法"。

第二，韩非子与老子最大的不同在于"圣人"这个观念。老子笔下的圣人是虚拟的，代表悟道的统治者。韩非子则认为"圣人"就是眼前的国君。谁有国君的身份，谁就是圣人，要以他作为最高的标准。

韩非子完全忽略了道的超越性，所以他的思想明显缺乏包容性。他只注意到道的内存性，再把它落实为道理与法律，成为法家的重要代表。连司马迁都说，韩非子的思想最后流于严刑峻法、刻薄寡恩。

2. 韩非子将"道"与"理"连在一起

老子讲"道"与"德"，韩非子就讲"道"与"理"，也就是今天常说的"道理"这个词。韩非子说："道者，万物之所然也，万理之所稽也。"①万物之所以是这个样子，那是道的安排。万物各有它的理，理的法则也来自于道。他特别强调："理者，成物之文也。"即任何东西的存在，都有一定的规则或规律，那就是理。

韩非子虽然肯定万物从道而来，但他不再谈万物的"德"，而是谈万物的"理"，即万物的基本结构。"理"与人的理性相对应，是人的理性可以掌握的规律。换言之，万物本身的德是什么并不重要，可以先不管它；人凭借理性去掌握事物的规律，这才重要。如此一来，道的超越性不见了，道的内存性由"德"变成了"理"。"理"的重要性慢慢凸显出来，能够被人的理性掌握的才算数。

韩非子给出一个简单的结论："凡理者，方圆、短长、粗靡、坚脆之分也。故理定而后可得道也。"亦即把理（规律）掌握住，就可以获得道。再往后延伸，每样东西都有它的理，一物有一理，有一理即有一道。万物有万理，则有万道。万物消失的话，道也就消失了。

这显然扭曲了老子的思想。老子强调，道"独立而不改，周行而不殆"，即使万物全部消失，道照样不受任何影响。韩非子把老子的"道""德"转变成"道""理"，由此忽略了道的超越性。

① 见《韩非子·解老》。

3.韩非子将"道"与"法"连在一起

接着,韩非子又把"道"与"法"连在一起。韩非子说,治理国家要"守成理,因自然"①。"守成理"就是守住固有的、合乎理性的规律。"自然"两个字在《老子》里面是指"自己的样子",到韩非子笔下变成"顺着自然界的条件而发展的状态"。

韩非子开始强调道与法,他说:"祸福生乎道法,而不出乎爱恶。"国家或个人的祸与福,并非来自于喜欢或厌恶等情感,而是来自于道法。所谓"道法",就是客观的、普遍的法律。

韩非子反对儒家的仁治,而提倡法治。他说,如果用法治的话,中等材质的人就可以治理好天下;如果用仁治的话,几千年才能出一个尧舜,人间一定是治少而乱多。这种说法有一定道理。

韩非子所谓的"法"就是"效法",即效法自然界,再把它落实到人间。韩非子说:"望天地,观江海,因山谷,日月所照,四时所行,云布风动。"你去观察天地、江海、山谷,以及日月所照的万物、四时运行的过程,甚至连云怎么分布、风怎么吹动,都有它变化的规律。

换言之,韩非子透过观察自然界的规律,要把"天道"转化为"理",再把"理"落实为人间具体的"法"。所以,法律并非随意构想出来的,而是以天道作为依据。法的作用可以涵盖天地万物,也包括人的世界。这就是韩非子的思路。

韩非子特别强调:"道者,万物之始,是非之纪也。"②。道是万物

---

① 见《韩非子·大体》。
② 见《韩非子·主道》。

的开始，这一点没有问题，因为万物都从道而来。"是非之纪"则涉及人类的世界。韩非子认为，分辨是非的规则或标准都来自于道。

"是以明君守始以知万物之源，治纪以知善败之端。"韩非子把老子虚拟的圣人转换成眼前的明君，即明智的国君。一个明君要守住"始"，才能知道万物的本源；同时要掌握住"纪"（规律），才能搞好政治。《老子·第十四章》提到："能知古始，是谓道纪。"韩非子根据这句话，对"纪"进行了发挥。

他也提到老子虚静的方法。作为国君，必须先了解"道"和"理"，然后充分运用"法"。要顺着道来立法，然后用术来约束底下的臣子，这才是国君应该采用的方法。

可见，韩非子的法家杂糅了儒家、道家的思想，并把焦点放在人间的规范上，希望藉此实现国家的长治久安。但是，韩非子与老子至少有三点明显的差异。

第一，老子提到"法物滋彰，盗贼多有"，亦即珍贵的东西不应该显现出来。王弼本写作"法令滋彰，盗贼多有"，即法律不能越来越繁复，圣人"无为而民自化"。韩非子则认为，要靠严刑峻法才能维持社会秩序。两者对于法的态度显然不一样。

第二，《老子·第五十八章》提到："其政闷闷，其民淳淳；其政察察，其民缺缺。"主张无为而治。韩非子则要求赏罚分明，用法律来治理百姓，完全不必"闷闷""淳淳"。

第三，老子主张恬淡无为，用恍恍惚惚来形容道。韩非子则认为："恬淡，无用之教也；恍惚，无法之言也。"①亦即恬淡是无用之教，恍惚是没有章法的言论，韩非子都要反对。他认为，侍奉国君、

---

① 见《韩非子·忠孝》。

奉养双亲不能恬淡无为；谈论什么是忠、信、法、术，不能恍恍惚惚，一定要说清楚。①

收获与启发

韩非子把老子的天道、自然等观念接过来，转成道与理，再转成道与法，最后把焦点放在法上面，由此形成了法家。韩非子处于战国时代末期，他见过秦始皇，最后被他的同学李斯害死了。鉴于他的时代背景，他提出这些主张也情有可原。他如果真正学道家的话，可能到深山里面隐居去了。

自从司马迁写了《老子韩非列传》之后，天下人都认为韩非子在某些方面继承了老子的思想。其实，司马迁也指出两者存在差异。本节则清楚地说明了二人的差异何在：韩非子只是掌握及发挥了老子"术"的部分；他掌握了"道"的内存性，而忽略了"道"的超越性；他把老子的"德"转变成"理"，以人的理性所能掌握的规律作为标准；再把"理"转变成"法"，通过制定各种法律条文来约束人的行为。这就是法家的建构。

课后思考

事实上，韩非子与老子的思想有相当明显的差别，你对此有何看法？

---

① 原文：臣以为人生必事君养亲，事君养亲不可以恬淡；之人必以言论忠信法术，言论忠信法术不可以恍惚。

总结四 老子与西方哲学的对照比较

西方哲学的范围很广，如果把中国古代的思想拿来与西方对照，通常会把儒家的孔子与古希腊的苏格拉底（Socrates，469—399 B.C.）和柏拉图（Plato，427—347 B.C.）对照，探讨他们的政治观与教育观；把墨家的墨子与宗教家耶稣（Jesus，4 B.C.—29 A.D.）相对照，因为墨子讲"兼爱"，耶稣讲"博爱"；把法家的韩非子与近代的马基雅维利（Niccolò Machiavelli，1469—1527）所写的《君王论》相对照，看他们如何探讨统治的奥妙。名家的惠施擅长逻辑辩论，一般会把他与古希腊的芝诺（Zeno of Elea，约490—430 B.C.）等擅长逻辑的学者做对照。但是，只有道家的老子和庄子的思想涉及到西方的形上学。

形上学是西方特有的一门学问。所谓"形上"，是指有形可见的万物之上。简单来说，形上学是要探讨：万物的本体是什么？我们所见的又是什么？如果我们所见的万物只是表象，那么它背后有没有来源与归宿呢？

老子的思想涉及宇宙万物是如何生成的，并对人生有一种特别的看法，所以与西方思想对照起来比较有趣。下面要从三个方面来对照《老子》与西方哲学。

第一，关于宇宙如何生成的问题，将老子与罗马时代初期"新柏拉图主义"哲学家普罗提诺进行对照。

第二，关于人生的问题，将老子与近代西方哲学家斯宾诺莎进行对照。

第三，老子与海德格尔的对照。

1. 老子与普罗提诺的对照

西方谈宇宙的问题一般分成两个方面：第一，宇宙的本体是什么？即万物的来源与归宿是什么？第二，万物是怎样产生的？宇宙是如何生成发展的？这两方面是不一样的问题。

关于宇宙的本体，老子认为万物从道而来，道就是万物的来源与归宿。道无法用一般的概念说清楚。《老子》全书有百分之二十的篇幅都在描写这个无法形容的"道"。

接着要问：万物是怎样产生的？《老子·第四十二章》给出了解释："道生一，一生二，二生三，三生万物。万物负阴而抱阳，冲气以为和。""一"代表元气，"二"代表阳气与阴气，"三"代表阳气、阴气、和气。万物都是背靠阴而面向阳，由阴阳二气相冲，并以某种比例混合在一起，构成一种稳定的和谐状态。老子的解释非常原始而朴素。

普罗提诺（Plotinus，204—269）是西方新柏拉图主义的代表，他的思想在西方被称作"流衍论"。他认为，宇宙最初是一个"太一"。"太一"永远存在，没有名称，勉强称之为"太一"，代表它是一个完美的整体。"太一"首先流衍出知性，接着由知性流衍出世界灵魂，再由世界灵魂流衍出个人灵魂，再往下流衍出有形可见的万物，包括人的身体在内。大体上分为四个层次。

将"流衍论"与老子思想对照就会发现，"道"与"太一"具有相同的位阶和作用。"太一"首先流衍出"知性"。"知性"可以一分为二，分为"能知"与"所知"。"能知"代表主动的"知"的力量，"所知"代表被动的"知"的内容。这种分法主要参考了人的理性思维的特点。

老子的"阳"与"阴",是就万物本身的"能动"与"所动"来说明的。西方的"能知"与"所知",则是从理性的角度去了解流衍的过程,所以没有"三生万物"这些内容。普罗提诺提出"流衍论",最主要是想解决前面柏拉图遗留的问题,所以被称为"新柏拉图主义"。

柏拉图哲学的架构很简单。宇宙万物充满变化,柏拉图称之为现象。现象要靠人的感官去把握,所以统统不可靠。但是,这个世界继续存在,代表背后有一个可靠的本体世界,柏拉图称之为"理型"(eidos,idea)。"理型"的世界是永远不变的。宇宙万物都是个别的事物,这些个体在"理型"的世界,都有一个完美的原型。这样就造成了上下二界的分离,两者如何联系变成了问题。

普罗提诺于是提出"流衍论"来解决这个问题。他用太阳作为比喻,"太一"就像太阳,离它越远的,光线越弱。但不管太阳光如何照射,太阳本身没有任何损失。这与老子所说的道"独立而不改,周行而不殆"是一样的意思。太阳光遍照一切,一层层流衍,最后生成了万物。

另外,普罗提诺也强调,人生的目的是要回归"太一"。人要超越有形可见的身体与物质世界,让灵魂提升到知性的层次,依靠理性而觉悟"太一",最后再回归"太一"。可见,普罗提诺与老子的思想系统有不少相似之处。

2. 老子与斯宾诺莎的对照

老子的人生哲学与近代西方的斯宾诺莎有些类似。斯宾诺莎(Spinoza,1632—1677)是笛卡尔(René Descartes,1596—1650)之后,西方"理性主义"最重要的代表人物。斯宾诺莎有一本代表作叫做《伦理学》,它的副标题是:以几何学方式来证明的伦理学。

斯宾诺莎建构了一个"一元论"的系统,认为宇宙万物从一个根源出来。西方经过中世纪一千三百多年基督宗教的洗礼，普遍相信是神创造了万物。但斯宾诺莎的"一元论"强调，神与整个宇宙是结合在一起的。他为此饱受批评，说他接近"泛神论"。但斯宾诺莎有自己的一套说法，可以避开"泛神论"的指摘。他强调，神创造了万物，这种创造一方面显示了神的自由，另一方面也是神必然的作为。神兼具自由与必然，这显然超越了人类的思维。

斯宾诺莎认为，人有身体，也有心智。身体的主要属性是广延，具有长、宽、高三个维度；人的心智的主要属性是思想，可以进行理解。换句话说，人的生命是由"物"与"心"这两种完全不同的力量结合在一起的。所以，人的生命只有一个目标，就是要设法理解所有的一切。比如，我的身体现在有病痛，我理解了身体的病痛之后，就能降低病痛对我的影响。假如我的情绪正在受到干扰，我如果能理解自己的情绪是怎么来的、怎么走的，情绪的干扰作用就会降低。

有趣的是，斯宾诺莎提到有"三种知识"：第一种是混淆的知识，它会受到感官与情绪的影响；第二种是科学的知识，可以根据因果关系，找到某种合理的、系统的解释；第三种是直观的知识。而老子把人的认知也分为三个层次，即区分之知、避难之知与启明之知。

第一，"区分之知"与"混淆的知识"很接近。由于一切区分都是相对的，不同的时代或社会就有不同的区分方式，这会让人产生混淆。

第二，"避难之知"会考虑到因果关系。有这样的因，就有这样的果。斯宾诺莎认为，一切东西的出现都有它的原因；把原因掌握住，就可以知道后面的结果如何。将斯宾诺莎的"科学的知识"应用于人生方面，与老子的"避难之知"不是很接近吗？

第三，"启明之知"是从道来看一切，能够看到一个整体以及事物的根本。斯宾诺莎所谓的"直观的知识"，就是不再透过人的理性思维，不再采用主客对立的方式，而是学习"自永恒的形相去观看"。这与老子的"启明之知"有异曲同工之妙。

更重要的是，斯宾诺莎整个学说系统的目的，是要让人获得真正的自由，得到真正的解脱。他的方法是透过智慧的觉悟。只要用理性了解所有的一切，它们就不再对人构成任何干扰或限制。我可以逆来顺受，降低自己的欲望，让一切该怎么办就怎么办。老子立说的目的也是要让人得到心灵的解脱，得到一种真正自由的体会。

斯宾诺莎的"一元论"有如一张天罗地网，正如老子所说的"天网恢恢，疏而不失"。斯宾诺莎说："不要哭，不要笑，要理解。"你如果知道一切都是在发展过程中必然出现的，就不会再受到情绪的干扰。

3. 老子与海德格尔的对照

更特别的是，当代西方哲学家海德格尔（Martin Heidegger，1889—1976）特别推崇老子。海德格尔指出，西方哲学自古希腊时代以来，就出现了一个严重的问题：人们都遗忘了"存在本身"（Being），忘记了最可贵的万物的来源与归宿。当他看到老子《道德经》之后，认为老子的"道"就是西方古代所希望掌握的存在本身。

西方人遗忘了存在本身，所以只能在宇宙万物的层面上打转，只知道发展人类的认知与科学研究。到最后，科学发展得越快，离开根源就越远。事实上，老子就是担心人们困陷在人类的价值观里面往而不返，这不就是今日世界的写照吗？

课后思考

通过老子与西方哲学的简单对照，我们有把握地说：老子思想在西方会越来越受到重视。对于我们中国人来说，有时也必须透过西方学者的推介，才能以更清晰的视角来审视老子的思想。你对此有何观察或体会？

总结五　老子的宇宙观

所谓"三观"，是指宇宙观、人生观与价值观。每一位哲学家都有"三观"。事实上，每一个人都有某种程度的"三观"。宇宙观能够帮助你理解什么是时间、空间、物质、运动，但也会局限你对人生的看法，而人生观则会进一步左右你的价值观。宇宙观等于是从一个最广阔的角度去了解：宇宙万物是怎么来的？会如何发展？将来又要归向何处？

本节要介绍以下三点：

第一，道是万物的来源与归宿；

第二，道的超越性和内存性；

第三，老子思想的宗教维度。

1. 道是万物的来源与归宿

老子的宇宙观与古代先秦其他学派的想法通通不一样。除了老子的道家之外，其他所有学派都认为"天地生万物"。

譬如，传统的《诗经》提到"天生烝民""天作高山"，即人类与自然界都来自于天的力量。《尚书》中提到："天降下民，作之君，作之师。惟曰其助上帝，宠之四方。"意即：天降生万民，为他们立了国君也立了师傅，要他们协助上帝来爱护百姓。《易经·系辞传》以乾卦代表天，坤卦代表地，认为乾卦有"大生"之德，坤卦有"广生"之德，又说"天地之大德曰生"。"德"代表"功能"，即天地最大的功能就是生生不息，使万物得以存在及发展。可见，中国的传统思想以及后来的"诸子百家",很少能够超越"天地生万物"这个观念。只有老子不一样。

老子认为,天地只是万物存在及发展的空间。最明显的例子就是《老子·第五章》所说的:"天地之间,其犹橐籥乎,虚而不屈,动而愈出。"即天地之间就像一个风箱,虽然空虚却不至于匮乏;它一鼓动,万物就生生不息。代表天地只是万物存在和发展的场所,天地本身并不具有最优先的地位。

老子认为,天地万物都来自于道。这是老子最大的特色。《老子·第二十五章》说:"有物混成,先天地生。"代表道比天地更早存在,天地也是从道而来的。第四十二章说:"道生一,一生二,二生三,三生万物。"这里的"万物"显然包括天地在内。可见,老子的宇宙论与其他学派都不一样,他找到了整个宇宙(天地万物)的共同来源,并称之为道。"道"无形无名,不是人可以认识的对象。

"道"是万物的来源及归宿,老子的这个观点非常重要。因为很少有哲学家谈到后面的归宿,大家最多会问:天地万物从何而来?答案往往不了了之。天地万物应该有个来源,但是关心也没有用,因为你没有老子那种觉悟的智慧。老子则直接告诉你,万物最初的来源是道,最后的归宿也是道。《老子·第四十章》说"反者道之动",第十六章说"夫物芸芸,各复归其根"。"反"与"归"都是在谈归宿的问题,一般只有在宗教领域才会谈到归宿。宇宙万物以及人类最后要去哪里?老子给出的答案就是"道"。

天地万物都来自于道,所以老子的宇宙观就等于他对道的看法。如果这一点没有掌握住的话,谈老子的宇宙观,实在没有什么材料可说。比如第五章说:"天地不仁,以万物为刍狗。圣人不仁,以百姓为刍狗。"圣人只是负责治理百姓,他在本质上与百姓没有什么不同。同样的,天地和万物在本质上也没有什么不同,天地只是万物存在的场所，它的特色是比较大，正如《老子·第二十五章》所说："道大，天大，地大，人亦大。"

2. 道的超越性和内存性

老子所描述的"道"有两种特色：一是超越性，一是内存性。

所谓内存性，就是道生出万物之后，赋予万物各自的本性与禀赋，这就是万物的"德"。可见，"德"不能脱离"道"。第五十一章说："道生之，德畜之。"这个"德"充分体现了道的内存性，代表道在万物里面。

老子也想尽办法描写道的超越性，但实在无法说清楚。比如，《老子·第二十一章》说"道之为物，惟恍惟惚""惚兮恍兮""恍兮惚兮"。第十四章又说"视之不见""听之不闻""搏之不得"，说明人的感官无法掌握这个道。另外，道与"无名"始终连在一起，说明人的理性也无法理解它。人的感官与理性统统失效，这恰恰凸显了道的超越性。

《老子》书中的"有"与"无"往往引起误会。比如，第四十章说："天下万物生于有，有生于无。"本书采用王弼的注解，认为老子笔下的"有"是指有形，"无"是指无形。否则，如果"无"是指真正的虚无，那么从真正的虚无中怎么会生出万物呢？

比如，地上原来没有花，叫做"无"；后来开出一朵花，叫做"有"。这朵花的底下一定有根，最早一定有种子。种子的潜能在时间的过程里面完全实现出来，就开了花。最初看不到是因为种子很小，或者它藏在地底下。

许多生物在最初阶段，人的肉眼是看不到的，但那并不等于真正的虚无。在人类的理性思考中，从来没有"从无生有"的想法。在人类历史上，只有犹太教以及后面发展出来的基督宗教强调"从无生有"，并极力维护这种观点。他们认为上帝从虚无中创造了世界，因为他们不能容许上帝之外，还有一个混沌存在。

哲学家无法理解这种宗教的教义。古希腊的柏拉图用一个神话故事来描写宇宙的创生，他说宇宙是由德米奥格制造的。德米奥格不是创造神，而是制造神，他根据永恒的"理型"来塑造世间万物。一开始存在着一种原始的混沌，它是一种纯粹的物质，然后德米奥格根据"理型"，赋予它某种形式，使它成为不同形态的东西。

亚里士多德（Aristotle，384—322 B.C.）认为，任何东西的存在，除了形式之外，还有质料，不可能从纯粹虚无中出现。即使讲虚无，也是就它无法被理解、无法被感官掌握来说的，而不是纯粹的虚无。纯粹的虚无不可能生出任何东西。

所以，我们要尊重《老子》的原文。老子所谓的"无"是指无形，"有"是指有形。无形和有形，完全以人的感官能力和认知能力作为判准，因为是人在描写宇宙最初的情况，希望让别人可以了解。但老子也认为，让别人了解实在太难了，所以他在第七十章强调："吾言甚易知，甚易行。天下莫能知，莫能行。"他的宇宙论"天下莫能知"；他对人生、对价值的看法，天下"莫能行"。

老子的道具有内存性，但超越性才是它最根本的特征。万物不断变化，只有道永远存在，永远不变，因为道是"自本自根"的（自己为本，自己为根）。这样的"道"只能用"无"来描写。道无形无名，但它绝不是纯粹的虚无。

老子对道的这种看法，让西方第一流哲学家海德格尔大为惊艳。海德格尔认为，西方从古希腊时代开始就遗忘了存在本身，只在存在界的万物里面打转，想要从中寻找万物的来源或本体，结果根本不可能成功。他读了《老子》的翻译本，认为老子所说的"道"就是存在本身，因而对老子推崇备至，晚年时甚至希望把《老子》再一次翻译成德文。海德格尔如此惊讶，是因为"道"的超越性只能用"无"来加以描述。

3. 老子思想的宗教维度

道的超越性让老子思想展现出一种纯粹的宗教维度。《老子·第六十二章》谈到，当举行"立天子，置三公"仪式的时候，与其献上美玉和骏马，还不如献上道。古人为何如此重视道？因为"求以得，有罪以免"。你若有所求，就让你得到；你若有过失或罪过，就让你得到赦免。

"求以得，有罪以免"这七个字是全世界各大宗教的核心观念。这说明政治不离宗教，政治人物应该具有宗教情怀，应该效法道，像母亲一样照顾所有人。中国古代的伟大圣王都有这样的情怀，从尧、舜、禹、汤，到周文王、周武王，无一例外。比如，孟子说"文王视民如伤"，即周文王看待百姓有如他们受了伤，总是抚慰。周武王说过："百姓有罪，我一个人负责；我有什么错，不要怪罪百姓。"[①]于是后代形成了一个优良的传统，每当出现天灾人祸的时候，帝王就要下诏罪己。这正是老子"求以得，有罪以免"这七个字所产生的影响。

老子思想的宗教维度来自于他对宇宙的看法。他不是仅仅去寻找宇宙的本体是什么，宇宙万物是如何出现的；他还进一步指出，"道"不但是万物的来源，也是万物的归宿。这使得老子的思想显得完整而深刻，同时也很难被理解。

我的老师方东美先生谈到老子，特别发明了一个词叫做"超本体论"。他说，西方人谈宇宙万物，最多谈到本体论。所谓的"本体

---

① 出自《尚书·汤诰》。原文：其尔万方有罪，在予一人；予一人有罪，无以尔万方。

论”，是说你看到的宇宙万物都是现象，现象背后还有它的本体。一般人都在有形可见的世界里面寻找本体，最后还是会把它想象成与万物类似的东西。而"超本体论"强调，道只能用"无"来描述。这个"无"绝不是完全的虚无或空无，而是人的感官、理性所无法掌握的，无形也无名的东西。这就回到了《老子》全书的第一句话："无名，万物之始；有名，万物之母。"

老子的宇宙观很难被清楚地描述，因为老子对宇宙的看法与其他学派通通不一样。一般人都认为天地生万物，老子则回溯到天地之前真正的来源，这个来源同时也是万物的归宿。如果掌握了这一点，人的整个生命就会提升到前所未有的高度，看待人生与价值的问题也会有完全不同的心得。

课后思考

你对老子的宇宙观有哪些个人的想法或心得？

总结六　老子的人生观

老子的宇宙观非常特别，他将天地万物整个合在一起，说它们都来自于道，又回归于道。这种宇宙观会引申出什么样的人生观呢？本节要介绍以下三点：

第一，老子的根本关怀；

第二，由"道"来看人生；

第三，老子对于人生的具体建议。

1. 老子的根本关怀

天下大乱时，会出现两种虚无主义：一种是价值上的虚无主义，一种是存在上的虚无主义。儒家面对的是价值上的虚无主义，亦即人们无法分辨善恶，并且分辨了之后也没什么报应，那么谁还愿意行善避恶呢？儒家的关键在于掌握到"人性向善"，一个人只要真诚，力量就会由内而发，所以行善避恶的理由完全来自于人性的内在，由此可以化解价值上的虚无主义。

但是，更严重的是存在上的虚无主义。人在乱世中随时都会面对死亡，那么为何还要认真地活下去呢？老子的回答就是一句话：人的生命来自于道，最后又回归于道。所以，人要珍惜生命，好好活下去，而不用太在意存在上的问题。

庄子发挥老子的思想非常精准，他说："善吾生者，乃所以善吾死也。"①意即：那妥善安排我出生的，也将妥善安排我的死亡。可

---

① 见《庄子·大宗师》。

见，人的生命就像婴儿一样，始终在母亲的怀抱里面，也就是在道的手上。老子提出"道"这个观念，目的是为了化解存在上的虚无主义。这就是道家的根本关怀。

2. 由"道"来看人生

从"道"来看人生，要从整体来看，从永恒来看。

从整体来看，地球在整个宇宙中就像一粒微尘，就算在地球上，人也只是万物之一。但是，老子偏偏说："道大，天大，地大，人亦大。"说"道大"，因为它是天地万物的来源；说"天大，地大"，人们也可以接受。但是，凭什么说"人亦大"呢？老子这样说的目的，是要肯定人的认知能力。万物中只有人才有觉悟"道"的智慧，人一旦悟道的话，不就与"道"一样大了吗？

《庄子·逍遥游》一开头，连讲了三个主题一样的故事：有一条大鱼叫做鲲，它又变成了一只大鸟叫做鹏。[①]这正是《庄子》这本书的精彩之处，他用寓言来说明"人亦大"，代表人的生命可以不断地提升转化。

从永恒来看，人的生命只是一个瞬间而已，所以老子一直劝人们要活得长久，最好能够"死而不亡"。

从"道"来看，会发现人类非常渺小，人生非常短暂。所以，人只有通过某种修炼，获得智慧的觉悟，才能让自己与道、与天地一样大。在短暂的人生过程中，要珍惜每一刻时光，做到"与人无尤，知足不辱，知止不殆"，让自己过得平安愉快。这就是老子从"道"来看人生的独特心得。

---

① 原文：北冥有鱼，其名为鲲。鲲之大，不知其几千里也。化而为鸟，其名为鹏。鹏之背，不知其几千里也。

3. 老子对于人生的具体建议

老子对于人生的具体建议可以概括为以下三点：第一，保存本性，善用禀赋；第二，动静有常，慈俭不争；第三，长生久视，安居乐俗。

（1）保存本性，善用禀赋

老子所谓的"德"，是指万物从道所获得的各自的本性。谈到人的"德"，最好在本性的基础上再加上禀赋，做到保存本性，善用禀赋。

关于保存本性，老子用了很多比喻来说明。譬如，第二十八章提出要"复归于婴儿"，婴儿是人的本性圆满自足的状态；在自然界来说，则要"复归于朴"，"朴"就是木头的原始状态。人要保存自己的本性，不要因为感官的作用、欲望的发展，而忘记了自己本来的样子。

与此同时，人还要发展禀赋。人不可能独立生存，从小到大都不能脱离社会。每个人都有自己的一技之长，才能让整个社会发展下去。人最显著的禀赋就是认知能力。一般人都是由区分开始，引发无穷的欲望，由此造成各种灾难。

所谓"善用禀赋"，是说你如果想保存自己的禀赋，就要发展禀赋，而发展的目标就是回到最早的本性，亦即回归于道。换言之，保存就是发展，发展就是回归。

（2）动静有常，慈俭不争

《老子·第十五章》说："谁能在浑浊中安静下来，使它渐渐澄清？谁又能在安定中活动起来，使它出现生机？"[①]所以，老子并非

---

① 原文：孰能浊以静之徐清？孰能安以动之徐生？

只强调静的一面、教人出世隐居，而是让人动静有常。每个人都要了解外界的形势与自身的条件，然后顺势而行，是学生就好好上学，是上班族就好好工作，是企业家就好好经营。这就是动静有常。

第六十七章提到老子的"三宝"，可以概括为"慈、俭、不争"。慈是母亲的爱；俭是珍惜所有的东西；只有居后不争，以服务代替领导，才能真正领导别人。

关于"慈"。因为道生万物，就像母亲生育孩子，所以你悟道之后，要像母亲对待子女那样，用慈爱之心对待他人。只有从这个角度来看，才能理解老子为什么会说"报怨以德""与人无尤"，即不与别人发生任何争论。

关于"俭"。这个字很有启发性，老子强调"见素抱朴，少私寡欲"[1]，提倡"三去"，即"去甚，去奢，去泰"[2]。这些都是对自己的一种俭约，这样才能保持生命的原貌。

关于"不争"。老子多次强调"柔弱胜刚强"。《老子》全书最后一句话是"圣人之道，为而不争"，这句话非常重要。代表为还是要为，但要无心而为，顺势而行；同时还要"不争"，始终保持柔弱的状态。与别人来往，要宽容待人，尽量付出而不求回报，就像圣人那样，手上拿着借据，但从不向别人要债。[3]

总之，人的德有本性的部分，也有禀赋的部分。本性是一个人最原始的状态，禀赋是一个人的潜能，可以不断地发展。保存了本性，禀赋的发展才不会偏离正途。另外，"动静有常、慈俭不争"是我们在人生中可以不断加以验证的。

---

① 见《老子·第十九章》。
② 见《老子·第二十九章》。
③ 出自《老子·第七十九章》。原文：是以圣人执左契，而不责于人。

（3）长生久视，安居乐俗

人如果能做到"知足不辱，知止不殆"，就可以活得长久，并且平安愉快。人死之后眼睛会闭上，所以"久视"代表你一直活着，对许多事情看得清楚，你的认知能力已经从区分经过避难，到了启明的程度。

这里不说安居乐业，而说安居乐俗，因为《老子·第八十章》说的就是"甘其食，美其服，安其居，乐其俗"。安居乐业的"业"反映的是人间的各种成就与功业，而安居乐俗的"俗"就是指平常的生活习俗。譬如，按照自然的节气确定某些节日，然后举行庆祝仪式。你生活在什么地方，就安心在那里生活，不用羡慕别人，不必抱怨自己的情况不够理想。如此一来，人生的问题不就少多了吗？我们今天不可能回到小国寡民的时代，陶渊明的《桃花源记》只是一种心灵上的避风港。但是，我们可以把自己的生活营造得尽量单纯、朴素。

很多人觉得老子的思想偏于消极，只适合老年人或失意隐居的人，其实不然。老子是在提醒人们，活在世界上，真正需要的不是向外追逐物质，而是要开发自己认知上的潜能，从区分到避难到启明，启明就是悟道。一旦悟道的话，人生所有的烦恼统统可以化解，正所谓"天下本无事，庸人自扰之"。

关于道，仍有一些从根本上无法解决的问题。譬如，道为什么要生出万物？特别是道为什么要让人类出现？这个问题无法回答。所有的哲学都只能就现在的存在状况，去探求它的根本原因，再给自己找一个理由，来设法回答这样的问题。

收获与启发

老子希望人们不要陷入存在上的虚无主义，不要对人的生命感到失望，甚至放弃生存的意愿。这是老子的根本关怀。

从"道"来看人生，就是从整体来看、从永恒来看。人类生命的特色在于，能够从"小"不断提升转化为"大"。人可以让自己活得平安愉快，最后进入"死而不亡"的境界。

老子对于人生的具体建议是：保存本性，善用禀赋；动静有常，慈俭不争；长生久视，安居乐俗。

课后思考

你对老子的这些观点是否认同？

总结七　老子的价值观

　　价值是什么？只有经由人的选择，价值才会呈现。所以一般讲价值，都是以人为中心去思考：什么对我们最重要？各种价值有何优先顺序？但是在老子的系统里面，就要换个角度来思考。

　　首先，天地万物都有它的价值，因为是"道"选择了这一切，是"道"给了它存在的机会。相对的，"万物莫不尊道而贵德"①，即万物无不尊崇道而重视德。所以，道生了万物，万物对道尊崇、对德重视，这显然是一个相当和谐的系统。

　　但是人类出现之后，由于人有认知能力，所以在人的社会中形成了一套比较狭隘的价值观，由此带来一系列复杂的问题。本节要介绍以下三点：

　　第一，人的问题何在？

　　第二，人应该如何化解这些问题？

　　第三，从真实到审美。

1. 人的问题何在？

　　在老子看来，天下大乱不能怪别人，只能怪人类自己。人的认知能力只在区分里面打转；最多能够积累经验，抵达避难的层次；很少有人能抵达启明的境界。

---

　　①　见《老子・第五十一章》。

《老子》书中多次提到人类有问题。譬如第六十四章说，圣人要"复众人之所过"。代表众人有很多过失，圣人要设法弥补这些过错。第五十八章直接指出："人之迷，其日固久。"即人们陷于迷惑的状态已经很久了。第六十二章说，每个人都希望"求以得，有罪以免"，代表人自觉有各种罪过。由此可见，人类社会的价值观有严重的偏差。

这些问题的根源在于，人的认知能力只在区分和避难里面打转。所谓"区分"，就是我"对"万物的态度。人只有对万物进行区分，才能用理性加以掌握，这是人的生存所必需的。但是，区分会带来欲望，欲望一旦放纵，人与人之间必然会产生矛盾与冲突。到了"避难"的层次，就变成我"与"万物的关系，要设法与万物共存共荣，至少要收敛自己的欲望来避开灾难。认知能力还可以继续往上提升，达到启明的层次，可以从"道"来看一切。

2. 人应该如何化解这些问题？

老子一再强调"观"这个字，代表人首先要去客观地了解与观察。老子谈到修炼，最重要的是第十六章，先从"虚"和"静"入手，然后"万物并作，吾以观复。夫物芸芸，各复归其根"，亦即万物一直在发展中，我要观察它们回归的方式。万物最后都会回到"道"里面去，这叫做"反者道之动"①。

更具体的是在第五十四章，老子最后总结说："我怎么知道天下的情况呢？就是用这种方法。"亦即"以身观身，以家观家，以乡观乡，以邦观邦，以天下观天下"。我从自己的处境去观察他人的处

---

① 见《老子·第四十章》。

境，就会知道天下的问题何在。

所以，"观"字是老子思想的一个重点。如何才能达到启明的境界？首先要"观复"，再"以身观身"，最后从"道"的角度观看万物。第二十一章说"以阅众甫"，就是要根据"道"来观察万物的本源。修养德行时要记住"孔德之容，惟道是从"，即大德的表现完全追随着道。这样才能更好地"观"。

通过观察，可以做到"袭明"与"袭常"①，即保持启明状态和保持恒久状态。而第十六章提出"知常曰明"。可见，"明"与"常"密不可分。老子多次提到"明"，所指的就是"启明"的境界。

做到"袭明"和"袭常"，才能让一个人达到"玄德"。"玄德"一词在第十章、第五十一章、第六十五章三度出现，"玄德"就是神奇奥妙的德的表现。人最重要的"德"是认知能力，认知能力抵达"玄德"的境界，代表你能看到一个整体。

第五十六章提到"玄同"，代表神奇的同化境界。第一章提到"玄之又玄，众妙之门"，说明人只要突破人类中心的观念，从"道"来看一切，就会发现这一切非常奥妙，神奇之中还有神奇，可以层层深入。第二十七章提到"要妙"，说明这是一个精微奥妙的道理。最后，老子希望我们做到"大顺"②，亦即抵达最大的顺应。

老子提醒我们，祸与福不能分开，"祸兮，福之所倚，福兮，祸之所伏"③，因此要保持一种超然的姿态。在人间出了问题该怎么办？可以参考第十三章所说的："及吾无身，吾有何患？"假如我没有这

---

① 见《老子·第二十七章》和《老子·第五十二章》。
② 见《老子·第六十五章》。
③ 见《老子·第五十八章》。

个身体，我还有什么祸患呢？

老子的秘诀在第二十章："我欲独异于人，而贵食母。"意即：我想要的与别人都不同，我重视那养育万物的母体，也就是道。老子用"人、众人、俗人"三个词来描写一般人，可见他也相当不耐烦了。

有了老子这样的价值观，自然会欣赏第二十五章所说的"人法地，地法天，天法道，道法自然"。每一个人保持自己的样子，道就在里面展现出来，从而使人的生命与道的发展可以完全配合。

人活在世界上，他的"德"的最大特色是具有认知能力。只要能把认知从区分提升到避难，再提升到启明，从"道"来看一切，自然可以活得长久，常保平安喜乐。

3. 从真实到审美

老子价值观的主要特色是，从真实展现了审美。人类社会的价值观一般会按照人的心智能力，分为"真""美""善"三种：人有认知能力，就要追求真实；有感受能力，就要追求审美；有欲求或意愿能力，就要追求行善。

儒家关注的焦点非常清楚，就是追求善。儒家把"善"界定为"我与别人之间适当关系的实现"，并强调"人性向善"。儒家以人为中心，希望建构一个人文的理想社会，所以把"善"作为核心目标。至于"真"和"美"，都是辅助人达成"善"这个目标的。

但是，老子的哲学不以人为中心，而是以"道"为核心。因此，老子首先要把握的是真实，只有"道"才是最后的、永恒的、绝对的、究竟的真实。一切从道而来，最后又回归于道。所以，对于万物之善或不善不要太在意，只有人类世界才会如此区分。宇宙万物只要存在，就代表它被道所选择，它就值得肯定与欣赏。

人类社会相对于整个宇宙万物来说，只是很狭小的一部分。如果把"善"只放在人类社会里面考量，往往会带来各种后遗症。所以，要建立合理的价值观，就要突破人类中心主义，从道来看待人的生命。老子对于"善人、不善人"都非常包容。他认为，道是万物的庇荫，它是善人的宝贝，也是不善人的依靠。[①] 对于善良的人，我善待他；不善良的人，我也善待他，这样可使人人行善。[②]

如果肯定万物都来自于道，很容易就能从真实走向审美。天地之间一直都有各种天灾人祸，但《庄子·知北游》却强调"天地有大美而不言"，因为这一切都来自于道。只要摒弃人类中心的观念，纯粹从道的角度来看，那么宇宙万物都值得欣赏。

在《庄子·知北游》里面，别人问庄子道在哪里，他先后给出四个答案：道在蚂蚁身上，道在杂草里面，道在瓦块里面，最后，道在屎尿里面。[③] 这说明道无所不在。人类以为这边高贵，那边卑贱；这边美好，那边肮脏，那只是人的看法。从道来看，并没有善恶、美丑、尊卑等问题，根本无需做区分，因为一切都在道里面。

我们学了老子思想之后，可以稍微调整一下原有的价值观，不要只局限在人类社会的狭小范围，不要只用相对的观念去区分善恶，而要尽量效法道，像母亲对待子女那样包容一切。这种慈爱并不复杂，因为老子说过"天地不仁，以万物为刍狗"。道没有人类那种偏爱，也没有"仁、义、礼"等问题。

---

① 出自《老子·第六十二章》。原文：道者，万物之奥。善人之宝，不善人之所保。

② 出自《老子·第四十九章》。原文：善者，吾善之；不善者，吾亦善之；德善。

③ 原文：东郭子问于庄子曰："所谓道，恶（wū）乎在？"庄子曰："无所不在。"东郭子曰："期而后可。"庄子曰："在蝼蚁。"曰："何其邪？"曰："在稊（tí）稗（bài）。"曰："何其愈下邪？"曰："在瓦甓（pì）。"曰："何其愈甚邪？"曰："在屎溺（niào）。"

收获与启发

人间一切问题的根源在于人从道所获得的"德"。这个德主要表现为认知能力，会从区分开始，让人的欲望不断往错误的方向发展，最后导致天下大乱。

人要设法悟道，以化解这种狭隘的价值观。首先要去"观"，做到"观复""以身观身，以家观家"，等于由小见大，见小曰明；再效法道的作为，进入到"玄德、玄同、玄之又玄"的境界；然后要保持启明状态，保持恒久状态；最后要效法地，效法天，效法道。你保持自己的样子，道就在里面。这是建立老子这一套价值观的具体方法。

一般人都会追求"真、善、美"这三种重要的价值。儒家的焦点在于"善"，老子的焦点在于"真"与"美"。宇宙万物都是真实，道是究竟真实。以道为基础，所有的一切都值得欣赏，由此孕生无限的审美感受。

课后思考

你对老子的价值观有哪些个人的体会？

总结八　老子思想的现代意义

本节的内容包括以下三点：

第一，不但中国人需要学习《老子》，人类也有这样的需要；

第二，学习《老子》要把握哪几个重点？

第三，学习儒家、道家、《易经》的心得。

1. 人类需要学习《老子》

对于21世纪的人类来说，不仅中国人需要学习老子的智慧，外国人也一样需要。下面特别参考两位德国哲学家的观点。

第一位是雅斯贝尔斯（Karl Jaspers，1883—1969）。雅斯贝尔斯有一本著作叫做《大哲学家》（Die grossen Philosophen），他在书中选出两位中国人作为伟大哲学家的代表，就是老子与孔子。雅斯贝尔斯年轻时体弱多病，所以他非常欣赏老子所说的"柔弱者生之徒"以及"柔弱胜刚强"[1]，这两句话给了他很大的信心。在他本人的哲学系统中，认为整个存在界的最高层次是包含一切的"统摄者"，他认为老子的"道"就是这样的统摄者。

另一位是海德格尔。海德格尔晚年时特别推崇老子，认为只有自己了解老子的心意。他看了《老子》的各种翻译本，觉得都不够理想，于是想重新翻译《老子》，但是到第八章"上善若水"就因故停

---

[1]　见《老子·第七十六章》和《老子·第三十六章》。

了下来。海德格尔认为，西方人从古希腊时代开始，就犯了一个严重的错误，人们遗忘了存在本身，只是在有形可见的、相对的世界里打转，而忘记了万物的来源与归宿。他认为，老子最可贵之处就是提出了"道"的观念，道就是"存在本身"，是万物的来源与归宿。

海德格尔特别欣赏老子的思想，还请他的朋友把"孰能浊以静之徐清？孰能安以动之徐生？"这句话用中文写成对联，挂在他的书房里。这句话兼顾动静两面，说明老子不是只有消极退让的一面，他还有积极的、让万物不断发展的一面。

这两位当代西方重要哲学家的判断可谓旁观者清。我们中国人长期身在其中，有时反而忽略了儒家、道家思想的价值，尤其对于道家更是如此。

2. 学习《老子》要把握几个重点

首先要了解《老子》这本书的背景。《老子》这本书的作者未必是一个人，可能是好几位隐士经过长期的观察与反省，把他们毕生的心血汇集在一起，再编辑成书的，因为《老子》全书只有短短八十一章、五千多字，居然有好几处重复的话。而《庄子·天下》也把老聃与关尹放在一起，说他们对于古代的智慧有某种向往与体会，于是发展出道家这个学派。

老子的思想展现为四个层次。

第一，天下大乱。中国人向来是要解决现实问题的，而解决问题通常有两种策略。第一种是先设法了解人性，再透过教育和政治改革加以解决，儒家就采用了这种方法。但道家认为，将目光局限在人的世界，不能从根本上解决问题。道家要跳出儒家的人文主义，从"道"的角度来看待人类社会的问题，希望人们返回根源，所以可以称作"超人文主义"。

第二，圣人出现。天下大乱之后怎么办？老子虚拟了圣人这个角色，他是悟道的统治者，要承担重新安定人类社会的责任。由于圣人悟道了，所以他有充分的信心、十足的把握，以他的作为（无心而为）与言论（不言、希言、贵言），把人的认知从区分提升到避难的层次，再进一步抵达启明（悟道）的境界。

第三，"道"是什么？老子的"道"是指万物的来源与归宿。从"道"的角度来看，宇宙万物都值得肯定与欣赏，你对人生、对价值也会有全新的看法。有些日本学者受到《老子》的启发，用"无心而为"的方法治疗忧郁症，取得了很好的效果。治疗不带有刻意的目的，让忧郁症患者可以排除人类社会的各种压力。人活在世界上，光是活着本身就有深刻的意义，不一定非要在社会竞争中取得各种成果。

第四，"德"是什么？对万物来说，"德"就是万物从"道"所获得的各自的本性。万物基本上都按照本性去生存发展，整体上构成一个稳定的系统，保持生态的平衡。人的"德"除了本性之外，还有丰富的禀赋（即潜能），其中最特别的是人的认知能力。人要保存自己的禀赋就要发展禀赋，而发展禀赋就要回到道这个最后的根源。所以，保存就是发展，发展就是回归。

把上述四个层次全部掌握之后，就会对人人耳熟能详的两句话有更深刻的了解。第一句是"上善若水"，即最高的善就像水一样。在自然界中，水善于帮助万物而不与万物相争；在人的世界，水往下流，总是停留在众人所厌恶的地方：所以，水最接近道。这句话体现了老子思考的模式。

第二句是"道法自然"。老子所谓的"自然"是指"自己如此的样子"。我们只要保持自己的样子，让心态保持纯真，像婴儿或原木（朴）一样，道自然就会在我们心中展现出来。

《老子》中还有两句话可以互相勉励。

第一句是"慈故能勇"。"慈"是老子"三宝"中的第一宝。对万物有关怀之心，对别人有照顾之心，这种慈爱之心可以带来真正的勇敢。不过，要记得"勇于敢"和"勇于不敢"的差别。老子说"守柔曰强""自胜者强"，能够守住柔弱、战胜自己，才是真正的强者。这些都是老子很好的教训，可以合在一起来看。

第二句是"报怨以德"。一般人很难理解这句话，但是从"道"的角度来看，对于人间的各种复杂状况，就更容易包容与欣赏。

老子有很多话都可以当作座右铭，可谓老少咸宜。譬如，年轻人喜欢有志向，就要记得"强行者有志"。长大后希望自己有智慧，就要记得"知人者智，自知者明"。与别人来往，要记得"轻诺必寡信，多易必多难""甚爱必大费；多藏必厚亡"。更深刻的还有"生而不有，为而不恃，长而不宰，是谓玄德"。《老子》的每一章都有很多名言金句，可以给我们的人生带来深刻的启发。

3. 学习儒家、道家、《易经》的心得

在魏晋时代，人们把《老子》《庄子》《易经》并称为"三玄"。"玄"代表深微奥妙的思想。此外，儒家的经典称为"四书"，即《论语》《孟子》《大学》《中庸》。"三玄"和"四书"这七本书蕴含了国学的黄金理念，是国学中最重要的部分。把这七本经典充分了解之后，你对于中国文化的整个发展，对于中国人的思考模式与行为风范，都会有更深入的认识。

下面简单介绍一下我自己学习儒家、道家、《易经》的一些心得。

儒家是以人为中心来展开思考的。人可能真诚，也可能不真诚。儒家认为，一个人只要真诚，就会有力量由内而发，想要尽力去帮助别人。所以，孔子把自己的志向定为"老者安之，朋友信之，少者怀之"①，这是标准的儒家观念。一个人如果真诚，就会充满自信，生命也会比较踏实。

道家的特色是从真实到审美。道是究竟真实，是万物的来源与归宿。悟道之后，等于找到了生命的主心骨，从此不再有任何烦恼，可以敞开心胸欣赏万物，孕生丰富的审美情操。

儒家与道家对照来看，儒家强调德行修养，道家肯定智慧觉悟。儒家帮助我与别人来往，让自己的一生过得平安愉快，踏实而有信心。道家帮助我与自己相处，不管处在什么时代或社会，不管遇到什么状况，都可以从整体、从长远甚至从永恒的角度来看，感觉到自己的生命没有什么遗憾。所以，儒家帮助我处世，道家提醒我自处。

到了年纪比较大、需要做决策的阶段，可以进一步去学习《易经》。简单来说，《易经》是"观察天之道，安排人之道"，让你在天地之间可以安身立命。

所谓"闻道有先后，术业有专攻"，希望将来还有机会与各位朋友一起学习，共同成长。

---

① 见《论语·公冶长》。

附　录

老子传略

　　老子者，楚苦县厉乡曲仁里人也，姓李氏，名耳，字聃，周守藏室之史也。

　　孔子适周，将问礼于老子。老子曰："子所言者，其人与骨皆已朽矣，独其言在耳。且君子得其时则驾，不得其时则蓬累而行。吾闻之，良贾深藏若虚，君子盛德，容貌若愚。去子之骄气与多欲，态色与淫志，是皆无益于子之身。吾所以告子，若是而已。"孔子去，谓弟子曰："鸟，吾知其能飞；鱼，吾知其能游；兽，吾知其能走。走者可以为罔，游者可以为纶，飞者可以为矰。至于龙，吾不能知，其乘风云而上天。吾今日见老子，其犹龙邪！"

　　老子修道德，其学以自隐无名为务。居周久之，见周之衰，乃遂去。至关，关令尹喜曰："子将隐矣，强为我著书。"于是老子乃著书上下篇，言道德之意五千余言而去，莫知其所终。

　　或曰：老莱子亦楚人也，著书十五篇，言道家之用，与孔子同时云。

　　盖老子百有六十余岁，或言二百余岁，以其修道而养寿也。

　　自孔子死之后百二十九年，而史记周太史儋见秦献公曰："始秦与周合，合五百岁而离，离七十岁而霸王者出焉。"或曰儋即老子，或曰非也，世莫知其然否。老子，隐君子也。

　　老子之子名宗，宗为魏将，封于段干。宗子注，注子宫，宫玄孙假，假仕于汉孝文帝。而假之子解为胶西王昂太傅，因家于齐焉。

　　世之学老子者则绌儒学，儒学亦绌老子。"道不同不相为谋"，岂谓是邪？李耳无为自化，清静自正。

……

太史公曰："老子所贵道，虚无，因应变化于无为，故著书辞称微妙难识。庄子散道德，放论，要亦归之自然。申子卑卑，施之于名实。韩子引绳墨，切事情，明是非，其极惨礉少恩。皆原于道德之意，而老子深远矣。"

——《史记》卷六三《老子韩非列传》

庄子述"老聃"

老聃曰："知其雄，守其雌，为天下溪；知其白，守其辱，为天下谷。"人皆取先，己独取后，曰"受天下之垢"。人皆取实，己独取虚。无藏也故有余，岿然而有余。其行身也，徐而不费，无为也而笑巧。人皆求福，己独曲全，曰"苟免于咎"。以深为根，以约为纪，曰"坚则毁矣，锐则挫矣"。常宽容于物，不削于人，可谓至极。关尹、老聃乎，古之博大真人哉！

——《庄子·天下》

司马谈论"道家"

　　道家使人精神专一，动合无形，赡足万物。其为术也，因阴阳之大顺，采儒墨之善，撮名法之要，与时迁移，应物变化，立俗施事，无所不宜。指约而易操，事少而功多。

　　……

　　道家无为，又曰无不为，其实易行，其辞难知。其术以虚无为本，以因循为用。无成势，无常形，故能究万物之情。不为物先，不为物后，故能为万物主。有法无法，因时为业。有度无度，因物与合。故曰"圣人不朽，时变是守。虚者道之常也，因者君之纲"也。群臣并至，使各自明也。其实中其声者谓之端，实不中其声者谓之窾。窾言不听，奸乃不生，贤不肖自分，白黑乃形。在所欲用耳，何事不成。乃合大道，混混冥冥。光耀天下，复反无名。凡人所生者神也，所托者形也。神大用则竭，形大劳则敝，形神离则死。死者不可复生，离者不可复反，故圣人重之。由是观之，神者生之本也，形者生之具也。不先定其神形，而曰"我有以治天下"，何由哉？

　　　　　　　　　　——《史记》卷一三〇《太史公自序》

班固评道家

道家者流，盖出于史官。历记成败、存亡、祸福、古今之道。然后知秉要执本，清虚以自守，卑弱以自持，君人南面之术也。合于尧之克攘，《易》之嗛嗛，一谦而四益，此其所长也。及放者为之，则欲绝去礼学，兼弃仁义，曰独任清虚，可以为治。

——《汉书》卷三〇《艺文志·诸子略》

纪昀论道家与道教

后世神怪之迹，多附于道家；道家亦自矜其异，如《神仙传》《道教灵验记》是也。要其本始，则主于清净自持，而济以坚忍之力。以柔制刚，以退为进。故申子、韩子流为刑名之学，而《阴符经》可通于兵。其后长生之说与神仙家合为一，而服饵、导引入之。房中一家，近于神仙者亦入之。鸿宝有书，烧炼入之。张鲁立教，符箓入之。北魏寇谦之等又以斋醮章咒入之。世所传述，大抵多后附之文，非其本旨。彼教自不能别，今亦无事于区分。然观其遗书源流迁变之故，尚一一可稽也。

——《四库全书总目提要》卷一四六，子部五十六，"道家类"

宋濂议老子

《老子》二卷，《道经》《德经》各一。凡八十一章，五千七百四十八言，周柱下史李耳撰。耳字伯阳，一字聃。聃，耳漫无轮也。或称周平王四十二年，以其书授关尹喜。今按平王四十九年入春秋，实鲁隐公之元年。孔子则生于襄公二十二年，自入春秋下距孔子之生，已一百七十二年。老聃，孔子所尝问礼者，何其寿欤？岂《史记》所言"老子百有六十余岁"，及"或言二百余岁"者，果可信欤？聃书所言，大抵敛守退藏，不为物先，而一返于自然。由其所该者甚广，故后世多尊之行之。"视之不见名曰夷，听之不闻名曰希，搏之不得名曰微"，道家祖之。"谷神不死，是谓玄牝，玄牝之门，是谓天地根"，神仙家祖之。"吾不敢为主而为客，不敢进寸而退尺，是谓行无行，攘无臂，扔无敌，执无兵，祸莫大于轻敌，轻敌几丧吾宝，故抗兵相加，哀者胜矣"，兵家祖之。"道冲而用之或不盈，渊乎似万物之宗，挫其锐，解其纷，和其光，同其尘，湛兮似若存，吾